미쩰의 시기 : 을미사변과 아관파천

약력

성균관대학교 역사교육과 및 사학과대학원을 졸업하고 모스크바국립대학교 역사학부에서 역사학박사를 받았다. 석사논문을 「아관파천기 정치세력 연구」(2000), 박사논문을 「19세기 말 20세기 초 러시아의 극동정책에서 조선문제」(2006)라는 주제로 썼다. 한국근대사 및 한러관계사를 전공했으며 성균관대학교 동아시아 역사연구소 연구교수를 거쳐 현재 동북아역사재단 연구위원으로 있다.

미쩰의 시기 : 을미사변과 아관파천

초판 발행 2012년 3월 30일
재판 발행 2013년 8월 30일

저 자 김영수
펴낸이 한정희
펴낸곳 경인문화사
편 집 신학태 김지선 문영주 송인선 조연경 강하은
영업 관리 최윤석 하재일 정혜경

주 소 서울 마포구 마포동 324-3
전 화 02-718-4831~2
팩 스 02-703-9711
등 록 1973년 11월 8일 제10-18호
이메일 kyunginp@chol.com
홈페이지 www.kyungin.mkstudy.com / www.mkstudy.com

정 가 23,000원
ISBN 978-89-499-0850-2 93910

미쩰의 시기 :
을미사변과 아관파천

김 영 수

景仁文化社

이 저서는 2007년 정부(교육인적자원부)의 재원으로 한국학술진흥재단의 저술지원을 받아 수행된 연구임. 인문저술지원의 제목은 극단의 시대 : 을미사변과 아관파천(1895 ~ 1896) (KRF-2007-812-A00026).

서 문

차디찼다. 20년 이상 러시아 코민테른 자료와 씨름하는 성균관대 사학과 모 교수는 "이 책이 연관성을 상실했다"며 혹평했다. 역사대중화의 외길을 걷고 있는 푸른역사 모 대표는 "자신을 드러낸 역사책"이라고 힐책했다. 국사 해체까지도 주장한 대전대 역사문화학과 모 교수는 책의 서평을 쓰면서 "문학적 감성으로 표현된 저자의 총체적 결론을 이해하기에 평자의 역사학적 이성이 너무 편협한 것일까?"라며 '문학책'이라고 비판했다. 심지어 교보문고는 '미쩰'이라는 표기가 없다며 인터넷 서점에서 '미텔의 시기'로 표시하여 책을 구매하기도 어려웠다. 그런 엉터리 같은 제목이 역사책이냐는 항의까지 받았다.

반전이 있었다. 정치부 기자 출신으로 '조선의 못난 개항'이라는 역사책을 쓴 문소영 기자는 이 책을 2012년 4월 25일 문화면 톱으로 보도했다. '명성황후 시해인물은 일본순사 와타나베'라는 제목으로 포털사이트 다음(Daum) 초기화면에 떴다. 그날 댓글이 500개 이상 달렸다. 이 책은 2013년 6월 대한민국 학술원 우수학술도서에 선정되었다. 러시아 대외정책을 연구하며 크레믈린에서 외교자문위원을 맡고 있는 모스크바국립대학 지도교수 아이라뻬또프(О.Р. Айрапетов)는 '자랑스럽다'(Я горжусь Вами!)는 축하의 메일을 보내주었다.

주변에서 '미쩰'이 뭐냐는 질문이 많았다. 사실 제목을 정할 때 '미쩰'이라는 러시아어를 한국에 정착시키겠다는 나의 생각은 전면적 반대에 직면했다. 국제법 전공으로 1인설만 꿈꾸는 동북아역사재단 유하영 박사만 유일하게 '미쩰'을 지지했다. 막상 책이 나오니 내 인생도 바뀌었다. 평생 3권의 책을 쓰겠다는 생각을 접고 1년에 한권씩 책을 써야겠다는 결심이 생겼다.

러시아어 '미쩰'(Метель)은 '눈보라'다. '미쩰'의 영어 표기는 '블리자드'
(Blizzard)와 '스노우스톰'(Snowstorm), 일본 표기는 '메텔'(メーテル)과
'후부키'(吹雪) 등이다. 처음에는 '미쩰' 표기의 다양한 의미를 이해하지
못했다. 다양한 표기는 '운명과 우연을 넘나드는' 인간의 삶처럼 묘하다.
오늘도 '미쩰'이 간절히 그립다.

2013년 8월
김 영 수

프롤로그

"운명의 여신은 행동하는 인간을 돌보실 뿐, 기도만 하고 있는 인간을 돌보시지 않는다. 욕망이 내 욕망처럼 강렬하다면 누군들 사랑의 앞길을 막는 장애물을 깨뜨리지 않겠는가?"(오비디우스, 『변신이야기』 8권 인간의 시대)

지금까지도 그리스 신화를 접할 때마다 나는 심장이 뛴다. 그것은 왠지 모를 신비감 때문일까? 아마도 그 이유는 그리스 신화가 나에게 인생에 대한 강한 여운을 주기 때문인 것 같다.

음악 '카니발의 아침'(Manha De Carnival)을 들으면 지독한 여운을 느낄 수 있다. 그 '카니발의 아침'은 1959년 감독 마르셀 카뮈(Marcel Camus)의 영화 '흑인 오르페'(Orfeu Negro)의 배경음악이었다. '흑인 오르페'는 아름다운 항구 리우데자네이루를 배경으로 비극적인 남녀 유리디스와 오르페 간의 사랑을 현실감 있게 다룬 작품이었다.

그런데 그 영화는 그리스 신화 오르페오와 에우리디체(Orfeo ed Euridice)의 신화를 현대적으로 재해석한 작품이었다. 이미 고전주의 음악가 글룩(C.W. Gluck, 1714 ~ 1787)은 그리스신화를 '오르페오와 에우리디체'라는 오페라로 부활시켰다. 이 오페라는 1762년 작곡되었지만 호평을 받지 못했다. 실패를 경험한 글룩은 1774년 다시 오페라 '오르페오와 에우리디체'를 개작하여 파리에서 성공할 수 있었다. 그는 그 당시 음악이 시에 종속되는 오페라를 개혁했다. 그는 이태리 프랑스 독일 오페라의 양식을 융합했다. 유럽 오페라의 융합으로 햇빛을 본 작품이 바로 '오르페오와 에우리디체'였다.

　　최고의 시인이자 음악가인 오르페오는 님프의 한 사람인 에우리디체를 아내로 맞아 지독하게 사랑했다. 그런데 에우리디체는 한 청년에게 쫓겨서 도망을 치던 중 독사에게 발목을 물려 죽었다. 오르페오는 아내의 죽음을 몹시 슬퍼했다. 그는 다른 여자들을 거들떠보지 않았고 트라키아 여인들의 원한을 사서 죽게 되었다. 오르페오의 시체는 산산조각이 되어 하프와 함께 강물에 던져졌다. 그는 사후 세계에서 죽은 아내와 재회하며 열렬한 사랑을 마음껏 누렸다. 그것은 죽음을 뛰어넘어야 성취되는 사랑과 해방되는 영혼이 표현되었다. 그리스 신화는 현실에서 신에 도달할 수 없는 인간의 한계를 깨닫게 해준다. 그 여운은 욕망, 불운, 열정을 담고 있었다.

　　이러한 여운을 유럽의 고전음악에서도 느낄 수 있다. 나에게는 포레(Faure)의 '파반느'(Pavane), 구노(Gounod)의 파우스트(Faust) 중 '정결한 집'(Salut demeure chaste et pure), 모차르트(Mozart)의 자이데(Zaide) 중 '편히 쉬어요, 내 사랑스런 연인'(Ruhe sanft, mein holdes Leben) 등이 바로 그것이다.

　　포레(G.U. Faure, 1845 ~ 1924)의 '파반느'(Pavane)는 오케스트라와 합창을 위한 곡으로 1887년 작곡되었다. 이곡의 어원은 16세기 초 스페인의 궁정무곡이었다. 스페인어로 파보(pavo)라고 하는 공작새를 흉내낸 곡이었다. 파반느에서는 합창이 음악을 이끈다. 배경 음악인 엄숙한 궁정의 무곡, 즉 음악이 합창을 따라온다. 합창은 순결한 영원을 의미했다. 파반느는 엄숙과 순결의 절묘한 조화를 만들었다. 파반느의 여운은 인간 세계에서 음악과 합창의 조화로 신의 세계와 소통하려는 욕망을 담고 있었다.

　　정결한 집(Salut demeure chaste et pure)은 1859년 구노(C.F. Gounod, 1818~1883)의 오페라 '파우스트'(Faust) 3막 중 서정적인 독창곡이다. 파우스트는 악마 메피스토펠레스와 거래하여 자신의 영혼을 저당 잡히는 조건으로 아름다운 청년의 모습을 얻는다. 청춘으로 돌아온 파우스트는 순결한 처녀 마르가레테의 집 창문 아래에서 "안녕! 순결하고 순수하여라"며 그녀의 정절과 아름다움을 찬미하는 노래 '정결한 집'을 부른다. '정결한 집'은 사랑의 대가로 영혼을 팔 수 있다는 인간의 한계를 초월하려는 욕망을 보여준다. 하지만 결국 파우스트는 마르가레테의 사랑을 얻지 못하고 지옥으로 떨어진다. 괴테는 인간이 영원한 사랑을 꿈꾸지만 지상에서 신을 거역할 수 없다는 한계를 보여주었다. '정결한 집'은 욕망과 불운을 깊이 생각할 수 있는 진한 여운을 남긴다.

그런데 소설 『파우스트』에서는 "무상한 것은 모두 한낱 비유에 지나지 않는다. 지상에서 미치지 않았던 것이 이 천상에서 이루어지니 말할 수 없는 것이 여기서 완성되었네. 영원한 여성이 우리들을 이끌어 올린다"라는 마지막 대사로 끝난다.

분석심리학자 융(C.G. Jung, 1875 ~ 1961)은 그의 회고록 『융의 생애와 사상』에서 『파우스트』의 결말에 대해 안타까워했다. 융은 『파우스트』의 마지막 결말이 삶에 대한 아무런 해결책을 제시하지 못한다는 사실을 간파했다.

융에 따르면 "내 실존의 의미는 내 삶이 나에게 어떤 문제를 던지고 있다는 사실에 있다. 내 존재 자체는 이 세상에 던져진 하나의 질문이며, 나는 내 나름대로의 답변을 제공해야 한다. 그렇지 못하게 되면, 나는 이 세상이 나에게 주는 답변에 만족해야 한다."

괴테는 『파우스트』를 통해서 지상에서의 불운한 인생을 보여주며 천상에서의 영원한 사랑을 꿈꾸었다. 반면에 융은 현실의 삶과 사후 세계가 서로 연결되었다는 강한 믿음을 갖고 있었다. 융은 현실을 살아가는 우리가 스스로 욕망과 불운 등에 관한 삶의 이유를 끊임없이 찾아야 한다는 사실을 나에게 일깨워 주었다.

모차르트(W.A. Mozart, 1756~1791)는 미완성 오페라 '자이데'(Zaide)

를 20대 초반에 작곡했다. 자이데(Zaide) 1막 3장 중 '편히 쉬어요, 내 사랑스런 연인'(Ruhe sanft, mein holdes Leben)은 매우 아름다운 선율과 가사가 나온다. 여주인공 자이데는 유럽의 귀족 신분에서 오스만투르크 술탄의 여인이 되었다. 자이데는 노예로 잡혀온 청년 고마츠를 향해 사랑의 아리아, 자장가를 부른다. 자이데는 잠을 청한 고마츠를 바라보며 "편히 쉬어요, 내 사랑스런 연인, 그대의 행운이 깨울 때까지"라고 위로하며 언젠가는 사랑의 꿈이 이루어지리라고 노래한다.

　이토록 아름다운 선율과 가사의 내용과 달리 모차르트는 그 시절 비참했다. 당시 모차르트는 고향 잘츠부르크로 돌아왔지만 잘츠부르크 대주교는 이탈리아 음악가들에 심취해 모차르트를 홀대했다. 그는 어머니와 더불어 다시 뮌헨, 만하임으로 떠났다. 그 과정에서 모차르트는 오페라 '마탄의 사수' 작곡가 베버의 조카딸인 알로이자 베버를 만나 열렬한 연애에 빠졌다. 파리로 향한 모차르트는 또 다시 비참한 현실에 직면했다. 모차르트는 파리에서 음악적으로 냉대를 받았고, 갑자기 어머니마저 병을 얻어 객사했다. 그는 혼자 고향으로 돌아가는 길에 알로이자를 찾았으나 그녀는 다른 남자를 연모했다. 이중삼중으로 상심한 모차르트는 고향으로 낙향한 상황에서 오페라 '자이데'를 창작했다. 고달프고 희망 없는 인간 세상을 잊고 싶은 그의 소망이 아름다운 선율에 녹아들었다. 그 아름다운 선율에는 모차르트의 불운한 현실이 진한 여운으로 담겨있었다.

　모차르트의 피아노 소나타 8번(Piano Sonata No.8 Aminor, K.310)을 들으면, 좌절과 미래의 동경 속에 고뇌하며 불안해하는 인간의 표상을 느낄 수 있다. 피아노의 선율 속에는 마음은 저 멀리 달려가고 있는데, 실타래는 풀리지 않는 듯, 왠지 모를 불운한 슬픔을 느낄 수 있다. 이 소나타는 모차르트의 1778년 작품이다. 모차르트는 파리에서 사망한 어머니의 죽음에 관한 슬픔과 상실감을 담아서 이 소나타를 만들었다.

마스네(J. Massenet, 1842 ~ 1912)의 오페라 '타이스'의 명상곡을 들으면 신과 인간 사이에서 방황하는 인간의 고뇌가 느껴진다. 수도승 아타나엘은 여주인공 타이스가 신의 사랑으로 지향할 것을 간절히 기도한다. 그 장면에서 타이스는 꿈을 꾸며 '신을 향한 사랑인가, 인간을 향한 사랑인가'라는 두 개의 사랑에서 지독히 갈등한다. 그 사랑의 끝이 어디인지 알 수 없듯이 바이올린의 뒤를 피아노가 천천히 쫓아간다. 인간과 신의 사랑 사이에서 고뇌하는 인간의 표상이 드러난다. 그런데 나중에 아타나엘의 소망은 어느새 타이스에 관한 사랑으로 변화한다. 아타나엘은 타이스의 가련함을 구원하는 마음에서 시작되었지만 어느덧 그녀에 대한 사랑과 욕망이 커져갔다.

이런 지독한 여운은 차이콥스키(П.И. Чайковский, 1840 ~ 1893)의 1875년 피아노(Piano) 협주곡 1번 2악장에서도 느낄 수 있다. 피아노의 소리와 성악가의 음성은 서로를 교묘하게 이끈다. 여기서 인간의 음성을 쫓는 피아노 소리, 현실에서 벗어날 수 없는 인간의 한계를 느낄 수 있다. 그 여운의 한가운데는 욕망, 불안, 열정이 숨겨져 있고 신, 인간, 권력의 관계망이 얽혀있다.

인간 한계와 사회 관계에 대한 본격적인 고민은 19세기 러시아 예술에 고스란히 반영되었다. 그 중 러시아 문학은 신, 인간, 권력의 본질적인 관계를 주목했다. 오늘날까지도 세계의 많은 독자가 러시아 문학을 읽는 이유도 그 진한 여운과 복잡한 관계 때문인 것 같다.

19세기 러시아 문학은 뻬쩨르부르크의 전제주의(서구주의)에 대한 반발이었다. 러시아 문학에서 인간과 권력의 대립 관계를 본격적으로 주목한 작가가 뿌쉬낀(А.С. Пушкин, 1799~1837)이었다. 그는 1833년 『청동기마상』에서 뻬쩨르부르크를 건설한 뾰뜨르 대제에 맞섰다. 가난한 하급관리 주인공 예브게니는 약혼녀 빠라샤와의 행복한 결혼을 꿈꿨다. 그런데 그는 1824년에 뻬쩨르부르크를 덮친 대홍수로 인해 약혼녀를 잃어버렸다. 그는 반미치광이가 되어 도시를 방황하다가 의회 광장에 있는 뾰뜨르 대제의 동상을 보았다. 그는 위험한 강가에 도시를 세운 이 절대 군주야말로 자신을 파멸시킨 장본인이라는 생각에 동상을 향해 주먹질을 하였다.

"청동 기마상이 말발굽 소리 요란하게 울리며 그의 뒤를 쫓아 달려온다. 가련한 미치광이가 어디를 가든 청동 기마상이 무겁게 말발굽 소리 울리며 밤새도록 그의 뒤를 따라왔다."

그러자 청동 기마상은 분노하여 가엾은 광인의 뒤를 쫓아왔고, 그 후 예브게니는 시체로 발견되었다. 뿌쉬낀은 권력에 맞선 인간의 최후를 서사시로 비참하게 묘사했다.[1]

그 후 러시아 문학은 인간의 비참함을 외면하지 않았다. 20세기 러시아 작가 안드레이 벨뤼이(Андрей Белый, 1880 ~ 1934)는 권력의 상징이었던 뻬쩨르부르크 전제주의의 종말을 고했다. 안드레이 벨뤼이는 1915년 발표한 소설 『뻬쩨르부르크』를 통해서 러시아의 역사적 사명과 러시아 민족의 정체성에 대한 질문을 던졌다.[2] 그는 인간에게 불운과 좌절을 주었던 권력도 영원할 수 없다는 사실을 강력히 제기했다. 그는 1917년 혁명과 함께 사라진 전제주의의 몰락을 목격했다.

인간에 대한 깊은 성찰을 보여준 러시아 작가가 도스또옙스끼(Ф.М. Достоéвский, 1821 ~ 1881)였다. 그는 법으로 인간의 유죄와 범죄 행위를 막을 수 없다며 인간 스스로 자신의 죄를 심판해야 한다고 생각했다. 도스또옙스끼는 악에 대한 묘사가 인간의 복수심을 오히려 무력화시킨다고 판단했다.[3]

도스또옙스끼는 1864년 『지하로부터의 수기』를 통해서 인간 세상에 대한 반항과 삶의 일반 양식을 부정하는 심리를 섬세하게 묘사했다. 『지하로부터의 수기』는 실제의 삶에 적응할 수 없는 몽상가에 관한 비극적인 이야기였다. 지하생활자는 퇴직한 하급 관리이며 먼 친척으로부터 6

천 루블을 물려받고는 그의 '구석' 뻬쩨르부르크 교외에 위치한 '방'에 영원히 안주하게 되었다. 지하 세계에 사는 지하 생활자는 아웃사이더로서 이 세상에 대해 반항하며 결코 보통 사람들의 삶의 양식을 받아들일 수 없는 뒤틀어진 심리로 묘사했다.[4]

"선한 일에 대해, 그리고 이 모든 아름답고 숭고한 것에 관해 의식하면 의식할수록 나는 더욱더 악의 구렁텅이로 빠져 들었고, 그곳에서 헤어날 수 없게 되었다... 절망 같은 것에도 가장 열렬한 쾌락들이 있다. 자신이 처한 상황이 막다른 골목이라는 것을 강하게 느낄 때 특히 그렇다."[5] 지하 생활자가 탈출하려는 '지하실'은 현실의 모든 것으로, '정상적인' 인간에게는 이성적이고 논리적인, 그러나 지하 생활자에게는 견딜 수 없는 것으로 판명되었다.

도스또옙스끼는 1866년 『죄와 벌』에서 두 남녀 주인공인 라스꼴리니꼬프와 소냐의 서로 상반된 사상을 보여주었다. 라스꼴리니꼬프는 자신의 의지대로 살고 싶어하는 반면, 소냐는 모든 것은 하나님의 손에 달렸다고 믿었다. 라스꼴리니꼬프는 시베리아로 유배된 후에도 자신의 죄를 진정으로 인정하지 못했다. 소냐의 기독교적인 사랑으로 라스꼴리니꼬프는 구원의 길로 들어섰다.[6]

도스또옙스끼는 인간의 가장 추악한 밑바닥을 보여주었다. 인간의 죄와 악에 대한 깊은 성찰, 그리고 지하 생활자의 세상에 대한 반항 등이 바로 그것이다. 그는 인간의 밑바닥, 그것을 성찰해야 인간이 신의 존재를 인식할 수 있고 구원 받을 수 있다고 생각했다.

19세기 러시아문학에서 인간과 권력 및 신과 인간 관계의 정점에 치달은 작가가 똘스또이(Л.Н. Толстой, 1828 ~ 1910)였다. 똘스또이는 인간의 지성을 높이 평가하면서 연구와 명상을 중시했다. "지성은 위대한 재능이며 신들이 인류에게 준 프로메테우스의 불이다. 이것이 똘스또이가 연구와 명상을 그토록 중요하게 생각하는 이유다. 할머니는 늘 내게 생각 없이 기도하라고 얘기하셨다. 그러나 '사고'야말로 지각 있는 삶을 만들고, 죽는다는 사실 즉 소멸의 가능성을 받아들이고 사는 것을 배우는 유일한 방법인 것이다."[7)]

똘스또이는 신이 무엇이고 신과 인간의 관계를 정의했다. "신은 만물의 기원이고 우리 존재의 본질적 조건이며, 우리가 우리 자신 안에 삶이라고 받아들이는 것과 사랑이라는 이름으로 우리에게 계시하는 것이오. 신이 세계와 인간을 창조했고 복종하지 않는 사람들은 모두 처벌한다는 말 따위는 잊어버리시오. 당신 자신의 삶을 새롭게 존중하기 위해 기억에서 그걸 지워버려야 하오."[8)] 그는 신은 인간 존재의 본질적인 조건이었고, 사랑이라는 이름으로 인간을 구원한다고 믿었다.[9)]

똘스또이는 1880년대 사상적으로 위기에 부딪치자 신, 인간, 권력의 관계를 본격적으로 고민했다. 그 이유는 1877년 『안나 까레니나』를 완성할 즈음 쇼펜하우어 사상 수용에 관한 똘스또이의 깊은 고민 때문이었다. 그는 1884년 자신의 모든 생활을 반성하면서 인생의 의미를 찾는 일에 몰두했다. 1889 ~ 1899년에 걸쳐 그의 장편소설 『부활』이 완성되었다. 『부활』은 저주받은 도시에 대한 장문의 글로 시작되었다. 법정에서, 감옥에서 부대끼는 죄수들의 서로 비방하는 일상생활들이 그의 사실적인 묘사에 의해 드러났다. 소설 『부활』의 본질적인 문제는 '사회는 과연 인간을 재판할 권리를 갖고 있는 것인가'라는 문제였다.[10)] 똘스또이는 인간의 지성을 신뢰했지만, 권력에 희생당한 인간이 신의 사랑으로 구원받아야 한다고 믿었다. 그는 신의 구원을 받기 위한 전제 조건으로 인간의 무소유가 필요하다고 생각했다.

인간은 시련에 부닥치면 자신의 과거를 뒤돌아보며 돌파구를 찾는다. 시련 과정에서 인간은 일단 자신을 둘러싼 모든 사람을 의심한다. 본능적으로 자신의 적과 동지가 누구인가 확실하게 구분하려고 한다. 그를 위험에 빠뜨린 핵심부가 누구인지 고민한다. 자신을 둘러싼 모든 환경의 변화를 파악하려고 애쓴다. 어느 정도 주변 환경의 변화를 파악하면 철저한 고립 또는 활발한 교류 등을 선택한다. 위기상황이 닥치면 인간은 자신의 둘러싼 모든 환경을 의심하며 갈등한다. 인간과 인간 관계에 대한 의심 및 인간 관계의 선택, 자신을 둘러싼 권력의 향방, 시련을 극복하기 위한 몸부림, 시련에 굴복된 이후 신을 향한 구도 등이 바로 그것이다. 이 과정에서 자신의 욕망, 불운, 열정을 둘러싼 인간과 권력에 대한 본질적인 의문을 품는다.

고대 그리스 신화, 유럽의 고전음악, 19세기 러시아문학 등이 지금까지도 나에게 진한 여운을 주는 이유는 바로 인간과 인간, 인간과 권력, 신과 인간에 대한 본질적인 물음 때문이었다. 여기에 인간의 생명적 유한성은 인간의 한계를 극명하게 드러낸다. 그런 한계를 갖고 있는 인간이 할 수 있는 것은 무엇일까? 영혼이 살아남을 수 있는 방법은 무엇일까?

필자의 90년대 초반 대학시절은 민주화의 끝물이었다. 그 당시 학교 안팎에서의 방황 속에서 나는 '나란 존재의 정체성'을 고민하기 시작하였다. 조금 철들어서 대학원에 진학했다. 그러면서 나는 정체성을 찾는 방편으로 문학과 예술의 역사에 관심을 기울이게 되었다. 점차 근대소설, 근대인물에 접근했고 나는 근대 지식인의 모태인 '독립협회'에 초점을 맞추었다. 그래서 '독립협회'에 대한 논문을 쓰려고 '독립신문'을 이 잡듯이 뒤져보았다. 그런 가운데 독립협회를 형성한 정치적 상황이 중요하다는 사실을 알았다. 그리고 독립협회가 출범할 수 있는 중요한 정치적인 사건인 '아관파천'을 석사논문으로 결정했다. 왜냐하면 문학사와 예술사를 서술하기 위해서는 정치사에 대한 해박한 지식이 관건이라는 사실을 깨달았기 때문이다. 물론 이러한 과정에는 주변 선배들의 한없는 정신적인 원조가 밑거름이었다.

조선의 국왕이 러시아공사관에 피신한 '아관파천'은 조선정치사에서 참으로 불행한 사건이었다. 그것도 한 나라의 국왕이 여장을 한 채 피신했다니... 그런데 당시 기록을 살펴보면 '아관파천'을 부정적으로만 파악 하지 않았다. 일부 지식인들은 조선이 독립할 수 있는 기회라고도 생각 하였다. 비극적인 사실이 이해 당사자에 따라 희극이 될 수 있다는 사실 은 나에게 사물을 바라보는 또 다른 시각을 일깨워주었다.

'아관파천'으로 논문을 쓰면서 조선 중앙정치세력의 정책구상, 조선 에 대한 열강의 외교정책 등에 대한 궁금증이 증폭했다. 특히 '아관파천' 당시 러시아의 조선정책이 무엇인가라는 의문점이 꼬리를 물었다. 왜냐 하면 기존의 연구가 너무 단편적인 사실만 제공했기 때문이었다. 무엇보 다도 한국과 러시아의 관계사를 한국사의 입장에서 바라보고 싶었다. 그 래서 석사논문을 마치고 6개월 후 모스크바행 비행기를 탔다.

그 후 모스크바에서 겨울을 일곱 번 맞이했다. 필자는 '19세기 말 20 세기 초 러시아의 극동정책에서 조선정책'이라는 주제로 박사학위를 썼 다. 필자는 박사논문에서 조선을 포함한 극동문제에 대한 러시아정부의 정책 결정과정, 러시아의 대외정책을 주도했던 중앙 정치세력의 동향을 주목했다.

모스크바 생활은 힘들었지만 학문적으로 행복했다. 왜냐하면 모스크 바는 근현대 한국사 자료의 보고이기 때문이다. 그 많은 한국 관련 자료 를 모두 수집하지 못했다는 아쉬움이 남는다. 아니 어쩌면 한 개인이 러 시아 소재 한국사 관련 자료를 수집한다는 것은 헛된 꿈일지도 모른다.

처음 1년 동안 어학과정을 밟았고, 그 후 박사과정에 진학했다. 지금 도 잊을 수 없는 사람이 80대 할머니 지도교수님이다(Н.С. Киняпин a). 말도 어눌하게 하는 외국학생을 지도했던 그녀의 노력에 경의를 표 한다. 불행하게도 그녀는 노환으로 2003년 고인이 되었다. 그녀는 러시 아학계에서 19세기 후반 외교사의 별이었다. 그녀는 나에게 인간과 학문 에 대한 고민, 학자가 어떻게 늙어야하는가를 가르쳐준 고마운 스승이었다.

나의 최종학위 지도교수는 그녀의 제자인 40대 중반의 젊은 학자였다

(О.Р. Айрапетов). 그는 논문 한편 한편이 학자를 강하게 만드는 것이라면서 나와의 첫 만남부터 논문을 쓸 것을 강요했다. 박사논문을 쓰는 동안 그는 나에게 사료를 읽고 자신의 견해를 세울 것을 강조했다. 그는 지도학생을 내외국인 차별 없이 학문적으로 지독하게 괴롭혔다. 가끔씩 나는 논문 토론장에서 보여준 그의 광기어린 천재성을 떠올리며 그를 기억한다.

모스크바에는 근대시기 한국관련 자료가 국립문서보관소, 대외정책문서보관소, 군사문서보관소 등에 소장되어있다. 그리고 뻬쩨르부르크에는 역사문서보관소, 해군함대문서보관소 등이 있다. 이러한 문서보관소를 찾아다니며 한국관련 자료를 뒤지자니 발바닥에 불이 날 수 밖에 없었다. 러시아의 문서보관소는 한국관련 자료가 별도로 보관되지 않았다. 때문에 모든 문서보관소에 소장된 한국자료를 일일이 찾을 수밖에 없었다. 물론 국내에 일부 자료목록집이 있지만 그것은 빙산의 일각이다. 이러한 한국관련 자료의 상세한 지도를 그리는 것이 나의 목표 중 하나가 되었다.[11] 언젠가 기회가 되면 러시아소재 한국관련 목록과 해제를 상세히 소개할 계획이다.

그 과정에서 필자는 대외정책문서보관소에서 을미사변 관련 자료를 주목했다. 주한 외국공사의 보고서 중 러시아공사 베베르(К.И. Вебер)는 1895년 10월 9일 러시아 외무대신 로바노프(А.Б. Лобанов-Ростовский)에게 을미사변에 관한 장문의 보고서를 보냈다. 이 보고서에는 15장 분량의 본문, 현장의 생생한 증언을 담고 있는 11개의 부록, 경복궁에 대한 상세한 1개의 지도 등으로 구성되었다.[12] 이 보고서가 100년이 넘는 지금까지도 주목받은 이유는 주한 외국공사의 보고서 중 가장 상세하게 을미사변을 기록했기 때문이다. 그 중 을미사변을 목격한 러시아인 사바찐(Середин-Сабатин А.И.)의 증언과 보고서는 저자에게 충격이었다. 당시 사바찐은 을미사변 당일 현장에서 매 시간마다 사건의 추이를 확인했고, 새벽 5시가 넘어서는 15분 단위로 상황을 파악했다.[13] 그래서 그 어떤 증언과 보고서보다 사바찐의 기록은 을미사변에 대한 상세한 정보를 제공해주었다. 나는 대외정책문서보관소의 을미사변 관련 자료를 살펴보면서 사건현장의 생생한 복원을 꿈꿀 수 있었다.

그런데 필자는 모스크바 시절 을미사변에 대한 자료를 복사하고 필기했지만 본격적인 을미사변 논문을 집필하지 않았다. 그 이유는 유학시절에는 러시아의 외교와 군사 정책에 집중하고 싶었기 때문이었다.

필자는 학위를 마치고 한국에 돌아오자마자 을미사변에 관한 자료를 정리하고 논문 집필을 시작했다. 무엇보다도 인간과 권력, 권력과 권력의 갈등 속에 숨겨진 본질을 파헤치고 싶었다. 그 이유는 인간과 권력에 희생당한 한 인물에 대한 최소한의 예의가 사건에 대한 사실을 정확하게 복원해 주는 것이라고 믿었기 때문이었다. 현재 나의 '정체성'과 과거 인물의 '정체성' 사이에 대화를 하고 싶다는 욕망도 생겼다. 그것은 극한 상황에 직면한 인간의 선택 및 인간의 이해관계 등을 살펴볼 수 있기 때문이었다.

현실 세상에서는 신과 인간의 관계보다는 오히려 인간과 권력이 더 밀접하고 복잡하게 엉켜있었다. 사회의 굴레는 그 속에서 살아가는 사람들의 인간다움을 말살시키고 애정을 짓밟아 버린 경우가 많았다. 권력의 뒤편에는 정치의 주도권을 잡으려는 국내세력 및 자국의 이해관계를 관철시키려는 국제 세력이 꿈틀거렸다. 인간과 권력의 실타래를 풀어야 그 당시의 시대정신, 오늘날의 교훈, 인간의 현명함 등을 얻을 수 있다. "더 멀리 떨어진 뒤에서 볼수록 더 멀리 떨어진 앞을 볼 수 있기 때문이다."[14]

필자는 우연인지 필연인지 과거와 현재의 대화 장소 중 하나로 한국 근대사를 선택했다. 그런데 근대사 전공자인 필자도 개항기 정치권력의 변화속도에 대해서 놀라움을 감출 수 없었다. 1882년 군사정변인 임오군란, 1884년 정치쿠데타인 갑신정변, 1894년 일본군대의 경복궁침입사건 등이 바로 그것이다. 눈을 뜨면 권력이 변한다는 이야기가 들어맞는 시기였다. 무엇보다도 1895년 을미사변과 1896년 아관파천, 즉 명성황후의 암살과 고종의 러시아공사관 피신은 극단의 시기의 정점이었다. 그 정점에 항상 열강이 존재했다.

그 시대 세계는 해양과 철도로 연결되었다. 제국주의 열강의 외압이 조선을 변화시켰다. 정치적 군사적 외압을 바탕으로 열강은 자국의 이익을 관철시키기 위해 상호 연대와 대립을 반복하면서 치열한 외교전을 펼쳤다. 그 과정에서 조선 측의 대응도 있었다. 외압에 대응해 조선 역시 열강과 외교라는 수단을 통해 국권을 지키려고 노력했다. 국제와 국내 질서를 상호 조망해야만 시대의 변화를 객관적으로 파악할 수 있다.

19세기 후반기는 러시아와 일본뿐만 아니라 조선의 역사에서도 매우 중요한 의미를 갖고 있었다. 즉 조선은 외세의 내정간섭에 따른 국가 존립의 위기에 직면하였다. 당시 영국과 일본은 자국의 조선 침략과 강점의 정당성을 합리화하려는 전략으로 공러(恐露)의식을 조작했다. 러시아는 극동지역에서 일본과 대립하는 하나의 축이자 조선과 국경을 맞대고 있는 나라였다. 이러한 상황에서 조선은 러시아의 외교정책에 대해서 매우 민감하게 반응할 수밖에 없었다.

그동안 국내외 학계는 정치적, 사료적 한계 때문에 삼국을 아우르는 연구를 진행하기 어려웠다. 일방적인 국제관계가 아닌 조선과 열강의 상호 대응이라는 측면이 규명되어야 한다. 이러한 의미에서 을미사변과 아관파천이란 소재는 한·러·일 삼국의 관계를 역동적으로 조명할 수 있는 주제이다.

그 동안 '을미사변과 아관파천'에 관한 학문적 관심이 많았고, 그 성과도 상당했다. 하지만 한국사 분야에서의 연구 성과는 주로 정치세력의 대립, 즉 대원군과 명성황후라는 대립구도로 설명되었다. 그 이유는 국내외 연구가 대체로 을미사변과 아관파천을 일본측 사료에 기초하여 연구를 진행했기 때문이었다. 특히 일본자료에 근거한 일부 연구자들은 을미사변과 아관파천의 본질을 단순한 정권 쟁탈전으로 간주하였다. 이 견해는 을미사변과 아관파천에 등장하는 다양한 국내 정치세력이 외국 공사관의 '꼭두각시'라는 생각과 연결되었다. 이러한 기존 시각을 극복하기위해서 을미사변과 아관파천을 전후한 시기의 정치적 분쟁이 정책적 견해 차이를 수반했을 가능성에 주목해야한다. 그리고 을미사변과 아관파천에 표출된 정치적 분쟁을 근대적 개혁의 구체적 방법을 둘러싼 대립으로 살펴볼 필요가 있다.

그동안 국내외 학계는 을미사변과 아관파천과 관련하여 가장 핵심자료인 러시아를 비롯한 열강의 외교문서를 총체적으로 이용하지 못했기 때문에 사건 자체에 대한 완벽한 복원을 진행할 수 없었다. 예를 들면 을미사변 당시 현장에서 가장 첨예한 대립을 했던 베베르와 미우라 공사의 시각, 명성황후 암살과정을 객관적으로 규명할 수 있는 러시아인 사바찐의 보고서, 을미사변과 아관파천 당시 러시아공사의 활동 등이 바로 그것이다. 필자는 을미사변과 아관파천의 기본적인 자료인 한국 문서 및 일본을 비롯한 조선주재 외국대표의 외교문서도 적극적으로 활용했다.

외교사 분야에서의 연구 성과는 국제관계의 대립, 즉 영국과 일본, 러시아와 프랑스 등의 대립구도가 조선의 국내질서를 규정했다고 주장했다. 따라서 근대 열강과 조선 사이의 관계를 교차하면서 국내질서의 변동을 설명하는 것은 여전히 학계의 숙제로 남아 있다. 무엇보다도 주한 외국공사관의 움직임이 포착되어야한다.

근대 열강은 외교적 활동을 통해서 한국 사회에 깊은 영향력을 행사했다. 한국도 마찬가지로 외교적으로 한국의 이익을 수호하려는 노력을 진행했다. 이 책은 우선 사건에 대한 기초적인 사실의 규명을 통해서 당시의 정치·외교사 인식 형성에 도움을 줄 것이다. 무엇보다도 이 책은 단순히 을미사변과 아관파천 사건 자체를 규명하는 데 그치는 것이 아니라, 그 당시 러시아와 일본의 외교 정책도 교차 분석되었다.

막상 프롤로그를 마치려니 페르시아 수학자이자 철학자인 오마르 카이얌(Omar Khayyām, 1048 ~ 1123)의 시 구절이 떠오른다.

"나는 젊었을 때 열심히 학자와 성인을 찾아다니며 이것저것 많은 이론을 배웠네. 그러나 언제나 되돌아 나왔네. 내가 들어간 그 문으로."

이젠 그런 것 같다. 그 문, 그 자리는 항상 동일했지만, 먼 길을 돌아서 거기에 서 있는 내 눈동자에 눈물이 어린다는...

2012년 1월
김영수

주 석

1) 알렉산드르 뿌쉬낀, 『청동기마상』, 열린책들, 1999, 368, 434쪽.

2) 안드레이 벨뤼이(Андрей Белый), 『페테르부르크(Петербург)』, 문학과지성사, 2006, 738쪽. 안드레이 벨뤼이는 러일전쟁 직후 러시아혁명을 배경으로 1914-1915년에 뻬쩨르부르크라는 소설을 발표했다.

3) 도스또옙스끼, 「작가의 일기」, 『신과 인간의 비극』, 문학세계사, 1982, 60쪽.

4) 도스또옙스끼, 『지하로부터의 수기』, 열린책들, 2002, 661~676쪽.

5) 도스또옙스끼, 『지하로부터의 수기』, 열린책들, 2002, 445~447쪽. 도스또옙스끼는 세계사에서의 러시아의 중심적인 역할 및 선과 악에 대한 독창적인 철학을 포함한 이념을 설교했다.(로날드 힝글리, 『러시아의 작가와 사회』, 현대미디어, 2001, 37쪽)

6) 박형규외, 『러시아 문학의 이해』, 건국대출판부, 2003, 311쪽.

7) 제이 파리니 지음, 「불가코프」『똘스토이의 마지막 정거장』, 2004, 158쪽.

8) 제이 파리니 지음, 「자시에카 숲 늦 겨울의 소요」『똘스토이의 마지막 정거장』, 2004, 49쪽. 똘스또이는 1880년대 비폭력의 원칙을 포함하여 그에 의해 설파된 실천적 기독교의 윤리에 기초한 운동을 일으켰다.(로날드 힝글리, 『러시아의 작가와 사회』, 현대미디어, 2001, 38쪽)

9) 아직 봄도 아니건만 수액이 흐르는 얼음 덮인 뿌리에 나는 입술을 대네. 내 입이 마른 눈과 달짝지근하고 끈적끈적한 나무껍질로 가득 찰 때, 겨울에도 따뜻하네, 나는 머리 숙여 기도를 올리네 주여, 내가 이 숲을 알 듯 당신을 알게 하소서...(제이 파리니 지음, 「자시에카 숲 늦 겨울의 소요」『똘스토이의 마지막 정거장』, 2004, 109쪽)

10) 박형규외, 『러시아 문학의 이해』, 건국대출판부, 2003, 303~308쪽.

11) 김영수, 「러시아 문서보관소 소재 근대 독도를 포함한 한반도 자료현황」『독도문제의 학제적 연구』, 동북아역사재단, 2009.

12) АВПРИ(대외정책문서보관소). Ф.150.Оп.493.Д.6.Л.60об.

13) АВПРИ(대외정책문서보관소). Ф.150.Оп.493.Д.6.Л.126об.

14) G.W. Maxim, 『살아있는 사회과 교육』, 학지사, 2009, 103쪽.

주요인물

1. 한국인물

고종(高宗, 1852 ~ 1919) : 조선 26대 왕. 1863~1907 재위. 이름은 희(熙), 아명은
　　　명복(命福), 초명은 재황(載晃). 1897년 국호를 대한제국으로 바꾸고 황제
　　　등극.

권형진(權瀅鎭, ? ~ 1900) : 1880년 경진무과 급제, 1895년 경무사, 을미사변 당일
　　　경복궁 진입, 1900년 사형. 권동진의 친형.

김홍집(金弘集, 1842 ~ 1896) : 제2차 수신사에 참여, 외무독판, 갑오개혁 주도,
　　　을미사변 당시 총리대신.

명성황후(明成皇后, 1851 ~ 1895) : 반일정책 주도, 1895년 10월 일본에 의해
　　　시해됨.

안경수(安駉壽, 1853 ~ 1900) : 주일 한국외교관. 을미사변 당시 군부대신, 1898년
　　　고종폐위사건 연루. 1900년 사형.

우범선(禹範善, 1857 ~ 1903) : 1881년 별기군 참령관, 1894년 장위영 영관, 을미
　　　사변 당시 훈련대 2대대장.

이범래(李範來, 1868 ~ ?) : 1894년 장위영 영관, 을미사변 당시 중대장으로 훈련대
　　　1대대 지휘, 1908년 함경남도 관찰사.

이범진(李範晋, 1852 ~ 1911) : 아관파천 주도, 러시아·프랑스·오스트리아 3국
　　　주재 한국공사.

이재면(李載冕, 1845 ~ 1912) : 흥선대원군의 아들이자 고종의 형. 1882년 무위
　　　대장(武衛大將), 을미사변 직후 궁내부 대신.

이재순(李載純, 1851 ~ 1904) : 춘생문사건 주도, 고종독차사건 주도, 궁내부대신.

이주회(李周會, 1843 ~ 1895) : 1895년 군부협판, 을미사변 당일 대원군 호위

이준용(李埈鎔, 1870 ~ 1917) : 이재면의 아들. 1894년 내무협판. 을미사변 이후
　　　일본 유학, 1897~99년 유럽을 시찰한 뒤 일본에 체류(千葉縣), 1907년
　　　귀국.

임최수(林最洙, 1853 ~ 1895) : 춘생문사건 당시 고종의 밀지를 받은 인물. 1895년
　　　시종원 시종, 춘생문사건 직후 사형.

정병하(鄭秉夏, 1849 ~ 1896) : 1889년 참의교섭통상사무, 을미사변 당시 농상공부

협판.

조희연(趙羲淵, 1856 ~ 1915) : 1894년 군부대신, 1896년 2월 일본 망명.

현흥택(玄興澤, 1858 ~ ?) : 1883년 보빙사(報聘使) 수행원, 을미사변 당시 시위대 연대장(副領), 1896년 궁내부 내장사장(內藏司長), 1904년 친위대 1연대장.

홍계훈(洪啓薰, 1842 ~ 1895) : 1882년 무예별감, 1888년 충청병사, 1894년 양호 초토사, 을미사변 당시 훈련대 연대장(副領).

홍선대원군(興宣大院君, 1820 ~ 1899) : 쇄국주의자, 고종 즉위 후 10년간 조선 국정 장악, 1894년 일본군대의 '7.23경복궁침입사건' 가담, 을미사변 당시 경복궁에 진입.

2. 일본인물

고바야카와 히데오(小早川秀雄, 1870 ~ 1920) : 을미사변 당시 한성신보 편집장, 1899년 규슈(九州) 니치니치신문(日日新聞) 주필, 『민후조락사건(閔后殂 落事件)』 저술.

스기무라 후카시(杉村濬, 1848 ~ 1906) : 을미사변 당시 주한일본공사관 서기관. 명성황후 시해사건 가담.

고무라 주타로(小村壽太郎, 1855 ~ 1911) : 을미사변 직후 주한 일본공사, 1896년 서울의정서(고무라-베베르 협정) 체결, 1901년 일본 외무대신.

구니토모 시게아키(國友重章, 1861 ~ 1909) : 을미사변 당시 한성신보사 주필, 일본자객 2조 지휘, 『國友重章關係文書』(國會図書館憲政資料室藏).

구스노세 유키히코(楠瀬幸彦, 1858 ~ 1927) : 을미사변 당시 주한 일본공사관 무관, 경복궁 광화문 총괄 지휘, 1913년 육군대신.

마야하라 쯔토모토(馬屋原務本, 1849 ~ ?) : 을미사변 당시 일본수비대 대대장 (육군소좌), 경복궁 추성문 총괄 지휘.

마키 마사스케(馬來政輔 1849 ~ 1905) : 을미사변 당시 일본 수비대 3중대장 (육군대위), 경복궁 광화문 배치.

무라이 타카무네(村井右宗, 1850 ~ ?) : 을미사변 당시 일본 수비대 2중대장 (육군대위), 경복궁 추성문 배치.

무츠 무네미츠(陸奧宗光, 1844 ~ 1897) : 1895년 일본 외무대신, 『건건록』 저술, '무쓰' 또는 '무쯔'라고도 표기.

미야모토 다케타로(宮本竹太郎) : 을미사변 당시 일본수비대 소위 및 훈련대 교관.

미우라 고로(三浦梧樓, 1846 ~ 1926) : 일본 육군중장, 을미사변 당시 주한 일본
    공사, 명성황후 시해사건 주도.
아다치 겐조(安達謙藏, 1864-1948) : 을미사변 당시 한성신보사 사장, 일본자객
    1조 지휘, 1925년 체신대신.
오기와라 히데지로(荻原秀次郎) : 을미사변 당시 주한 일본공사관 경부, 명성황후
    시신처리 주도.
오카모토 류노스케(岡本柳之助, 1852 ~ 1912) : 일본 육군 대위, 1894년 조선 군부
    고문, 경복궁 건청궁 명성황후 시해 총괄 지휘.
와타나베 다카지로(渡邊鷹次郎, 1849 ~ ?) : 을미사변 당시 주한 일본공사관 순
    사, 명성황후 암살자로 추정, 1910년 조선총독부 경무총감부 고등경찰과
    경시.
이노우에 가오루(井上馨, 1836 ~ 1915) : 1885년 일본 외무대신, 1894년 주한 일본공사.
이토 히로부미(伊藤博文, 1841 ~ 1909) : 1885년 초대 내각총리대신, 을미사변과
    아관파천 당시 일본 내각 총리대신, 1905년 초대 한국통감.
후지도 요조오(藤戶與三, 1850 ~ ?) : 을미사변 당시 일본수비대 1중대장(육군
    대위), 대원군 호위.

3. 서양인물

다이(W.M. Dye, 1831 ~ 1899) : 미국 육군대령, 1890년 조선 병조참판, 을미사변
    당시 외국인 대궐수비대.
그레이트하우스(C.R. Greathouse, 1848 ~ 1899) : 1890년 조선 내무협판, 1896년
    법부고문으로 '8월사변보고서' 참여.
로바노프(А.Б. Лобанов-Ростовский, 1824 ~ 1896) : 1867년 러시아 외무부
    차관, 을미사변 당시 러시아 외무대신.
뮈텔(G.C. Mutel, 1854년 ~ 1933) : 뮈텔주교, 조선교구 8대 교구장, 을미사변과
    춘생문사건 관련 기록을 『뮈텔주교일기』에 남김.
베베르(К.И. Вебер, 1841 ~ 1910) : 1895년 주한 러시아공사, 『한국도시 지명
    러시아어 표기 견본』 저술.
비테(С.Ю. Витте, 1849 ~ 1915) : 1892년 교통부대신, 을미사변 당시 러시아
    재무대신.
뿌짜따(Д.В. Путята, 1885 ~ 1915) : 1896년 조선군대의 러시아군사교관 단장

(육군대령), 1898년 러시아 육군참모본부 아시아과 과장, 1901년 7월 흑룡강주 군사총독.

사바찐(А.И. Середин-Сабатин, 1860 ~ 1921) : 러시아 건축가, 경복궁 관문각 공사 지휘 감독, 을미사변 당시 외국인 대궐수비대.

쉬뻬이에르(А.Н. Шпейер, ? ~ 1916) : 1884년 주일 러시아 대리공사. 1896년 주한 러시아 공사.

실(John M.B. Sill, 1831 ~ 1901) : 을미사변과 아관파천 당시 주한 미국공사.

알렌(H.N. Allen, 1858 ~ 1932) : 의사. 미국 선교사. 을미사변 당시 주한 미국 공사관 서기관, 1897년 주한 미국 공사.

오코너(N.R. O'Conor, 1843 ~ 1908) : 을미사변 당시 청국주재 영국공사, 1896년 주러 영국공사.

운떼르베르게르(П. Ф. Унтербергер, 1842 ~ 1921) : 1895년 러시아 연해주 군사령관(육군중장), 1897년 조선을 방문한 뒤「한국문제의 현재상황」보고서 작성, 1905년 러시아 연흑룡 총독.

히뜨로보(М.А. Хитрово, 1837 ~ 1896) : 1891년 포르투갈 주재 러시아공사, 을미사변과 아관파천 당시 일본주재 러시아공사.

힐리어(W.C. Hillier, 1849 ~ 1927) : 1883년 조영조약 체결을 위한 청국주재 영국공사 파크스의 조선 방문 수행, 을미사변과 아관파천 당시 주한 영국 총영사, 1908년 중국정부 고문.

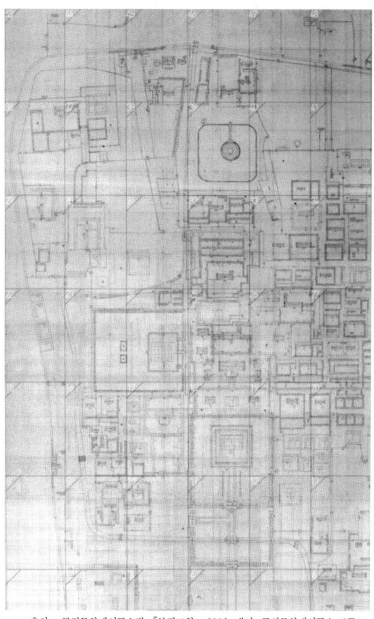

출처 : 국립문화재연구소편, 『북궐도형』, 2006, 대전: 국립문화재연구소, 9쪽

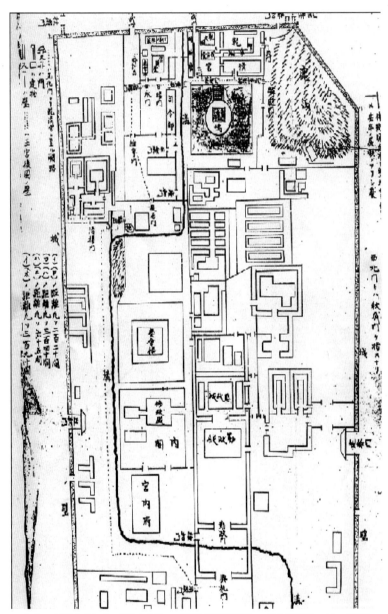

출처 : 市川正明 編, 『日韓外交史料(5): 韓國王妃殺害事件』, 東京:原書房, 1981, 277쪽

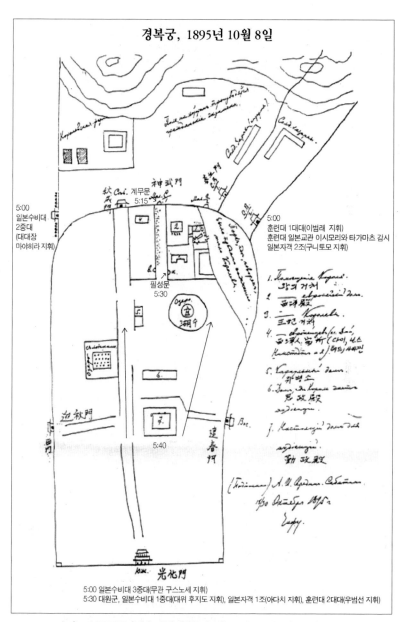

경복궁, 1895년 10월 8일

5:00
일본수비대
2중대
(대대장
마야히라 지휘)

계무문
5:15

필성문
5:30

5:40

5:00
훈련대 1대대(이범래 지휘)
훈련대 일본교관 이시모리와 타가마츠 감시
일본자객 2조(구니토모 지휘)

5:00 일본수비대 3중대(무관 구스노세 지휘)
5:30 대원군, 일본수비대 1중대(대위 후지도 지휘), 일본자객 1조(아다치 지휘), 훈련대 2대대(우범선 지휘)

출처 : АВПРИ(러시아 대외정책문서보관소). Ф.150.Оп.493.Д.6.Л.137

ГАРФ (국립문서보관소, 모스크바) : Государственный архив Российской Федерации

АВПРИ (대외정책문서보관소, 모스크바) : Архив внешней политики Российской Империи

РГИА (역사문서보관소, 뻬쩨르부르크) : Российский государственный исторический архив

РГАВМФ (해군함대문서보관소, 뻬쩨 르부르크) : Российский государ -ственный архив военно-морс кого флота

РГВИА (군사문서보관소, 모스크바) : Российский государственный военно-исторический архив

곤녕합

사시향루

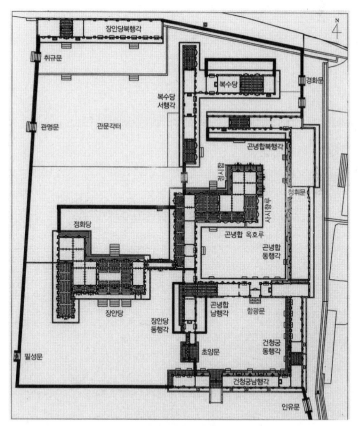

건청궁 내부 그림
(출처 : 유홍준, 『건청궁, 찬란했던 왕조의 마지막 기억』, 2007, 눌와, 29쪽)

목 차

제1부 을미사변

머리말 : 을미사변에 관한 의문과 논쟁

1. 을미사변에 관한 의문

을미사변이란 1895년 10월 8일 새벽 주한 일본공사 미우라(三浦梧樓)가 지휘하는 폭도들이 경복궁에 난입하여 명성황후를 암살한 사건으로 널리 알려졌다. 1895년 10월 12일 명성황후가 시해된 것도 모자라 '왕후폐위'까지 공식 발표되자 그 여파는 오래갔다. 한국에서는 단발령과 맞물려 의병운동이 전국적으로 전개되었다. 당시 한국인은 을미사변을 임진왜란과 대등하게 인식할 정도였고, "삼강오륜의 도리"를 지킨다는 명분으로 의병을 일으켰다.[1]

일본신문에서도 국내외 여론 동향을 주시하면서 10월 8일 을미사변의 정황이 연일 신속히 보도되었다. 일본은 1882년 일본을 방문한 러시아황태자 니꼴라이 2세(Николай Ⅱ)에 대한 쯔다(津田三藏)의 습격, 1895년 청일전쟁 협상을 위해 일본을 방문한 청국 북양대신 리훙장(李鴻章)에 대한 코야마(小山六之助)의 습격 등과 동일한 비중으로 을미사변을 다뤘다.[2]

---

1) 『高宗實錄』, 32년 8월 22일; 『日省錄』 建陽 元年 9月 13日. 을미사변은 음력 8월 20일에 발생했다. 당시 음력을 사용했지만 필자는 모두 양력으로 바꿨다. 그리고 당시 러시아는 구력을 사용하여 1900년 2월까지는 구력과 양력의 차이가 12일이었다. 필자는 러시아문서의 날짜도 모두 양력으로 바꾸었다.

삼국간섭 전후 극동문제를 주목한 러시아 황제 니꼴라이 2세도 을미사변을 일본이 러시아에 도전한 사건이라고 판단했다.[3] 그만큼 명성황후의 암살은 한국을 넘어서 일본과 러시아까지 영향을 미친 충격적인 사건이었다.

1895년 10월 8일 주한 외국공사는 사건의 심각성을 인식하면서 을미사변에 관한 전보를 본국정부에 신속히 타전했다. 주한 외국공사의 보고서 중 러시아공사 베베르(К.И. Вебер)는 1895년 10월 9일 러시아 외무대신 로바노프(А.Б. Лобанов-Ростовский)에게 을미사변에 관한 장문의 보고서를 보냈다. 이 보고서가 100년이 넘는 지금까지도 주목받은 이유는 주한 외국공사의 보고서 중 가장 상세히 을미사변을 기록했기 때문이다. 이 보고서에는 15장 분량의 본문, 현장 증언을 담고 있는 11개의 부록, 경복궁에 대한 상세한 1장의 지도 등으로 구성되었다. 그런데 베베르는 을미사변의 각종 증언을 정리하면서 "다양한 진술 중 허구와 과장으로부터 진위를 구별할 필요가 있다"고 지적했다.[4]

10월 8일 아침 경복궁 현장을 목격한 베베르조차도 을미사변의 정확한 사실 파악에 어려움을 겪었다고 토로했다. 사실규명이 그만큼 어려웠던 이유는 사건의 주요 참가자가 침묵하고 은폐했기 때문이다. 사건의 핵심인물로 지목받는 대원군이 시종 침묵으로 일관했고, 주한 일본공사 미우라는 사전에 준비한 계획대로 움직였다. 더구나 각종 증언의 허구와 과장에는 위기의 상황에서 자신에게 유리하게 기억하고 증언하는 인간의 속성도 묻어있다.

---

2) 小早川秀雄, 『閔妃殺害記』, 汎文社, 1965, 126쪽.

3) Дневник Императора Николая Ⅱ(황제 니꼴라이 2세의 일기), М. 1991. С.120. 주일 영국공사 사토우에 따르면 니꼴라이 2세는 일본이 한국에서 영향력을 확립하려는 사실을 참을 수 없다고 독일에 알렸다.(F.O. 405. Part Ⅵ. Inclosure No.96 p.68)

4) АВПРИ(대외정책문서보관소). Ф.150.Оп.493.Д.6.Л.60об.

지금까지도 을미사변의 진실규명 중 대원군의 혐의는 충분히 해명되지 못했다. 그 배경에는 대원군 관련 다수의 보고서와 회고록이 서로 모순되기 때문이다. 당시 '8월사변보고서'를 확인했던 법부고문 그레이트하우스(Clarence R. Greathouse, 具禮) 조차도 대원군의 역할에 대해 의문을 제기했다. 그레이트하우스는 1896년 4월 15일 대원군에게 히로시마 재판소 결정서와 함께 한통의 문서를 보냈다. 그레이트하우스는 "올해 1월 20일 일본 히로시마재판소에서 결정서를 작성했는데, 그 결정서 내용 중 전하의 행동이 많이 언급되었다"며 "전하와 관련된 내용을 해명하실 것"을 요청했다. 하지만 대원군은 "아직도 이 문제가 세간에 걱정거리로 남아 있다 하니 참기 어려운 일이며 한스럽기 그지없다. 작년 8월 사변에 대해서는 여론이 제멋대로인데 나의 말이 무슨 소용 있겠는가. 나는 조용히 있을 뿐이다"라고 답변했다.[5] 대원군은 해명보다는 침묵을 선택했다.

을미사변의 진실은 그대로 묻히지 않았다. 1896년 2월 11일 새벽 고종은 경복궁에서 정동에 소재한 주한 러시아공사관으로 피신했다. 아관파천이 성공되자 고종은 자신의 측근 인물을 내각관료로 기용했는데 그중 가장 신뢰하는 이범진을 법부대신에 임명했다. 그리고 고종은 법부대신 이범진에게 을미사변에 대한 전면적인 재조사를 지시했다.

한국의 고등재판소는 13명의 한국인을 체포하고 기소했다. 법부고문 그레이트하우스도 재판과정에 참여하여 모든 소송절차를 감독했다. 15

---

5) 『駐韓日本公使館記錄(9)』, [朝鮮事件에 대한 大院君의 辨駁書公表를 놓고 美國人과 大院君 간에 往復한 文書], 1896년 5월 15일, 特命全權公使 小村壽太郎→外務大臣 陸奧宗光, 178~179쪽. "마침 대원군이 시폐를 분히 여겨 스스로 궁중을 혁심하여, 보익하는 소임을 극진히 하고자 하는 뜻을 가지고, 가만히 조력함을 와서 구하기로"(市川正明編, 『日韓外交史料(5) : 韓國王妃殺害事件』, 東京 : 原書房, 1981: 「開國五百四年八月事變報告書」 『韓國王妃殺害事件』, 高麗書林, 1987, 437쪽.) 廣島裁判所는 대원군의 요청에 따라 일본공사가 명성황후 살해를 모의했다고 주장하고 있다.

일 동안 진행된 재판에서 관련자 대부분이 조사되었고, 모든 재판과정은
공식적인 문서로 작성되었다.[6) 그 과정 중 1896년 3월 16일 주한 외교
관을 포함한 현장 조사단은 전 시위대 1연대장 현흥택의 안내를 받아
현장 검증을 실시했다.[7) 고등재판소는 '8월사변보고서'를 작성하면서
미우라공사가 김홍집내각에 지시하여 명성황후의 폐위를 주도했고, 일
본 병사와 자객이 경복궁을 침입했다는 증거를 제시했다.[8)

당시 사변에 참여한 일본 민간인에 대한 다양한 명칭이 존재한다. 일
본인들은 '지사', '장사' 등의 용어를, 한국인들은 '낭인', '자객' 등의 용
어를, 서구인들은 일본인 또는 '소시(соши)' 등의 용어를 사용했다. 그
중 필자는 궁궐에 몰래 침입한 인물을 지칭하는 자객을 사용했다.[9)

고등재판소의 판결문을 근거로 고종은 일본정부에 공식적인 항의를

---

6) NARA. Despatches from U.S. Ministers to Korea 1895~1896, M.134 Roll.12
Enclose 1 No.208. Extract from The Korean Repository, March, 1896, p.1.
7) 법부 고문 그레이트하우스는 "심리과정에서 고문을 사용하지 않았고, 공정한 재
판과정이었다고 밝혔다. 보고서를 작성한 실도 서구적인 재판에 접근한 주목할만
한 재판이었다"고 기록했다.(NARA. Despatches from U.S. Ministers to Korea
1895~1896, M.134 Roll.12 Enclose 1 No.208. Extract from The Korean
Repository, March, 1896. p.2.)
8) 市川正明編, 「開國五百四年八月事變報告書」 『韓國王妃殺害事件』, 446, 453쪽.
9) "日本志士의 一黨" "壯士隊" (岡本柳之助述, 平井晩村編, 1912, 風雲回顧錄, 東
京：武俠世界社, 275, 277쪽) "志士의 일행"(小早川秀雄, 1965, 84쪽) "장사패"
(『駐韓日本公使館記錄(8)』, 1895년 11월 5일 機密36號 「1895년 10월 8일 王城事
變의 顚末에 관한 具報」, 內田定槌→西園寺, 82쪽) "일본사람 刺客"(市川正明編,
「開國五百四年八月事變報告書」 『韓國王妃殺害事件』, 436쪽) "무법의 일본인"
(NARA. Despatches from U.S. Ministers to Korea 1895~1896, M.134 Roll.12
No.156 p.17) "무장한 평복의 일본인"(F.O. 405. Part Ⅵ. Inclosure in 2 No.86
pp.42~43) "악명높은 '소시'"(F.O. 405. Part Ⅵ. No.79 p.37~38) "일본인으로
구성된 완전한 도당"(АВПРИ. Ф.150.Оп.493.Д.6.Л.63) "소시라고 불리는 몽상
가적 일본의 불행한 인민주의자들(в среде этих японских фанатических
неудачников - народников по прозванию 'соши')"(РГИА. Ф.560.О
п.28.Д.24.Л.116)

제기할 수 있었다. 고종은 주일 한국공사관에 히로시마재판소 판결의 재심을 요청하도록 지시했다. 1896년 7월 주일 한국공사 이하영은 "을미사변에 관한 새로운 사실이 발견되었다"며 히로시마재판의 재심을 요구하는 각서를 일본정부에 제출했다. 이 문서는 '8월사변보고서'를 바탕으로 제출되어 을미사변에 관한 한국정부의 공식적인 입장이 반영되었다. 한국정부는 히로시마재판소의 판결문까지 인용하면서 을미사변을 "자작 미우라(三浦梧樓)의 주도하에 서기관 스기무라(杉村濬) 및 오카모토(岡本柳之助)와 협의하여 추진한 사건"으로 규정했다. 더구나 한국정부는 "피고들이 내전에 당도하여 단지 흉악한 범죄를 저질렀을 뿐만 아니라 많은 살상과 분란을 일으켰다"고 주장했다. 이하영은 "을미사변에 관련된 자를 일본의 '결심재판소'에서 처단하는 것이 곧 (양국) 조약에서 규정한 권리이다"며 그 정당성을 강조했다.[10]

히로시마재판소의 재심을 요구한 고종은 기회가 있을 때마다 일본에 망명한 을미사변 관련자 소환을 일본정부에 요청했다. 고종은 1897년 11월 "사변이 너무나 갑작스러운 것이어서 오랜 세월 동안에 잊어 본 적이 없었다"며 그 전례를 찾을 수 없는 잔인한 사건으로 규정했다. 고종은 "원수를 갚지 못하고 장례 기간이 끝났다. 그래서 나의 슬픔은 끝이 없다"며 왕비의 죽음을 가슴에 새기면서 강한 복수심을 드러냈다.[11]

이러한 사실은 여전히 을미사변에 대한 진실규명과 사후처리가 여전히 불충분했다는 것을 반증한다. 사건의 주요 참가자는 자신의 행동을 숨기기 위해서 노력했고, 사건의 주변 참가자는 자신의 행동을 과장하여 부풀렸고, 현장 목격자는 생명위협 및 이해관계 때문에 정확한 증언을

---

10) 『駐韓日本公使館記錄(10)』, 「三浦公使事件의 再審裁判 開始에 대한 朝鮮公使 來談 件」, 1896년 8월 1일, 外務大臣 侯爵 西園寺公望→在朝鮮 特命全權公使 原敬, 42~43쪽. 1896년 7월 25일 주일 한국공사가 別紙사본과 같이 각서(覺書)를 제출했다.

11) 『高宗實錄』, 34년 11월 6일. 홍문관 태학사 김영수(金永壽)가 조서를 기초했다.

꺼렸다. 을미사변의 진실규명은 당대의 각종 자료와 증언을 토대로 퍼즐을 맞출 수밖에 없는 지난한 작업이다.

2. 을미사변에 관한 논쟁

그동안 국내외 학계는 을미사변의 주모자 및 을미사변의 사실 규명에 관한 활발한 연구를 진행했다. 즉 대원군의 개입 및 훈련대의 역할, 일본공사 미우라와 일본정부의 역할, 왕비 시해과정에 대한 사실 규명 등이 바로 그것이다. 대체로 모두 을미사변의 준비와 결과를 주목했다.

그렇지만 한번쯤 을미사변 전후의 상황을 다시 한 번 살펴볼 필요가 있다. 즉 을미사변의 배후는 실제 누구였는지, 명성황후 암살 이후 일본이 의도한 것처럼 정국이 변화했는지, 을미사변 이후 어떤 세력이 정국을 장악했는지, 주한 외국공사들이 사건 이후 어떤 입장과 활동을 전개했는지 등이 바로 그것이다. 이러한 조망은 당시의 기억과 정서를 객관적으로 살펴봄으로써 우리가 현재 기억하는 을미사변에 관한 사실과 인식을 검토하는데 유용할 것이다.

기존 일본에서는 자국의 치부를 드러내는 사건이기 때문에 을미사변에 관한 연구를 오랫동안 기피했다. 일본에서는 주로 사실 정황에 대해서 을미사변과 관련된 인물인 미우라(三浦梧樓), 스기무라(杉村濬), 기쿠치(菊池謙讓), 고바야카와(小早川秀雄) 등의 기록을 참고했다.[12] 그런데 이들은 사건 당일에 관한 행적을 매우 간단히 기록했다.

---

12) 三浦梧樓, 『觀樹將軍回顧錄』, 東京 : 政敎社, 1925, 329~341쪽; 杉村濬, (『明治
卅七八年)在韓苦心錄』, 東京 : 勇喜社, 1932, 175쪽; 菊池謙讓, 『近代朝鮮史』, 下
京城 : 鷄鳴社, 1939, 412~414쪽; 小早川秀雄, 『閔后暗殺』, 東京 : 筑摩書房,
1962, 339~340쪽.

이러한 기록의 한계를 뛰어넘은 학자는 야마베(山邊健太郎)와 재일 한국인 사학자 박종근이었다. 두 사람은 각각 일본 헌정자료실 및 외교 사료관에 소장된 을미사변 관련 자료를 본격적으로 발굴했다. 야마베(山邊健太郎)와 박종근은 일본공사 미우라가 사건을 주모하여 일본군인, 외교관, 영사관, 경찰, 대륙낭인 등을 동원했다는 사실을 최초로 실증했다.13) 최근 재일교포 사학자 김문자는 명성황후 암살의 배후가 일본 군부라고 주장하면서, 명성황후의 암살자가 바로 미야모토 다케타로(宮本竹太郎) 육군소위라고 지목했다.14) 하지만 여전히 야마베, 박종근, 김문자는 정작 을미사변 당일 사건의 추이를 상세하게 연구하지 못했다.

그동안 한국에서는 을미사변을 왕비의 시해라는 비극적인 측면과 일본의 야만적인 행동을 주목해왔다. 그런데 1992년에 발간된『명성황후 시해사건』이라는 책은 을미사변에 관한 기존 미우라 주도설을 뛰어넘어 일본측 배후에 관한 새로운 시야를 넓혀주었다. 특히 이민원은『명성황후시해와 아관파천』라는 저서를 통해서 을미사변의 전체적인 구도 및 사건 현장의 모습 등을 상상할 수 있는 가능성을 제공했다. 강창일은『근대 일본의 조선침략과 대아시아주의』라는 저서를 통해서 을미사변에 참가한 일본인의 조직과 의식을 파헤쳤다.15) 그럼에도 한국학계는 열강의

---

13) 山邊健太郎,『日韓併合小史』. 東京 : 岩波書店, 1966, 119~124쪽; 朴宗根,『日淸戰爭と朝鮮』, 東京 : 靑木書店, 1982, 232~247쪽. 국내에서 일본학계의 연구성과 소개는 다음을 참조. 서민교,「일본에서의 명성황후 시해사건에 대한 연구와 과제」,『사총』, 59호, 2004.

14) 金文子,『朝鮮王妃殺害と日本人』, 高文硏, 2009, 255쪽. 김문자에 따르면 대본영의 참모차장 가와카미(川上操六)는 미우라 공사의 명성황후시해를 지원했다. 김문자는 가와카미 참모차장과 미우라 공사의 지시아래 활동한 일본군 수비대 장교를 주목했다. 미야모토는 1894년 7월 후비(後備) 육군보병조장으로 소집되어 후비 보병 18대대에 입영했다. 그 후 그는 8월 14일 예비견습사관, 10월 11일 육군 보병 소위로 임관되었다. 후비(後備) 18대대는 11월 4-5일 한국에 파견되었다.(金文子,『朝鮮王妃殺害と日本人』, 高文硏, 2009, 228~231, 255~256쪽)

15) 최문형,「서설」,『명성황후 시해사건』, 1992, 6, 26쪽; 강창일,「三浦梧樓公使와

외교문서를 총체적으로 이용하지 못했기 때문에 을미사변에 대한 완벽한 사실복원을 진행하지 못한 한계를 갖고 있었다. 무엇보다도 한국학계는 을미사변 당일 활발히 대응한 러시아공사관의 움직임을 파악할 수 없었다.

러시아에서는 김려호와 박벨라가 을미사변의 목격자 세레진-사바찐(Середин-Сабатин А.И.)의 증언과 보고서 등을 일부 이용하여 을미사변 당일의 상황을 조명했다. 두 사람은 을미사변 관련 러시아측 사료를 최초로 소개했다는 점에서 큰 의미를 갖는다.[16] 하지만 김려호와 박벨라는 세레진-사바찐(이하 사바찐)의 기록을 전적으로 신뢰하여 사료비판에 근거한 자료 분석을 진행하지 못했다. 그래서 두 사람은 왜 사바찐이 건청궁 자객을 이끌었던 오카모토의 이름을 끝까지 숨기려고 했는가를 주목하지 못했다.

그동안 기존연구를 통해서 현재까지 을미사변을 둘러싼 논쟁점은 다양하게 형성되었다.

첫째 일본정부가 을미사변을 사전에 승인했다면 그 배후 인물과 조직에 관한 연구가 여전히 모호하다. 강창일은 미우라 공사임명의 과정과 배경, 그리고 미우라의 구체적인 시해의 실행과정을 규명했다. 특히 강창일은 이 사건이 뛰어난 정략가인 이토(伊藤博文), 이노우에(井上馨) 등에 의하여 이미 짜인 각본에 지나지 않는 것이고, 그러한 의미에서 미우라는 희생양이라고 주장했다.[17] 이민원은 왕비시해의 주모자는 이노우

민비시해사건」, 『명성황후 시해사건』, 31, 67쪽; 이민원, 1992, 「민비시해의 배경과 구도」, 『명성황후 시해사건』, 70쪽; 이민원, 『명성황후시해와 아관파천』, 국학자료원, 2002, 57~65쪽; 신국주, 「명성황후살해에 대한 재평가」, 『명성황후시해사건과 아관파천기의 국제관계』, 1998, 53쪽.

16) Ким Рехо. 「Гибель королевы Мин(명성황후 암살)」『Корея. Сборник статей к восимидесялетию со дня рождения профессора М. Н. Пака(조선)』, М. 1998. СС.127~129; Пак Б.Б. 『Российская дипломатия и Корея(러시아의 외교와 조선)』. М. 2002. СС.160~161.

에였다는 것을 입증하는 데 주력했다. 또한 그는 주한 미국공사와 영국 영사의 보고를 통해 왕비시해의 현장을 재현시켜 그 실상을 재정리했다. 이를 위해 이민원은 미우라의 부임과 이노우에의 행적을 면밀히 살펴보았고 이노우에 주모를 입증할 논거를 제시했다.[18] 신국주는 왕비살해사건이 일본의 대한 비상수단으로 사전에 계획된 정략이었다고 주장했다. 이러한 일본의 대한침략정책을 미우라공사가 주모하고, 일본수비대가 주역이었고, 일본민간인은 그들의 하수인으로 이용되었다고 신국주는 주장했다.[19] 이 문제를 해명하기 위해서는 청일전쟁 이후 일본정부의 한국에 관한 외교정책을 규명하면서 미우라 공사 부임의 의미를 다시 검토해야한다.

둘째 을미사변 무대인 건청궁을 비롯한 공간, 사건 구성을 위한 시간에 관한 논란이 존재한다. 현재까지도 을미사변 관련 기초적인 사실이 부정확하다. 즉 건청궁 소재 건물의 위치, 왕과 왕비의 소재, 왕비의 암살과정, 일본군대와 일본자객의 행적, 훈련대와 시위대의 활동 등이다. 무엇보다도 기존 국내외 학계는 정작 을미사변 당일 어느 장소에서 무슨 사건이 어떻게 진행되었는가에 대한 꼼꼼한 연구를 수행하지 못했다.

그 배경에는 기존연구는 을미사변의 현장인 경복궁 내부 건청궁 부속 건물의 위치를 파악하지 못했기 때문에 사건의 현장을 묘사하는데 많은 오류를 범했다. 현장을 복원하기 위해서 필자는 2007년 복원된 건청궁 건물을 답사했다. 그리고 필자는 우선 기존에 발굴되지 않았던 사바찐이 작성한 궁궐 지도, 1907년 작성된 것으로 추정되는 경복궁 지도 '북궐도형', 그리고 우치다(內田定槌) 영사가 외무차관 하라(原敬)에게 보낸 첨

---

17) 강창일, 「三浦梧樓公使와 민비시해사건」, 『명성황후 시해사건』, 1992, 31, 67쪽.
18) 이민원, 「민비시해의 배경과 구도」, 『명성황후 시해사건』, 1992, 70쪽; 이민원, 『명성황후시해와 아관파천』, 국학자료원, 2002, 57~65쪽.
19) 신국주, 「명성황후살해에 대한 재평가」, 『명성황후시해사건과 아관파천기의 국제관계』, 1998, 53쪽.

부 지도 등을 이용하여 사건의 위치를 규명할 것이다.

기존연구는 을미사변과 관련된 회고록, 증언, 보고서 등을 다양하게 이용했지만 을미사변을 가장 상세히 기록한 목격자 사바찐의 증언과 보고서를 본격적으로 분석하지 못했다.[20] 당시 사바찐은 을미사변 당일 현장에서 매 시간마다 사건의 추이를 확인했고, 새벽 5시가 넘어서는 15분 단위로 상황을 파악했다.[21] 그래서 그 어떤 증언과 보고서 보다 사바찐의 기록은 사건에 대해서 상세한 정보를 제공한다. 따라서 필자는 사바찐의 증언과 보고서를 중심으로 을미사변 당일을 복원할 것이다.

사바찐의 증언과 보고서를 살펴보면 사바찐은 사건을 둘러싼 인물의 이름을 구체적으로 언급하지 않았다. 그래서 주한 러시아공사 베베르(К. И. Вебер)와 즈프(芝罘)주재 러시아부영사 찜첸꼬(А.Н. Тимченко-Островерхов)는 사바찐에게 을미사변에 가담한 일본인의 이름을 강하게 추궁했다. 그런데 두 사람은 사바찐이 더 이상의 정보를 제공하지 않자 사바찐에 대한 의혹을 제기했다. 따라서 필자는 사바찐이 을미사변 당일 자신의 증언과 보고서에게 무엇을 은폐하려고 했는가를 추적할 것이다.[22] 이를 위해서 저자는 사건을 목격한 인물의 증언 및 한국, 일본, 러시아 등의 을미사변 보고서를 적극 활용할 것이다.

무엇보다도 필자는 목격자 사바찐이 사건 당일 위험한 상황에서 자신의 생명을 구하기 위해서 어떤 노력을 전개했는가를 살펴볼 것이다. 또한 목격자 사바찐에 대한 한국인, 일본공사관, 러시아공사관 등의 태도를 살펴보면서 그들이 사바찐을 어떻게 정치적으로 이용하려고 했는가

---

20) 사바찐은 을미사변 직후 10월 8일 러시아공사 베베르에게 사건에 관해 증언했다. 또한 사바찐은 즈프주재 러시아부영사의 권유로 10월 30일 을미사변의 보고서를 작성했고, 북경주재 공사에게 자신의 보고서를 제출할 것을 요청했다.(АВПРИ. Ф.150.Оп.493.Д.6.Л.121)
21) АВПРИ. Ф.150.Оп.493.Д.6.Л.126об.
22) АВПРИ. Ф.150.Оп.493.Д.6.Л.121об, 129об.

를 주목할 것이다. 그리고 한국의 복잡한 정치적 상황에서 목격자 사바
찐의 선택은 무엇이었는가도 유의할 것이다.

셋째는 고종과 명성황후의 을미사변에 대한 대응이다. 기존 연구는
주로 공격자의 입장에서 사건을 주목했기 때문에 정작 사건 당일 고종과
명성황후의 행보를 추적하지 못했다. 더욱이 고종과 명성황후가 1882년
'임오군란', 1884년 '갑신정변', 1894년 '7.23경복궁침입사건' 등의 정변
을 겪은 이후 마련한 비상대책을 주목할 필요가 있다. 그리고 청일전쟁
이후 고종과 명성황후가 일본의 간섭 상황에서 자신의 정치세력을 형성
했고 어떤 대외정책을 수립했는가를 살펴보아야한다. 고종과 명성황후
의 대외정책을 살펴본다면 일본의 대외정책의 변화 원인을 규명할 수 있다.

넷째는 을미사변 전후 러시아의 한국에 관한 외교정책이다. 일본이
요동반도의 반환문제를 거절할 경우 간섭도 불가피하다는 러시아의 결
의와 반대로, 러시아가 한국문제에 대해서는 적극적인 결단성을 보이지
않았다고 김려호는 주장했다.[23] 그런데 박벨라는 러시아외교문서를 중
심으로 을미사변 전후 주한 러시아공사 베베르와 본국정부와의 관계를
살펴보았다. 박벨라는 을미사변 이후 러시아의 외교정책이 한국의 안정
및 일본군 철수를 목표로 했다고 주장했다.[24] 여기서 우리는 러시아학
자들 사이에 러시아의 한국정책에 대한 상반된 견해를 갖고 있다는 사실
을 확인할 수 있다. 즉 을미사변에 대한 러시아의 소극적인 정책 대 적
극적인 정책이다. 따라서 두 견해 중 어느 쪽이 진실인지 규명할 필요가
있다. 이 문제를 해명하기 위해서는 청일전쟁 이후 러시아정부의 한국에
대한 주한 러시아공사의 한국에서의 활동을 살펴보면서 외교정책을 규
명해야한다.

---

23) 김려호, 「명성황후 최후 재고」, 『명성황후시해사건과 아관파천기의 국제관계』,
    1998, 78~79쪽.
24) Пак Б.Б. Российская дипломатия и Корея. М. 2002. С.160~161.

다섯째는 사건을 둘러싼 사전 조율과 사후 처리 등에 관한 일본공사 미우라와 대원군의 논의 실체를 규명하는 것이다. 한국 학계에서는 미우라공사 주모설에 대한 의문을 제기했다. 최문형은 전임 일본공사 이노우에(井上馨)가 사건의 주모자고, 대원군은 을미사변에 무관하다는 것에 초점을 맞추었다.[25] 러시아학자 박벨라는 대원군이 민비시해에 가담했지만 일본이 한국정부를 장악하는 것에 대해 반대했다고 주장했다.[26] 그럼에도 불구하고 대원군이 을미사변에 주도적 입장으로 참여했는가, 아니면 강제적으로 동원되었는가, 대원군이 사건 당일 입궐을 지체한 이유는 무엇인가 등에 관한 해명이 부족하다. 국내외 학계의 논쟁인 미우라 주도설의 진위를 살펴보기 위해서는 사건 전후 대원군의 행적을 꼼꼼히 살펴볼 필요가 있다.

여섯째는 을미사변 당일 일본수비대와 훈련대의 개입과정에 대한 논란이다. 이민원은 훈련대가 궁궐 공격하는 장면을 목격한 증언자가 없다고 주장했다. 이민원은 훈련대가 추성문 밖에 모였고, 단지 일본군이 침입한 이후에 광화문으로 들어갔을 뿐이라고 밝혔다. 그리고 이민원은 영국총영사 힐리어의 보고서를 근거로 왕비 처소 40여명의 군인들이 훈련대로 위장한 일본인이었을 가능성이 높다고 추정했다. 또한 어느 경우일지라도 훈련대가 현장의 만행에 직접 가담한 사실이 없다고 주장했다.[27] 그럼에도 불구하고 선행연구는 여전히 훈련대와 일본수비대와의 연결과정, 을미사변에 개입한 훈련대의 조직과 동원 등을 규명하지 못했다.

현재까지 국내외 학계는 을미사변 이후 가장 활발히 대응한 베베르공

---

25) 최문형, 「서설」, 『명성황후 시해사건』 6, 26쪽. 이민원은 "대원군이 자신의 뜻과 무관하게 일본군의 강제에 의해 궁궐로 들어갔다", "사건 이후 대원군이 이재면과 함께 늘 일본의 감시를 받고 있었다" 등 주한 영국총영사 힐리어의 보고를 근거로, 대원군이 일본군에 납치되어 그들의 광화문 침입당시 선두에 섰다고 주장했다.(이민원, 『명성황후시해와 아관파천』, 2002, 국학자료원, 77쪽)

26) Пак Б.Б. Российская дипломатия и Корея. М. 2002. С.149.

27) 이민원, 『명성황후시해와 아관파천』, 국학자료원, 2002, 82, 87쪽.

사(К.И. Вебер)의 활동을 보여줄 수 있는 러시아외교문서를 이용하지 못했다. 때문에 여전히 을미사변 전후 주한 러시아공사의 활동 및 러시아공사와 러시아정부의 외교정책을 교차하여 분석하지 못했다. 더구나 한국학계는 을미사변 이후 주한 일본공사의 한국정책 조차도 분석하지 못한 실정이다.

구미학자 렌슨은 을미사변 이후 한국에서 열강의 외교관계를 주목하여 주한 외교단회의의 회의록을 상세하게 기록했다.[28] 하지만 그는 주한 외국대표의 외교적 활동에만 초점을 맞추었기 때문에 일본공사의 을미사변에 관한 조직적 은폐 계획, 러시아공사의 적극적 개입 원인, 주한 구미대표에 대한 일본정부의 협상카드 등을 주목하지 못했다. 더구나 렌슨은 정국안정을 둘러싼 논쟁의 핵심인물인 러시아와 일본 공사의 대립 구도를 선명하게 제시하지 못했다. 즉 을미사변과 한국문제를 바라보는 시각, 외교적 협상과 논쟁의 의도 등이 바로 그것이다.

사료적인 측면에서 일본과 러시아를 포함한 국내외 학계는 당시 주한 외국대표의 활동을 보여줄 수 있는 결정적 문서인 1895년 10월에서 12월 사이 주한 외국대표의 '외교단회의'를 총체적으로 살펴보지 못한 한계를 갖고 있다. 외교단회의를 주목한 렌슨과 박벨라 조차도 주한 외국대표의 최종적인 협상을 보여주는 11월 25일과 26일 외교단회의의 논의 과정을 주목하지 못했다. 이로 인해 렌슨과 박벨라는 주한 외국대표와 김홍집내각이 정국 안정 방안을 마련하기 위해서 일정한 타협을 진행한 이유를 분석하지 못했다. 그 이유는 국내외 학계가 을미사변의 진실규명에 지나치게 치우쳤고, 을미사변 이후 국내 질서 재편을 주목하지 않았기 때문이다. 또한 '외교단회의'의 기록이 미국, 영국, 러시아, 일본 등의 외교문서에 각각 수록되었기 때문에 문서의 접근 및 해독이 용이하지 않

28) Lensen G.A. Balance of Intrigue. International Rivalry in Korea and Manchuria, 1884~1899. Volume 2. Florida. 1982, pp.544~569.

왔다.

필자는 을미사변 이후 주한 외국대표가 모여 진행했던 1895년 10월 8일과 25일, 11월 5일과 12일 등의 '외교단회의'를 집중적으로 분석할 것이다. 당시 외교문서를 살펴보면 영국은 '외국사절 회의', 미국은 '외교단회의', 러시아는 '외국대표의 집회', 일본은 '사신회의' 등으로 기록하였다.29) 회의의 전체적인 성격을 고려하면 '외교단회의'로 부르는 것이 타당하다. '외교단회의'란 열강과 한국의 외교관련 주요현안이 있을 때 각국의 외국대표가 회의를 소집하도록 제의한 다음 다른 나라의 외국대표가 동의하면 소집되었다. 서울주재 모든 외국대표가 모이면 공식 외교단회의였고, 일부 외국대표가 모이면 비공식 외교단회의가 되었다. 이미 1892년 6월 서울주재 모든 외국대표는 친목도모를 위한 외교단 사교클럽을 결성하면서 한국의 정치현안에 깊숙이 개입했다.30)

당시 한국에 주재한 열강의 외교관은 본국정부의 훈령을 준수해야만

---

29) 각국의 외교문서를 살펴보면 주한 외국대표의 회의의 명칭에 대해서 다음과 같이 기록했다. 즉 Meeting of Foreign Representatives(АВПРИ. Ф.150.Оп.493.Д.6. Л.78), Протокол часного митинга некоторых представителей(АВПРИ. Ф.150.Оп.493.Д.6.Л.225), Протокол митинга, созванного американским представителем(АВПРИ. Ф.150.Оп.493.Д.6.Л.217), Memorandum Meeting of Foreign Representatives(F.O. 405. Part Ⅵ. Inclosure in 6 No.86 pp.47), Note of Diplomatic meeting(NARA. Despatches from U.S. Ministers to Korea 1895~1896, M.134 Roll.12 Enclose 2 No.156 p.1), 各國使臣會議(『駐韓日本公使館記錄(7)』 1895년 10월 14일 西園寺외무대신→橋口영사, 564쪽) 등이다.

30) 1894년 5월 28일 서울주재 외교단 및 영사관클럽 건물의 정초식이 거행되었다. 서울 클럽은 1892년 6월 2일 결성이래, 프랑스공사관근처에 자리잡고 있는 마르텔 집에 그 본부를 두고 있었다. 1903년 1월 31일에 기한이 만료되는 '영사 및 외교단클럽'은 없어지고 이에 대신할 서울클럽이 1903년 2월 5일에 정식으로 발족했다.(알렌저, 김원모편역, 『근대한국외교사연표』, 단국대학교출판부, 141, 204쪽) 1898년 2월에도 조계지 설정문제를 둘러싸고 일본공사가 회의를 요구하자 각국 외국대표가 동의하여 외교단회의가 소집되었다.(알렌저, 김원모역, 『알렌의 일기』, 단국대학교 출판부, 193~194쪽).

했다. 그런데 당시 한국에 전신선이 안전하고 완벽하게 구축되지 못했기 때문에 주한 외국대표는 돌발적인 사건에 대해서 자신의 판단에 따라 처리하는 경우도 많았다.[31] 따라서 현지에 파견된 열강의 외교대표는 한국의 국내정세에 상당한 영향력을 행사할 수 있었다.

을미사변 이후 1895년 10월부터 12월까지 주한 외국대표는(러시아, 일본, 영국, 미국 등) '외교단회의'에서 다음을 논의했다. 을미사변에 대한 진실공방, 김홍집내각에 대한 승인문제, 고종의 신변안전 문제, 대원군의 거취문제, 훈련대 해산문제, 조희연 군부대신의 해임문제, 을미사변에 대한 열강의 대응 등이 바로 그것이다.[32] 이렇듯 '외교단회의'는 을미사변 전후 국내 질서변동에 대한 중요한 내용이 고스란히 담겼다.

필자는 '외교단회의'를 검토하면서 을미사변에 대한 열강의 외교정책, 특히 한국에 파견된 러시아와 일본 공사의 한국에 대한 외교정책을 규명할 것이다. 또한 필자는 주한 '외교단회의'에 관한 분석을 통해서 을미사변에 대한 일본의 은폐과정을 치밀하게 살펴볼 것이다. 특히 필자는 기존에 이용되지 않았던 을미사변 관련 러시아, 일본, 영국, 미국 등 열강의 외교문서를 총체적으로 이용할 것이다. 사실 규명에 대한 열강의 노력, 정국안정을 둘러싼 러시아공사 베베르와 일본공사 이노우에의 대립, 정국운영을 둘러싼 열강 공사와 김홍집내각의 타협 등이 섬세히 고찰될 것이다.

필자는 우선 삼국간섭 전후 러시아의 부상과 일본의 대응을 살펴볼 것이다. 그 이유는 청일전쟁 이후 러시아와 일본의 한반도 정책의 변화과정을 파악해야만 을미사변의 국제적 의미를 이해할 수 있기 때문이다.

---

31) 예를 들면 춘생문사건에서 미국공사 실이 자신의 개입을 은폐하여 보고한 경우, 베베르가 을미사변 이후 본국정부의 간섭을 유도한 경우 등이 바로 그것이다.
32) 당시 한국을 방문한 비숍은 "외교관들은 당황하고 걱정이 되어 상황을 논의하기 위해 계속하여 모임을 가졌다"고 밝혔다.(비숍, 신복룡역, 「조선과 그 이웃나라」, 집문당, 1999, 274쪽)

또한 저자는 당대 자료에 기초해서 을미사변 당일 하루의 사실을 최대한 복원할 것이다. 이러한 작업이 성공한다면 사실규명에 그치지 않고 그 뒤에 숨어있는 이해관계도 드러날 것이다. 그 이해관계란 정국을 주도하기 위한 국내정치세력의 역학관계, 한국을 둘러싼 열강의 외교정책 등이 바로 그것이다.

1장. 러시아의 부상과 일본의 대응

1895년 시무누세키조약 초안은 기초한 일본 외무대신 무츠는 "전쟁을 일으킨 주요한 이유가 조선의 독립이다"라고 주장했다. 그런데 그는 "청국으로부터 랴오둥반도의 할양"을 조약내용에 규정하였다. 이러한 사실은 육로를 통한 청국의 지배로부터 조선을 분리시켜 향후 조선을 완전히 점유하고 대륙진출을 강화하려는 일본의 의도를 보여준다.

삼국간섭 이후 사실상 러시아의 대외정책을 주도한 재무대신 비테는 "청일전쟁은 의심할 여지없이 극동지역에서 갖는 러시아의 정치적 지위를 완전히 변화시켰다. 청일전쟁 직전까지 러시아가 향유하고 있었던 평온이 더 이상 보장될 수 없다"고 판단하여 적극적으로 삼국간섭을 주도하였다.[1] 하찮은 일에서 싹이 나고 뿌리가 나듯이 청일전쟁은 청국과 일본의 조선을 둘러싼 단순한 전쟁으로 끝나지 않았다. 청일전쟁 이후 동북아 국제질서는 러시아와 일본의 대립구도로 급격히 재편되었다.

필자는 청일전쟁 이후 동북아에서 대립적 관계를 형성한 러시아와 일본의 삼국간섭을 둘러싼 외교정책을 규명할 것이다. 필자는 먼저 삼국간섭 전후 러시아의 대외정책을 주도했던 비테의 활동과 러시아의 대외정책을 파악하고, 그 다음 일본의 대외정책을 주도했던 무츠의 활동과 일

---

1) 『日本外交文書』, 28-1, 599~606쪽; 무츠 무네미츠 저 / 김승일 역, 1993, 『건건록』, 범우사, 227쪽; Русско-японская война 1904~1905 гг(러일전쟁). T. 1. Спб. 1910. C. 294.

본의 대외정책을 살펴볼 것이다.

최근까지도 여전히 청일전쟁 전후 동북아의 국제질서를 영국과 러시아를 중심으로 파악하는 경향이 있다.[2] 하지만 청일전쟁 이후 러시아와 일본은 동북아에서 조선과 만주를 둘러싸고 대립과 협상을 반복하였다. 따라서 대륙 세력의 중심부인 러시아, 해양 세력의 중심부인 일본의 부상을 주목해야만 동북아의 신 국제질서를 이해할 수 있다. 필자는 청일전쟁 이후 양국의 관계를 주목하면서 삼국간섭을 둘러싼 러시아와 일본의 외교정책을 상호 교차하여 규명할 것이다.

러시아는 1895년 4월 중순 독일과 프랑스에게 삼국간섭을 제안하였다. 이후 독일과 프랑스는 러시아의 제안을 수용하였고, 삼국은 1895년 4월 23일 일본의 랴오둥반도 점유를 반대하는 성명을 일본에게 전달하였다. 일본은 자국이 삼국의 연합군과 싸울 수 없다고 판단하였고, 결국 5월 5일 삼국의 요구에 굴복하였다.

이렇듯 삼국간섭 전후 동북아에서 러시아와 일본은 외교적으로 대립하였다. 때문에 그 시대를 이해하기 위해서는 양국의 외교정책을 교차하며 파악해야한다. 하지만 일본학자들이 일본의 입장에서 양국의 외교 교섭을 다루었기 때문에 러시아 외교정책 연구는 여전히 부진한 실정이다. 특히 이 분야의 전문가인 나카츠카 아키라(中塚明), 후지무라 미치오(藤村道生), 다보하시 기요시(田保橋潔), 시노부 세이자부로(信夫淸三郎) 등의 일본 연구자 대부분도 일본 자료를 광범위하게 사용했지만 러시아 자료에는 접근하지 못하였다.[3]

---

2) 삼국간섭 전후 러시아와 일본의 대외정책에 관한 국내의 연구 성과를 소개하면 다음과 같다. 박영재, 1972, 「청일전쟁과 일본외교: 遼東半島 割讓問題를 중심으로」, 『역사학보』, 53~54집; 김상수, 1997, 「영국의 고립청산의 발단: 삼국간섭과 관련하여」『서양사론』, 54호; 최문형, 2001, 『한국을 둘러싼 열강의 각축』, 지식산업사; 권무혁, 2006, 「청일전쟁 시기 러시아의 대한반도 정책」, 『중소연구』, 109호; 최석완, 2007, 「일본정부의 청일 개전 정책」『중국근현대사연구』, 33집.

서구학계에서도 러시아와 일본을 아우르는 연구 성과를 찾아보기 힘
들다. 외교사 분야 전문가인 로마노프(Романов Б. А.), 나로치니쯔끼
(Нарочницкий А.Л.) 등 러시아 학자도 러시아를 중심으로 당시의 대
외정책을 연구하였다. 그럼에도 불구하고 선행연구는 삼국간섭 전후 비
테의 활동과 러시아의 대외정책을 연결시키지 못했다.[4]

결국 현재까지 일본과 서구학계는 삼국간섭 전후 재무대신 비테와 무
츠를 중심으로 대외정책을 파악하지 못했고, 더구나 러시아와 일본의 외
교정책을 동시에 교차하여 분석하지도 못했다. 따라서 저자는 삼국간섭
전후 비테와 무츠를 중심으로 러시아와 일본의 외교정책을 상호 교차할
것이다. 구체적으로 이 연구는 첫째 비테의 극동정책에 관한 인식과 구
상을 살펴보고, 비테의 활동을 중심으로 1894년 8월 21일 특별회의,
1895년 2월 1일 특별회의, 1895년 4월 11일 특별회의 등을 조명할 것이

3) 日本國際政治學會編, 1962,『日本外交史研究』, 東京 : 有斐閣; 中塚明, 1968,『日
   淸戰爭の硏究』, 東京 : 靑木書店; 藤村道生, 1973,『日淸戰爭』, 東京 : 岩波書店;
   信夫淸三郞, 1974,『日本外交史』I, 東京 : 每日新聞社; 田保橋潔, 1979,『近代日
   支鮮關係の硏究』, 東京 : 原書房; 朴宗根 1982,『日淸戰爭と朝鮮』, 東京 : 靑木
   書店; 高橋秀直, 1995,『日淸戰爭への道』, 東京 : 東京創元社; 齊藤聖二, 2003,
   『日淸戰爭の軍事戰略』, 東京 : 芙蓉書房出版. 최근 와다 하루키(和田春樹)는
   1895년 4월 11일 러시아정부의 특별회의를 조명하여 비테의 견해가 특별회의 결
   과에 반영된 사실을 주목했다.(和田春樹, 2009,『日露戰爭起源と開戰』, 上, 東京 :
   岩波書店, pp.160-163)
4) Романов Б.А. 1928. Россия в Манчжурии(만주에서의 제정러시아). Л;
   Malozemoff A. Russian Far Eastern Policy 1881~1904. California. 1958; Нарочн
   ицкий А.Л. Колониальная политика капиталистических держа
   в на Дальнем Востоке. 1860~1895(극동에서 자본주의 열강의 식민지 정
   책). М. 1956; Пак Б.Д. Россия и Корея(러시아와 조선). М. 1979; Lensen
   G.L. Balance of Intrigue. International Rivalry in Korea and Manchuria,
   1884~1899. Volume 2. Florida. 1982; Чой Док Кю. Россия в Корее :
   1893-1905 гг(조선에서의 제정러시아). М. 1996; Пак Б.Б. Российская дип
   ломатия и Корея(제정러시아의 외교와 조선). Книга вторая. 1888~1897.
   М. 2004.

다. 둘째 무츠의 극동정책에 관한 인식과 구상을 살펴보고, 1894년 6월 18일 각의회의, 1895년 1월 27일 어전회의, 1895년 4월 24일 어전회의 등을 고찰할 것이다. 비테와 무츠의 활동을 통해서 조선과 만주 지역 진출을 위한 러시아와 일본의 대외 정책 수립 과정을 엿볼 수 있을 것이다.

1. 비테의 대외정책과 러시아의 부상

1) 조선과 극동에 관한 비테의 인식과 구상

지방 귀족이자 고위관리의 아들로 태어난 세르게이 유리예비치 비테 (С.Ю.Витте)는 1870년 국립오데사철도기구에 입학하였다.[5] 이후 그는 1877년 오데사철도 개발 책임자가 되었고, 1889년 재무부 산하 철도국 책임자로 중앙부서에 진출할 수 있었다. 또한 그는 1892년 2월 교통대신, 8월 재무대신으로 임명되었다. 당시 황제 알렉산드르 3세(Алекс андр Ⅲ)는 비테를 총애하여 재무대신으로 임명했다. 황제는 러시아의 군사적 외교정책을 반대하고, 러시아국력을 강화할 수 있는 경제적 안정성을 중시하였다. 이러한 황제의 노선을 비테는 적극적으로 수행하였다.[6]

---

5) 1849년 출생. 1892~1903년 재무대신. 1905년 포츠머드 평화회담 전권대표. 1905~06년 내각회의 총리. 1915년 사망(АВПРИ. Ф.141. Оп.491. Д.69. Л Л.71-72; Шилов Д.Н. Государственные деятели россииской импер ии 1802~1917<제정러시아의 위정자>. Спб. 2002. СС. 135~144). 제정러시 아시기 비테는 철도, 농업, 재정, 외교 등 전반적인 정부 정책에 영향을 미쳤기 때문에 그에 대한 연구는 활발히 진행되었다. 비테의 성장배경, 비테의 조선과 만주정책에 대해서는 국내에 일부 소개되었다(이인호, 1985, 「위떼와 러시아의 농업 문제(1902~1905)」, 『러시아지성사연구』, 지식산업사, 135~136쪽; 석화정, 1999, 「러시아의 한반도 중립화정책-위떼의 대만주정책과 관련하여」, 『중소연구』83호, 161~187쪽; 최덕규, 1999, 「비테의 대한정책과 한러은행」, 『슬라브학보』, 14-2호).
6) Игнатьев А.В. С.Ю. Витте-дипломат(외교관 비테). М. 1989. СС.

오랜 관료생활을 바탕으로 비테는 1900년에 극동지역을 포함한 해외 지역에 재무요원을 파견하는 제도를 신설하였다. 이러한 배경에는 그가 재무부를 통해서 러시아의 대외정책까지 주도하려했기 때문이다. 그는 1897년 조선에 재정고문관으로 파견됐던 알렉셰에프(К.А.Алексеев)를 일본주재 러시아 재무요원으로 임명하였다. 무엇보다도 비테는 러청 은행 상해지점장 뽀꼬찔로프(Д.Д.Покотилов)를 1898년 이전부터 북 경주재 재무부 비밀요원으로 파견하였다.7) 이미 뽀꼬찔로프는 1896년 여름 비테의 명령에 따라 재무부 대표로 조선에 파견되었고, 조선의 재 정상태를 상세히 조사하였다.8)

재무대신 비테(С.Ю.Витте)는 1897년 러시아의 여순점령 문제를 둘 러싸고 외무대신 무라비요프(М.Н.Муравьёв)와 논쟁을 펼쳤다. 또한 비테는 1901년 6월 의화단 사건 이후 만주에 주둔한 러시아군대 철수문 제를 둘러싸고 군부대신 꾸로빠뜨낀(А.Н.Куропаткин)과 논쟁하였 다.9) 1902년 1월 영일동맹 이후 극동지역의 외교적 상황이 급변하자, 비 테의 견해에 따라 러시아는 1902년 4월 만주에 주둔한 러시아군대의 철 수에 관한 러청협약을 체결하였다.10)

1903년 7월 1일부터 11일까지 만주와 조선문제에 대한 여순회의가

10~24, 51~52.

7) 비테의 회고록, CC. 144~145, 179. 러시아 재무부 산하 재무요원 제도는 19세기 전반기에 프랑스에 일시적으로 도입되었다. 이러한 재무요원 제도를 본격적으로 실행하기 위해서 비테는 1898년 10월 재무요원제도 도입에 관한 내용을 황제에 게 상주하였고, 1900년에 극동을 포함한 영국, 프랑스, 미국, 독일 등에 재무요원 이 파견되었다(Смирнов А.Е. Агенты Министерства финансов Росси йской империи за границей [С.С.Татищев в Лондоне]<해외파견 제 정러시아의 재무부 요원>. М. 2003. Автореферат. С. 15~17).

8) РГИА(역사문서보관소). ф. 560. Оп. 28. Д. 21. Л. 139 с об.

9) Витте С. Ю. Воспоминания(비테의 회고록). М. 1960. Т.2. СС.132~136, 179~181.

10) АВПРИ(대외정책문서보관소). ф. 163. Оп. 3. Д. 917. ЛЛ. 1-8.

열렸다. 이를 바탕으로 1903년 8월 14일 특별회의에서 비테는 "러시아
가 만주지역 일부 또는 전체를 러시아영토로 합병하는 것을 반대한다"
는 결론을 유도하였다.[11] 하지만 러시아 황제는 1903년 8월 12일 극동
총독부를 신설하였고,[12] 1903년 8월 30일 비테를 재무대신에서 사임할
것을 권고하였다.[13] 비테는 1903년 8월 재무대신을 사임했던 시기까지
관료세력을 주도했다.

　러일전쟁 이후 1909년 6월 비테는『일본과의 전쟁에서 꾸로빠뜨낀
보고에 대한 강요된 해명』이라는 제목으로 꾸로빠뜨낀과 전쟁책임 공방
전을 펼쳤다. 비테는 꾸로빠뜨낀의 책 발간목적을 "군부에 대한 재무부
의 재정지원이 부족했고, 꾸로빠뜨낀이 전쟁 직전 러일전쟁을 반대한 것
처럼 선전하기 위한 것"이라고 밝혔다. 또한 "일부 자료만 인용하여 객
관성을 상실했고, 무엇보다 러일전쟁 이전 비테 자신의 잘못을 부각했
다"고 주장했다.[14] 이후 1912년 비테는 자신의 정당성을 더욱 전파하기
위해『역사월보(Исторический вестник)』잡지 편집자인 글린스끼
(이미 비테의 초기 활동을 저술한 인물)에게 러일전쟁과 관련한 저술을
제안하고, 자신의 러일전쟁 관련 자료를 제공했다. 이에 글린스끼는 비
테의 입장에 입각하여 1914년『역사월보』에「러일전쟁의 서막. 비테가
소장한 개인문서」라는 제목의 글을 연재했고, 1916년 책으로 발간했다.
이후 비테는 자신의 정당성을 주장하기 위해 1907년 여름부터 회고록을
집필했으나, 황제 등의 외압으로 왜곡될 것을 우려하여 회고록을 프랑스
파리에 소재한 외국은행에 숨겨놓았다. 1915년 비테 사망 이후 그의 회

---

11) ГАРФ(국립문서보관소). Ф.568. Оп.1. Д.136. ЛЛ.112-115, 122-123об.
12) Витте С. Ю., Воспоминания(비테의 회고록). М. 1960. Т.2. С.239.
13) Дневник Куропаткин(꾸로빠뜨낀의 일기). 1903.08.18, Красный архив
　　(적서). Т. 1. С.55.
14) Витте С. Ю., Вынужденные разъяснения по поводу отчета ген.-а
　　д. Куропаткина о войне с Японией (일본과의 전쟁에서 꾸로빠뜨낀의 보
　　고에 대한 강요된 해명). М. 1911. СС. 5~7.

고록은 1923년 베를린에서 3권으로 처음 발간되었고, 소련에서는 1923~24년 사이에 발간되었다.[15] 이렇듯 재무대신 비테는 19세기 말 20세기 초 러시아의 대외정책 수행과정에서 관료세력을 주도했던 주요 인물 중 하나였고, 러일전쟁 원인의 책임자로써 자유로울 수 없는 인물 이었다.

극동지역에 관한 핵심적인 견해를 살펴보면 비테는 대륙국가인 러시 아의 경우 극동에서 일본처럼 해군력을 강화해서는 지정학적 조건을 살 릴 수 없다고 판단했다. 그래서 그는 시베리아철도 건설을 통해 육군의 신속한 극동진출을 도모했다. 시베리아철도 건설 이후 극동지역에서 러 시아의 영향력이 강화되면 남아시아까지도 진출할 수 있다고 생각했다. 그는 청일전쟁에 대해 러시아의 시베리아철도 건설에 대한 일본의 반발 이자 러시아에 반대하는 일본의 적대적 행동이라고 해석했다.[16] 그래서 그는 청일전쟁 이후 랴오둥반도 점령을 위한 일본의 행동에 맞서 삼국간 섭을 주도했다. 향후 극동에서 러시아의 이익을 보호하기 위해서는 만주 와 조선에 대한 일본의 진출을 방어해야 한다고 생각했기 때문이다.[17]

비테는 삼국간섭에 참가했던 국가를 대상으로 다음과 같이 대륙동맹 (러시아-프랑스-독일)을 구상했다. "러시아는 국제문제 해결을 신중하게 풀어야 한다. 특히 슬라브문제에 대해 자국의 군사력과 경제력을 고려하 여 열강과의 군사적 분쟁을 피해야 한다. 러시아는 프랑스와의 동맹뿐 아니라 대륙동맹을 위해 독일을 이용해야 한다. 대륙동맹을 도모한다면 자국의 안전을 강화할 수 있을 뿐 아니라 해양강국과도 경쟁을 할 수

---

15) Витте С. Ю. Воспоминания. СС. LXXⅡ, LXXX, LXVⅢ. 필자는 1923~24에 발간된 비테의 회고록에 주석과 인명을 첨부한 1960년 판본을 인 용했다.
16) Игнатьев А. В. С.Ю. Витте-дипломат(외교관 비테). М. 1989., 30~31, 42쪽.
17) Витте С. Ю. Воспоминания. Т. 2. М. 1960. С. 45.

있다. 러시아는 유럽대륙 열강과의 연합을 통해 오스만제국의 통일성을 지지하고, 발칸과 근동지역을 현상유지 시켜야 한다. 러시아는 청국과의 동맹관계를 위해 노력해야 한다. 이는 다른 열강의 청국 진출을 반대할 수 있는 가장 효율적인 방법이다. 또한 러시아는 평화적 방법인 경제·외교적 수단으로 청국 침투를 실현시켜야 한다."[18]

비테는 일본과의 관계에서 경쟁을 제한하고 안정성을 추구했다. 러시아로서는 동청철도 건설을 실행했기 때문에 당분간 극동에서 강경정책을 주장할 수 없다고 생각했다. 그래서 조선에 대한 일본과의 조약체결을 지지했다. 그는 일본과의 적절한 관계설정이 러시아의 극동정책 중 어려운 부분이라고 생각했지만, 동청철도 건설 이후에는 상공업적 이익을 기반으로 일본과 더 가까워질 것이라고 예상했다.

비테는 만주와 조선문제에 대한 전술을 다음과 같이 구상했다. 첫째, 청국에서 러시아가 다른 열강과 전진기지를 위한 투쟁에서 뒤떨어지지 않도록 노력해야 한다. 둘째, 경쟁국과 군사적 투쟁을 피하고 청국과 특별한 관계를 유지하려고 노력한다. 그래서 그는 1900년 초 극동에서 열강과의 군비경쟁에 반대했는데, 시베리아 철도를 완공하기 위해서는 열강의 경제적 지원이 필요했기 때문이었다.[19] 셋째, 동청철도가 완공되고 청 북쪽에 대한 러시아의 영향력이 강화된 후에는 조선을 조절할 수 있는 가능성이 있다.[20] 그래서 그는 청국과 일본의 평화협정을 파기하는 러시아군대의 여순점령에 강하게 반대했고, 일본 및 열강과의 갈등을 초래하는 러시아군대의 만주 철수를 주장했다.[21] 결국 재무대신 비테는

---

18) Витте С. Ю., Воспоминания. Т. 2. М. 1960. С. 123; Игнатьев А. В. Там же, СС. 62~63.

19) РГИА(역사문서보관소). Ф. 560. Оп. 38. Д. 180. Л. 89 : Игнатьев А. В. Там же, СС. 63~64, 129, 156.

20) Пролог русско-японской войны. Под редакцией Б. Б. Глинского (러일전쟁의 서막). П. 1916. С. 244.

21) Витте С. Ю. Воспоминания. Т. 2. М. 1960. СС. 133~134, 180.

만주와 조선에서 러시아의 경제적 침투라는 자신의 견해를 관철시키려고 노력하였다.

'신은 조심하는 자를 보살핀다'라는 러시아 속담처럼 비테는 러시아의 만주와 조선 정책에서 신중함을 잃지 않았다.

2) 삼국간섭 전후 비테의 활동과 러시아의 대외정책

청일전쟁 직후 1894년 8월 21일 러시아정부는 황제 알렉산더 3세의 지시로 특별회의를 개최하였다.[22] 특별회의에서는 "러시아가 청일전쟁에서 어떤 행동을 취해야하는지, 그리고 교전 국가 중 하나가 조선의 영토를 침범했을 때 러시아가 어떤 결정을 내려야하는가"에 논의의 초점이 모아졌다. 이날 외무대신 기르스가 회의를 주도하면서 러시아의 대응전략 방안을 제시하였다. 그리고 군부대신 반놉스끼, 해군대신 사무대리치하쵸프, 재무대신 비테는 외무대신의 대응전략을 군사적, 재정적인 측면에서 보강하는 데 노력하였다.

외무대신 기르스(Н.К. Гирс)는 청일전쟁 직후 상황에서 "조선의 현상유지(status quo)"에 대한 필요성을 역설하였다. 그 이유에 대해서 그는 "일본이 러시아의 동시베리아 항구에서 해상으로 나갈 수 있는 유일한 출구인 대한해협까지 손에 넣는다면, 러시아는 동해를 자유롭게 이용할 수 없다"고 주장하였다. 기르스는 "조선에서의 현상유지(status quo)가 본질적으로 이뤄져야하고, 러시아는 조선의 영토 불가침권이 파괴되지 않기를 희망한다"고 밝혔다.[23]

---

22) 회의 참석자는 외무대신 기르스(Н.К. Гирс), 군부대신 반놉스끼(П.С. Ванновский), 해군대신 사무대리 치하쵸프(Н.М. Чихачёв), 재무대신 비테(С.Ю. Витте), 외무부 차관 쉬쉬낀(Н.Шишкин), 외무부 아시아국장 까쁘니스뜨(Капнист) 등이다.

23) РГВИА. Ф.846. Оп.1. Д.134. ЛЛ.34~35.

이날 회의에서 재무대신 비테(С.Ю. Витте)는 "러시아가 청일전쟁에 개입해서 안 된다"고 주장하면서 해양국가인 영국의 개입도 경계하였다. 그는 전쟁이 종결되어 승리의 결과를 논의할 때 "영국의 개입가능성이 있으며, 영국이 극동에서 입장을 강화하려는 좋은 기회를 놓치지 않을 것"이라고 판단했다.

그러자 외무대신 기르스도 "만약 영국이 교전국 중 하나를 지원한다면, 우리도 전쟁을 방관할 수 없다"고 영국 경계론에 동의하였다. 그렇지만 기르스는 영국이 기존의 자국 외교정책을 유지시킬 것이라고 판단하였다. 그는 "현재 영국정부가 교전국 사이의 평화조약을 체결하였고, 태평양에서 현상유지를 희망하기 때문에 조선 문제에 대한 자국의 정책을 변화시키지 않을 것"이라고 생각하였다. 특히 기르스는 조선개혁을 위한 '국제특별위원회'의 구성을 제안하였다. 구체적으로 그는 "청국 정부가 일본의 조선에 대한 개혁요구를 실행하기 위해서 청국, 일본, 러시아, 영국, 프랑스, 독일 그리고 이탈리아 대표로 구성된 국제 특별위원회를 구성할 것"을 제안하였다. 그는 "국제특별위원회가 일본 정부를 설득시키는데 도움이 될 것"이라고 밝혔다.

이날 군부대신 반놉스끼(П.С. Ванновский)가 "러시아가 전쟁까지 준비해야 한다"고 주장하자 재무대신 비테도 연해주 지역의 러시아 군대 강화의 필요성에 동의하였다. 즉 그는 "조선 국경지역에서 현재 특별히 필요하지 않은 러시아 군대강화보다는, 예산지출을 피할 수 있는 다른 방안을 찾아야 한다. 연해주지역의 군대 강화를 위해서 재정적인 지원이 가능하다"고 밝혔다.[24]

1894년 8월 21일 특별회의에 대한 결과를 정리하면 다음과 같다.[25]

---

24) РГВИА. Ф.846. Оп.1. Д.134. ЛЛ.36~38.
25) 기존성과는 이 특별회의 결정문을 영어본에 기초하여 축약하여 번역하였다. 그래서 이 번역문은 원문에 기초하여 완역되었다.

"첫째 러시아의 적극적인 간섭이 청일전쟁에서 러시아의 이익에 도움을 주지 않는다. 그래서 우리는 회의를 통해서 다음과 같이 제안합니다. 러시아는 교전국의 전투를 신속히 중지시키고, 외교적으로 조선 문제의 해결을 위해서, 조선 문제에 관한 이해관계를 가진 열강과 함께 행동한다.

둘째 러시아는 중립에 관한 특별 성명서를 발표하지 않는다. 러시아는 일본과 청국 정부에게 러시아의 이익을 존중해 달라고 요구한다. 러시아는 조선과 러시아의 국경지역에서 발생할지 모르는 불의의 사태를 방지하기 위해서 청국과 일본 정부에게 주의할 것을 요구한다.

셋째 러시아는 조선의 현상유지(status quo)를 지지한다.

넷째 군부대신 반놉스끼는 조선 국경지대에서 비상사태에 대비한 러시아군대의 강화를 결정하며 군대강화의 업무를 담당한다. 군부대신은 필연적인 상황일 때 예비금 지출에 관해서 재무대신과 협의한다."26)

이날 회의 결과를 살펴보면 러시아는 열강과의 외교적 협조를 통해서 "조선의 현상유지"를 위해서 노력하고, 전쟁을 대비한 러시아군대의 강화를 결정하였다. 이러한 사실은 러시아가 최대한 외교적 노력으로 사태를 해결하지만 유사시 전쟁도 대비한다는 러시아의 이중적인 대응방식을 보여준다.

청일전쟁 이후 일본의 승리가 점차 확실해지자 1895년 2월 1일 러시아정부는 황제 니꼴라이 2세의 지시로 특별회의를 개최하였다.27) 특별회의에서는 "현재 상황에서 열강들과 함께 조선의 현상유지 정책을 지속할 것인가, 아니면 러시아가 독자적인 정책을 추진할 것인가"로 논의

---

26) РГВИА. Ф.846. Оп.1. Д.134. ЛЛ.39об~40.

27) 회의 참석자는 대공 알렉세이 알렉산드로비치(Алексей Александрович), 군부대신 반놉스끼(Ванновский), 해군대신 사무대리 치하쵸프(Чихачёв), 재무대신 비테(Витте), 외무대신 사무대리 쉬쉬낀(Н.Шишкин), 육군참모총장 오브루체프(Обручев), 해군참모총장 끄레메르(Кремер), 외무부 아시아국장 까쁘니스뜨(Капнист) 등이다.

의 초점이 모아졌다.[28] 이날 회의에서도 조선문제가 핵심이었다. 하지만 청일강화를 위한 일본의 요구조건이 불확실한 상황에서, 러시아정부는 여전히 포괄적인 대응방안만 논의하였다.

이날 재무대신 비테는 "러시아가 청일전쟁에서 불간섭정책을 유지하면서 동시에 모든 경우의 수를 대비하기 위해서 태평양에서 해군력을 강화해야한다"며 육군강화 뿐만 아니라 해군강화의 필요성도 제기하였다. 무엇보다도 비테는 "러시아가 태평양에서 해군력을 강화하면 극동에서 상업적 이해관계를 갖고 있는 영국을 자극할 것"이라고 판단하였다. 이러한 자극으로 그는 "영국이 신속하게 청일전쟁을 중지시키려는 노력을 전개할 것"이라고 주장하였다. 외무대신 기르스가 사망하여 외교적인 구심점이 약화된 상황에서, 비테는 구체적인 러시아의 외교정책 방안을 제시하면서 러시아의 대외정책에 본격적으로 개입하기 시작하였다.

그렇지만 재무대신 비테는 "러시아가 최후의 단계에서 적극적인 간섭을 실행해야한다"고 주장하였다.[29] 그는 "극동에서 러시아의 영향력을 지원하기 위해서는 러시아함대의 강화가 필수적이다"고 인식하였다. 그래서 그는 "특별예산을 편성하지는 못하지만 해군대신과 재무대신의 협의를 통해서 예산 지원이 이뤄질 것"이라고 밝혔다.[30]

1895년 2월 1일 특별회의에 대한 결과를 정리하면 다음과 같다.

"첫째 러시아 해군은 태평양에서 일본의 해군력을 능가할 수 있도록 러시아 함대를 보강한다. 해군대신 사무대리는 함대 증강을 위한 필요한 예산을 지원받기 위해서 재무대신과 협의한다.

둘째 만약 일본정부가 청국과 협상의 결과로 러시아의 본질적인 이익을 침해한다면 영국을 비롯한 유럽열강, 특별히 프랑스와 함께 공조할

---

28) Красный архив, Т. 52, СС. 67.
29) Красный архив, Т. 52, СС. 69~70.
30) Красный архив, Т. 52, С. 73.

것을 외무부에게 의뢰한다. 이러한 상황에서 외무부는 다음과 같은 핵심적인 목적을 반드시 추구해야 한다. '조선의 독립을 유지한다'가 바로 그것이다.

셋째 만약 영국을 비롯한 유럽열강과의 공조가 실패할 경우, 외국열강이 조선독립의 공동 보장을 요구할 경우, 향후 극동문제에서 러시아의 입장에 대한 문제는 다음 특별회의에서 심의한다."31)

이날 회의 결과를 살펴보면 1894년 8월 21일 회의에서 제기되었던 열강에 의한 외교적인 협조를 유지하는 기조였다. 그런데 외교적 공조가 실패할 경우를 대비하여 러시아는 태평양 함대의 강화를 결정하였다. 함대 강화 배경에는 러시아가 열강과의 공조 실패를 예견하면서 영국과 일본을 자극하는 전략으로 전환했다는 것을 의미했다.

라오둥반도를 할양하려는 일본의 의도를 파악한 러시아정부는 1895년 4월 11일 황제 니꼴라이 2세의 지시로 특별회의를 개최하였다.32) 특별회의에서는 "만주문제를 둘러싸고 일본과 타협하는가, 아니면 일본과 대립해야하는가"라는 문제가 핵심이었다. 즉 조선의 현상유지를 논의하던 상황에서 만주문제가 제기되었다. 이날 만주문제를 둘러싸고 대공과 육군참모총장이 외교적인 협상을 주장했다면 재무와 외무, 군부 대신은 군사적인 대응도 모색하였다.

1895년 4월 11일 특별회의에서 비테는 청일전쟁의 의미, 열강과 일본의 외교정책, 러시아의 대외정책 방향을 구체적으로 제시하면서 회의를 주도하였다. 이날 비테는 "청일전쟁이 러시아의 시베리아 철도 건설의

---

31) Красный архив, T. 52, CC. 73~74. 기존성과는 이 특별회의 결정문을 영어 판본을 축약하여 번역하였다. 그래서 이 번역문은 원문에 기초하여 완역되었다.
32) 회의 참석자는 대공 알렉세이 알렉산드로비치(Алексей Александрович), 외무대신 로바노프(Лобанов), 군부대신 반놉스끼(Ванновский), 해군대신대리 치하체프(Чихачев), 재무대신 비테(Витте), 외무차관 쉬쉬낀(Шишкин), 육군참모총장 오브루체프(Обручев) 등이다.

결과"라고 지적하면서, 러시아가 일본에 대한 대외정책을 실패할 경우 "재정과 관련된 모든 것을 잃을 수 있다"며 문제의 심각성을 제기하였 다. 그는 "모든 유럽열강, 그리고 일본은 조만간 청국을 분할할 것"이라 고 예측하면서, "일본의 적대적인 행동이 본질적으로 러시아를 반대하 려는 경향을 갖고 있다"고 판단하였다.

무엇보다도 비테는 일본의 군사적 의도를 다음과 같이 지적하였다. "첫째 일본이 남만주를 점령하면 일본은 러시아를 위협할 뿐만 아니라 조선도 완전히 병합할 것이다. 둘째 일본은 청으로부터 배상금 6억 루블 을 받아서 자국의 점령지역을 강화할 것이다. 셋째 일본은 만주인과 몽 고인을 자기편으로 끌어들이고, 새로운 전쟁을 시작할 것이다. 이러한 상황에서 몇 년 후에는 일본의 황제가 청국의 황제로 될 것이다." 이렇 듯 비테는 일본의 군사적 대륙진출을 예상하였다.

이러한 상황에서 비테는 해군력의 강화를 제기하였다. 비테는 "만일 러시아가 일본의 만주 진출을 허용한다면 우리의 영토와 시베리아철도 를 방어하기위해서 10만 명의 병력이 요구된다"고 판단하였다. 따라서 그는 "러시아의 절대적인 해군 증강이 필요하다. 왜냐하면 러시아는 어 쩔 수 없이 일본과의 충돌이 불가피하기 때문이다"고 밝혔다.[33]

여기서 비테는 러시아는 다음과 같은 선택이 필연적이라고 생각하였 다. 첫째 러시아는 일본의 남만주 점령을 묵인해야하는가? 둘째 시베리 아 철도의 완공 이후 일본의 남만주 점령에 대응해야하는가? 셋째 러시 아는 현재 일본의 남만주점령을 강력하게 방해해야하는가? 이러한 선택 에서 비테는 "러시아가 지금 당장 적극적인 행동을 전개해야 유리하다" 고 판단하였다. 그는 "러시아가 흑룡강 국경지대로 군대를 움직이지 않 는다. 왜냐하면 청국과 일본이 동시에 러시아를 적대하게 만들어서는 안

---

33) АВПРИ. ф. 143. Оп. 491. Д. 1126. ЛЛ.4-5; Красный архив, Т. 52, С. 80.

되기 때문이다"라며 영토점령을 경계하였다.[34]

무엇보다도 비테는 "유럽과의 관계를 고려하여 일본의 남만주 점령을 저지하기 위한 우리의 요구가 실행되지 않을 경우에는 러시아가 어쩔 수 없이 상응하는 조치를 취한다"는 성명 발표의 필요성을 제시하였다. 그는 "러시아가 적극적인 행동을 충분히 준비했다는 상황을 일본과 유럽 열강에게 확신시켜야 한다"며 "이러한 확신이 전쟁을 억제할 수 있는 확률을 높여준다"고 생각하였다. 만약 일본이 러시아의 외교적인 주장을 받아들이지 않는다면 비테는 "러시아 함정이 일본 함정에게 대항하는 적대적인 행위를 시작하고 일본의 항구도 포격해야한다"며 군사적인 활동의 전개를 주장하였다. 이러한 과정에서 러시아의 이해관계를 계산하면서, 비테는 "청국도 자국의 구원자 역할을 수행한 러시아의 노력을 평가할 것이고, 국경문제에서 러시아와 평화적인 방향으로 해결하는 데 동의할 것이다"라고 생각하였다.

비테는 일본과의 전투에서 러시아 군대가 유리하다고 판단하였다. "청국에 대한 일본의 승리가 일본의 무력을 증명한 것은 아니다. 실제 일본 육군은 7만 명이 넘지 않으며, 더욱이 조선, 만주, 중국 남부에 분산된 실정이다. 만약 전쟁이 발생한다면 러시아는 이러한 상황을 이용할 수 있다. 더욱이 일본에 적대적인 관계를 갖고 있는 청국인과 조선인들의 적지 않은 지원을 예상할 수 있다."[35]

삼국간섭 직전 재무대신 비테는 일본과의 마지막 협상안을 제시하였다. "러시아는 일본이 승전국으로 대만, 팽호열도, 그리고 여순까지도 장

34) 비테는 특별회의 두 번째 발언에서 "러시아는 청국 영토를 절대 차지해서는 안 된다"며 거듭 강조하였다. "그 같은 행동이 새로운 충돌을 불러일으킬 것이고 결국 열강의 청국분할을 초래할 것이다"고 생각하였다.(Красный архив, Т. 52, С. 83)
35) АВПРИ. ф. 143. Оп. 491. Д. 1126. ЛЛ.4-5; Красный архив, Т. 52, С. 81.

악하는 것을 묵인할 수 있다. 마지막으로 조선 남부를 점령하는 것도 용인할 수 있다. 그러나 만주는 절대 불가하다."[36] 이러한 협상안은 만주 지역에 대한 비테의 강한 집념을 보여주었다. 이렇듯 이날 회의에서 재무대신 비테는 극동정책에 관한 그의 핵심적인 생각을 제시하였다. 이날 제시된 비테의 극동정책은 완벽하게 수립된 것이 아니지만 향후 그의 극동정책의 구도를 엿볼 수 있다는 점에서 중요하다. 이렇게 수립된 그의 극동정책은 삼국간섭부터 러일전쟁까지 러시아의 대외정책에 상당한 영향력을 미쳤다.

1895년 4월 11일 특별회의에 대한 결과를 정리하면 다음과 같다.

"첫째 러시아는 청국 북부에서 전쟁 이전의 상황을 유지하도록 일본에게 권고한다. 러시아는 먼저 우호적인 방식으로 일본의 남만주 점령을 거절한다. 왜냐하면 일본의 남만주 점령은 러시아의 이익을 침해하고, 극동에서의 안정을 위협하기 때문이다. 만약 일본이 거절할 경우에는 러시아는 일본정부에게 다음과 같이 경고한다. 러시아는 자국의 이해에 따라 자유롭게 행동할 것이다.

둘째 유럽 열강 및 청국에게 다음과 같이 공식적으로 알릴 것이다. 러시아는 청국에 대한 어떤 점령도 시도하지 않을 것이다. 또한 러시아는 자국의 이익을 수호하기 위해서 반드시 일본의 남만주 점령을 방해할 것이다."[37]

이날 회의 결과를 살펴보면 러시아정부는 일본의 만주점령을 부정하고 군사적 행동을 개시할 수 있다는 의지를 표명하였다. 러시아정부는 단기적으로 만주지역에 대한 방어를 계획하였고, 장기적으로 조선에 대

---

36) 비테는 "러시아의 마지막 제안을 제시한다면 일본도 러시아의 요구에 만족스럽게 동의할 것이다. 그렇지만 외무부가 결정적인 협상을 진행하지 않을 것이다"고 밝혔다. 외무대신 로바노프는 "일본과의 평화적 협상에 의구심을 표명하였지만, 일본과 만주에 대한 협상을 시작하는 것은 가능하다"고 밝혔다(АВПРИ. ф. 143. Оп. 491. Д. 1126. Л.6).

37) АВПРИ. ф. 143. Оп. 491. Д. 1126. ЛЛ.6-7; Красный архив, Т. 52, С. 83.

한 현상유지정책을 유지하는 것이다. 여기서 우리는 비테가 주장한 발언이 대부분 특별회의의 결과와 일치했다는 것을 확인할 수 있다. 이러한 사실을 통해서 삼국간섭 전후 극동지역에 대한 대외정책을 비테가 주도했다는 것을 확인 할 수 있다.

2. 무츠의 대외정책과 일본의 대응

1) 조선과 극동에 관한 무츠(陸奧宗光)의 인식과 구상

무츠 무네미츠(陸奧宗光)는 19세기 말 일본의 외교를 주도하였던 인물이자 동시에 메이지 전기 일본 대외관계의 최대 현안을 마무리한 인물이다. 1844년 와카야마(和歌山縣) 현의 고위 관리 다테(伊達千廣)의 아들로 태어난 무츠는 15살에 에도(江戶), 쿄토(京都)로 가서 존왕양이운동에 가담하였다. 그는 메이지 신정부 수립 후 외국사무국에서 일했으며 1871년 가나가와(神奈川) 현지사를 거쳐 1872년에는 지조개정 국장이 되었다. 그 뒤 사츠마(薩摩), 조슈(長州) 출신의 정치가 등이 정권을 독점하는 번벌 정치에 불만을 품고 1874년 사직하였다. 1877년 세이난전쟁 때 오에 다쿠(大江卓), 하야시(林有造) 등과 함께 정부 전복계획에 가담했으나 1878년 발각되어 1882년까지 투옥되었다. 석방 뒤 신정부의 실력자인 이토(伊藤博文)의 주선으로 구미를 견학하였다.

귀국 후 그는 외무성에 들어가 1888년 주미공사로 워싱턴에서 근무했으며 1890년 제1차 야마가타(山縣) 내각의 농상무대신이 되었고, 이듬해 총선거에서 중의원 의원에 당선되었다. 1892년 제2차 이토(伊藤) 내각의 외무대신이 된 그는 1894년 영국과 조약개정을 교섭해 새로운 영일통상조약을 체결함으로서 치외법권 철폐를 성공하였다. 청일전쟁 이후 그는 이토와 함께 일본측의 전권대표로서 청의 이홍장과 시모노세키

조약(下關條約)을 맺음으로써 막대한 배상금과 영토를 할양받았다.[38]

외무대신 재직 시절의 경험과 문건을 토대로 무츠는 1896년 조약개정과 청일전쟁의 처리에 관한 회고록『건건록』을 저술하였다. 이 회고록에서는 청일전쟁부터 삼국간섭까지 조선과 청국을 둘러싼 일본과 열강 사이의 여러 사건을 중심으로 일본 정부의 외교 노선 등이 서술되었다. 즉 조선과 청국을 침략하는 것에 관한 일본 국민의 반응, 주변 열강들의 반발과 그에 대한 일본의 대응, 그리고 조선, 청국, 일본 삼국간의 역학적인 외교구조와 이해관계 등이 바로 그것이다.[39]

무츠는 문명론에 대해서 "서구적 신문명과 동아적 구문명의 충돌"이라고 파악하였다. 서구적 문명이 극동지역에 유입되면서 "일본에서는 서구적 신문명이 성공적으로 수용되었지만 청국에서는 여전히 동양적 구문명이 남아 있다"고 생각하였다. 즉 그는 "일본이 메이지 유신 이래 이미 27년여 동안 정부나 국민이 서구문명을 받아들이는 데 노력해서 모든 개혁을 완성해 왔고, 이제는 일본의 옛 모습이 거의 바뀌어 신일본의 중흥을 이룩하였다"고 주장하였다. 그러나 그는 "청국은 옛 모습 그대로며 내외의 형세에 따른 변혁을 꾀하지 못해, 한쪽은 서구문명을 대표하고 다른 한쪽은 동양의 옛 모습을 그대로 유지하게 되었다"고 판단하였다.[40]

이렇듯 서구주의를 지향한 무츠는 외무대신 시절 자국의 실리를 추구한 현실주의자였다. 그는 청일전쟁 이후 조선내정개혁에 대해서 "정치적 필요성 이외에 다른 의미가 없고, 먼저 일본의 이익을 추구해야한다"

---

38) 中塚明, 1992, 『蹇蹇錄の世界』, みすず書房, 2~7쪽. 무츠는 1897년 도쿄(東京)에서 사망. 무츠는 19세기 말 외무대신으로 대외정책을 주도했기 때문에 그에 대한 연구는 활발히 진행되었다. 무츠의 성장배경, 세계관과 외교론에 대해서는 국내에 일부 소개되었다(박영재, 1958, 「1890년대 일본의 외교과 외교론: 무츠 무네미츠(陸奧宗光)를 중심으로」, 『국사관논총』, 60집).

39) 무츠 무네미츠 저 / 김승일 역, 1993, 『건건록』, 범우사, 13쪽.

40) 무츠 무네미츠 저 / 김승일 역, 1993, 『건건록』, 범우사, 65쪽.

고 주장하였다. 또한 그는 삼국간섭 전후 비스마르크(Bismarck)가 철저하게 "오직 독일의 이익만을 기준으로 삼국간섭을 결정했다"라는 대목을『건건록(蹇蹇錄)』에 상세히 기록하였다.[41]

현실주의자인 무츠는 열강, 특히 영국과 러시아의 극동에서의 이해관계를 주시하였다. 그는 "러시아가 적어도 자국의 이익을 확대하거나 그렇지 않으면 이익에 장해가 되는 것을 제거하기 위하여 마침내 적극적인 수단을 취할 것"이라고 판단하였다. 그리고 그는 "영국은 동양에서의 상업상의 이익이 훼손되는 것을 두려워하기 때문에 대담하고 강고한 정책을 실행하지 못할 것"이라고 생각하였다.

청일전쟁 시기 무츠는 "영국과 러시아가 언제 어디서라도 서로 그 목적을 달성할 기회만을 살피고 있다"며 "양국의 취지가 다르지만 궁극적으로는 자국의 이익을 보호하기위해서 간섭하였다"고 파악하였다. 그는 현 상황에서 양국이 극동의 평화를 유지하려고 노력할 것이라고 생각하였다. 즉 "영국은 근린국과의 무사주의를 지속시켜 동양에서의 평화가 언제까지라도 지속되길 원할 것이며, 러시아는 영구히 평화를 유지시킬 생각은 없지만, 수년간 이 국면의 변화를 원하지 않을 것이다."[42]

무츠는 러시아의 일본과 청국에 관한 이중성을 주목하였다. 그는 "러시아가 청일 양국 어느 쪽이라도 조그마한 기회만 있으면 그곳을 향해 날개를 펴려고 한다"고 지적하였다. 따라서 그는 "러시아가 일본의 자부심을 손상시키지 않으려고 노력함과 동시에, 청국이 러시아에 대해 신뢰를 저버리지 않도록 노력하였다"고 밝혔다. 청일전쟁 전후 러시아의 극동정책의 변화를 무츠는 인식하였다. 그는 청일전쟁 전반기 러시아가 "오직 일반적인 외교적 수단에 의해 자국의 목적을 달성하려 했다"고 생

---

41) 무츠 무네미츠 저 / 김승일 역, 1993,『건건록』, 범우사, 67, 347쪽. 현실주의자 무츠에게도 청일전쟁 당시 조선에 대한 일본의 지배권 확보라는 전쟁 결과에 대한 명백한 팽창주의적 목표가 있었다.(박영재, 1994, 앞의 논문, 59쪽)
42) 무츠 무네미츠 저 / 김승일 역, 1993,『건건록』, 범우사, 103, 319쪽.

각하였다. 하지만 후반기 러시아가 "영국의 일반적인 외교적 제의에 찬성해서는 도저히 그들이 목적하는 바를 달성할 수 없다고 깨닫고, 과감한 행동을 결심하였다"고 추측하였다.[43]

외무대신 무츠는 극동에서 러시아의 본질적인 목표가 만주와 조선에 있다는 사실을 간파하였다. 그는 "러시아 본래의 욕망이 원대한 것이지만, 현실적으로 그 준비가 완비되지 않았기 때문에, 현재 극동지역에서 현 정세를 유지하고자 하였다"고 파악하였다. 무츠는 러시아가 삼국간섭을 통해서 "러시아 스스로 만주의 동북부에서 남부의 해안에 이르기까지 자국의 영향 하에 두려는 계획을 파악"하였다. 더욱이 그는 "만약 조선독립에 대해 러시아에 조금이라도 불리한 조항이 존재한다면 향후 또 다른 어려운 문제가 발생할 것"을 예측하였다.[44]

조선을 둘러싼 청국과의 관계에서는 무츠는 매우 강경한 입장을 고수하였다. 그는 "청국이 언제나 조선을 종속관계로 보고 있다(淸韓從屬)"며 일본이 "종래 조선과 청국 사이에 존재해온 애매한 종속관계를 단절시켜야한다"고 주장하였다. 무엇보다도 그는 "조선내정의 개혁이나 청한종속 모두다 그 근원을 찾아 올라가면 청국과 일본의 조선에서의 권력투쟁"이라고 판단하였다. 결국 시모노세키조약에 의해서 그는 "청국정부가 스스로 조선을 하나의 독립국으로 확인시킴으로써 일본정부가 당초의 목적을 달성하였다"고 생각하였다.[45]

외무대신 무츠는 "처음부터 조선의 내정개혁 자체에 큰 비중을 두지 않았고, 그보다는 조선이 과연 만족할 만한 개혁을 할 수 있을까"를 의심했다. 더구나 그는 조선의 정치세력을 "탁상공론을 일삼고, 생사를 건 암투만 계속 한다"고 밝혔다. 그는 갑오개혁 초기 조선의 정치세력을 완

---

43) 무츠 무네미츠 저 / 김승일 역, 1993, 『건건록』, 범우사, 212, 318, 321쪽.
44) 무츠 무네미츠 저 / 김승일 역, 1993, 『건건록』, 범우사, 318, 335쪽.
45) 무츠 무네미츠 저 / 김승일 역, 1993, 『건건록』, 범우사, 37, 64~66쪽.

고하고 보수적인 대원군의 일파, 온건점진주의자인 김홍집과 어윤중, 군
국기무처를 중심으로 하는 일본당 등으로 분류하였다. 그는 조선정치개
혁의 실패 요인을 완고하고 편협적인 대원군의 개혁 반대, 김윤식과 어
윤중의 정국 통제 능력의 부족 등을 꼽았다. 더욱이 그는 "시기하고 의
심 많은 사악함과 음험한 수단을 쓰는 조선인의 나쁜 덕목이 상호간의
원한을 증대시켜 조선의 단결된 국가개혁을 기대할 수 없다"고 생각하
였다. 결국 그는 갑오개혁기 조선의 정치개혁과 정치세력을 매우 부정적
으로 파악하였다.[46]

청일전쟁 이후 조선정책에 대해서 무츠는 매우 신중해야 한다고 판단
하였다. 왜냐하면 그는 "청일전쟁 이후 조선의 독립을 각국에 선언했기
때문에 조선의 내정개혁을 권고함에도 표면상 요구하는 방법을 취할 수
밖에 없다"고 생각했다. 더욱이 그는 구미 열강이 장차 조선에 대해서
일본의 계획을 주시할 때, 혹시 일본이 조금만 잘못 행동한다면 사면초
가의 위험에 빠질 것이라고 염려하였다. 따라서 그는 "조선정부에 대해
내정개혁을 권고할 경우 자세한 내외의 형세를 파악해야 하는 등 신중을
기해야 한다"고 판단하였다.[47] 따라서 무츠는 1894년 8월 21일 조선주
재 오토리(大鳥圭介) 공사에게 "일본이 과도하게 요구하면 조선이 결국
견디지 못하여 상황을 조선주재 구미 외교관에게 호소할 수 있다"며 주
의할 것을 훈령하였다. "첫째 만약 조선의 독립권을 침해하는 것과 같은
행위는 군사상 불편, 또는 비경제적일지라도 될 수 있는 한 피해야한다.
둘째 조선 정부의 체면과 정부를 유지할 수 있도록 일본은 조선정부가
감당할 수 있는 범위에서 요구해야한다. 셋째 조선에서 군사상 및 기타
에 필요한 물품이 있을 때는 될 수 있는 대로 적절한 대가를 주며 침략
적인 태도를 보이지 않도록 주의해야한다."[48]

---

46) 무츠 무네미츠 저 / 김승일 역, 1993, 『건건록』, 범우사, 158~159쪽.
47) 무츠 무네미츠 저 / 김승일 역, 1993, 『건건록』, 범우사, 68쪽.

2) 삼국간섭 전후 무츠의 활동과 일본의 대외정책

조선문제에 관한 각종 현안에 깊숙이 개입한 무츠는 청일전쟁 직전 조선내정의 개혁안을 기초하였다. 그는 자신의 개혁안을 각의에서 의결한 후 1894년 6월 27일 조선주재 오토리(大鳥圭介) 공사에게 기밀 훈령을 보냈다. 그 훈령의 대략적인 내용은 다음과 같다. 관직의 기강을 확고히 하여 지방 관리의 폐정 교정, 외국과의 교섭에 임할 때에는 그 책임을 잘 수행할 수 있는 인재 등용, 재판의 공정, 회계출납의 엄정, 서울과 부산 기타 지역에 철도 설치, 각 요소에 전신선의 설치 및 개조 등이 바로 그것이다.[49] 무츠의 개혁안의 중점은 교통과 통신수단의 개발을 기회로 하는 이권 획득에 있었다. 실제로 무츠는 1894년 7월 8일 개혁안에 대한 교섭에 앞서서 이권 획득에 노력하도록 오토리공사에게 훈령하였다.[50]

1894년 7월 23일 오토리공사는 일본군을 이끌고 대원군을 입궐시켜, 고종으로 하여금 대원군이 섭정하도록 성공하였다. 이후 무츠는 1894년 8월 17일 새로운 조선정책을 4가지 방안으로 작성하여 내각회의에 제출하였다. 이 회의에서의 논쟁점은 "일본이 조선의 내정개혁을 어느 수준에게 지원하는가, 그리고 조선의 독립 문제를 어떻게 설정하는가" 등이었다.[51]

---

48) 『駐韓日本公使館記錄(2)』, 五. 機密本省及其他往來 (48) 「朝鮮國」, 1894년 8월 21일.
49) 『日本外交文書』, 27-1, 569~572쪽; 『駐韓日本公使館記錄(2)』, 五. 機密本省及其他往來> (34) 「朝鮮國內政改革」, 1894년 6월 28일.
50) 『駐韓日本公使館記錄(2)』 五. 機密本省及其他往來 (35) 「朝鮮國內政改革」, 1894년 6월 28일; 모리야마 시게노리 저 / 김세민 역, 1994, 『근대한일관계사연구』, 현음사, 36쪽.
51) 무츠 무네미츠 저 / 김승일 역, 1993, 『건건록』, 범우사, 168쪽.

이날 무츠는 "조선을 명의상 독립국이라 공인하는 것은, 일본이 간접 혹은 직접으로 영구히 또는 장기간 동안 그들의 독립을 보호해주고 지원 해주어 불미한 일이 일어나지 않도록 방지해주는 것이다"라는 두 번째 방안을 관철시켰다. 이러한 방안의 문제점에 대해서 무츠는 두 가지로 요약하였다. 첫째 일본은 이미 조선이 독립국이고, 그 강토를 침략할 의 향이 없다고 각국 열강 정부에 대해 공언하였다. 그런데 만약 조선을 일 본의 세력하에 굴복시킬 때, 구미 열강들이 일본을 비난하고 시기할 것 이다. 둘째 향후 일본정부가 조선을 보호국으로 만들면 청국과 러시아 는 직접적으로 반발할 것이다.[52] 이 안을 살펴보면 무츠는 실제 조선을 일본의 보호국 체제로 설정하였다.

이렇듯 조선문제에 깊숙이 개입한 무츠는 전후 질서를 규정하는 청일 강화조약 초안도 작성하였다. 1895년 1월 27일 히로시마 대본영에서 일 청강화의 안건에 대해 어전회의가 열었다. 이날 무츠는 자신이 기초한 강화조약안을 제출하면서 주요 조항을 설명하였다.

무츠가 기초한 조약안의 3개 항목의 주요 내용을 살펴보면 첫째 이번 전쟁을 일으키게 된 주 원인이었던 조선국의 독립을 확인시키는 것을 규 정한다. 둘째 일본이 전승의 결과로서 청국으로부터 양도받을 할양지(대 만과 팽호열도, 봉천성의 남부)와 배상금(3억냥) 등을 규정한다. 셋째 일본의 이익과 특권을 확정하기 위해, 장래 일본과 청국의 관계를 구미 각국과 청국의 관계와 같이 동등하게 한다. 한 걸음 더 나아가 여러 곳 에 신개항장을 설치하고 통행을 자유롭게 할 수 있는 권리를 확대하여, 영원히 일본이 청국에서의 통상을 원활하게 하기 위한 항해에 관한 권리 를 규정한다.[53]

---

52) 『日本外交文書』, 27-1, 646~649쪽; 무츠 무네미츠 저 / 김승일 역, 1993, 『건건록』, 범우사, 169~171쪽.
53) 무츠 무네미츠 저 / 김승일 역, 1993, 『건건록』, 범우사, 227쪽. 참석자는 아키히 토 친왕, 총리대신 이토, 육군대신 야마가타, 해군대신 사이코, 해군군사령부장 가

이후 1895년 3월 19일 전권대신 이홍장(李鴻章)이 도일하여 시모노세키에서 청국과 러시아는 강화협상을 진행하였다. 3월 30일 청의 요청에 의해 휴전이 성립되었으며, 4월 1일 일본은 강화조약 초안을 이홍장에게 보냈다. 청국과 일본의 교섭이 진행되었지만 결국 군사력이 우세했던 일본의 요구가 대부분 인정되어, 4월 17일 강화조약이 조인되었다. 조약의 핵심내용은 조선에 대한 지배권의 확립, 일본정부가 랴오둥반도(遼東半島)와 대만 및 팽호열도 등에 대한 영토의 할양 등이었다.[54]

이후 1895년 4월 23일 본국정부의 훈령에 기초하여 동경주재 러시아 독일 프랑스 공사는 외무성에 와서 하야시(林) 외무차관과 면회했고 청일강화조약 중의 랴오둥반도의 할양에 관한 조항에 대해서 이의를 제기했다.[55] 무츠는 삼국간섭에 대해서 러시아가 갑자기 간섭하기로 결정을 내리게 된 것을 오직 독일의 동맹을 얻은 때문이라고 생각하였다. 그는 "독일의 행동이 의외로 나오자 러시아도 놀랐다"고 파악하면서 이렇게 결정된 이유 중 하나를 "독일이 러프동맹을 통해 양국의 친밀을 막기위한 것이었다"고 판단했다. 그는 "독일이 별안간 러시아와 결탁할 뜻이 있음을 보이자 이를 방관할 수 없었던 프랑스도 삼국간섭에 참여하였다"고 밝혔다.[56] 이러한 무츠의 주장은 독일의 입장을 지나치게 부각시켰다. 하지만 삼국간섭의 중심은 어디까지나 러시아였다. 따라서 독일과 프랑스는 러시아가 주도하는 극동질서에 참여하여 향후 각종 이권을 획득하려 했다.

삼국간섭 직후 삼국이 극동에서 해군력을 강화하자 일본은 이에 대한

바야마, 참모본부 차장 가와카미 등이다. 일본의 강화조약 초안 작성, 중요 초안 성립의 배경 등에 대해서는 다음의 논문을 참조(박영재, 1972, 앞의 책, 152~160쪽).

54) 최문형, 2001, 『한국을 둘러싼 열강의 각축』, 지식산업사, 137쪽.

55) 『駐韓日本公使館記錄(8)』, 「三國干涉」, 1895년 4월 25일, 123쪽; 무츠 무네미츠 저 / 김승일 역, 1993, 『건건록』, 범우사, 295~296쪽.

56) 무츠 무네미츠 저 / 김승일 역, 1993, 『건건록』, 범우사, 331~333, 344쪽.

대응책 마련에 고심하였다. 1895년 4월 24일 히로시마 행재소 어전회의에서 이토 총리는 가능한 대응책으로 세 가지를 제안하였다. 첫째 만일 새롭게 적국의 군이 증가되어 불행한 일이 생길 경우에는 삼국의 권고를 거절한다. 둘째 열강회의를 개최하여 랴오둥반도의 문제를 그 회의에서 협상한다. 셋째 지금 삼국의 권고를 전적으로 받아들여 청국에게 랴오둥반도를 양보하는 식으로 환부한다.

이날 회의에서는 일본의 무력 상황에 대한 심도 있는 논의가 진행되면서 다음과 같은 결론에 도달하였다. 즉 "첫째 현재 일본 정예군대가 랴오둥반도에 주둔하고 있고, 일본 함대는 모두 팽호도에 파견되어있다. 둘째 일본의 육군과 해군 군비는 거의 바닥나 있을 뿐만 아니라, 전투를 계속해온 일본 함대는 인원이며 군수며 이미 지쳐 있고 고갈된 상태이다. 따라서 현재 삼국연합 해군은 물론이거니와 러시아 함대에 대한 해전도 매우 어려운 상태이다. 지금은 삼국과의 화친이 결렬되게 해서는 안 되며, 새로이 적국을 만드는 것은 결코 바람직하지 못하다."[57]

1895년 4월 25일 이토는 마이코(舞子)에 있는 무츠를 방문하여 이러한 어전회의의 결과를 설명하였다. 이에 대해 무츠는 "이미 히로시마 어전회의에서 새롭게 적국을 만들지 말자고 결정한 이상, 일본이 삼국간섭의 전부 또는 일부를 수용해야한다"고 밝혔다. 그는 "삼국의 권고를 모두 수용하더라도, 청국에 대해서는 전혀 양보할 수 없다"고 결론지었다. 그렇지만 그는 "이러한 결론을 실행하기 앞서 모든 가능한 계획을 시행한다"고 주장하였다. 또한 그는 "두세 개 열강국의 강력한 지원을 받는다면 삼국의 간섭도 견제할 수 있다"는 방안도 제시하였다. "만약에 최후로 전쟁이 일어나더라도 아직은 일본의 독자적인 힘으로 이 위기를 극복할 수 있다"고 주장하였다.[58]

---

57) 무츠 무네미츠 저 / 김승일 역, 1993, 『건건록』, 범우사, 299~300쪽. 이날 참가자는 이토, 육군대신 야마가타, 해군대신 사이코 등이다.

하지만 이후 무츠는 일본의 외교적 노력에도 불구하고 영국을 비롯한 열강으로부터 강력한 지원을 받을 수 없었다. 그래서 무츠는 "삼국의 권고를 전부 또는 일부를 받아들여 사태수습을 위한 타협을 할 수 밖에 없었다"고 판단하였다.[59] 그래서 삼국간섭 범위를 논의하기 위해서 1895년 5월 4일 교토에서 각료와 대본영의 중신들과 회합하였다. 이날 회의에서 무츠는 "삼국의 권고안을 전격적으로 받아들이고, 다른 한편으로는 비준 교환의 일을 늦추지 말자"고 강력히 주장하였다. 이날 회의에서는 랴오둥반도를 청국에 환부하는 것으로 결정되었다. 하지만 랴오둥반도를 환부하는 조건으로 약간의 배상금을 요구할 것인가, 아니면 무조건적으로 환부할 것인가에 대한 논쟁이 벌어졌다. 여기서 무츠는 "삼국에 대한 회답은 깨끗하게 그들의 요구대로 받아들이고, 향후 외교상 자유롭게 해결할 수 있도록 여지를 남겨두자"고 주장하였다. 이토 총리가 무츠의 의견에 동의하자 다른 각료들도 무츠의 의견에 동의하였다.[60]

'남의 샅바로 씨름을 하다'라는 일본속담처럼 현실주의자 무츠는 삼국간섭 전후 서구열강의 외교적 대립을 최대한 이용하려고 노력했다.

3. 러시아와 일본의 외교협상 전개와 합의

삼국간섭 전후 러시아의 대외정책을 주도한 재무대신 비테는 만주와 조선에서 러시아의 경제적 침투라는 자신의 견해를 관철시키려고 노력

---

58) 무츠 무네미츠 저 / 김승일 역, 1993, 『건건록』, 범우사, 302~303쪽.
59) 무츠 무네미츠 저 / 김승일 역, 1993, 『건건록』, 범우사, 310.
60) 무츠 무네미츠 저 / 김승일 역, 1993, 『건건록』, 범우사, 313~314쪽. 참석자는 이토총리, 마츠카타 대장대신, 사이코 해군대신, 노무라 내무대신, 가바야마 해군군령부장 등이다.

하였다. 특히 비테는 "러시아가 일본에게 대만, 팽호열도, 여순, 조선남부까지도 넘겨줄 수 있지만 만주를 절대로 양보할 수 없다"고 생각하였다.

19세기 말 일본의 대외정책을 주도한 외무대신 무츠는 조선내정의 개혁이나 청한종속 모두 청국과 일본의 조선에서의 권력투쟁이라고 판단하였다. 특히 무츠는 명목상 "일본이 조선을 간접 혹은 직접으로 영구히 또는 장기간 동안 그들의 독립을 보호하고 지원해 주어야한다"고 밝혔지만 사실상 조선을 일본의 보호국 체제로 설정하였다.

이렇듯 자국의 이해에 기초한 비테와 무츠는 삼국간섭 전후 치열한 외교전을 펼쳤다. 만주를 지키기 위해서 자국의 무력에 기초한 비테는 독일과 프랑스와 연합하여 일본이 랴오둥반도를 반환하도록 압박하였다. 그러자 무츠는 삼국과의 협상을 지연시켜서 삼국의 연합을 약화시키고 영국과 미국 등의 적극적인 무력지원을 받으려고 노력하였다. 하지만 영국과 미국의 무력지원을 받는데 실패한 무츠는 랴오둥(遼東)반도를 반환하는 대신에 적절한 배상금을 받기 위해서 외교적 노력을 전개하였다. 삼국간섭 이후 협상과정에서 비테는 랴오둥에서 일본군대의 조속한 철수가 목표였고, 무츠는 협상을 지연시켜 최대한의 배상금을 받는 것이 목표였다.

삼국간섭 이후 러시아정부의 협상 초안을 살펴보면 "랴오둥반도 반환에 대한 보상금은 적절해야하며, 랴오둥반도의 배상금과 무관하게 일본군대는 전쟁배상금의 1회를 받은 즉시 철수해야한다" 등이었다. 이에 비해 일본정부는 "보상금은 1억 량을 넘지 않으며, 보상금의 완전히 지불할 때 또한 충분한 청의 보장을 받을 때까지 일본군대가 랴오둥반도를 점령한다" 등이었다.[61]

1895년 9월 11일 러시아를 비롯한 독일과 프랑스의 최종 요구안을 살펴보면 다음과 같다. "첫째 일본정부가 랴오둥반도 반환으로 요구할

---

61) 『日本外交文書』, 28~2, 135쪽; 김상수, 1997, 앞의 논문, 132쪽.

배상금은 3천 만량을 초과하지 말아야한다. 둘째 랴오둥반도 철병 조건
과 청일통상항해조약을 조인하는 문제 사이에 어떠한 연관을 인정하지
않는다. 셋째 3천 만량을 지불하면 즉시 철병을 실행할 수 있도록 철병
의 시한을 확정한다." 이에 대해서 10월 7일 일본정부는 러시아를 비롯
한 독일과 프랑스에게 다음과 같은 내용을 회답하여 삼국과 각서를 체결
하였다. "첫째 배상금액을 3천 만량으로 정한다. 둘째 청일통상항해조약
의 체결을 랴오둥(遼東)반도에서 일본군의 철병을 위한 조건으로 삼지
않는다. 셋째 청국에서 배상금으로 3천 만량을 지불한 뒤 3개월 이내에
철병을 실행한다."[62]

결국 일본은 배상금과 관련하여 1억량에서 3천량으로 양보하였지만
보상금을 받은 이후 군대철수라는 조항을 관철시켰다. 러시아는 협상과
정에서 보상금 수령 이후 일본군대의 철수를 인정했지만 일본군의 조속
한 랴오둥반도 철수를 성사시켰다. 자국의 이익을 관철시키기 위한 치열
한 양국의 대립은 이후 을미사변과 아관파천 전후 조선에서 또다시 전개
된다. 당시 대륙국가 러시아와 해양국가 일본의 출구가 바로 조선과 만
주였기 때문이었다.

---

62) АВПРИ. Ф.163. Оп.3. Д.192. ЛЛ.1-3; 『駐韓日本公使館記錄(8)』, 「遼東半島還
附件」, 1895년 10월 25일, 101~103쪽.

2장. 대원군의 침묵과 명성황후암살의 배후

그동안 소설에 등장하는 명성황후의 마지막 모습은 작가마다 달랐다. 일본인이 명성황후를 시해하는 모습, 명성황후 스스로 최후를 맞이하는 모습 등이 바로 그것이다.

소설가 정비석은 "평소에 시녀로 쓰고 있던 일녀(日女)가 '이분이 중전마마예요!' 하고 고자질을 해주는 바람에 자객들은 민비를 순식간에 죽인 후 이불에 둘둘 말아서 송판 위에 올려 놓았다"고 기록했다.[1] 정비석은 "명성황후가 죽은 결과 조선이 일본의 식민지로 전락했다"고 판단했다.

일본 소설가 쓰노다 후사코(角田房子)는 "하수인일 가능성이 가장 큰 사람은 '데라자키 다이키치(寺崎泰吉)'로 생각되나 단정할 수는 없다. 모두 하수인이 될 가능성을 갖고 있었으므로 남은 문제는 '누가 민비와 마주 쳤을까'라는 우연일 뿐이다"고 기록했다.[2] 그녀는 재일 역사학자 박종근이 분석한 주한 일본 영사 우치다 보고서, 육군성 법관부 이노우에

---

1) 鄭飛石, 1987, 『閔妃傳』, 고려원, 441쪽.
2) 角田房子, 1993, 『閔妃暗殺 朝鮮王朝末期の國母』, 新潮文庫(쓰노다 후사코, 1999, 『최후의 새벽』, 조선일보사, 342쪽). 나홍주는 쓰노다 후사코(角田房子)의 명성황후에 관한 편견을 신랄하게 비판했다.(나홍주, 1990, 『閔妃暗殺비판』, 미래문화사, 384~399) 최문형에 따르면 일본의 사상가 고야스(子安宣邦)는 쓰노다 후사코의 작품에 대해서 "이 소설이 히로시마의 재판보다 훨씬 더 중대한 판결을 내렸다"고 정의했다. 이 사건에 관한 한 일본 정부가 '무죄'라고 주장한 쓰노다의 판정에 대해 평했다.(최문형, 2010, 『한국 근대의 세계사적 이해』, 지식산업사, 109, 118쪽)

요시유치(井上義行) 보고서 등에 기초하여 암살자를 추적했다. 그런데
쯔노다 후사코는 명성황후의 심리 묘사에 집중하여 을미사변에 관한 일
본의 정치적 의도를 충분히 설명하지 못했다. 그 결과 그녀는 명성황후
살해의 하수인에 대한 다양한 설이 제기된 이유를 일본 자객의 '개인적
인 감정과 행동'을 중심으로 설명했다.[3]

프랑스 소설가 줄리에트(Juliette)는 "내가 암살된다면, 분명 반역자들
은 한 여인의 육신을 칼로 베어낼 것입니다. 그녀의 살과 살갗과 가슴을.
그들이 범하고 살해한 여인을 말입니다. 세자 저하, 세자는 나의 영혼과
심장을 가지십시오"며 세자를 지키려는 어머니 명성황후의 마지막 모습
을 주목했다.[4] 줄리에트는 작가의 의식을 투영하여 명성황후의 개인적
인 심리를 묘사하는 데 집중했다.

소설가 이문열은 "이경직이 황망하여 민비를 막고 나선다. 낭인이 그
런 이경직의 오른팔을 칼로 후려친다. 민비 무엇에 마비된 낭인들을 헤
치고 마루로 나와 층계를 내려선다. 그때 낭인 발작적으로 뛰어나와 뒤
에서 칼로 후려친다. 민비 신음과 함께 마당에 쓰러진다"며 명성황후의
비장한 최후를 묘사했다.[5] 이문열은 "길을 비켜라! 죽더라도 대군주폐하
와 왕세자가 계신 곳에서 죽겠다", "여우 사냥은 끝났다. 대일본의 화근
은 이제 사라졌다"며 명성황후와 일본낭인의 발언을 묘사하면서 한국과
일본의 시선을 교차시켰다.

한국인과 외국인 소설가의 명성황후 최후 모습에는 공통점과 차이점
이 존재한다. 공통점은 모두 일본 민간인이 명성황후 암살자라고 묘사되

---

3) 쯔노다 후사코, 1999, 『최후의 새벽』, 조선일보사, 341~342쪽.
4) 줄리에트 모리오, 1994, 『운현궁 : 명성황후 민비의 삶과 죽음』, 가리온, 448~449쪽.
5) 이문열, 1995, 『여우사냥』, 살림, 191~192쪽. 최근 소설가 유홍종은 데라자키(寺
崎泰吉)라는 낭인이 궁중에서 말로 전한 시가 있는데 '불참수적참미인(不斬讎敵
斬美人)'이라는 대목이 나왔다고 저술했다.(유홍종, 2009, 『논픽션 명성황후』, 이
지출판, 369쪽)

었다. 그런데 외국인과 한국인은 뚜렷한 차이점을 보였다. 명성황후의 '개인'적인 비극과 조선의 '국가'적인 비극이었다.

명성황후의 최후가 세상의 이목을 끌었던 만큼 명성황후암살의 배후는 기존 연구의 주요 관심사였다. 을미사변에 개입된 조직의 실체 및 핵심 인물 등에 관한 배후 논쟁은 현재 진행형이다. 그 중 일본정부가 을미사변을 사전에 승인했다면 그 배후 인물과 조직에 관한 연구가 여전히 모호하다. 일본정부 인물 중 누구까지 사건에 개입했으며, 한국정부 인물 중 누가 정변을 조직하고 지시했는가 등의 의문이 남아있다.

그동안 기존연구를 통해서 현재까지 을미사변을 둘러싼 논쟁점은 다양하게 형성되었다. 무엇보다도 을미사변을 둘러싼 사전 조율과 사후 처리 등에 관한 일본공사 미우라와 대원군의 논의 과정의 실체를 규명하는 것은 중요한 과제였다. 그렇다면 대원군이 을미사변에 주도적 입장으로 참여했는가, 아니면 강제적으로 동원되었는가, 대원군이 사건 당일 입궐을 지체한 이유는 무엇인가 등에 관한 해명이 필요하다. 국내외 학계의 논쟁인 미우라 주도설의 진위를 살펴보기 위해서는 사건 전후 대원군의 행적을 꼼꼼히 살펴볼 필요가 있다. 그날 공덕리 대원군 사저의 상황은 이랬다.

1. 대원군의 침묵과 개화파의 역할

1895년 10월 8일 새벽 1시. 전 군부고문 오카모토(岡本柳之助)는 마포에서 숨 가쁘게 달려 1시경 대원군의 저택에 도착했다. 일본 영사관보 호리구치(堀口九萬一) 등을 대동했다. 대원군을 비롯한 그의 아들 이재면, 손자 이준용 등은 낯설지 않은 불청객을 맞이했다. 오카모토의 회고

록을 살펴보면 당시 대원군은 스스로 의관을 갖추고 일본이 의도한 것처럼 경복궁으로 순순히 향했다.[6]

하지만 외교사료에는 대원군이 그날 1시에 곧바로 출발하지 않았고 2시간 동안 자신의 저택에서 지체하였다. 그 이유는 무엇일까?

대원군[7]은 1860-1870년대 서구열강과의 접촉에서 외세의 영향력을 직접 경험했고, 러시아 또는 미국 등 서구열강 일국에 편중하지 않는 외교정책을 펼치려고 노력했다.[8] 주한 일본공사 미우라는 "대원군이 국제정세만 정확히 파악하면 동양의 뛰어난 외교가로서 손색이 없다"고 평가했다. 그 배경에는 대원군이 외교관계의 미묘한 변화와 흐름을 꿰뚫어보는 안목을 갖고 있었기 때문이었다.[9]

그 후 대원군은 두 차례의 정치적 격변을 겪으면서 권력의 냉혹함을 맛보았다. 그는 1882년 6월 임오군란 당시 고종으로부터 사태수습을 위한 전권을 위임받고 권력을 장악했다. 하지만 대원군은 청나라 군대에 의해 톈진(天津)으로 납치되었고 1885년 겨우 한국으로 돌아올 수 있었다.[10]

1894년 일본군대의 '7.23경복궁침입사건'[11] 당시 대원군은 주한 일

---

6) 岡本柳之助述, 平井晩村編, 『風雲回顧錄』(東京 : 武俠世界社, 1912), 275쪽.

7) 석파(石坡) 대원군은 강직하고 야심찬 인물이었던 것으로 보인다. 대원군은 1820년 인조의 셋째 아들인 인평대군(麟平大君)의 7대손 남연군(南延君)의 아들로 태어났다. 1863년 12월 철종이 죽고 그의 둘째 아들인 고종이 왕위에 오르자 대원군은 섭정의 대권을 위임받아 권력을 장악했다. 그런데 1873년 최익현이 대원군의 정치를 정면으로 공격한 상소를 계기로 고종이 친정(親政)을 선포하자 대원군은 정계에서 물러났다. 1898년 사망했다.(연갑수, 1992, 「대원군 집정의 성격과 권력구조의 변화」, 『한국사론』 27, 213~215, 279쪽)

8) 연갑수, 「대원군과 서양」, 『역사비평』 50, 2000, 106~107쪽; 『駐韓日本公使館記錄(7)』, [王妃弑害事件과 수습 경위 6], 1895년 10월 8일, 三浦→西園寺, 207쪽.

9) 小早川秀雄, 『閔后暗殺記』, 116쪽.

10) 『高宗實錄』, 19년 6월 11일; 『高宗實錄』, 19년 7월 13일.

11) 이 사건에 대해서 기존연구는 '조선왕궁점령사건', '7.23왕궁침입사건', '경복궁점령사건' 등으로 다양하게 표기했다.(中塚明, 『1894년, 경복궁을 점령하라』(서울 :

본공사 오토리(大鳥圭介)와 함께 참여했다.12) 하지만 대원군은 군국기무처의 개혁정책을 반대하다가 주한 일본공사 이노우에에 의해 정계 은퇴를 강요당했다.13)

을미사변 직후 주한 외교관을 포함한 외국인 대부분은 을미사변의 배후로 대원군을 지목했다. 그런데 대원군의 을미사변 주도와 관련되어 당대 주한 외교관 및 외국인의 기록에서도 판단이 상호 엇갈렸다. 동일한 자료조차도 대원군의 주도설과 관련되어 모순된 기록의 사례가 많았다.

을미사변에 관한 상세한 일기를 작성한 주한 프랑스 주교 뮈텔은 사건 당일 대원군이 일본자객에 의해서 경복궁으로 갔다고 기록했다.14) 사건 다음날 뮈텔은 "대원군이 왕세자를 폐위시키고, 이준용을 왕세자로 책봉하려는 의도를 갖고 있다"며 "모든 일들이 대원군의 복수극"이라고 판단했다.15)

그런데 사건 발생 1주일 후 대원군에 관한 뮈텔의 기술은 상당히 달라졌다. 서울 여론의 변화를 주시하면서 뮈텔은 "대원군이 최근에 일어난 일련의 사건들의 희생자였으며, 지금 대궐에 죄수처럼 감금되어 있는 상태"라고 기록했다. 뮈텔은 을미사변 당일 공덕리 별장의 상황을 구체

푸른역사, 2000), 30쪽; 황선희, 『한국근대사의 재조명』, (서울: 국학자료원, 2006), 137쪽; 왕현종, 『청일전쟁기 한중일 삼국의 상호전략』, (서울: 동북아역사재단, 2009), 33쪽) 필자는 기존연구 및 사건의 내용을 고려하여 이 사건을 '7.23 경복궁침입사건'이라고 표기했다.

12) 『高宗實錄』, 31년 6월 21일; 『駐韓日本公使館記錄(1)』, [大院君의 入闕 顚末], 1894년 7월 31일, 大鳥圭介→陸奧, 312~313쪽. 스기무라에 따르면 대원군은 철저한 중화주의자와 양이론자였기 때문에 일본을 탐탁하게 생각하지 않았다. 그러나 세계정세 변화를 파악한 대원군은 동양의 평화를 유지하기 위해서는 한일청 3국의 동맹이 필요함으로 일본인을 우대하게 되었다.(杉村濬, 『在韓苦心錄』, 122쪽)

13) 『駐韓日本公使館記錄(5)』, [朝鮮政況 보고에 관한 件], 1894년 12월 28일, 井上馨→陸奧宗光.

14) 『뮈텔주교일기』, 1895.10.8, 375쪽.

15) 『뮈텔주교일기』, 1895.10.9, 378쪽.

적으로 묘사했다. "검은 옷을 입은 일본자객이 대원군의 거처에 침입했
고, 대원군은 그들에게 오랫동안 저항했다. 하지만 일본자객은 대원군을
강하게 재촉했고, 더 이상 버티다가 폭력적인 사태로 번질 것을 우려한
대원군이 가마에 올라탔다."16)

　뮈텔에 따르면 공덕리 별장에 있었던 경무관 강화석도 현장에서 일본
과 한국 병사 등을 목격했는데, 대원군을 지키던 순검이 두려움에 사로
잡혀 순검 제복을 벗었고, 일본인이 그 순검들의 제복을 입었다.17) 사변
당일 현장에 있었던 이준용은 "대원군이 암살자의 칼이 두려워서 대궐
로 이끌려 갔다"고 뮈텔에게 알려주었다. 이준용에 따르면 일본공사 미
우라는 "대원군이 왕의 소환 때문에 대궐에 들어갔다"는 서류를 꾸며 대
원군에게 강제로 서명하도록 강요했다.18)

　을미사변 이후 주한 미국공사대리 알렌은 "대원군의 혁명"이라는 제
목으로 본국정부에 보고서를 보냈다. 사건 직후 알렌도 대원군을 배후라
고 지목했다. 알렌은 1895년 10월 10일 국무장관 올리(G.R. Olney)에게
"대원군을 지지하는 세력은 대원군과 함께 일본인에 교육받은 훈련대의
불만을 이용하여 음모를 계획했다. 훈련대를 지원하기 위해서 서울에 거
주하는 일본인들이 참여했다"고 보고했다.19) 알렌은 을미사변 이후 대

16) 『뮈텔주교일기』, 1895.10.15, 385쪽.
17) 강화석은 일본인 중에는 일본 경비대의 통역관 와타나베(渡邊)도 포함된 것으로
　　추정했다.(『뮈텔주교일기』, 1895.10.24, 395쪽) "당초에 일본인은 공덕리에 있는
　　조선 순검 10인을 그곳에 가두고 순검의 복장을 뺏어 바꿔 입고 궁궐로 향했고,
　　또한 평복을 입고 군도와 호신용 총을 갖고 입궐했다."(鄭喬, 『大韓季年史』 上,
　　(1957, 115쪽) "일본 사람이 용산 근처 공덕리에 있던 조선 순검 십명을 그 곳에
　　구류하고, 의복 단장한 것을 벗겨서 저희들이 바꾸어 입고 대궐로 향한지라."(市
　　川正明編, 『日韓外交史料(5): 韓國王妃殺害事件』, 東京:原書房, 1981: 「開國五百
　　四年八月事變報告書」『韓國王妃殺害事件』,(高麗書林, 1987, 452~453쪽).
18) 『뮈텔주교일기』, 1895.10.31, 340쪽.
19) NARA. Despatches from U.S. Ministers to Korea 1895~1896, M.134 Roll.12
　　No.156 p.17.

원군이 정국을 주도하는 인물이고 대원군을 대적한 인물이 없다고 파악했다. 알렌은 "대원군이 일본과 연합했지만 외국인을 증오하는 그의 특성상 일본과의 연합이 해체될 것"이라고 판단했다.[20]

그런데 사건의 진상을 규명하는 과정에서 알렌도 점차 을미사변의 배후에 일본이 깊숙이 개입되었다고 인식했다. 알렌은 1895년 10월 17일 "대원군이 일본군대에 의해서 대궐로 호위되었다. 일본 군인이 암살자와 훈련대를 선도하였고, 일본인에 의해 저질러진 잔악행위를 목격했다"는 베베르의 증언을 국무장관 올리에게 보고했다.[21]

주한 영국총영사 힐리어는 1895년 10월 11일 "일본군대가 대원군을 호위해서 대궐로 갔다. 증거는 풍부하며 모두 일치하고 있기 때문에 이 사실을 받아들이지 않는 자는 미우라 공사뿐이다. 다이 장군은 일본군이 대원군의 가마를 호위해 가는 것을 목격했다"고 보고했다. 힐리어는 대원군의 아들 이재면의 증언을 바탕으로 "자신과 부친이 일본군의 호위를 받아 궁궐로 오게 되었는데, 일본공사가 만약 이런 사실을 누설한다면 무서운 결과가 발생할 것이라고 위협했다"고 기록했다. 또한 힐리어는 "모든 한국인은 대원군이 일본인의 꼭두각시일 가능성을 믿는다"며 본국정부에 보고했다.[22]

힐리어는 1895년 10월 14일 "대원군을 포함한 나는(이재면) 만약 왕의 안전에 대한 위험이 없다면 하루도 대궐에 남아있지 않을 것이지만, 현재의 상황 아래에 고종을 버려둘 수 없다. 주한 외국대표가 고종에게 계속 방문할 것을 충심으로 희망한다"는 이재면의 증언을 청국주재 영국공사 오코너(N.R O'Conor)에게 보고했다. 동시에 힐리어는 "대궐에서

---

20) NARA. Despatches from U.S. Ministers to Korea 1895~1896, M.134 Roll.12 No.156 p.21.
21) NARA. Despatches from U.S. Ministers to Korea 1895~1896, M.134 Roll.12 No.160 pp.6.
22) F.O. 405. Part Ⅵ. Inclosure in 7 No.86 p.50.

사건이 발생한 24시간 후 대원군이 왕의 숙소에서 제거되었다. 그리고 고종은 다른 사람이 접근할 수 없도록 강력한 경계에 놓였다"고 기록했다.[23]

이재면은 을미사변 관련 2개의 비밀문서를 힐리어에게 전달했다. 하나는 고종이 대원군에게 신변위협 때문에 대궐로 자신을 구해달라는 문서였고, 다른 하나는 대원군이 훈련대에게 자신을 도와서 대궐로 집결하라는 문서였다. 즉 두 개의 문서는 을미사변에서 대원군과 일본인의 책임을 면할 수 있는 결정적인 증거가 될 수 있었다. 그런데 힐리어는 두 개의 문서가 10월 7일자로 작성되었지만, 실재로 두 개의 문서가 3일전 즉 10월 4일 작성된 문서라고 주장했다.[24]

그렇다면 누가 문서를 위조했을까? 여기서 이재면이 매우 비밀스럽게 복사본을 보낸 이유를 주목해야한다. 만약 2개의 문서가 완벽한 문서라면 이재면이 힐리어공사에게 문서를 굳이 보낼 이유가 없었다. 이재면은 이 문서가 일본공사관에 의해 위조된 것이라고 알리기 위해서 힐리어 공사에게 보냈다.

힐리어는 1895년 11월 1일 대궐을 방문해서 고종을 알현한 후 대원군을 만났다. 그날 힐리어는 "대원군은 나에게 걸어왔고, 그는 어눌한 중국말로 나에게 말했다. 대원군은 마음이 매우 혼란스러우며 미래에 대해서 두려워했다"고 묘사했다.

그토록 대원군이 혼란스럽고 두려워하는 이유가 무엇일까? 힐리어는 "만약 대원군이 최근 쿠데타의 전체적인 책임을 받아들인다면, 음모자는 그들의 범죄를 은폐시킬 수 있다"며 "음모자 중 대원군이 단순한 역할을 했다"고 주장했다.[25] 대원군은 을미사변의 모든 책임이 자신에게

---

23) F.O. 405. Part Ⅵ. Inclosure in 9 No.111 p.90.
24) F.O. 405. Part Ⅵ. Inclosure in 2 No.129 p.114.
25) F.O. 405. Part Ⅵ. Inclosure in 3 No.136 p.126.

돌아가는 상황을 걱정했던 것으로 보인다. 일본은 대원군을 책임자로 희생시킨다면 을미사변에 관련된 자국의 중요인물을 보호할 수 있고, 일본의 책임을 최소화 시킬 수 있었다.

주한 러시아공사 베베르는 "대원군과 일본인이 심지어 명성황후에게 을미사변 당시 어떤 위험도 처하지 않았다"고 기록하여 대원군과 일본인을 동일하게 파악했다.26) 그리고 베베르는 "서울에 거주하는 사람들은 대원군이 정권을 잡을 것이라고 평가하고 있다"고 기록했다.27)

그런데 베베르는 1895년 10월 9일 외무대신 로바노프에게 보낸 보고서에서 "사람들에 따르면 대원군은 한국인이 아니라 일본군대에 의해서 공덕리 저택으로부터 이송되었다"며 일본군대의 강압을 주목했다.28) 그리고 베베르는 1895년 10월 31일 서울주재 비공식 외교단회의에서 "일본 정부가 한국, 특히 자신의 부인을 잃은 왕에게 가한 해를 시정해야한다"고 주장했다.29)

을미사변 직후 뮈텔, 알렌, 힐리어, 베베르 등은 대원군이 사건의 배후라고 생각했다. 하지만 그런 판단은 오래가지 못했다. 일본인의 경복궁침입, 대원군의 경복궁출발 지체, 일본공사관의 문서위조 등 대원군을 배후라고 볼 수 없는 많은 사실들이 드러났기 때문이다. 그리고 을미사변 직후 대원군은 고종과 분리되면서 정치현안에 개입하지도 못했다. 대

---

26) АВПРИ(대외정책문서보관소). Ф.150.Оп.493.Д.6.Л.64.
27) АВПРИ. Ф.150.Оп.493.Д.6.Л.87об. 대원군은 1897년 음력 11월 20일 아무르총독 그로제꼬프(Н.И. Гродеков)에게 자신의 결백을 주장하는 편지를 보냈다. 대원군은 "우둔한 자들이 음모를 꾸며 부자지간을 이간시켜 놓았다"고 주장하며 "고종은 천성이 선량하나 나쁜 신하들의 영향을 받고 있다"고 밝혔다. 대원군은 "자신은 지금 어둠 속에 있으며 누구에게도 모습을 보이지 않고 있으며 결백하고 아무 잘못도 저지르지 않았다"고 밝혔다.(АВПРИ. Ф.150. Оп.493. Д.82. Л.3-8) 대원군은 모든 탓을 고종의 신하 때문이라고 밝히면서 자신의 정치적 결백을 스스로 주장했다.
28) АВПРИ. Ф.150.Оп.493.Д.6.Л.63.
29) АВПРИ. Ф.150.Оп.493.Д.6.Л.226об.

원군을 배후로 내세운 세력에 대한 혐의가 자연스럽게 일본공사관으로 옮겨졌다. 그만큼 사건 초기 일본공사관은 여론의 시선을 따돌리기 위해서 대원군을 철저하게 이용했고, 대원군을 음모의 배후자로 주목받게 만들었다.

1895년 9월 대원군이 의도했던 의도하지 않았던 음모의 징후가 나타났다. 대원군 저택을 자주 출입하는 홍현철은 9월 10일경 주한 일본공사 이노우에의 한국정책이 잘못되었고 "대원군이 정치에 다시 관여해야한다"는 편지를 호리구치(堀口九萬一)에게 전달했다. 그 후 일본 영사관보 호리구치는 오기와라 경부 등과 함께 홍현철을 통해서 대원군과 연락을 시도했다.[30]

그 뿐만이 아니었다. 전 군부협판 이주회는 9월 하순 3차례나 일본공사관 서기관 스기무라를 찾아가 "대원군을 다시 내세우는 방법밖에 없다"며 대원군의 입궐을 강력하게 주장했다. 이주회는 일본공사관 통역관 아사야마(淺山顯藏)와 친교를 바탕으로 일본공사관에 출입할 수 있었다.[31]

10월 초 미우라공사는 호리구치를 파견하여 스기무라의 초안을 대원군과 협의할 것을 제안했다. 그런데 스기무라는 호리구치가 미숙한 경험 때문에 대원군이 본심을 털어놓지 않을 가능성이 높다며 오카모토를 추천하여 관철시켰다. 10월 3일 스기무라는 일본공사관에서 오카모토를

---

30) 杉村濬,『在韓苦心錄』, 228쪽.

31) 杉村濬,『在韓苦心錄』, 227쪽. 고등재판소는 이주회의 사형 이유에 대해서 "저희 무리(김홍집내각)와 친분이 변하여 원수가 되었으매, 저희 무리의 전후 간상이 탄로할까 두려워 그 입을 멸하고자 했다"고 기록했다.(市川正明編,「開國五百四年 八月事變報告書」『韓國王妃殺害事件』, 450쪽) 아사야마(淺山顯藏)는 1895년 7월 박영효역모사건 직전 박영효와 일본공사관의 연락을 담당했던 인물이었다.(『駐韓 日本公使館記錄(6)』, [1895년 6,7월 중 朝鮮王宮 호위병 交替事件으로 宮中과 內閣 사이에 충돌], 1895년 7월 12일, 臨時代理公使 杉村濬→外務大臣代理 西園寺 公望, 198~199쪽)

만났고, 4개조의 약속초안을 오카모토와 협의하여 일부 내용을 수정했다.[32]

이런 상황에서 미우라공사의 지시를 받은 스기무라는 10월 3일 대원군과의 4개조 약속초안을 완성했다.

"첫째 대원군은 국왕을 보좌하는데 단지 궁중의 사무만 담당하여 정무는 일체 간섭하지 않는다. 대원군은 궁내부의 세력을 확대하지 못하며, 정부 관원의 인사에 개입하지 않는다. 둘째 대원군은 김홍집, 어윤중, 김윤식 등의 개혁파 인물을 중용하고, 외국인 고문관의 의견에 따라 정치 개혁을 실행한다. 셋째 이재면을 궁내부대신, 김종한을 궁내부협판에 임명한다. 넷째 이준용을 3년간 일본에 유학시킨다."[33]

4개조 약속초안 중 주목되는 부분은 대원군의 아들 이재면, 대원군의 손자 이준용과 관련된 대목이다. 당시 스기무라는 정국개편을 위해서 대원군을 활용하는 방안에 대해서 고심했다. 왜냐하면 대원군은 1894년 일본의 '7.23경복궁침입사건' 당시 참여했다가 일본을 배제하고 정국을 주도하려고 시도했기 때문이다.[34] 그래서 스기무라는 대원군이 궁중의 사무만 담당하도록 규정했다. 그 뿐만 아니라 스기무라는 대원군이 인사 문제에 객관성을 잃었다는 부분을 부각시킬 필요가 있었다. 그래서 그는 대원군의 아들인 이재면을 궁내부대신에 임명하는 방안도 고안했다. 무엇보다도 대원군이 향후 정국을 주도할 것에 대비해서 이준용의 일본 유학도 적극적으로 유도했다.

---

32) 杉村濬, 『在韓苦心錄』, 229~230쪽.
33) 杉村濬, 『在韓苦心錄』, 229쪽. 정교에 따르면 스기무라는 "대원군이 만약 정치에 참견하여 그 폐해가 오히려 심하게 될 것"을 우려하여 要領 四約條를 기초했다. (鄭喬, 『大韓季年史』, 111쪽) 미우라공사도 스기무라가 작성한 4개조 약속초안에 대해서 동의했다.(市川正明編, 「開國五百四年八月事變報告書」, 『韓國王妃殺害事件』, 437쪽)
34) 『駐韓日本公使館記錄(5)』, [大院君의 近況], 1894년 10월 20일, 臨時代理公使 杉村濬→外務大臣 子爵 陸奥宗光.

4개조 약속초안을 검토하면 대원군은 정국 현안에 대해서 자신이 직접적으로 개입할 수 없었고, 김홍집내각을 비롯한 개화파의 정국운영을 묵인하는 결과였고, 손자인 이준용을 일본에 볼모로 보내는 상황이었다. 정치적인 이해득실로 따지면 스기무라의 제안은 대원군의 참여를 유도하는 명분으로 적합하지 않았다. 그럼에도 불구하고 대원군은 을미사변 당일 왜 경복궁으로 향했을까?

그 이유는 두 가지 정도로 추정된다. 첫째 1880년대부터 대립했던 대원군과 명성황후는 1894년 9월에도 정국주도권을 둘러싸고 심각하게 갈등했다.35) 따라서 대원군은 삼국간섭 이후 정국을 주도한 왕비의 영향력을 단절시킬 수 있다고 판단했던 것으로 보인다. 둘째 대원군은 1895년 4월 '이준용역모사건' 당시 특별법원의 심리 기간 중 강력하게 항의했고, 5월 이준용이 강화도 교동도에 유배당하자 교동도까지 방문하려고 시도했다. 이렇듯 대원군은 그의 손자 이준용에 대한 강한 애착을 보였다.36) 스기무라는 이러한 손자에 대한 대원군의 애착을 이용했던 것으로 보인다. 즉 스기무라를 비롯한 일본공사관은 만약 대원군이 4개조 약속초안을 수용하지 않는다면 이준용의 신변을 보장할 수 없다고 대원군을 위협했던 것으로 추정된다. 그날 대원군은 일본 자객이 자신의 목숨보다도 소중한 손자 이준용을 위협하자 일정한 타협을 진행할 수밖에 없는 상황에 직면했던 것으로 보인다.37)

그렇지만 일본과의 결탁은 대원군의 정치적 이미지에 커다란 상처를 줄 수밖에 없는 상황이었다. 이런 이유 때문에 을미사변 당일 오카모토

---

35) 『駐韓日本公使館記錄(4)』, [大院君派와 閔妃派 간의 갈등에 대한 문의 및 지시], 1894년 9월 30일, 大臣 陸奧, 302쪽.

36) 『駐韓日本公使館記錄(7)』, [李埈鎔 처분 件], 1895년 5월 23일, 特命全權公使 井上馨→外務大臣 陸奧宗光, 22~23쪽.

37) "베베르 씨와 힐리어 씨는 일본인들이 그를(이준용) 일본으로 불러들여 대원군의 신변을 확보하기 위한 인질로 잡아두려는 의도가 아닌지 의심하고 있다."(『뮈텔주교일기』, 1895.10.21, 391쪽)

가 새벽 1시에 찾아왔지만 대원군은 새벽 3시까지 출발하지 못하고 고
심했던 것으로 보인다.[38]

　주한 일본공사관 서기관 스기무라는 대원군을 사변에 유도하기 위해
서 치밀한 작전을 전개했다. 즉 스기무라는 대원군을 참여시키기 위해서
여러 인맥을 동원했다. 오카모토와 이주회가 그 대표적인 인물이었다.
만약 대원군이 을미사변의 참여의사를 미리 밝혔다면 대원군을 유도할
계획을 세울 필요가 없었다.[39] 이러한 사실은 대원군이 을미사변을 계
획한 것이 아니라 일본공사관이 을미사변을 계획했다는 것을 반증한다.

　10월 5일 오카모토는 귀국을 가장하여 스즈키 통역관과 함께 공덕리
에 도착했다. 그 자리에는 대원군을 비롯한 이재면, 이준용도 함께 참석
했다. 그 날 오카모토는 대원군과 정치현안에 대해서 논의하면서 직접
정치에 개입할 것을 제안했다. 스기무라는 오카모토의 보고를 통해서
"그는(대원군) 입궐할 결심을 군히고 밀약에 동의를 표시하면서 붓을 들
고 그 뜻을 자필로 썼다"고 기록했다.[40]

　그런데 스기무라는 사변을 준비하면서 "대원군의 정무 간섭을 금지하
고 이준용을 멀리 보내 왕비와 왕세자를 안심시키는 것까지 신경을 썼

---

38) "대원군의 근일 상태를 보면 먼저는 사랑하는 손자 이준용이 유형의 몸이 되자
우민(憂悶)의 정을 참지 못하는 바 있었고, 요즈음 준용씨가 특사되어 돌아왔다고
는 하나, 공덕리 별장은 항상 순검 10여명의 감시를 받아 그 출입조차도 뜻대로
되지 않으니, 그 울분은 누를 길이 없었다."(小早川秀雄, 『閔后暗殺記』, 105쪽)
39) 杉村濬, 『在韓苦心錄』, 239쪽.
40) 杉村濬, 『在韓苦心錄』, 231쪽. 일본공사관기록을 비롯한 외교문서, 고바야카와와
스기무라 등을 비롯한 개인기록 등 일본측 기록 모두가 대원군이 을미사변의 핵
심이고, 자발적으로 을미사변에 참여했다고 기록했다. "피고인 스기무라는 긴요
한 일로 언약하는 글을 지어 가지고 피고인 오카모토가 대원군과 절친하므로, 데
리고 10월 5일에 공덕리로 나아가 방금 형세가 태공을 또 수고롭게 함이 있으리
라 하고, 미우라 공사의 의향이 이렇다 하여 그 글을 보이매, 대원군은 그 자손과
한가지로 흔연히 허락하고, 언약하는 글을 스스로 지은지라."(市川正明編, 「開國
五百四年八月事變報告書」 『韓國王妃殺害事件』, 437~438쪽)

다"고 밝혔다.[41] 모든 세부적인 계획을 작성한 스기무라는 왕비를 안심시키려는 대목까지 언급하여 대원군에게 왕비의 암살계획을 은폐했던 것으로 보인다. 대원군이 정변의 전체적인 계획을 파악하지 못했고, 일본자객이 명성황후를 암살하는 계획을 몰랐을 가능성도 존재한다.

이미 미우라를 비롯한 일본공사관은 을미사변 이후 수습방안 중 사건의 책임자로 대원군을 설정했다. 그래서 스기무라는 대원군이 자발적으로 4개조의 밀약까지 동의한 것으로 기술했던 것으로 보인다. 결국 오랜 정치적 경험으로 노회한 대원군이 자신의 정치적 활동을 구속하는 4개조를 쉽게 동의했을 가능성은 희박하다. 이런 불리한 조건에서 새벽 1시부터 3시까지 대원군은 정변에 가담하지 않으려고 버텼던 것으로 보인다.

이러한 배경으로 대원군은 1896년 5월 "나는 조용히 있을 뿐이다"라고 언급했다.[42] 대원군은 어쩔 수 없이 을미사변에 가담했지만, 을미사변에 가담했다는 자체가 대원군에게는 정치적으로 치명적이었다. 결국 대원군은 해명보다는 침묵을 선택했다.

그런데 을미사변과 관련하여 한국정부 관료 중 상당수의 인물이 사건에 개입되었다. 총리대신 김홍집은 을미사변에 관한 사항을 사전에 인지했다. 주한 특파공사로 파견된 이노우에는 김홍집이 대원군, 스기무라와 함께 사변 3일 전에 사적으로 협의했다고 주장했다.[43] 당시 경복궁에 침입한 일본사관학교 출신 권동진은 "개혁파의 관계자는 물론 전부 참가

41) 杉村濬, 『在韓苦心錄』, 239쪽.
42) 『駐韓日本公使館記錄(9)』, [朝鮮事件에 대한 大院君의 辨駁書公表를 놓고 美國人과 大院君 간에 往復한 文書], 1896년 5월 15일, 特命全權公使 小村壽太郎→外務大臣 陸奧宗光, 179쪽. "마침 대원군이 시폐를 분히 여겨 스스로 궁중을 혁심하여, 보익하는 소임을 극진히 하고자 하는 뜻을 가지고, 가만히 조력함을 와서 구하기로,"(市川正明編, 「開國五百四年八月事變報告書」, 『韓國王妃殺害事件』, 437쪽) 히로시마 재판소는 대원군의 요청에 따라 일본공사가 명성황후 살해를 모의했다고 주장했다.
43) АВПРИ. Ф.150.Оп.493.Д.6.Л.230об-231 ; 『뮈텔주교일기』, 1895.10.31, 413쪽.

했다"라고 회고하여 김홍집내각에 참여한 개화파 인물 중 대부분이 참여했음을 시시했다.[44]

총리대신 김홍집은 1895년 11월 6일 이노우에 공사와 함께 정국 현안에 대해서 논의했다. 이날 이노우에 공사는 왕비 시해와 폐위가 모두 한국정부의 책임이라고 주장했다. 이노우에는 을미사변을 한국역사에서 가장 치욕적인 사건이고, 한국이 야만적인 민족이라는 것을 알려준 사건이라고 강조했다.[45] 이노우에는 철저히 한국정부의 책임론을 부각시켰다.

그 자리에서 김홍집은 "군대를 지휘하는 장교들의 위협이 너무 강력했기 때문에 나머지 대신들과 마찬가지로 장교의 요구에 강요당했다"고 주장했다.[46] 김홍집은 모든 비난의 화살을 훈련대 장교 탓으로 돌렸다. 김홍집은 자신의 배신행위에 대한 비난에 대해서 "죽어서보다는 살아서 왕을 훨씬 더 잘 보좌할 수 있다"고 주장했다. 김홍집은 "도망자들이 고종과 왕세자를 러시아공사관으로 유도하고 있다"며 대궐의 경계를 늦추지 않았다.[47] 김홍집은 일본의 지원을 통해서 고종을 보좌하여 한국의 개혁을 수행하려는 의도를 갖고 있었다.

고종은 을미사변에 가담한 한국의 주요 인물을 "김홍집, 유길준, 조희연, 정병하"라고 지목했다. 고종은 4명의 역적이 "외국 군사를 불러들이게 했으며, 훈련한 부대를 몰래 사주했다"고 주장했다. 왕세자도 "외국 군사가 와서 호위한다는 거짓 조서를 22일에 정병하가 써서 강제로 반포했고, 조서는 모두 네 역적이 만든 것이다"고 주장했다.

아관파천 이후 당시 인물 중 일부는 상소문을 통해서 개화파의 뿌리를 '갑신정변세력'이라고 규정했고, 갑신·갑오·을미 정변의 주역들이 동일한 세력이라고 주장했다. 그 중 궁내부 특진관 민영소는 왕비의 행록

---

44) 『동아일보』 1930년 1월 29일, 권동진-한말정객의 회고담.
45) АВПРИ. Ф.150.Оп.493.Д.6.Л.230.
46) АВПРИ. Ф.150.Оп.493.Д.6.Л.230об.
47) АВПРИ. Ф.150.Оп.493.Д.6.Л.231.

을 기록하면서 "갑신년에서 시작한 것으로 남김없이 처단하지 못한 까닭에 조정의 반열에 있으면서 서로 은밀히 결탁하여 선대 임금들의 법도를 변경시켜 하나의 큰 사변을 무르익게 했습니다"고 주장했다.[48]

당시 김홍집, 유길준, 조희연, 정병하 등 개화파 관료, 우범선과 이범래 등 훈련대 장교, 권동진·정난교·이주회 등 일본사관학교 출신 등이 을미사변을 사전에 인지했고 적극적으로 가담했다.

사실 정변에 가담한 정치세력은 "대원군으로 하여금 그 아드님 되시는 상감께 말씀하여 (왕비를) 폐비케 한 후에 다시 사약을 내릴 계획"도 독자적으로 계획을 갖고 있었다.[49] 일본사관학교 출신인 권동진은 "왕비를 폐위시키고 민가일족과 수구파 일당을 제거하기 위해서 정변에 참여했다"고 밝혔다. 권동진은 "우리들이 선봉을 서지 못한 까닭에 큰 누명을 쓰게 되었다"며 왕비암살 계획을 몰랐다고 주장했다.[50] 그들은 정권교체를 위해서 을미사변에 참여했지만 명성황후를 직접적으로 암살하려고 계획하지 않았던 것으로 보인다. 그들은 정치적 주도권을 획득한 다음에 명성황후를 공식적으로 폐위시키는 수순을 밟으려고 했다.

---

48) 『高宗實錄』, 34년 11월 22일. 궁내부 특진관 민영소가 행록의 초고를 기초했다.
49) 『동아일보』, 1930년 1월 29일, 한말정객의 회고담.
50) "이 음모에 간여한 사람은 일본사람 강본류지조 외 일본인 삼사십명이 있었으며 우리사람 편으로는 개혁파의 관계자는 물론 전부 참가하였지오. 정부대신을 비롯하여 훈련대 제일대 제이대장, 내백형 권형진 등도 획책에 가담하였으며, 직접파로는 훈련대와 일본사관 학교생이든 우리 8명이 활동하였는데 그 성명은 정난교 조희문(趙義聞) 이주회 유혁노 구연수 외 김모 외다."(『동아일보』, 1930년 1월 29일, 한말정객의 회고담)

2. 일본공사 미우라의 활동 및 일본정부의 역할

주일 한국공사 이하영은 1895년 9월 1일 부임한 미우라에 대해서 "한·일 양국 정부의 우의를 돈독히 했기 때문에 한국정부가 미우라를 더욱 믿었다"고 언급했다.[51] 당시 주한 일본공사로 부임한 2달 동안, 미우라는 자신의 외교적 영향력을 숨기면서 일본에 대한 왕실의 대비를 느슨하게 만드는데 노력했다.

'공상적 야심가' '기이한 사람' 등의 평을 받았던 미우라(三浦梧樓)는 일본 군부에서 중요한 인물이었다.[52] 그는 1846년 야마구치번(山口藩) 무사의 아들로 태어났다. 기병대에 입대했던 미우라는 1871년 병부 소승(少丞)에 임명되었다. 그는 1877년 세이난전쟁(西南戰爭) 당시 3여단 사령관으로 참전했다. 미우라는 1878년 육군중장으로 승진하면서 서부 감군부장에 임명되었다. 그는 1883년 육군경 오야마(大山巖)와 함께 러시아, 독일, 이탈리아 등 유럽의 병제를 시찰했다. 미우라는 1888년 11월 궁중고문관 겸 학습원장에 임명되었지만 12월 육군중장에서 예비역으로 편입되었다. 그는 1890년 7월 귀족원 의원에 당선되었지만 1891년 9월 의원직을 사직했다. 한동안 관직에 진출하지 않았던 미우라는 1895년 7월 19일 이노우에(井上馨)의 후임으로 주한 일본공사에 임명되었다.[53]

미우라는 주한 일본공사로 부임하기 직전 '한국독립', '한국병합', '일

---

51) 『駐韓日本公使館記錄(10)』. [三浦公使事件의 再審裁判 開始에 대한 朝鮮公使 來談 件], 1896년 8월 1일, 外務大臣 侯爵 西園寺公望→在朝鮮 特命全權公使 原敬, 45쪽.

52) 鳥谷部春汀著, 『明治人物評論』 2冊, 東京 : 博文館, 1900, 168~169쪽.

53) 三浦梧樓, 樞密院高等官轉免履歷書, 大正ノ二, 1-9쪽(國立公文書館-內閣-樞密院會議文書-樞密院文書).

러공동지배' 중 정부방침의 결정을 요청하는 의견서를 제출했다. 그러나 일본정부는 미우라 의견서에 대한 공식적인 훈령을 내리지 않았다. 일본 정부는 현지의 변화하는 상황에 따라 공사가 결정할 수 있는 권한을 부여했던 것으로 보인다. 이런 상태에서 한국에 부임한 미우라는 일본정부가 자신의 '임기응변'에 따른 대한정책 실행을 승인한 것으로 판단했다.[54] 미우라의 직감과 판단이 일본의 한국정책 방향을 결정할 수 있는 상황이었다.

이런 경우는 1894년 일본군대의 '7.23경복궁침입사건' 직전에도 존재했다. 1894년 6월 일본 외무대신 무쓰는 "시국이 급박하여 본국 정부의 훈령을 받을 여유가 없게 되면 공사의 재량으로 임기처분 할 것"을 주한 일본공사 오토리(大鳥圭介)에게 내렸다.[55]

미우라는 8월 23일 도쿄를 출발 고베(神戶)와 시모노세키(下關)을 경유해서 8월 31일 인천에 도착했다. 9월 1일 서울에 도착한 미우라는 9월 3일 고종을 알현하고 국서를 봉정했다.[56] 한국 도착 직후 미우라는 한국에서 일본의 영향력을 발휘하기 어려운 상황에 부닥쳤다. 즉 일본정부는 한국정부에 약속한 300만원 기증금 제공을 신속히 이행할 수 없었다. 그래서 미우라는 "모든 사무를 처리하기 곤란할 뿐만 아니라 일본의 신용도 땅에 떨어지는 상황"이라며 괴로움을 토로했다.[57]

---

54) 三浦梧樓, 『觀樹將軍回顧錄』, 東京 : 政敎社, 1925, 319~320, 340쪽. 헐버트는 "극단적인 과격파의 대표자로서 미우라 자작이 공사로 임명된 것으로 보인다. 그는 일을 신속하게 처리하도록 사명을 받았다"고 기록했다.(헐버트저, 신복룡역, 『대한제국멸망사』, 집문당, 2006, 173쪽)

55) 陸奧宗光, 1896, 『蹇蹇錄』, p25~26(外務省外交史料館-外務省記錄-1門政治-1類 帝國外交-1項 一般政策).

56) 『駐韓日本公使館記錄(8)』, [三浦梧樓의 駐韓公使 赴任 件], 1895년 9월 3일, 三浦 →西園寺, 29쪽.

57) 『駐韓日本公使館記錄(7)』, [三浦公使의 부임과 前任公使의 去就, 寄贈金 問題 등 3], 1895년 9월 4일, 井上馨→西園寺, 198쪽.

미우라는 9월 내내 "목포와 진남포에 특별거류지 설정", "사이토(齋藤修一郎)를 내부고문관으로 정식 초빙" 등 몇 건의 업무만 처리했다.[58] 시간이 지날수록 미우라는 자신의 주한 일본공사 임명이 한일우호 또는 한국독립과는 거리가 먼 것으로 파악했던 것으로 보인다.

미우라는 10월 초 왕실이 "완전히 내각을 무시하고 궁중 정치"를 실행한다고 파악했고, 각종 이권에 대한 왕실의 전횡에 대해서 본국정부에 상세히 보고했다.[59] 이런 상황에서 일본육군은 10월 초 전신선 보호를 구실로 서울·부산·원산에 주재시킬 보병 1개 대대를 파견하고 헌병 장교 이하 250명을 부산과 경성 사이 및 인천와 의주 사이에 배치할 것을 결정했다.[60]

한국의 정치적 변동을 살펴본 미우라공사는 10월 초 주한 일본서기관 스기무라(杉村濬)와 밀담을 나눴다. 스기무라는 1880년대 중반부터 주한 일본대리공사(代理公使)를 여러 차례 역임하여 한국에서 "작은 왕"이라고 불릴 정도로 한국의 정치상황에 정통했다. 두 사람은 삼국간섭 이후 약화된 일본의 영향력을 회복시킬 방안을 집중적으로 논의했다.[61]

---

58) 『駐韓日本公使館記錄(5)』, [木浦와 鎭南浦에 特別居留地 設定의 件], 1895년 9월 18일, 西園寺公望이 三浦梧樓; 『駐韓日本公使館記錄(5)』, [齋藤修一郎을 內部顧問官으로 정식 초빙하는 件 2], 1895년 9월 18일, 三浦梧樓→박정양.

59) 『駐韓日本公使館記錄(7)』, [宮中 越權에 관한 보고], 1895년 10월 2일, 三浦→西園寺 , 203쪽; 『駐韓日本公使館記錄(7)』, [王室의 專橫과 雲山採鑛 約定 解約 件], 1895년 10월 7일, 三浦→西園寺, 204쪽.

60) 『駐韓日本公使館記錄(7)』, [朝鮮國 내에 있는 軍用電線 보호를 위한 憲兵 파견 件], 1895년 10월 3일, 西園寺公望→三浦梧樓, 99쪽.

61) 杉村濬, 『在韓苦心錄』, 228쪽; 『뮈텔주교일기』, 1895.10.21, 391쪽; "공사관 서기관 杉村濬은 일찍이 영사와 공사를 거쳐 우리나라에 駐在한 것이 여러 해인데 시해하는 흉모에 관련되어 그 사건을 방조했다"(『駐韓日本公使館記錄(10)』三浦公使事件의 再審裁判 開始에 대한 朝鮮公使 來談 件, 1896년 8월 1일, 外務大臣 侯爵 西園寺公望→在朝鮮 特命全權公使 原敬 , 45쪽) "杉村 서기관은 홀로 三浦 공리와 이에 使役된 우리나라 사람 사이에서 진력했을 뿐 아니라 미우라 공사와 유력한 조선인과의 사이에서 바삐 움직였던 자입니다."(『駐韓日本公使館記錄(8)』,

그 자리에서 미우라 공사는 "이 상태로 그냥 놔두면 눈을 멀뚱히 뜨고서 한국을 러시아에 빼앗기게 될 것이다. 대원군의 탐욕과 변덕을 다스릴 방도는 나중에 강구하고, 지금은 그런 문제를 염려할 겨를도 없다"고 자신의 위기의식을 토로했다. 스기므라도 "대원군을 이용하는 방법뿐이다"며 분명하게 답변했다.62) 두 사람의 합의를 바탕으로 정변은 신속하게 추진되었다.

그런데 1895년 10월 3일 서울에서는 훈련대 2대대 군인 10명과 경무청 소속 순사와의 충돌이 있었다. 사태를 주시한 미우라는 "궁중에서 처음부터 훈련대를 해산시키기 위해 경무사와 협의해서 조작한 소문"이라고 규정했다.63)

미우라공사는 을미사변 직전의 국내 정치세력 중 "궁중에서 러시아파로 불리는 이범진·이윤용·현홍택·이학균 등이 오로지 왕비의 뜻만을 받들었다"며 '러시아파'를 따로 구별했다. 미우라는 을미사변 직전 '러시아파'가 "러시아 공사와 몰래 협의해서 순사와의 쟁투를 구실로 삼아 훈련대를 해산시키고, 총리대신 이하 10여 명을 죽여서 '민비당' 즉 러시아당의 정부로 만들고자 비밀히 계획을 세웠다"고 사이온지(西園寺) 외무대신에게 보고했다.64)

이 보고서를 통해서 미우라공사는 10월 초 '러시아당'이 훈련대의 해산을 위해서 훈련대와 경찰의 충돌을 유도했고, 총리대신 이하 내각관료 10여명을 암살시키려했다며 을미사변의 정당성을 주장했다.

당시 미우라공사는 일본자객을 포함한 일본공사관원 및 일본수비대

「明治二十八年十月八日王城事變ノ顚末ニ付具報」, 1895년 11월 5일, 內田定槌
→西園寺, 87쪽)

62) 杉村濬, 『在韓苦心錄』, 229쪽. 10월 1~2일 사이.

63) АВПРИ. Ф.150.Оп.493.Д.6.Л.78об;『駐韓日本公使館記錄(7)』, [王妃弑害事件과 수습 경위 1], 1895년 10월 7일, 三浦→西園寺, 204쪽.

64) 『駐韓日本公使館記錄(7)』, 1895년 10월 14일, 三浦공사→西園寺, 212~213쪽.

가 정변에 관계된 사실을 끝까지 은폐하려고 노력했다. 그래서 미우라공사는 사건에 참여한 주요 인물을 영사관에 소집해서 "이번 사건은 대원군파와 왕비파와의 싸움으로서 일본인과는 관계없으며, 특히 일본수비병은 왕성 내에서의 소요를 진정시키기 위하여 입성했다"는 논리를 만들었다.[65] 이러한 논리를 바탕으로 미우라공사는 을미사변 이후 각종 보고서와 전문을 보냈고, 히로시마재판소에서도 일관되게 진술했다.

미우라공사는 을미사변의 발생 이유를 '궁중' '왕비'로 초점을 모았다. 그는 "궁중 세력이 날로 강해져서 완전히 정부를 압도해서 관제를 무시했고 재정을 문란하게 했다"고 강조했다. 미우라공사는 "궁중세력이 러시아에 대해 보호를 의뢰하는 친서를 보냈고", "왕비는 항상 타국에 의존하려는 경향이 있었다"고 주장했다.

미우라는 당시 정치상황에 관해서 왕비를 비롯한 궁중세력이 정국을 주도하면서 러시아의 보호를 추진했고, 총리대신 김홍집을 비롯한 내각이 왕실을 견제할 수 있는 능력을 상실했다고 판단했다. 결국 미우라는 "왕비를 물리치고 대원군을 내세우는 동시에 김홍집 등 일본당으로 정부를 조직"하게 만들면 "영구히 우리나라를 번거롭게 하지 않을 것"이라고 생각했다.[66] 이렇듯 미우라는 기본적으로 한국을 일본의 영향 아래에 두어야 한다고 생각했다.

미우라의 지시를 받은 스기무라는 대원군에 요구할 4개조의 약속초안을 작성했고 1895년 10월 3일 오카모토를 만났다.[67] 갑오개혁 이후 한국 군부고문을 역임한 오카모토는 1894년 '7.23경복궁침입사건' 당시

---

65) 『駐韓日本公使館記錄(8)』, 「明治二十八年十月八日王城事變ノ顚末ニ付具報」, 1895년 11월 5일, 內田定槌→西園寺, 83쪽.

66) 『駐韓日本公使館記錄(7)』, [王妃弑害事件과 수습 경위 6], 1895년 10월 8일, 三浦공사→西園寺, 206~207쪽.

67) 杉村濬, 『在韓苦心錄』, 230쪽; 市川正明編, 「開國五百四年八月事變報告書」 『韓國王妃殺害事件』, 437쪽.

대원군을 경복궁으로 입궐시킨 장본인이었다. 스기무라는 대원군을 정변의 전면에 앞세우기 위한 방안을 오카모토와 세부적으로 협의했다. 두 사람은 대원군을 중심으로 훈련대와 '장사패'를 연결시키며 그들을 배후에서 지휘한다는 방침을 세웠다. 정변의 목적은 일본수비대가 훈련대를 지원하여 대원군의 경복궁 입궐을 성사시킨 후, 명성황후를 암살하는 것이었다. 미우라와 스기무라는 정변 날짜를 결정했고 스기무라가 세부적인 준비를 담당했다. 향후 오카모토는 10월 6일 귀국을 가장하여 인천으로 출발하고, 전보를 받은 즉시 서울로 올라오기로 스기무라와 약속했다.[68]

10월 6일 스기무라는 조희연, 권형진, 이두황 등을 만나 정변에 대해서 구체적으로 논의했다. 그 자리에서 스기무라는 훈련대 2대대장 우범선이 왕실의 훈련대 해산 계획을 반대하기 때문에, 정변에 적극적으로 가담할 것이라고 전달했다. 조희연은 이진호가 훈련대 1대대장 임명 당시 자신이 적극적으로 추천했기 때문에 정변에 가담할 수 있을 것이라고 답변했다.[69]

이러한 사실은 스기무라를 포함한 조희연, 권형진, 우범선, 이두황 등이 오래전부터 정변 계획을 논의했고, 훈련대를 통한 무력 지원 방안을 계획했다는 것을 보여준다. 그런데 10월 6일 "훈련대가 불온한 행동을 할지 모른다"는 소문이 서울에 나돌았다. "주한 일본공사관 무관 구스노세(楠瀨幸彦)가 훈련대를 이끌고 대궐로 거사를 도모한다"는 소문도 퍼

---

68) 杉村濬, 『在韓苦心錄』, 231쪽; 三浦梧樓, 1925, 觀樹將軍回顧錄, 東京 : 政敎社, 329~330쪽; 市川正明編, 「開國五百四年八月事變報告書」 『韓國王妃殺害事件』, 438쪽. 정교와 고바야카와는 오카모토의 이름을 한번도 거론하지 않았다.

69) 杉村濬, 『在韓苦心錄』, 233쪽. 평리원(平理院) 선고문에 따르면 권형진(權瀅鎭)은 1900년 5월 "8월 변란의 하루 전에 조희연, 이두황과 함께 스기무라(杉村濬)의 부름을 받고 그 이튿날 일에 대하여 듣고 그의 아우 권동진(權東鎭)과 조희연의 사촌 동생 조희문(趙羲聞)과 함께 대궐에 들어갔다."(『高宗實錄』, 37년 5월 27일).

져서 서울 민심은 더욱 흉흉했다. 실제 구스노세는 10월 6일 송파에서 서울로 귀향하는 도중이었다. 이러한 소문을 의식한 미우라공사는 인천을 거쳐 10월 7일 서울로 귀향할 것을 구스노세에게 지시했다.[70)

그런데 군부대신 안경수가 10월 7일 오전 11시경 일본공사관으로 찾아왔다. 안경수는 훈련대를 해산한다는 왕실의 명령을 미우라에게 전달했다.[71) 그리고 훈련대 2대대장 우범선도 일본공사관으로 황급하게 달려왔다. 스기무라는 별실에서 우범선을 기다리도록 지시했다. 잠시 후 주한 일본수비대장 소좌 마야하라도 공사관으로 찾아왔다. 이미 대원군의 입궐 계획을 알고 있었던 마야하라는 훈련대를 배후에서 감시하고 있었다.[72)

긴박한 사태를 감지한 미우라공사는 "사태가 의외로 급박하니 한시라도 빨리 반드시 궁중보다 먼저 움직여야 한다"며 즉시 정변을 실행에 옮길 것을 지시했다. 일본공사관은 10월 7일 오후 1시경 오카모토에게 전보를 치는 동시에 일본공사관으로 구스노세 중좌를 불렀다. 3회 이상의 전보를 보낸 끝에 오카모토가 16시경에 회신했다.

미우라공사는 오카모토의 전보가 도착하자 정변의 실행 지침과 명령을 내렸다.

"오카모토는 10월 8일 새벽 1시까지 마포에 도착한다. 통역관 스즈키 준켄(鈴木順見)과 검객 스즈키 시게모토(鈴木重元)는 마포에서 오카모토를 마중하여 공덕리로 출발한다. 주한 일본영사관보 호리구치(堀口九萬一)는 경부 오기와라(荻原秀次郎)을 통해서 '입궐방략서'를 받아가지고 함께 용산에서 오카모토를 영접한다. 일본군 수비대장 마야하라(馬屋原務本)는 훈련대를 총지휘한다. 훈련대 2대대의 일부는 공덕리에 파견되

70) 杉村濬, 『在韓苦心錄』, 231쪽.
71) 『高宗實錄』, 32년 8월 20일.
72) 杉村濬, 『在韓苦心錄』, 235쪽.

어 대원군을 호위한다. 훈련대 2대대의 일부는 서울 성곽 안팎에서 기다
렸다가 대원군을 호위한다. 훈련대 1대대는 경복궁 밖에서 대궐을 수비
하는 척하다가 대원군이 도착하면 함께 입궐한다. 통역관 아사야마(淺山
賢藏)는 이주회를 포함한 대원군 세력을 이용하여 대원군 저택을 수비하
는 순검을 제압한다."73)

미우라와 스기무라는 초기 정변의 계획 단계에서 일본수비대의 지원
하에 훈련대와 대원군이 경복궁을 진입하는 것을 제외하고 일본인의 가
담 흔적을 드러내지 않으려고 극도로 조심했다.74)

하지만 막상 정변 날짜를 앞당기자 미우라공사는 불안했다. 예정된
날짜보다 이틀이 앞당겨져 한국인만으로 정변을 성공시킬 수 있을지 회
의적이었다. 육군중장 미우라는 정변의 성공을 위해서는 과감히 일본인
의 참여를 결정했다. 남의 눈을 의식할 상황이 아니라 자신의 직감과 판
단에 따라 움직일 순간이었다.

미우라공사는 10월 7일 오후 늦게 "한성신보 사장 아다치(安達謙藏)
와 한성신보 주필 구니토모(國友重章)가 일본인 10여명 정도를 인솔하
여 용산에서 오카모토를 만나 대원군이 경복궁에 입궐할 때 함께 협력할
것"을 지시했다. 스기무라는 아다치에게 일본자객이 대원군을 수행할
때 "한국인 복장으로 위장할 것, 경복궁으로 침입할 경우 외국인이 눈치
채지 못하도록 날이 새기 전에 나올 것" 등을 지시했다.75) 그만큼 미우

---

73) 杉村濬, 『在韓苦心錄』, 236쪽; 제4회 보고, 『舊陸海軍文書』(강창일, 『근대일본의
    조선침략과 대아시아주의』, 125쪽); 市川正明編, 「開國五百四年八月事變報告書」
    『韓國王妃殺害事件』, 438쪽 ; 『駐韓日本公使館記錄(8)』, [明治二十八年十月八日
    王城事變ノ顚末ニ付具報], 1895년 11월 5일, 內田定槌→西園寺, 82쪽.
74) 杉村濬, 『在韓苦心錄』, 239쪽.
75) 杉村濬, 『在韓苦心錄』, 237～238쪽; 市川正明編, 「開國五百四年八月事變報告書」
    『韓國王妃殺害事件』, 438쪽; "아다치와 함께 이동한 일본자객은 重光, 烈盛 등
    이었다. 淺山顯藏은 이주회가 그의 부하와 함께 규합되자 공덕리로 향했다. 오카
    모토는 공덕리에서 이주회 일행과 결합하였고, 현장을 총지휘했다."(鄭喬, 『大韓

라공사는 정변을 성공시키기 위해서 일본자객까지 동원시켜야 하는 다급한 상황이었다.

정변을 위장하기 위해서 미우라공사는 10월 7일 저녁 7시 우치다 영사가 베푼 환영 만찬에 히오키(日置益) 서기관과 함께 참석했다. 선약이 있다고 거절한 스기무라는 공사관에 체류하여 사태를 주시했다. 밤늦게 구스노세는 서울에 도착했고, 12시경 마포에 도착한 오카모토는 새벽 1시 공덕리에 도착했다.[76]

새벽 1시 공덕리 별장에 도착한 일본자객은 대원군의 지체로 새벽 3시에 겨우 경복궁으로 출발할 수 있었다. 새벽녘 밤공기는 차가웠다. 10월 가을의 냉기가 서릿발처럼 차가운 밤공기는 사인교를 타고 출발하는 대원군을 비롯한 일본자객의 가슴을 짓눌렀다. 일본수비대 중 일부가 선두와 후미를 호위했고, 훈련대는 가마 앞뒤를 경계했고, 일본자객은 가마 옆에 붙었다.

일본수비대는 도중에서 대원군의 가마를 기다렸다가 대원군을 호위하여 입궐할 예정이었다.[77] 그날 영사관보 호리구치(堀口九万一)와 경부

季年史』, 112쪽) "佐藤은 어젯밤부터 다른 壯士輩와 함께 먼저 岡本柳之助 등과 용산에서 만나 그곳에서 그들을 이끌고 孔德里에 이르러 대원군을 모시고 왕궁으로 들어갔다."(『駐韓日本公使館記錄(8)』, [明治二十八年十月八日王城事變ノ顚末ニ付具報], 1895년 11월 5일, 內田定槌→西園寺, 81쪽)

76) 杉村濬, 『在韓苦心錄』, 238쪽; 『駐韓日本公使館記錄(8)』, [明治二十八年十月八日 王城事變ノ顚末ニ付具報], 1895년 11월 5일, 內田定槌→西園寺, 80쪽. 미우라는 "그저께부터 궁중에서 갑자기 훈련대의 총기를 거둬들였으며 부대를 해산하고 대장을 엄벌하려는 심의가 있었다는 풍문을 전해 듣고 일시에 격앙해서 결국 대원군을 받들고 왕궁으로 밀어닥친 것으로 추측됨. 본관은 국왕의 召命을 따라 6시경 입궐했다"고 밝혔다.(『駐韓日本公使館記錄(7)』, [王妃弑害事件과 수습 경위 1], 1895년 10월 7일, 三浦→西園寺, 204쪽)

77) 小早川秀雄, 『閔后暗殺記』, 83쪽; F.O. 405. Part Ⅵ. Inclosure in 2 No.86 pp.42~43. 岡本柳之助를 중개로 협의한 대원군을 일어서게 하기 위하여, 7일 저녁 岡本·堀口 등을 孔德里로 파견하여 대원군의 입궐을 권하고 장사패로 하여금 이를 호위시켰다. 또 훈련대와 일본수비병의 일부가 도중에서 대원군을 호위하여

오기와라(萩原秀次郎) 두 사람은 미리 서울 방면에서 말을 타고 출발해서 일본수비대를 안내해 오기로 했다. 일본자객은 대원군을 호위하여 경인가도를 지나서 남대문 근처의 조그마한 고개에 이르렀다. 거의 1시간쯤 기다리고 있는데 호리구치가 돌아와서 "일본수비대가 서대문으로 향하는 도로에서 기다리고 있으니 빨리 가마를 출발시켜야 한다"고 보고했다. 그러자 모두들 자갈 길을 서둘러 갔다. 처음 계획에는 대원군이 남대문을 통해서 경복궁으로 향할 예정이었다. 하지만 남대문 주변은 매일 아침 시장이 서서 혼잡했고, 서울주민들의 이목을 끌 가능성이 높았고, 서대문으로부터 들어가는 것에 비해 거리가 훨씬 멀었다. 그래서 시간이 지체되자 애초 남대문을 통해서 들어가기로 하는 계획이 서대문 방향으로 변경되었다.[78]

대원군의 가마가 서대문 밖에 도착했지만 일본수비대는 서대문을 통하는 지름길에서 기다리고 있었기 때문에 서로 길이 엇갈렸다. 그래서 일본 수비대는 거의 1시간이나 지난 5시경 서대문 밖에 도착할 수 있었다. 훈련대와 합류한 일본수비대는 서둘러 전투준비를 갖추고 탄환을 장전했다.[79]

일본수비대 3중대가 광화문을 장악할 무렵인 5시경, 서대문 한성부청 앞에는 대원군이 가마를 탔고 일본수비대 1중대와 훈련대 2대대가 합류하여 출발했다. 일본수비대 1중대는 전방과 후방을 경계했고 훈련대 2대

王宮으로 인도시켰다.(『駐韓日本公使館記錄(8)』, [明治二十八年十月八日王城事變ノ顚末ニ付具報], 1895년 11월 5일, 內田定槌→西園寺, 82쪽)

78) 小早川秀雄, 『閔后暗殺記』, 84쪽; 『駐韓日本公使館記錄(8)』, [明治二十八年十月八日王城事變ノ顚末ニ付具報], 1895년 11월 5일, 內田定槌→西園寺, 81쪽.

79) 小早川秀雄, 『閔后暗殺記』, 86쪽. "모든 무리들은 유지조의 지휘대로 공덕리에 이르러 이주회의 일행과 함께 그 이튿날 팔일 인시(3-5시)에 대원군의 교자를 옹위하고 떠났는데, 그때에 피고 岡本柳之助는 바깥문 앞에서 무리를 모아 성에 들어간 후에 임시 처사함이 가하다고 영을 내려 써, 왕후폐하 살해할 일을 가르치고"(市川正明編, 「開國五百四年八月事變報告書」, 『韓國王妃殺害事件』, 439쪽)

대는 대원군의 가마 주변을 호위했다.[80] 훈련대 2대대를 지휘한 인물은
우범선이었다. 우범선은 이미 7일 밤 야외 훈련을 핑계로 훈련 2대대 병
사들에게 실탄을 분배하여 병영을 나섰다. 한성부청 앞에서 훈련대 교관
대위 이시모리(石森吉猶)와 타가마츠(高松鐵太郞)도 우범선과 함께 대원
군을 기다렸다.[81]

결국 3시 공덕리 별장을 출발, 4시 남대문 성 밖에서 출발, 5시 서대
문 한성부청을 출발, 정동의 서쪽을 지나 경희궁 회상전을 거쳐, 5시 30
분 경복궁 광화문에 도착했다. 새벽달은 빛을 잃어가고 별빛도 더욱 희
미해져 먼동이 트는 것이 멀지 않았다. 정변 참가자 모두는 한성부청에
서 광화문까지 턱 끝에 숨이 차도록 달렸다.[82] 정변 준비는 거의 끝난
셈이었다.

그런데 최근 소설가 쯔노다(角田房子)가 을미사변관련 일본 외무대신
무츠(陸奧宗光)의 의혹이 잘못된 것이라고 주장했다.[83] 하지만 쯔노다의
주장은 오히려 청일전쟁 이후 무츠의 대외 활동에 관한 의혹을 증폭시킨다.

무츠(陸奧宗光)는 메이지(明治) 전기 일본의 대외관계의 최대 현안을
주도하고 마무리한 인물이었다.

외무대신 무츠는 1894년 일본군대의 '7.23경복궁침입사건'을 지시했

80) 小早川秀雄,『閔后暗殺記』, 85~86쪽;『駐韓日本公使館記錄(7)』, [王妃弑害事件
   과 수습 경위 1], 1895년 10월 7일, 三浦→西園寺, 204쪽.
81) 小早川秀雄,『閔后暗殺記』, 93쪽; 市川正明編,「開國五百四年八月事變報告書」
   『韓國王妃殺害事件』, 439쪽.
82) 小早川秀雄,『閔后暗殺記』, 86쪽; F.O. 405. Part Ⅵ. Inclosure No.79 p.39. 주한
   영국총영사 힐리어는 1895년 10월 10일 청국주재 영국공사 오코너에게 다음과
   같이 보고했다. "도시의 출입문은 닫혔지만, 문은 요구에 따른 허가를 통해서 열
   려졌고, 일행은 대궐의 정문으로 직접 진출했다."(F.O. 405. Part Ⅵ. Inclosure in
   3 No.8, pp.43). "장교가 병사들에게 전투준비의 명령을 내렸다. ...우리들은(일본
   수비대) 한국 병사들을 믿을 수 없었기 때문에 일본 병사들을 앞뒤로 배치해서
   나가기로 했다."(小早川秀雄,,『閔后暗殺記』, 91쪽)
83) 쯔노다 후사코, 1999,『최후의 새벽』, 서울: 조선일보사, 370쪽.

다. 주한 일본공사 오토리(大鳥圭介)가 일본에 일시적으로 귀국했다가 1894년 6월 다시 한국에 귀임했다. 그 때 무쯔는 "시국이 급박하여 본국 정부의 훈령을 받을 여유가 없게 되면 공사의 재량으로 임기처분"하라는 훈령을 귀국하는 오토리 공사에게 내렸다.[84] 그 후 일본이 청국과의 중재를 실패하자 무쯔는 1894년 7월 12일 "지금 시점에서는 단연한 조치를 취할 필요가 있는데... 어떤 구실을 찾아서라도 실제적인 조치를 취하라"는 훈령을 오토리공사에게 직접 보냈다.[85]

1894년 7월 일본군대의 '7.23경복궁침입사건'은 을미사변의 전개과정과 매우 유사하다. 두 사건 모두 주재국의 위급한 상황에서 주한 일본공사에게 판단의 재량이 주어졌다. 또한 주한 일본공사가 정변에 개입할 명분을 찾으면서 적극적으로 정변을 주도하고 일본군대를 동원했다. 그리고 두 사건 모두 일본공사관 서기관 스기무라가 정변을 위한 세부적인 계획을 작성했고, 일본 육군장교 출신인 오카모토가 대원군을 설득하여 입궐시키는 임무를 담당했다. 두 사건의 구도와 인물이 모두 외무대신 무쯔의 위기대응 시나리오에서 비롯되었다.

두 사건의 공통점 중에서 무쯔, 스기무라, 오카모토의 관계가 예사롭지 않다. 청일전쟁 이후 무쯔는 오카모토의 한국 파견을 추진했고, 오카모토를 한국 군부고문까지 추천해서 성사시켰다. 무쯔는 "스기무라(杉村濬)가 조선에서 근무하는 수년 동안 조선의 국정에 대한 소식통으로 평가받았다"고 기록했다. 일본정부를 포함한 외무대신 무쯔는 한국 상황에 관한 스기무라의 보고서를 신뢰했다.[86] 스기무라는 명성황후가 대

---

84) 陸奧宗光, 1896,『蹇蹇錄』, 25~26쪽(外務省外交史料館-外務省記錄-1門政治-1類帝國外交-1項一般政策).

85) 陸奧宗光, 1896,『蹇蹇錄』, 62쪽(外務省外交史料館-外務省記錄-1門政治-1類帝國外交-1項一般政策).

86) 陸奧宗光, 1896,『蹇蹇錄』, 3쪽(外務省外交史料館-外務省記錄-1門政治-1類帝國外交-1項一般政策).

원군을 경계한다는 사실을 파악하고 대원군 방문을 극도로 자제했다. 그래서 스기무라는 1894년 7월 오카모토를 대원군에게 직접 소개시켜 주었고, 오카모토는 자연스럽게 대원군과의 연락을 담당했다.[87] 정변을 추진할 수 있는 조직체계를 기초한 인물이 바로 외무대신 무츠였다.

무츠(陸奧宗光)는 1894년 일본군대의 '7.23경복궁침입사건' 이후 왕비의 상황을 그의 회고록인 『건건록』에 다음과 같이 기록했다. "왕비가 대원군을 속여서 한 올의 실처럼 불확실하게 생명을 연장할 수 있었다."[88] 무츠의 '한 올의 실'이라는 표현은 예사롭지 않다. 무츠는 이미 1894년 기술 시점부터 명성황후의 죽음을 암시했다.

무츠는 원래 한국의 내정개혁 3기, 즉 을미사변 전후를 저술하려고 계획했다. 하지만 그는 실제 3기를 기술하지 못했다. 그 이유를 "외래의 사정으로 한국의 내정개혁이 미완성이고, 앞으로의 정략을 노출시킬 수 없다"고 언급했다.[89] 을미사변 전후 한국문제에 관한 일본의 정책을 무츠가 저술할 수 없는 '사정'은 무엇이었을까?

일본 법부대신 요시카와(芳川顯正)는 1895년 6월 20일 무츠(陸奧宗光) 외무대신과 야마가타(山縣有朋) 전 육군대신에게 주한 일본공사 이노우에를 만난 내용을 편지로 보냈다. 그 내용을 살펴보면 요시카와는 "이노우에게 미봉책을 과감히 포기하고 결행을 취하도록 이토 히로부미(伊藤博文) 수상을 설득해 달라"고 의뢰했다. 또한 요시카와는 "자신과 무츠, 야마가타 3인의 합동의견이라고 설명하자 이노우에도 동의했다"고 기록했다.[90] 삼국간섭 이후 일본정부 내부에서는 강경한 한국 정

---

87) 杉村濬, 『在韓苦心錄』, 123쪽.

88) 陸奧宗光, 1896, 『蹇蹇錄』, 157쪽(外務省外交史料館-外務省記錄-1門政治-1類帝國外交-1項一般政策).

89) 陸奧宗光, 1896, 『蹇蹇錄』, 420쪽(外務省外交史料館-外務省記錄-1門政治-1類帝國外交-1項一般政策)

90) 芳川顯正→陸奧宗光, 1895.6.20(憲政資料室) : 『한국일보』, 2005. 10. 6. 최문형에 따르면 명성황후 시해는 이노우에 가오루(井上馨)가 한국 문제에 대한 전결권을

책을 주문하는 목소리가 점점 커졌다. 그 목소리 중심의 한 가운데에 무츠가 있었다.

그런데 주한 일본공사 미우라는 1896년 9월 말 "처음 도쿄를 출발(8월 23일)할 때 조만간 사변이 발생하리라는 것을 예측했다. 그렇지만 내년 1월이나 2월까지는 아무 일도 없을 것이라고 생각했다. 그런데 어찌된 일인지 당장 눈앞에 닥쳐왔다"고 스기무라에게 말했다.[91] 미우라는 1895년 8월 일본을 출발하기 이전부터 정변을 예측하고 있었다. 그것은 극단적인 조치까지 사전에 논의한 무츠와 미우라의 상호 교감을 의미한다.

3. 명성황후 최후, 추측과 의미, 그리고 배후

당시 명성황후암살은 외국인 사이에서도 매우 충격적인 사건이었기 때문에 사건의 진상과 달리 흉흉한 추측이 난무했다.

그 중 러시아 육군중장 운떼르베르게르의 1897년 한국 방문 보고서에 따르면 "녹원에서 타다 남은 뼈 조각이 발견되었는데, 그 중 머리 앞부분과 팔부분의 뼈가 땅속에 움푹 들어간 채 발견되었다"고 기록했다. 그 이유에 대해서 운떼르베르게르는 "부상을 입은 왕비가 생존했기 때문에 머리와 팔로 불을 피해 땅속으로 파고 들어갔다"는 사실을 추측했

가지고 주도한 사건이었다. 그리고 일본정부가 이를 승인하는 형식을 취했다. 1895년 7월 10일을 전후해 결국 왕후 제거로 방침을 결정했다. 야마가타가 폐병으로 요양 중인 무쯔에게 보낸 7월 8일자 서신과 사이온지가 무츠에게 보낸 같은 날짜의 서신을 통해 이를 알 수 있다. "야마가타가 요양 중인 무츠 외상에게 보낸 7월 8일자 서신 및 아오키 슈조(靑木周藏) 주독 공사의 7월 5일자 국제 정황 보고, 그리고 일본이 심어놓은 박영효가 민왕후에 의해 축출되었다는 7월 6일자 한국정황 보고" 등을 통해서 결단의 시기가 도래했음을 알리고 있다.(최문형, 2010, 『한국 근대의 세계사적 이해』, 지식산업사, 115~116쪽)

91) 杉村濬, 『在韓苦心錄』, 228쪽.

다.[92]

　명성황후의 암살과정에 관련된 무성한 소문은 여기서 그치지 않았다. 왕비의 최후 중 그동안 학계까지도 '시간설'에 관한 논란이 존재했다. 일찍이 1964년 야마베(山邊健太郎)는 소위 '에조보고서'를 근거로 왕비의 시간설을 제기했다.[93] '에조보고서'란 갑오개혁 이후 한국 내각고문관에 임명된 이시쯔카 에조(石塚英藏)가 1895년 10월 9일 을미사변에 대해서 일본 법제국장 스에마쯔(末松謙澄)에게 보낸 보고서를 의미한다.

　이시쯔카(石塚英藏)는 명성황후의 시해과정에 대해서 "참가자들(野次馬達)은 깊이 안으로 들어가 왕비를 끌어내고 두세 군데 칼로 상처를 입히고 나체로 만들어 국부검사를 하고 마지막으로 기름을 부어 태워버리는 등 참으로 이것을 쓰는 것조차 차마 못할 일입니다"고 기록했다.[94]

　당시 외교사료, 회고록, 증언을 살펴보면 이시쯔카의 현장 목격 기록이 존재하지 않는다.[95] 정변에 참가한 일본인의 이야기를 듣고 이시쯔

---

92) Унтербергер, Современное Состояние Корейскаго Вопроса(한국문제의 현재상황), январь 1898,(РГИА Ф.560 Оп.28 Д.24 Л.116об)

93) 山邊健太郎,「閔妃事件について」,『コリア評論』, 1964年 5月号, 51~52쪽;『오마이뉴스』, 2002.06.05. "이시쯔카(石塚英藏)는 내각 명예고문관(內閣名譽顧問官)으로서 관제(官制)의 규칙을 개정하는 일과 정부의 제반 사무에 있어서도 참으로 많은 수고를 하였으니, 매우 가상하다. 그가 본국으로 돌아가게 되었으니, 상금 1000원(元)을 하사하라."(『承政院日記』 고종 32년, 9월 7일)

94)『朝鮮王妃事件關係資料』,「韓國政府顧問たりし石塚より王妃事件の眞相を報告」, 末松法制局長宛石塚英藏書簡, 明治28年10月9日, pp.10~11(日本國會圖書館 憲政資料室, 546號 伊東伯爵家文書) ; 혜문, 2009,『조선을 죽이다』, 동국대학교출판부, 238쪽. 최문형은 "일본자객이 시신을 능욕하는 시늉까지 해가며 만행을 서슴지 않았다"는 내용에 대해서 "이는 부정할 수 없는 엄연한 사실이다"고 주장했다. 최문형은 야마베와 박종근의 선행연구가 그 사실을 입증했다고 판단했다.(최문형, 2006,『명성황후 시해의 진실을 밝힌다』, 지식산업사, 239쪽)

95) "이번 사건에 소생들은 처음부터 조금도 관여하지 않았습니다. 오히려 어렴풋이 그 계획을 조선인으로부터 전해 듣고 있었던 정도입니다."(『朝鮮王妃事件關係資料』,「韓國政府顧問たりし石塚より王妃事件の眞相を報告」, 末松法制局長宛石塚英藏書簡, 明治28年10月9日, pp.6~7(日本國會圖書館 憲政資料室, 546號 伊東

카가 보고서를 작성했던 것으로 보인다. 그만큼 이시쯔카 보고서의 신빙성이 높지 못하다. 또한 곤녕합에 침입한 일본자객은 동이 틀 무렵 왕비의 시체를 확인했기 때문에 빠른 시간 내에 왕비의 시신을 처리하고 철수해야하는 상황이었다. 그만큼 시신을 유린할 시간적인 여유가 없었다.

현장에서 일본 자객을 직접 지휘한 오카모토는 명성황후 한명의 암살에 모든 초점을 맞추도록 유도했다. 오카모토는 그 이외의 불필요한 살해를 막는데 노력했다. 오카모토를 비롯한 일본자객은 할복을 언급하는 등 겉으로는 무사의식을 표방했다. 만약 왕비의 시체를 유린한다면 그들은 자신들에게 돌아올 수치심과 불명예를 감당할 수 없었을 것이다.

그런데 당시 일본 자객이 왕비의 시신을 이동시키고 왕비의 시신을 확인하는 과정에서 시신의 옷도 일부 노출되었다. 따라서 왕비의 시신이 일부 노출되고 훼손된 것을 가지고 건청궁에 침투한 일본자객이 과장해서 '국부검사'라는 표현까지 사용했을 가능성이 높다.

그동안 명성황후의 암살과정, 명성황후의 시해인물 등의 논란이 끊임없이 진행되었다. 그 논란의 중심에 일본자객이 존재했다. 그것은 일본정부의 한국 식민지정책 및 왕비암살 책임 등의 본질을 흐릿하게 만들었다. 한국인조차도 명성황후 암살사건을 희화화시키려는 일본의 의도에 말려든 셈이다.

사건 초기 일본공사관은 여론의 시선을 따돌리기 위해서 대원군을 철저하게 이용했고, 대원군을 음모의 배후자로 주목받게 만들었다. 당시 김홍집, 유길준, 조희연, 정병하 등 정부관료, 우범선과 이두황 등 훈련대 장교, 권동진, 정난교, 이주회 등 일본사관학교 출신 등이 을미사변을 사전에 인지했고 적극적으로 가담했다. 을미사변 당시 개화파 관료, 훈련대 장교, 일본사관학교 출신 등을 조직적으로 연결시켰던 세력의 중심이 바로 일본과 연대하려는 개화파 정치세력이었다. 그들은 정권교체를

伯爵家文書)

위해서 을미사변에 참여했지만 명성황후를 직접적으로 암살하려고 계획하지 않았던 것으로 보인다. 그들은 정치적 주도권을 획득한 다음에 명성황후를 공식적으로 폐위시키는 수순을 밟으려고 했다.

을미사변 직후 뮈텔주교도 "일본 정부가 개입했는지, 일본 정부가 방관만 하고 있었는지, 일본 정부가 아직 아무 것도 모르고 있었는지를 파악해야한다"고 주장했다.96) 그만큼 을미사변에 일본의 개입 여부는 당시 초미의 관심이었다. 당시 을미사변을 기록한 외교문서와 회고록 등에는 일본인의 가담 수준에서 점차 미우라공사의 단독행위로 묘사되었다.

그런데 일본 외무대신 무츠는 1894년 '7.23경복궁침입사건'을 직접 지시했고, 을미사변 당일 건청궁의 일본자객을 지휘한 오카모토를 한국에 파견시켰다. 무츠는 명성황후가 한국 개혁의 걸림돌이라고 판단한 주한 일본서기관 스기무라의 견해에 동의했고, 육군중장 미우라의 주한 일본공사 파견에 동의했다. 무츠는 일본정부의 핵심인물인 요시카와(芳川顯正)와 야마가타(山縣有朋) 등과 함께 한국에 관한 외교정책을 논의했고, 강경정책으로 선회할 것을 합의했다. 무엇보다도 무츠는 한반도 위기대응 시나리오를 구상했고, 정변을 추진할 수 있는 조직체계를 기초했다.

을미사변이 발생한지 8년이 지난시점에서 러시아 극우신문 『노보예브레먀』는 "일본 상류 특권층은 명성황후가 누구의 사주에 따라 암살되었는가를 정확히 알고 있다"고 보도했다. 당시 일본의 고위관료 사이에서는 명성황후의 암살 배후가 공공연한 비밀이었다.97) 삼국간섭 이후 일본정부 내부에서는 강경한 한국 정책을 주문하는 목소리가 점점 커졌다. 그 목소리 중심의 한 가운데에 외무대신 무츠가 있었다. 그만큼 일본정부는 을미사변에 조직적으로 깊숙이 개입했다.

---

96) 『뮈텔주교 일기』, 1895.10.8, 377쪽.
97) 『Новое Время(노보예브레먀)』, 1903.12.21 No. 9986.

3장. 러시아인 세레진 사바찐의 하루

세레진 사바찐(А. И. Середин-Сабатин)은 1860년 우크라이나 동
북쪽에 위치한 도시 뽈따바(Полтава)에서 영락한 지방귀족의 아들로
태어났다.[1] 스위스계 러시아인 사바찐은 러시아에서 항해학교를 다녔으
며, 조타수 과정을 밟았다.[2] 한국 외부 고문관인 묄렌도르프(Paul
George von Möllendorf)는 1883년 1월 출장차 상해에 머물렀는데, 그곳
에 거주했던 많은 젊은이들이 그에게 찾아와 한국의 해관에 취직시켜 줄
것을 요청했다. 그 당시 묄렌도르프와 친분이 있는 상해 주재 오스트리
아 총영사 하스(Hass)는 사바찐을 추천했다.[3] 그 후 사바찐은 한국 해관
의 관리 명단에 포함되었다.[4]

상해에 머물면서 건축분야까지 습득한 사바찐은 1883년 9월 인천을
통해서 입국했고, '영조교사(營造敎士)'라는 직명으로 한국정부와 고용

---

1) Афанасий Иванович Середин-Сабатин(蘇眉退, 薩巴丁, 薩巴珍, 薩巴玲).
2) АВПРИ. Ф.191. Оп.768. Д.22. Л.1 : Ким Рехо. 「Гибел королевы Мин
   (명성황후 암살)」『Корея. Сборник статей к восимидесялетию со дн
   я рождения профессора М. Н. Пака(조선)』, М. 1998. СС. 127. 러시아학자
   심비르쩨바(Т.М. Симбирцева)에 따르면 사바찐은 러시아의 비정규 학교인
   '항해사양성강습소' 출신이었고, 뻬쩨르부르크 예술아카데미의 야간미술강좌를 1
   년간 수강하면서 건축을 배웠다.(『연합뉴스』 2009.10.23)
3) 묄렌도르프, 1999,『묄렌도르프자전』, 집문당, 80쪽 ; 高麗大學校亞細亞問題硏究
   所編, 1969,『舊韓國外交文書』17卷, 俄案 1, 218쪽.
4) 알렌저·김원모편저, 1984,『근대한국외교사연표』, 단대출판부, 107쪽.

약정을 체결했다.5) 인천에 도착하여 왕궁의 도면을 작성한 사바찐은 벽돌을 생산하는 방안을 제시하면서 불연성의 이엉지붕 설비안도 함께 내놓았다. 하지만 비용문제로 실행이 어려워지자, 그는 인천해관에 근무하게 되었다.6) 1884년 그는 인천해관원 소속 외국인관료 7명 중에서 세 번째 직위인 '토목사'로 임명되었고, 그 후 약 1년 동안 15~16명의 한국인을 인솔하여 부두축조공사를 직접 지휘했다.7)

1888년 5월 사바찐은 경복궁 내부의 건청궁 관문각(觀文閣) 공사에 대한 경리 일체와 지휘감독을 맡기로 한국정부와 계약했다.8) 궁궐에 지은 최초의 서양식 건물인 관문각은 서양문명을 수용하겠다는 고종의 강력한 의지가 반영된 건물이었다. 관문각 공사는 1888년 2월에 시작되어 1892년에 완료되었다.9)

공사 중인 1891년, 사바찐은 부실공사 책임 및 공사비 운영을 둘러싸고 그를 보조하는 한국인 현응택(玄應澤)과 심각한 불화에 빠졌다. 사바찐은 1891년 9월 사직을 결심하고 누수에 따른 공사 하자의 책임을 가리는 문제에 적극적으로 대처했다. 이 과정에서 고종은 사바찐을 신뢰했고 하자보수공사를 명령했다. 사바찐은 1892년 2월 수리를 위한 보관서류를 작성하고 4월에는 자재와 인부도 모두 조치하여 관문각을 보수했다.10) 관문각 공사가 마무리되자 고종은 "고생을 참아가면서 열심히 일했으며 그르침도 어긋남도 없었다"며, 1893년 10월 사바찐을 한국 해관

---

5) 김태중, 1996, 「개화기 궁정건축가 사바찐에 관한 연구」 『대한건축학회논문집』, 12 - 7, 109~110쪽.
6) 김창동, 1990, 「한국근대건축에 있어서 서양건축의 전이와 그 영향에 관한 연구」, 홍익대학교 박사학위논문, 196~202쪽.
7) 小谷益次郎編, 1933, 『仁川府史』, 仁川府, 255~256쪽; 高麗大學校亞細亞問題研究所編, 『舊韓國外交文書』 17卷, 俄案 1, 1969, 218쪽.
8) 高麗大學校亞細亞問題研究所編, 1969, 『舊韓國外交文書』 17卷, 俄案 1, 216~217쪽.
9) 유홍준, 2007, 『건청궁, 찬란했던 왕조의 마지막 기억』, 눌와, 52쪽.
10) 高麗大學校亞細亞問題研究所編, 1969, 『舊韓國外交文書』 17卷, 俄案 1, 218~219쪽.

에 복귀시켰다.[11] 이러한 신뢰와 인연 때문에 사바찐은 1894년 청일전쟁 이후 고종을 보호하는 외국인 대궐수비대로 근무할 수 있었다.

당시 사바찐은 을미사변 당일 현장에서 매 시간마다 사건의 추이를 확인했고, 새벽 5시가 넘어서는 15분 단위로 상황을 파악했다.[12] 그래서 그 어떤 증언과 보고서 보다 사바찐의 기록은 사건에 대해서 상세한 정보를 제공해준다. 따라서 필자는 사바찐의 증언과 보고서를 중심으로 을미사변 당일을 복원할 것이다.

그런데 사바찐의 증언과 보고서를 살펴보면 사바찐은 사건을 둘러싼 인물의 이름을 구체적으로 언급하지 않았다. 그 때문인지 주한 러시아공사 베베르(К.И. Вебер)와 즈프(芝罘) 주재 러시아부영사 찜첸꼬(А.Н. Тимченко-Островерхов)는 사바찐에게 을미사변에 가담한 일본인의 이름을 강하게 추궁했다. 사바찐이 더 이상의 정보를 제공하지 않자, 두 사람은 사바찐에 대한 의혹을 제기했다. 필자는 사바찐이 을미사변 당일 자신의 증언과 보고서에게 무엇을 은폐하려고 했는가를 추적할 것이다.[13] 이를 위해 사건을 목격한 인물의 증언 및 한국, 일본, 러시아 등의 을미사변보고서를 적극 활용할 것이다.

무엇보다도, 필자는 목격자 사바찐이 사건 당일 위험한 상황에서 자신의 생명을 구하기 위해서 어떤 노력을 전개했는가를 살펴볼 것이다. 또한 한국인, 일본공사관, 러시아공사관 등의 목격자 사바찐에 대한 태도를 살펴보면서 그들이 사바찐을 어떻게 정치적으로 이용하려고 했는가에 주목할 것이다. 그렇다면 한국의 복잡한 정치적 상황에서 목격자 사바찐의 선택은 무엇이었을까?

---

11) 高麗大學校亞細亞問題硏究所編, 1973, 『舊韓國外交文書』1卷, 海關案 1, 473쪽; 김태중, 위의 논문, 1996, 117쪽.

12) АВПРИ. Ф.150.Оп.493.Д.6.Л.126об.

13) АВПРИ. Ф.150.Оп.493.Д.6.Л.121об, 129об. 즈프(芝罘)는 산동반도 끝에 위치한 항구도시였다. 아관파천 직후 전신선이 불통되자 고종은 인편을 통해 즈프주재 러시아영사관에 편지를 보냈고, 러일전쟁 직전 고종이 한국의 중립화를 선언한 지역도 즈프 주재 프랑스영사관이었다.

1. 10월 8일 새벽 4시 : 일본군대와 훈련대의 경복궁 포위

새벽 4시 사바찐은 시위대 1대대장 참령 이학균의 다급한 소리에 잠을 깼다. 평상복을 입고 잠을 청했기 때문에 바로 일어날 수 있었다. 그는 옆방에 있던 다이와 함께 이학균에게 상황을 물어보았다.[14] 이학균은, 대략 200명의 훈련대가 4~5명의 일본 교관의 지휘에 따라 대궐 북동쪽 대문인 춘생문을 둘러쌌고, 30명의 일본군복을 입은 사람을 포함한 대략 50~60명 일본인이 북서쪽 대문인 추성문 성벽에 숨었다고 알려주었다.[15]

다이 장군이 성벽을 살펴보기 위해서 사바찐과 이학균에게 함께 가자고 제안했다. 하지만 이학균은 이미 훈련대연대장 부령 홍계훈과 함께 춘생문을 살펴보았기 때문에 고종에게 긴급한 상황을 보고해야 한다며 다이와 헤어졌다.[16] 그런데 이학균은 고종에게 더 정확한 정황을 보고하기 위해서 북쪽의 작은 암문 계무문으로 향했다. 이학균은 망원경을 통해서 북서쪽 성벽을 따라 움직이는 약 12명의 그림자를 확인하자 바로 고종이 거주하는 장안당으로 달려갔다.[17] 한편, 사바찐은 다이와 함께 대궐의 당직실로 향했다. 그곳에는 적어도 6~7명의 장교와 2명의 중령이 반드시 근무해야 했는데 아무도 보이지 않았다.[18]

사건 전날 사바찐은 평소와 같이 저녁 7시에 경복궁으로 출근했다.

---

14) АВПРИ. Ф.150.Оп.493.Д.6.Л.73об.

15) АВПРИ. Ф.150.Оп.493.Д.6.Л.69.

16) АВПРИ. Ф.150.Оп.493.Д.6.Л.123об. 훈련대가 일본군대에게 훈련받은 군사였기 때문에, 고종은 훈련대를 약화시키기 위해서 자신의 측근인물인 홍계훈을 훈련대 연대장으로 임명했다.

17) АВПРИ. Ф.150.Оп.493.Д.6.ЛЛ.69об.

18) АВПРИ. Ф.150.Оп.493.Д.6.Л.123об.

1894년 일본군대의 '7.23경복궁침입사건' 이후 고종은 사실상 일본의 정치적 영향을 받으면서 신변의 불안을 느낄 수밖에 없었다. 이러한 상황에서 일본인들의 활동을 감시하기 위해, 고종은 러시아공사 베베르(К. И. Вебер), 미국공사 실(John M.B. Sill), 미국인 고문관 그레이트하우스(Clarence R. Greathouse)의 조언에 따라 장군 다이(W.M. Dye), 대령 닌스테드(F.J.H. Nienstead), 건축사 사바찐(А. И. Середин-Сабатин) 등을 경복궁에 상주시켰다. 따라서 경복궁에는 항상 두 명의 외국인이 체류하고 있었고, 사바찐도 1894년 9월부터 경복궁에 1주일에 4일씩 저녁에 출근하여 아침에 퇴근했다.[19]

을미사변이 일어나기 바로 전날인 10월 7일, 사바찐은 경복궁으로 출근하는 도중 평소에 잘 알고 지내는 한 중국인을 만났다. 그 중국인은 사바찐에게 이날 밤에는 절대로 궁궐에 출근하지 말 것을 당부했다. 사실 이날 아침에도 퇴근한 사바찐을 찾아와서 오늘밤에 경복궁에서 불상사가 발생할 것이라고 경고했다.[20] 궁궐 출근을 만류하는 중국인의 설명을 듣고 사바찐은 어떤 음모가 꾸며져 바로 오늘밤 실행될지도 모르며, 음모의 중심세력은 한국군대인 훈련대일 것이라고 직감했다.[21] 7일 0시에서 2시까지 일본장교에게 교육받은 훈련대 병사가 궁궐 앞에서 훈련대 해산에 반대하는 시위를 벌였기 때문이었다.[22]

불길한 징후에도 불구하고 사바찐은 7시 30분 경복궁에 출근했다. 그는 대체로 정력적이며 감성적인 성격을 소유한 인물이었다. 자신의 직장을 잃고 싶지 않았기 때문에 자신에게 닥쳐올 불확실한 위험을 피하지 않았다.[23]

---

19) АВПРИ. Ф.150.Оп.493.Д.6.Л.123; F.O. 405. Part Ⅵ. Inclosure in 3 No.8, p. 43.
20) АВПРИ. Ф.150.Оп.493.Д.6.Л.73.
21) АВПРИ. Ф.150.Оп.493.Д.6.Л.73 с об.
22) АВПРИ. Ф.150.Оп.493.Д.6.Л.73.
23) АВПРИ. Ф.150.Оп.493.Д.6.Л.121 с об.

이날 대궐에 출근한 사바찐은 음모의 징후를 살펴보았다. 하지만 궁궐은 평상시처럼 조용했고 날이 어두워지면서 궁궐의 주변에는 보초만 남았다. 한밤중이 되어서 사바찐은 다이와 닌스테드와 함께 체류하는 서양인 숙소 협길당에 들어갔다. 혹시나 하는 생각에서 사바찐은 평상복을 벗지 않고 잠을 청했다.

새벽 4시 30분 사바찐과 다이는 북서쪽 추성문에 도착했다. 이 날은 달빛이 매우 밝았기 때문에 그곳의 상황을 어렵지 않게 파악할 수 있었다. 사바찐은 추성문의 넓은 틈으로 대문 바로 앞에 최소한 50명 이상의 일본 병사가 정렬해 있는 것을 볼 수 있었다. 일본 병사는 부동자세를 취하면서 자기들끼리 조용히 얘기하고 있었다. 잠시후 일본군대는 사바찐과 다이의 발소리와 목소리를 듣고 누군가 자신들을 엿보고 있다는 것을 알아챘다. 곧바로 일본군대는 2열로 정렬해 추성문 옆쪽 성벽에 바짝 붙었다. 사바찐과 다이는 더 이상 현장의 변동을 파악할 수 없게 되자 북동쪽 춘생문으로 향했다. 사바찐은 그곳에서 약 300명 정도의 훈련대 병사를 목격했다.[24] 그리고 한국인 중 한 명이 춘생문에 다가와서 대문을 열어달라고 외치는 소리를 들었다.[25] 사바찐은 춘생문을 둘러싼 병사가 훈련대의 주요병력이라고 판단했고 사태의 심각성을 인식하면서 서둘러 당직실로 향했다.[26]

다이와 사바찐은 대책 마련에 고심했지만 방어 조치를 마련하기에는 역부족이었다. 이날 시위대 2대대장 참령 김진호는 당직 사령이었음에도 불구하고 당직실에 없었고, 대부분의 시위대 장교와 병사가 흩어져 버린 상황이었다. 그나마 일부 시위대 장교와 병사조차도 초조하고 불안한 상태였기 때문에 지휘관의 명령에 주의를 기울이지 않았다.[27]

---

24) АВПРИ. Ф.150.Оп.493.Д.6.Л.73об.
25) АВПРИ. Ф.150.Оп.493.Д.6.Л.123об.
26) АВПРИ. Ф.150.Оп.493.Д.6.Л.73об.
27) АВПРИ. Ф.150.Оп.493.Д.6.Л.74.

새벽 5시가 가까워지자 경복궁의 춘생문, 광화문, 추성문 등에서 심상치 않는 조짐이 보였다. 일본수비대, 훈련대, 일본자객이 경복궁을 침입할 만반의 준비를 갖추었기 때문이다. 이미 새벽 4시경 대포를 동반한 훈련대 중 일부가 궁궐의 북동쪽 춘생문을 둘러쌌다. 또한 훈련대와 일본수비대 중 일부는 광화문 앞에서 정렬했다.[28]

당시 사변에는 일본수비대 1대대 3중대 대략 600명, 훈련대 2대대 대략 800명, 일본 자객이 2개 조로 구성되어 참여했다. 경복궁 정문에는 주한 일본공사관 무관 구스노세(楠瀬幸彦) 중좌의 지휘하에 훈련대 교관 코이토(鯉登行文) 대위와 3중대장 마키(馬來政輔) 대위가 광화문에 배치되었다. 여기에 일본교관에게 교육받은 훈련대 2대대는 우범선의 지휘를 받았고, 훈련대 교관 이시모리(石森吉猶) 대위와 타가마츠(高松鐵太郎) 대위는 2대대를 감시했다.

경복궁 후문에는 일본수비대 대대장 마야하라(馬屋原務本) 소좌의 지휘하에 2중대장 무라이(村井右宗) 대위가 추성문에 포진해 있었다.[29] 훈련대 1대대는 대대장 이두황 대신에 중대장 이범래의 지휘하에 춘생문에 대기했다. 일본수비대 1중대장 후지도(藤戸與三)는 대원군을 호위했다.

서울에 거류하는 일본 자객은 2개 조로 조직되었다. 1조의 대장은 한성신보사 사장 아다치(安達謙藏), 부장은 현양사 소속 사사(佐佐正之), 자유당(천우협) 소속 타나카(田中賢道) 등이 주요인물 이었다. 이들은 저녁에 한성신보사에 집합하여 공덕리로 출발해서 대원군을 호위하면서

---

28) АВПРИ. Ф.150.Оп.493.Д.6.Л.71об; NARA. Despatches from U.S. Ministers to Korea 1895~1896, M.134 Roll.12 Enclose 3 No.157 p. 2.

29) 강창일, 2003, 위의 글, 136쪽;『朝日新聞』1896. 1. 18~19, 군법회의 관결문 : 박종근, 위의 글, 262쪽. 대령 홍계훈(Hung)의 사위(또는 양자)는 "대궐 북동문에서 한국인 군대를 이끌었던 일본 군대 지휘자의 이름은 뮤라타(Murata)이고 그는 300명가량의 군대와 같이 있었다"라고 증언했다.(F.O. 405. Part Ⅵ. Inclosure in 6 No.128 p. 110)

광화문에 돌입했다. 2조는 천우협 소속 시바 시로오(柴四朗)의 '파성관 (巴城館)'에 집합하고, 대장은 한성신보사 주필 구니토모(國友重章), 부 장은 일본신문 특파원 야마다(山田列聖)였다. 이들은 추성문으로 직행하 여 건청궁에 침입했다.[30]

조희연과 우범선은 훈련대의 동원을 위해서 적극적으로 협조했다. 전 군부대신 조희연은 훈련대 1대대의 장교들을 설득하여 정변에 참여하도 록 유도했고, 훈련대 1대대 병력의 일부를 이범래의 지휘 아래 춘생문에 대기시키고, 나머지 일부를 건춘문을 비롯한 경복궁 주변을 경계하도록 지시했다.[31]

훈련대 2대대를 지휘한 우범선은 대원군을 호위해서 광화문을 통해 대궐에 들어왔다.[32] 이미 우범선은 1895년 9월 27일 일본수비대 소위

---

30) 菊池謙讓, 1939, 『近代朝鮮史』, 下 京城: 鷄鳴社, 406~407쪽; 박종근, 1982, 『日 淸戰爭と朝鮮』, 236~237쪽; 井上馨關係文書, 第20冊, 陸奥宗光書翰井上馨宛, 明治28年3月3日, 渡韓自由党員田中賢道紹介;『駐韓日本公使館記錄(8)』, 「明治二 十八年十月八日王城事變ノ顚末ニ付具報」, 1895년 11월 5일, 內田定槌→西園寺, 97~98쪽. "荒尾精, 高橋健三, 陸實, 古莊嘉門, 田中賢道, 柴四朗, 國友重章, 福本誠等이 參加해서 玄洋社의 志士二百餘名을 組織"(『東亞先覺志士記傳』4. 天 佑俠의 活躍(二)) 당시 1조에 참여했던 고바야카와는 그의 기록에서 광화문에서 2 조와 합류했다고 언급하지 않았다.(小早川秀雄, 1962, 『閔后暗殺』, 東京: 筑摩書 房: 小早川秀雄, 1965, 『閔后暗殺記』, 汎文社, 92쪽) 또한 사바쩐에 따르면 일본 자객은 후문으로 침입했다. 먼저 건청궁에 도착한 2조의 인물 중 구니토모(國友 重章)는 왕비 암살의 혐의를 받았다.(『駐韓日本公使館記錄(8)』, 「明治二十八年十 月八日王城事變ノ顚末ニ付具報」, 1895년 11월 5일, 內田定槌→西園寺, 86쪽). "그중 피고인 平山岩彦 외에 십수 명은 피고인 겸장 중장 등으로 더불어 왕후폐 하를 살해하기로"(市川正明編, 「開國五百四年八月事變報告書」『韓國王妃殺害事 件』, 439쪽) "훈련대 제1대(이두황)는 경복궁을 포위하고 제2대(우범선)는 광화문 으로 들어가기로 하였었는데 제일대장 이두황은 위인이 유약함으로 그 전날 일본 영사관으로 불러다두고 중대장 이범래로 하여금 대리케 하였지오"(『동아일보』 1930. 1. 29. 한말정객의 회고담).

31) 小早川秀雄, 1965, 『閔后暗殺記』, 94쪽.

32) 『駐韓日本公使館記錄(7)』, 「10월 8일 事變(王妃弑害事件)의 犯人處分 件」, 1895 년 12월 30일, 小村 →西園寺, 73쪽. "禹範善이 출중한 줄 알었다. 禹는 무엇보다

미야모토(宮本)와 함께 용산에서 훈련대 2대대를 지휘하며 군사훈련을 실시했다. 당시 훈련을 마친 우범선은 "훈련대는 열흘이 못되어서 해산 될 것 같고, 훈련대 장교도 모두 엄벌에 처하게 될 것이므로 빨리 도망 칠 생각이다"고 자신의 불우한 처지를 미야모토에게 토로했다. 다음날 28일 우범선은 훈련대 교관 이시모리(石森吉猶)를 면담한 후 10월 3일 소좌 마야하라(馬屋原務本)와 대위 이시모리(石森吉猶)와 함께 미우라 공사를 방문하여 정변에 주도적으로 가담했다.[33]

그런데 정작 훈련대 소속 병사는 정변의 정확한 내용을 알지 못했다. 대부분 훈련대 병사는 대대장 우범선과 이두황의 야간훈련 명령으로 8 일 새벽 대궐 밖으로 유인되었고, 경복궁에 도착한 후 대궐을 호위하는 것으로 이해했다.[34] 훈련대의 대부분은 일본군대의 유도에 따라 경복궁 에 진입했고, 어쩔 수 없이 정변에 가담했던 것으로 보인다.[35] 그렇지만 정변에 가담한 훈련대 장교 및 일본 사관학교 출신은 정변에 깊숙이 개 입했다. 이들은 "대원군으로 하여금 그 아드님 되시는 상감께 말씀하여

憺力에 出衆하엿다 …… 그는 閔妃事變때도 가장 先鋒에 서서 활약하고 일을 지 른 分量도 만하엿섯다. 軍人중으로는 主動者가 그엇스니까"(『삼천리』제6권 제5 호, 1934. 5. 1. 권동진 – 韓末人物의 回想).

33) 『駐韓日本公使館記錄(8)』, 「明治二十八年十月八日王城事變ノ顚末ニ付具報」, 1895 년 11월 5일, 內田定槌→西園寺, 88쪽.

34) 市川正明編, 「開國五百四年八月事變報告書」, 『韓國王妃殺害事件』, 452쪽.

35) 정교에 따르면 훈련대 병사는 대대장의 명령을 받고 경복궁에 들어갔다. 일본병 사는 훈련대 병사에게 책임을 전가시키기 위해서 건청궁에 들어가도록 허락했 다.(鄭喬, 1957, 『大韓季年史』, 上, 115쪽) "이 사변에 간섭한 일인들이 평복을 바 꾸어 입고 환도와 호신포를 몸에 지니고 대궐에 들어왔는데, 그 속에 자객 아닌 자가 많으니, 조선정부에서 월급을 주는 고문관과 일본 공사관에 있는 순사들이 자객과 일병으로 함께 궐내에 들어간 자가 대저 육십명이 되는지라."(市川正明編, 「開國五百四年八月事變報告書」 『韓國王妃殺害事件』, 453쪽) "훈련대 참위 윤석 우는 20일 새벽에 대대장이 영하되, 이전과 같이 야조를 행할 터이니 군사를 거 느리고 대궐 뒤로 행군하여 나가라 하거늘, 이 사람이 영을 좇아 일본 교사로 함 께 나간즉, 대궐 문이 열렸고"(市川正明編, 「開國五百四年八月事變報告書」, 『韓 國王妃殺害事件』, 449쪽)

(왕비를) 폐비케 한 후에 다시 사약을 내릴 계획"도 독자적으로 갖고 있었다.[36)

2. 10월 8일 새벽 5시 : 추성문에서 울리는 한발의 총성

새벽 5시. 밤의 적막 속에 추성문에서 한 발의 총성이 울렸다.

총성과 함께 일본수비대 3중대의 5-6명의 병사가 사다리를 타고 광화문 왼쪽 성벽을 넘었다. 성벽 위에 올라간 일본병사는 긴 밧줄을 성벽 안쪽에 던지고 내려와서 광화문 안쪽으로 진격했다. 광화문을 수비하던 시위대 위병은 저항했지만 일본수비대의 위협에 눌려 도피했다. 총성과 위협으로 시위대 위병을 쫓아버린 일본병사는 광화문을 활짝 열었다. 일본수비대 3중대는 광화문을 통해서 경복궁에 진입함과 동시에 광화문 주변까지 장악했다.[37)

5시 30분경 대원군을 비롯한 일본수비대 1중대, 훈련대 2대대, 일본자객 1조, 일본사관학교출신 등은 광화문 앞에 도착했다.

일본사관학교 출신인 권동진은 '왕비를 폐위시키고 민가일족과 수구파 일당을 제거'하기 위해서 정변에 참여했다고 밝혔다.[38) 대원군의 가마가 경복궁 정면에 도착하자 광화문이 열렸다. 30분 후 먼동이 트기 시작했지만, 아직 사람의 얼굴을 제대로 구별할 수 없는 상황이었다.[39) 대

---

36) 『동아일보』 1930. 1. 29. 한말정객의 회고담.
37) АВПРИ. Ф.150.Оп.493.Д.6.ЛЛ.69об; АВПРИ. Ф.150.Оп.493.Д.6.Л.71об; NARA. Despatches from U.S. Ministers to Korea 1895-1896, M.134 Roll.12 Enclose 3 No.157 p.4 ; 小早川秀雄, 『閔后暗殺記』, 1965, 88쪽; F.O. 405. Part Ⅵ. Inclosure in 6 No.128 p. 110.
38) 『동아일보』 1930. 1. 29. 권동진·한말정객의 회고담.
39) 小早川秀雄, 1965, 『閔后暗殺記』, 87쪽.

원군은 이미 일본군대가 접수한 광화문을 일본수비대, 훈련대, 그리고 일본자객 30여 명의 호위를 받으면서 들어갔다. 광화문에 들어설 때 병사들은 총검을 꽂고 일본자객은 칼을 빼들었다. 동시에 정변에 참여한 모두가 '와아'하고 일제히 함성을 지르면서 돌진했다. 새벽녘 살기가 경복궁을 온통 에워쌌다.[40]

5시 40분. 광화문을 지난 정변 가담자는 근정전 앞에서 2진으로 나뉘었다. 1진 일본수비대와 훈련대는 본대를 형성해서 광화문에서 신무문으로 향하는 대로로 진격했다. 2진 일본자객 및 대원군을 호위하는 1소대의 일본군대는 근정전의 오른쪽에 있는 향원정을 향해 달려갔다. 5시 40~45분까지 신무문으로 가는 대로에서 100여발의 총성이 울렸다.[41]

이미 새벽 3시경 훈련대 연대장 부령 홍계훈은 일본군대와 훈련대가 궁궐에 접근했다는 보고를 받았다. 홍계훈은 신속히 궁궐의 북동쪽인 춘생문으로 달려가 훈련대에게 해산을 종용했지만 "당신은 더 이상 지휘관이 아니며 여기서 명령을 내릴 수 있는 사람은 오로지 일본교관 한 명뿐이다"라는 답변을 들었다. 사태의 심각성을 인식한 홍계훈은 이학균에게 궁궐의 남쪽인 광화문의 상황을 점검할 것을 지시했다. 곧이어 홍계훈은 궁궐 수비대의 보고를 통해서 대궐 북서쪽인 추성문에 일본자객과 일본군대가 잠입했다는 사실도 파악했다.[42]

사태가 심각해지자 홍계훈은 근정전에서 건청궁으로 향하는 대로에 병력을 배치하고 기다렸다. 5시 40분경 1진인 일본공사관 무관 구스노세(楠瀬幸彦)는 일본수비대와 훈련대를 총지휘하며 진격하던 중 홍계훈이 지휘하는 궁궐수비대의 저항을 받았다. 홍계훈은 훈련대 병사들에게 "자신이 아닌 다른 어느 누구의 명령에도 따르지 말라"고 명령했다. 그

40) 小早川秀雄, 1965, 『閔后暗殺記』, 88, 92쪽; 市川正明編, 「開國五百四年八月事變報告書」『韓國王妃殺害事件』, 440쪽.
41) 『뮈텔주교일기』, 1895.10.8, 375쪽; 小早川秀雄, 『閔后暗殺記』, 97쪽, 1965.
42) АВПРИ. Ф.150.Оп.493.Д.6.Л.69.

순간 서로 총격전이 벌어졌다.

새벽 어스름이 걷히는 속에서 궁궐수비대는 일본수비대가 훈련대에
가담한 것을 확인했다. 궁궐수비대는 일본수비대의 가세로 수적으로 열
세인 상황을 깨닫고 점차 사기가 떨어져갔다. 일본수비대와 훈련대 중
일부 병력도 갑자기 전투를 수행하면서 점차 소극적인 자세가 되었다.

시간을 끌면 끌수록 불리하다고 판단한 구스노세는 소극적인 병사의
행동을 꾸짖었다. 구스노세는 자신이 직접 검을 빼들고 칼을 휘두르며
상대편으로 과감하게 뛰어 들었다. 이 과정에서 구스노세는 홍계훈과 대
적했다. 그는 홍계훈의 어깨를 칼로 내려치고 상처를 입혔다. 그러자 훈
련대 2대대 지휘관 우범선은 쓰러져 있는 홍계훈에게 여러 발의 총격을
가했다.[43] 홍계훈이 무너지자 수백의 궁궐수비 시위대는 총검을 버리고
제복을 벗으면서 달아났다.[44] 이후 홍계훈은 그의 집으로 옮겨졌다. 유
럽인 의사가 홍계훈의 집에 도착했지만 이미 그는 피를 너무 많이 흘려
사망했다.[45]

---

43) 『뮈텔주교일기』, 1895.10.8, 375~376쪽; 小早川秀雄, 『閔后暗殺記』, 96쪽, 1965.
   "홍에게 첫 일격을 가해 그를 죽인 사람으로 모두들 일본인 남뢰(楠瀨)를 지목하
   는데, 이 사람은 바로 다름아닌 주한 일본인 무관 구스노세(Кусносе)로서 그전
   에는 뻬쩨르부르그에서 활동했던 인물입니다"(АВПРИ. Ф.150.Оп.493.Д.6.Л.76
   об). "대궐 문에서 대령 홍계훈(Hung)을 공격한 일본장교는 일본공사관 무관 대
   령 큐수세(Kususe)인 것으로 믿어진다."(F.O. 405. Part Ⅵ. Inclosure in 6 No.128
   p. 110)

44) 小早川秀雄, 1965, 『閔后暗殺記』, 97쪽. 홍계훈과 구스노세의 전투가 광화문 밖
   이라는 기록이 있다. 하지만 위급한 상황에서 연대장인 홍계훈이 대궐을 벗어났
   을 가능성이 매우 적다. 홍계훈은 대궐 안에서 전투를 벌였고, 군부대신 안경수가
   광화문 밖에 도착했던 것으로 보인다. 『뮈텔주교일기』 및 러시아공사관문서 등이
   경복궁 안이라고 기록되었다. "광화문으로 들어와 乾淸宮을 향해 들어 오던 중
   훈련대 연대장 副領 홍계훈을 찔러 죽이고"(鄭喬, 『大韓季年史』, 114쪽)

45) 뮈텔에 따르면 "홍계훈은 천주교의 실체를 깨친 뛰어난 사람이었다. 그는 내가
   해 주는 천주교에 관한 말을 여러 차례 관심있게 들었으며, 내게 책들을 요청하기
   도 했다"(『뮈텔주교일기』, 1895. 10. 8, 375~376쪽).

2진인 일본자객은 광화문에 들어서서 30~40m(30間)를 달리며 두 번째의 소문을 통과했는데, 그 무렵 광화문 근처에서 총성이 울렸다. 일본자객은 광화문 부근의 전투에 개의치 않고 대궐의 후방을 향해 돌진했는데 그 순간 앞쪽에서도 총성이 났다.[46] 2진인 일본자객은 근정전 근처에 대원군의 가마를 멈추게 하고 전방에 진로가 열리는 것을 기다렸다. 잠시 후 일본자객은 1소대의 일본 병사에게 가마를 지키게 하고 목적지를 향해서 돌진했다. 일본자객은 왼쪽으로 꺾고 오른 쪽으로 돌아 후궁을 향해서 치달아 향원정 근처에 도달했다. 5시 50분경 소나무가 우거진 조그마한 등성이로 진출하여 건청궁의 외곽에 도착했다.[47]

건청궁은 사방이 거의 2km(5리)쯤 되는 경복궁의 맨 뒤 끝에 있었다. 경복궁 광화문에서 건청궁까지 가려면 정문인 광화문에서 호수인 향원정까지 4~5군데의 대문을 거쳐야 했다. 각 대문에는 2명의 궁궐 수비대가 지키고 있었다.

당시 건청궁은 왕이 사용하는 장안당과 왕비가 머무는 곤녕합, 그리고 장안당 뒤에 서재로 관문각을 지어서 마치 사대부가의 사랑채, 안채, 서재로 구성되었다. 건청궁 정문을 지나 초양문에 들어서면 고종의 집무실인 장안당이 있었다. 함광문을 들어서면 왕비가 거주하는 곤녕합과 정시합이 있었다.[48] 1895년 8월 건청궁에서 고종을 접견한 뮈텔은 "알현실이 대단히 넓으며 계단이 있는 남쪽으로 향해 있었고, 북쪽으로는 접견실로 보이는 다른 방들과 종이칸막이로 나누어져 있었다"고 장안당을 묘사했다.[49]

---

46) 小早川秀雄, 1965, 『閔后暗殺記』, 88쪽.
47) 小早川秀雄, 1965, 『閔后暗殺記』, 96쪽.
48) 유홍준, 2007, 『건청궁 찬란했던 왕조의 마지막 기억』, 눌와, 27~29쪽;『뮈텔주교일기』, 1895. 8. 28, 360~361쪽.
49) 뮈텔주교는 1895년 8월 건청궁에서 고종을 알현하면서 장안당의 풍경을 다음과 같이 묘사했다. "알현실은 … 일부러 반쯤 열어 놓은 몇 군데의 벽면 사이로 궁녀복을 입은 여자들이 오가는 모습이 보인다. 왕의 뒷면에 있는 벽면들 중의 하나에

외벽으로 둘러싸인 건청궁 앞마당에는 전각이 세워져 있고, 한가운데
있는 한 채를 국왕과 왕비가 편전으로 쓰고 있었다. 남향으로 세워진 편
전은 동서로 길게 뻗어 몇 개의 방으로 나누어져 있었다.[50) 일본자객이
침입한 그때 왕비는 건청궁의 맨 동쪽 끝에 있는 한국식의 미닫이를 동
남의 양쪽으로 달아놓은 옥호루 주변에 있었다. 서쪽에도 많은 방이 있
는데, 국왕은 왕비의 옆방인 곤녕합에 머물렀다.[51)

새벽 5시 첫 번째 총성이 울리자 추성문의 위병도 총과 탄환을 버리
고 도망쳤다. 당시 대궐에는 대략 800명의 병력과 50명의 장교가 대궐
을 수비했다. 그런데 사바찐은 대략 300명의 병사와 8명의 장교만 목격
했다.[52) 잠시 후 일본수비대 2중대는 사다리를 세워 추성문 옆 성벽을
넘었고, 훈련대 1대대는 춘생문과 춘화문을 넘었다. 일본수비대 2중대와
훈련대 1대대는 계무문으로 향했고, 경복궁의 북쪽을 장악했다.[53) 벽을
타고 넘어온 군인이 추성문을 열어주는 동안 다이 장군은 대궐 수비를
위해서 계무문 안쪽에 남아 있는 시위대 병력을 집결시켰다.[54)

일본수비대장 마야하라(馬屋原務本)는 추성문을 공격하기 직전 정변
의 의미를 부여하고 사기를 진작시키기 위해서 부하들에게 큰 소리로 연

는 눈높이 정도의 종이로 되어 있는 부분에 비밀스런 구멍이 하나 뚫려 있다. 틀
림없이 누군가 우리를 관찰하고 있는 모양이다"(『뮈텔주교일기』, 1895. 8. 28,
365쪽).
50) 小早川秀雄, 1965, 『閔后暗殺記』, 100쪽.
51) 小早川秀雄, 1965, 『閔后暗殺記』, 101쪽.
52) АВПРИ. Ф.150.Оп.493.Д.6.Л.124.
53) АВПРИ. Ф.150.Оп.493.Д.6.Л.74; АВПРИ. Ф.150.Оп.493.Д.6.Л.70 "변란을
일으킨 많은 일본인 등이 각각 環刀 및 호신용 권총을 휴대하고 수백 명의 日兵
이 또한 軍器를 휴대하고 그 士官 및 다른 일본인이 명령에 따라 대군주 폐하,
왕후 폐하 및 왕께서 돌보시는 眷率이 계시는 殿閣에 돌입했다."(『駐韓日本公使
館記錄(10)』, 「三浦公使事件의 再審裁判 開始에 대한 朝鮮公使 來談 件」, 1896
년 8월 1일, 西園寺公望→原敬, 42쪽)
54) АВПРИ. Ф.150.Оп.493.Д.6.Л.74.

설했다. 그는 "일본정부는 한국의 정치를 계도하기 위하여 청국과 싸우면서 한국의 독립을 확고히 하고 동양의 대국을 보전하려고 노력했다"며 청일전쟁의 의미를 부여했다. 그는 "지금 왕비가 한국 정부의 권리를 전단하여 한국이 망하게 되어서 일본도 보전하기 어렵게 되었다. 일본이 보전할 수 없으면 청국 역시 존립하기 어렵고, 청국이 사라지면 동양의 대세도 무너진다"고 주장했다. 그는 한국 일본 중국의 상호관계를 설명하면서 왕비의 잘못으로 동양의 대세가 흔들린다고 주장했다. 또 "왕비가 조선 5백년 종사의 죄인이며, 일본제국의 죄인이다. 정령 동양의 죄인이다"라고 하며 정변에 참여한 군인과 자객에게 왕비에 대한 증오심을 끌어올렸다.[55]

3. 10월 8일 새벽 5:15 : 사바찐이 목격한 건청궁 현장

새벽 5시 15분 일본인, 일본병사, 훈련대는 계무문을 통과하여 무청문에 도달했다. 무청문에서 고종이 거주하는 장안당으로 들어가는 필성문까지 대략 50m(80걸음, 29間) 정도였다. 다이의 지휘 하에 필성문 주변에 대략 300명의 시위대 병력이 정렬했다. 침입자들은 무청문의 1~2인치 너비의 5~6개 틈을 이용해 시위대의 머리 위쪽으로 한번에 30~40발을 세 차례 발사했다. 6m 높이 이상의 허공에 위협사격을 받았지만 시위대 병사 중 한 명은 어깨에 부상을 당했다. 위협사격이 개시되자 사바찐은 필성문 안쪽에 몸을 숨겼고, 다이는 서양인 숙소로 향하는 쪽문에 피신했다.[56]

---

55) 鄭喬, 『大韓季年史』, 118쪽.
56) АВПРИ. Ф.150.Оп.493.Д.6.Л.124.

첫 번째 사격이 시작되자 시위대는 총을 한 발도 쏘지 않고 약실에서 탄환을 꺼내면서 방전시켰다. 시위대는 총과 탄환을 버리고 군복을 벗어 던지며 도망치기 시작했다. 시위대는 두 방향으로 나뉘어 도망갔는데, 그중 한 무리는 다이 장군을 떠밀면서 서양인 숙소로 향하는 쪽문으로 향했지만 침입자들은 그들을 추격하지 않았다. 다른 한 무리는 사바찐이 숨었던 필성문으로 몰려갔다.[57]

사바찐은 관료, 시위대병사, 시종 등 대략 300명 정도의 인원에 이끌려 왕비의 침소로 통하는 문까지 밀려났다.[58] 사바찐은 장안당을 돌아 자신이 직접 설계하고 건설했던 관문각[59]을 지났다. 그는 왕비의 침소인 정시합 정면 담장에 설치된 일각문[60]에 자신을 은폐했다.[61] 하지만 침입자들이 여기까지 몰려오자 사바찐은 왕비의 침소와 연결되는 문을 포기하고 뒤로 밀려났다. 그는 녹원으로 향하는 청휘문 옆 곤녕합 동행각[62]의 문 아래 판자를 붙잡으려고 노력했다.

대부분의 한국인들은 사바찐을 지나쳐 청휘문을 통해 녹원으로 도망

---

57) АВПРИ. Ф.150.Оп.493.Д.6.Л.124об.
58) АВПРИ. Ф.150.Оп.493.Д.6.Л.124об.
59) 西洋殿(европейский дом)으로도 불림.
60) 一角門: 복수당(福綏堂) 서행각(西行閣)의 담장에 붙어있는 작은 문.
61) АВПРИ. Ф.150.Оп.493.Д.6.Л.74; 유홍준, 위의 책, 2007, 눌와, 29쪽; 국립문화 재연구소편, 『북궐도형』, 2006, 국립문화재연구소, 55쪽.
62) Маленькая деревяная пристрой ка(작은 목재 별관). 기존 연구는 을미사변의 시해 현장을 정시합 마당으로 파악했다. 하지만 정시합의 마루는 25명의 일본자객이 서 있기에는 매우 비좁은 장소이다. 또한 영국총영사 힐리어는 사바찐의 증언에 기초하여 "k는 왕비가 거처하는 곳으로 땅으로부터 약 6~7피트(180cm) 높이의 뜰 위에 세워져 있다"고 밝혔다(F.O. 405. Part Ⅵ. Inclosure in 4 No.86 pp.46). 당시 2m 이상 높이의 건물은 옥호루 주변뿐이었다. 또한 사바찐은 옥호루에서 떨어진 궁녀들과의 거리가 약 10m(20~25걸음) 정도라고 밝혔다(АВПРИ. Ф.150.Оп.493.Д.6.Л.125об). 따라서 이러한 증언과 보고서에 기초하면 명성황후 시해사건의 현장이 곤녕합과 옥호루의 마당에서 발생했고, 사바찐은 옥호루의 측면인 곤녕합(坤寧閣) 동행각(東行閣)에서 현장을 목격했다.

금 알고 있는 일본어로 다시 말을 걸었다.[70] 현장에 있던 일본 장교는 미야모토(宮本竹太郞) 소위였다. 미야모토는 훈련대의 일본 교관으로 훈련대 2대대장 우범선과 긴밀한 관계였다.[71]

그런데 미야모토는 모르는 척하면서 다른 곳으로 이동했다. 사바찐은 옆에 있던 일본 군인에게도 접근했지만 본인의 적극적인 행동에 대해서 애써 무시하는 태도를 느꼈다. 다급해진 사바찐은 지휘자인 오카모토에게 접근할 것을 결심했다.[72] 사바찐은 오카모토에게 영어로 아침 인사를 하면서 접근했다. 그러자 오카모토는 "당신의 이름과 직업은 무엇인가?"라고 냉정한 어투로 물어보았고, 사바찐은 이름과 직업을 밝혔다.[73]

사바찐은 상대방의 표정을 살피면서 먼저 자신의 입장을 설명할 필요성을 느꼈다. 자신의 의지와 상관없이 서둘러 곤녕합까지 왔기 때문에 자신을 보호해 줄 것을 요청했다. 사바찐은 최대한 진지한 표정으로 상대방의 시선을 끌려고 노력했다. 그러자 오카모토는 "당신은 보호되었고, 여기에 머무를 것"을 명령했다.[74] 그런데 오카모토가 외국인에게 사건 현장을 목격하도록 방치했다는 것은 무슨 의미일까?

신변 보장에 안도감을 찾은 사바찐은 오카모토에게 1-2명의 군인을 통해 자신을 보호해 줄 것을 요청했다. 오카모토는 곤녕합 마당[75]에 있던 일본말을 구사하는 두 명의 훈련대 병사를 불러 사바찐의 옆에 서 있도록 명령했다. 이런 상태로 사바찐은 15분 정도 곤녕합 마당 구석에서 현장을 목격했다.

새벽 5시 30분, 5명의 일본 자객은 소리를 지르면서 곤녕합의 계단으

---

70) АВПРИ. Ф.150.Оп.493.Д.6.Л.125об.
71) 『駐韓日本公使館記錄(8)』, 1895년 10월 18일 內田定槌→小村壽太郞, 88쪽; 電文 (11月12日), 『舊陸海軍文書』(강창일, 위의 책, 2003, 128쪽)
72) АВПРИ. Ф.150.Оп.493.Д.6.Л.74об.
73) АВПРИ. Ф.150.Оп.493.Д.6.Л.75.
74) АВПРИ. Ф.150.Оп.493.Д.6.Л.126.
75) В дворе помещения Кееролевы.

로 나왔다. 이들 중 한 명은 일본어로 연설을 하더니 다시 곤녕합으로 들어갔다. 이들은 궁녀의 머리채를 잡고 다시 곤녕합의 계단으로 뛰어 나왔다. 양복을 입은 2명과 기모노를 입은 3명의 일본인은 뛰어 나오는 속도를 멈추지 못하고 정면에서 사바찐을 발견했다. 그들은 핏발이 선 눈으로 놀라움에 약 10초 동안 정지했다. 정신을 차린 이들은 한 목소리로 일본말과 한국말로 사바찐이 왜 여기에 있는지 묻기 시작했다.76) 순간적으로 사바찐은 숨을 멈췄다. 어떻게 대응할까를 망설였다. 사바찐은 일본말과 한국말을 모르는 척하는 것이 유리하다고 판단하여 영어로 말하기 시작했다. 그러나 이들 중 누군가 영어를 이해하고 있다고 느꼈다. 잠시 후 이들은 사바찐을 보호하고 있는 훈련대 병사들의 설명을 듣고 나서 다시 곤녕합으로 돌아가기 시작했다.

안도의 한숨을 쉬고 있던 그 순간 사바찐은 곤녕합 마당으로 들어오는 한 한국인과 눈을 마주쳤다. 그는 사바찐이 들어온 정시합 정면의 담장에 설치된 일각문으로 들어왔다. 이 한국인은 사바찐를 보고 놀란 나머지 '아'하며 탄성을 질렀다. 그는 사바찐을 너무나 잘 알고 있는 인물이었다.77) 그 한국인은 대궐 안에서 비서를 담당하는 인물이었다. 그는 너무 놀라 잠시 멈칫했으나 곧바로 곤녕합으로 들어가는 일본 자객에게 접근하며 활기차게 무언가를 얘기하기 시작했다. 사바찐은 결코 건축기사가 아니며 아마도 대궐 배치와 명성황후를 잘 알고 있을 거라고 말하는 것 같았다. 그의 말이 끝나기가 무섭게 5명의 일본 자객이 사바찐에게 소리를 지르면서 빠르게 달려왔다.78)

---

76) АВПРИ. Ф.150.Оп.493.Д.6.Л.126об 사바찐의 1차 증언에 따르면 일본 자객은 궁녀 중에 한 명을 붙잡고 옥호루에서 작은 사다리로 내려왔다. 처음에 일본 자객은 옥호루에서 약 9~10m(30피트) 떨어진 곳에 있던 사바찐을 발견하지 못했다. (АВПРИ. Ф.150.Оп.493.Д.6.Л.75)

77) АВПРИ. Ф.150.Оп.493.Д.6.Л.127. Калимка(작은문, 쪽문).

78) АВПРИ. Ф.150.Оп.493.Д.6.Л.75 사바찐의 1차 증언은 3명이라고 했지만 사바찐의 2차 보고서에는 5명이라고 밝혔다.(АВПРИ. Ф.150.Оп.493.Д.6.Л.127)

이 순간 사바찐은 가장 끔찍하고 위험한 상황이라고 판단했다. 일본 자객이 맹렬한 기세로 달려들자 훈련대 병사 2명은 신속하게 길을 내주면서 옆으로 물러났다. 이들 중 한 명은 사바찐의 옷깃을 잡았고, 다른 한 명은 소매를 잡았다. 동시에 일본말과 한국말로 "왕비가 있는 곳을 가리켜!"라고 소리를 질렀다. 사바찐은 그들의 말을 못 알아듣는 것처럼 행동했다. 그들의 무례한 태도에 놀란 표정까지 지었다.79)

사바찐의 옷깃을 잡았던 한 명은 영어로 말했다. "왕비는 어디? 어디에 숨었는지 우리에게 가리켜!"라며 사바찐에게 반복했다. 짧은 순간 사바찐은 눈동자를 굴리며 호흡을 가다듬었다. 생각이 떠올랐다.80) "외국인이고 남자이기 때문에 왕비의 얼굴뿐만 아니라 숙소도 전혀 알 수 없다"고 차분하게 답변했다. 이러한 답변에도 불구하고 일본자객은 왕비의 숙소를 가리킬 것을 강요할 목적으로 사바찐을 곤녕합으로 끌고 갔다.

그 때 멀지 않은 곳에서 현장 지휘자 오카모토가 보였다. 오카모토는 여기서 벌어진 상황에 주목하면서 사바찐에게 다가왔다. 일본 자객은 공손한 태도를 보이며 사바찐과 사바찐을 알아본 한국인을 손짓하면서 일본말로 오카모토에게 뭐라고 얘기하기 시작했다.81) 그들의 말을 듣고 난 후 오카모토는 엄한 목소리로 사바찐에게 말했다. "우리는 왕비를 찾지 못했소. 당신은 왕비가 어디 있는지 알고 있을 테니, 왕비가 어디에 숨었는지 우리에게 가리키시오."82)

사바찐은 오카모토의 질문을 들으면서 가장 적절한 답변이 무엇일까를 고민했다. 결국 자신에게 왕비의 소재를 묻는 것의 부당성을 설명하는 것이 최선이라고 생각했다. 사바찐은 오카모토에게 한국의 관습과 법에 따라 왕비의 얼굴뿐만 아니라 왕비의 숙소도 전혀 알 수 없다고 또다

---

79) АВПРИ. Ф.150.Оп.493.Д.6.Л.127.
80) АВПРИ. Ф.150.Оп.493.Д.6.Л.75об.
81) АВПРИ. Ф.150.Оп.493.Д.6.Л.127об.
82) АВПРИ. Ф.150.Оп.493.Д.6.Л.75об.

시 반복했다. 다행히 오카모토는 사바찐의 변명을 받아들였고, 자신의 부하들에게 사바찐을 놓아줄 것을 명령했다.[83]

그런데 사바찐을 알아본 그 한국인은 오카모토에게 끈질기게 뭔가를 설득시키려고 애썼다. 그 한국인은 사바찐이 풀려난다면 사바찐을 고발한 자신에게 닥칠 혹시 모르는 불이익을 생각했던 것 같다. 사바찐은 곤녕합의 유일한 서양인 목격자인 자신을 풀어주어 발생할 수 있는 위험을 열심히 설명하는 것으로 보였다.[84]

오카모토는 한국인의 의견에 동의하듯이 긍정의 의미로 고개를 끄덕이더니 다른 곳으로 움직이려고 했다. 숨죽이며 상황을 지켜본 사바찐은 자신이 그 한국인으로 인해 덫에 걸렸다고 판단했다. 그래서 대궐을 신속히 빠져나가는 길이 생존을 위한 최선의 방법이라고 생각했다. 사바찐은 옆에 있던 훈련대 병사가 말리는 것을 뿌리치며 재빨리 오카모토에게 다가갔다. 그리고 그가 자신을 보호해 주겠다고 말한 것을 상기시켰다. "당신과 같은 신사들은 자신의 말에 항상 책임을 진다"며 오카모토를 치켜세웠다. 그는 "끝까지 친절을 베풀어 자신을 보호해 주겠다"는 약속을 지켜달라고 오카모토에게 애원했다. 사바찐은 자신이 궁궐에서 나가는 것을 호위해 줄 군인을 붙여달라고 부탁했다.

새벽 5시 45분 오카모토는 훈련대 군인 2명에게 사바찐을 곤녕합에서 데리고 나갈 것을 명령했다. 사바찐을 알아본 한국인도 오카모토의 결정에 불만을 표시했지만 사바찐과 함께 출발했다. 한국인은 인적이 드문 궁궐 뒤쪽인 복수당 출입구로 유도하면서 사바찐에게 앞장설 것을 명령했다. 앞서서 걸어가던 사바찐은 곤녕합에서 장안당으로 가는 자유로운 길이 있음에도 불구하고 인적이 드문 복수당 뒤쪽으로 이동하는 것에 의심을 품었다. 더구나 한국인이 훈련대 병사에게 몰래 귓속말로 속삭이

---

83) АВПРИ. Ф.150.Оп.493.Д.6.Л.127об.
84) АВПРИ. Ф.150.Оп.493.Д.6.Л.127об.

는 것을 느꼈다. 곤녕합을 벗어나 복수당을 돌아가는 과정에서 사바찐은 훈련대 병사가 자신보다 조금 앞에 서서 걸어갈 것을 제안했다. 훈련대 병사가 자신의 제안을 쉽게 받아들이지 않을 것이라고 예상했기 때문에 사바찐은 다시 한번 완강하게 주장했고 관철시켰다.[85]

일본 자객으로부터 벗어나자 사바찐은 극단의 상황에서 자신을 방어할 수 있다는 용기를 갖게 되었다. 사바찐은 아주 위험한 상황에서 벗어났지만 혹시 모르는 위험을 대비해야 한다고 생각했다. 그래서 불안한 태도를 버리고 당당한 모습을 보여주려고 노력했다. 공격적인 모습을 보이지 않으려고 의식적으로 팔짱을 낀 채 걸어갔다.[86]

사바찐은 관문각을 거쳐 장안당을 지나면서 일본 군인과 장교, 한국 관료들을 목격할 수 있었다.[87] 대략 8~10명의 일본 장교가 100~150명 정도의 일본 군대를 지휘했다. 사바찐은 한국관료가 장안당에 집결해 있는 것을 보면서 고종이 여기에 있을 것이라고 추측했다. 사바찐은 장안당을 지나 6시에 대궐 남문인 광화문을 통과했다.[88]

4. 명성황후암살에 관한 사바찐의 진실과 선택

최종적으로 사바찐은 건청궁의 정황을 상세하게 증언했지만 명성황후의 암살과정을 목격하지 못했다는 보고서를 작성했다.

사바찐은 을미사변 관련하여 증언뿐만 아니라 보고서까지 작성했다. 을미사변 직후 10월 8일 러시아공사 베베르에게 사건에 관해 증언했다.

---

85) АВПРИ. Ф.150.Оп.493.Д.6.Л.128.
86) АВПРИ. Ф.150.Оп.493.Д.6.Л.128об.
87) АВПРИ. Ф.150.Оп.493.Д.6.Л.75об.
88) АВПРИ. Ф.150.Оп.493.Д.6.Л.128об.

또한 즈프 주재 러시아부영사 쩸첸꼬의 권유로 10월 30일 을미사변의 보고서를 작성했고, 북경 주재 공사에게 자신의 보고서를 제출해줄 것을 요청했다.[89] 당시 사바찐은 서울 주재 독일영사를 비롯하여 일부 외국인들이 보고서를 작성해 달라는 부탁을 받았지만 모두 거절했다.[90]

그런데 사바찐의 증언과 보고서에서 중요한 사실을 은폐한 의혹이 제기되었다. 우선 사바찐은 당일 사건을 둘러싼 인물의 이름을 구체적으로 언급하지 않았다.[91]

주한 러시아공사 베베르는 외교단회의에서 현장의 유일한 서양인 목격자 사바찐을 간접적으로 노출시켰다. 이로 인해 사바찐은 자신에게 "가장 참혹한" 결과가 닥쳐올 것을 직감했다. 사바찐은 증언 공개로 자신의 목숨이 더욱 위험하다고 판단했다. 한국에 거주하는 일본인 및 일본의 지원을 받고 있는 한국 관료 등은 을미사변 현장에서 사바찐이 더 많은 사실을 목격했을 가능성에 대해서 의심했다.[92]

이러한 의심 때문에 사바찐은 자신의 암살 위협에 시달렸다. 실제 10월 8일 저녁 1명의 유럽인과 2명의 한국인은 사건 현장을 목격한 사바찐이 암살될 가능성이 매우 높다고 경고했다. 왜냐하면 대질신문을 통해서 사바찐이 을미사변에 관련된 일본인과 한국인을 알아볼 수 있기 때문이었다. 그 날 이후 암살의 위험 때문에 사바찐은 밤에 잠을 잘 수 없었다. 게다가 가족의 안전을 위해서 저녁마다 집을 떠나야했다.[93]

사바찐은 10월 9일 한국 내부협판 유길준이 자신을 한국 내부의 고문관으로 제안하자 더욱 불안함을 느꼈다. 고문관 제안에 대해 사바찐은, 을미사변 이후 출범한 내각이 자신을 위험한 존재로 인식한 증거라고 판

89) АВПРИ. Ф.150.Оп.493.Д.6.Л.121.
90) АВПРИ. Ф.150.Оп.493.Д.6.Л.129.
91) АВПРИ. Ф.150.Оп.493.Д.6.Л.121об, 129об.
92) АВПРИ. Ф.150.Оп.493.Д.6.Л.129.
93) АВПРИ. Ф.150.Оп.493.Д.6.Л.129об.

단했다.[94] 이런 상황에서 일본공사관은 러시아공사관에 서기관 스기무라(杉村濬)를 파견하여 사바쩐의 증언을 확인하겠다고 제안했다. 사바쩐은 사건 현장의 내용을 사건에 가담한 스기무라에게 증언한다는 사실에 소름이 끼쳤다.[95]

한국정부와 일본공사관이 점점 압박하자 사바쩐은 러시아공사 베베르에게 각종 조언을 구했다. 그런데 베베르는 사바쩐의 증언에서 가담자의 이름이 나오지 않자 그를 의심하기 시작했다. 베베르는 오히려 서기관 슈떼인이 있는 자리에서 사바쩐이 알고 있는 모든 것을 자신에게 전달하지 않았다고 힐책했다.[96] 더구나 사바쩐은 내부 고문관의 제안에 대해서 베베르에게 조언을 구했지만 스스로 결정할 문제라는 원칙적인 답변만 들었다.[97]

사건이후 사바쩐에게 위험과 의문이 꼬리를 물었다. 그런데 오카모토가 왕비를 살해하는 상황에서 사바쩐을 보호한 이유는 무엇일까? 사바쩐은 정력적이었지만 한편으로 신중한 성격을 동시에 갖고 있었다. 사바쩐은 삼국간섭 이후 "러시아공사 베베르 부인의 자매인 존타크와 왕비와의 친분이 주한 일본인 및 일본과 연대하는 한국인의 분노를 머리끝까지 자극했다"고 생각했다. 사바쩐은 외교적 수완이 전혀 없는 존타크와의 친밀한 관계가 왕비에게 매우 위험한 일이라고 판단했다.[98] 사바쩐은 한국에서 러시아가 일본을 자극하는 행동에 대해서 비판적인 시각을 견지했다. 이러한 사바쩐의 중립적인 태도는 일본인으로 하여금 사바쩐에 대한 반감을 막을 수 있었던 요인으로 작용한 것으로 보인다.

당시 사바쩐은 10년 이상 한국에서 생활했기 때문에 서울과 인천 거

---

94) АВПРИ. Ф.150.Оп.493.Д.6.Л.130.
95) АВПРИ. Ф.150.Оп.493.Д.6.Л.131.
96) АВПРИ. Ф.150.Оп.493.Д.6.Л.129об.
97) АВПРИ. Ф.150.Оп.493.Д.6.Л.130.
98) АВПРИ. Ф.150.Оп.493.Д.6.Л.133об.

주 외국인과의 친분관계가 두터웠다. 그런 배경으로 을미사변 전날 출근할 때 중국인 친구는 사바찐의 출근을 저지했고, 을미사변 직후 유럽인 친구는 사바찐에게 암살 위험을 경고했다. 한국 군부고문관으로 경복궁을 출입한 오카모토는 '건축사이자 궁궐감시자'라는 사바찐의 신분을 확인한 순간, 사바찐의 존재를 쉽게 무시하기 어려웠을 것이다. 또한 일본인이 러시아인을 살해한다면 러시아와 일본의 외교적 파장이 발생할 수도 있었다. 그만큼 사바찐을 살해했을 때 미치는 파장은 한국뿐만 아니라 러시아와 일본의 외교관계에 커다란 악영향을 주었을 것이다.

그렇지만 사바찐의 중립적인 태도나 외교적 파장 등을 의식해서 오카모토가 사바찐을 보호했다고 단정하기는 어렵다. 당시 서울 거주 일본인과 한국인 일부는 사바찐이 '더 많은 사실'을 목격했을 가능성에 대해서 의심했다. '더 많은 사실'이란 무엇일까?

사바찐의 진술에 따르면 그는 새벽 5시 45분 건청궁을 출발했다. 사바찐은 정동 소재 러시아공사관에 6시 30분 도착해서 베베르 공사와 슈테인 서기관에게 자신이 목격한 것을 증언했다.[99] 아무리 느린 걸음으로 걸어도 건청궁에서 광화문까지 15분, 광화문에서 정동 러시아공사관까지는 15분 정도가 소요되었다. 생명의 위협을 느끼던 사바찐이 발걸음을 늦췄을 가능성도 희박하다. 사바찐은 새벽 5시 45분이 아니라 6시에 건청궁을 출발했을 가능성이 높다. 5시 45분에서 6시 사이는 왕비가 암살되었던 시점이었다.

또 다른 사실은 오카모토가 사바찐의 변명을 너무 쉽게 믿었고, 유럽인 사바찐을 곤녕합 현장에 방치했다는 점이다. 사바찐의 증언과 보고서, 러시아와 일본 외교문서 등을 살펴보면 사바찐이 일본인에 의해 건청궁 내부에 구금되었다는 기록은 존재하지 않는다. 두 사람 사이에 어떤 합의가 존재했을 가능성이 높다. 사실 사바찐이 그토록 감추려고 했

---

99) АВПРИ. Ф.150.Оп.493.Д.6.Л.128об.

던 인물은 일본자객의 총지휘자인 오카모토였다. 사바찐은 오카모토가 드러나면 자신과 오카모토와의 의혹이 제기될 것으로 판단했던 것으로 보인다. 그래서 베베르의 추궁과 힐책에도 끝까지 침묵했다.

당일 사바찐의 행적에 관한 주요한 기록이 일부 남아 있다. 서울 한성신보 편집장 고바야카와(小早川秀雄)는 "칼날이 번득이고 마당 안팎을 자객들이 우왕좌왕 할 때" 러시아인 사바찐이 현장을 목격했다고 기록했다.[100]

우치다(內田定槌) 영사는 '벌써 해가 뜬 상황'에서 미국인 다이 장군을 목격했고 "다이와 함께 왕궁 안에 숙직했던 러시아인 사바찐도 역시 숨어서 이를 방관하고 있었다"고 기록했다.[101] 당시 공식적인 일출 시간은 6시 34분이었고, 해가 뜬 시간은 아무리 빨라도 6시 이전으로 볼 수 없다.

고등재판소는 사바찐의 기록을 인용하면서 "사파진의 보고에도 일렀으되, 일본 사관들이 전정에 모이어 일본자객들이 모든 일을 완전히 지을 줄을 이미 알았다 하였고, 또 일렀으되, 자객이 왕후를 해할 때에 일병이 전각을 환위하여 전문을 파수했다 하고, 그 자객이 각처에 찾더니…"라고 기록했다.[102] 이 기록들을 살펴보면 사바찐은 왕비가 암살될 시각인 5시 50분 전후 현장을 목격하고 있었음에 틀림없다.

사건 현장에서 사바찐과 오카모토는 어떤 합의를 했을까? 아마도 그것은 사바찐의 생명을 구해주는 대신에 오카모토를 비롯한 일본자객의 폭력과 살해에 관해 침묵을 지켜주는 조건이었을 것이다. 사바찐은 을미

---

100) 小早川秀雄, 1965, 『閔后暗殺記』, 100쪽. 土巴津과 다른 사람들이 일본장교가 그 병사들에게 호령하면서 여러 궁녀들에게 행패 부리는 것을 목격했다. 또 여러 차례 사바찐에게도 왕후 처소를 물었다.(鄭喬, 『大韓季年史』, 114쪽)
101) 『駐韓日本公使館記錄(8)』, 「明治二十八年十月八日王城事變ノ顚末ニ付具報」, 1895년 11월 5일, 內田定槌→西園寺, 86쪽.
102) 市川正明編, 「開國五百四年八月事變報告書」, 『韓國王妃殺害事件』, 440쪽.

사변에 관한 자신의 보고서에서 오카모토를 "매우 고상한 외모" "단정한 양복 차림" "당신과 같은 신사" 등으로 폭도가 아닌 신사로 묘사했다. 결국 사바찐은 자신의 보고서에서 자신의 목숨을 구해준 오카모토의 이름을 끝까지 언급하지 않았고, 왕비를 비롯한 궁녀의 살해를 증언하지 않았다.

사바찐은 베베르와의 불편한 관계 속에서 더 이상 러시아공사관이 자신을 보호해 줄 수 없다는 사실을 인식했다.[103] 사바찐은 자신의 보고서에서 과거 자신에 대한 공사관의 부당한 태도를 언급하면서 베베르의 행위를 간접적으로 비난했다. 사바찐은, 공사관이 자신에게 적당한 직장을 소개할 수 없다는 통고 내용 및 러시아공사관 건축에 관여한 자신에게 인건비 7%를 공사관이 지불하지 않았던 사실도 기록했다.

신경이 더욱 예민해진 사바찐은 이러다가 암살당할지도 모른다는 공포감에 사로잡혔다.[104] 사바찐은 을미사변 조사를 위한 특별위원회의 심리를 피하고, 베베르와의 불편한 관계를 해소하기 위해서는 한국을 떠나는 것이 최선의 선택이라고 판단했다.[105] 결국 제물포에서 포함 까레이쯔(Кореец)를 타고 10월 11일 즈프(芝罘)에 도착했다.[106] 사바찐은 즈프의 시웨(シーヴエ―, 璽悅) 호텔에 머물면서 러시아 부영사 찜첸꼬(А.Н. Тимченко-Островерхов) 이외에는 아무도 면회하지 않았고, 호텔의 방안에 틀어박혀 을미사변 보고서를 작성했다.[107] 사바찐은 10월 30일 러시아부영사에게 자신의 보고서를 전달하면서 북경 주재 러시아공사 까쁘니스트(Д.А. Капнист)의 초청을 받아 북경으로 출발했다.[108]

---

103) АВПРИ. Ф.150.Оп.493.Д.6.Л.130.
104) АВПРИ. Ф.150.Оп.493.Д.6.Л.129об.
105) АВПРИ. Ф.150.Оп.493.Д.6.Л.130.
106) АВПРИ. Ф.150.Оп.493.Д.6.Л.121.
107) 『駐韓日本公使館記錄(7)』, 1895년 10월 30일 久水三郎→原敬, 446쪽.

을미사변의 목격자 사바찐은 한국인과 일본인의 암살 위협에 시달렸고, 주한 러시아공사관의 보호마저도 받을 수 없었다. 주한 러시아공사관은 사바찐의 증언을 기초로 일본의 책임론을 부각시켜 한국에서 외교적 영향력을 강화하려고 노력했다. 주한 일본공사관과 김홍집내각은 을미사변의 진실을 은폐하기 위해서 사바찐을 회유하려고 시도했다. 을미사변의 진실을 둘러싼 각각의 이해관계가 첨예해지자 사바찐은 자신의 중립적인 태도를 더 이상 유지할 수 없었다. 사바찐은 한반도를 둘러싼 복잡한 열강의 외교관계에서 한 인간의 생존 방법이 무엇일까를 고민했던 것으로 보인다. 한쪽에 기울어진 선택이 단기간에는 도움이 되지만 장기적으로 어려움을 줄 수 있기 때문이었다.

환영받지 못한 목격자 사바찐은 자신의 생명과 이익을 지키기 위해서 외국으로 도피하는 길을 선택했다.[109] 그 후 한국 고등재판소는 1896년 5월 일본 병사와 자객이 경복궁을 침입했다는 '8월사변보고서'를 작성했다.[110] 1903년 12월 러시아 우익신문 『노보예 브레먀(Новое Врем

---

108) АВПРИ. Ф.150.Оп.493.Д.6.Л.121об.

109) 사바찐은 1900년대 러시아 동청철도 기선회사 제물포 요원(Mr. Sabatin Agent of the Russian Eastern and R. R. Co.)으로 활동했다.(김원모역, 『알렌일기』, 1903.6.3. 576쪽, 단국대출판부) 박종효에 따르면 사바찐은 1902년 7월 대한제국으로부터 3년간 강화도 화강암채석 이권 획득했다. 또한 그는 1906년 2월 러일전쟁 당시 몰수당한 자신의 재산 32,000루블 배상받을 수 있도록 본국 외무부에 요청했다.(АВПРИ. Ф.150.Оп.493.Д.91.ЛЛ.1-23 : 박종효편, 『러시아국립문서보관소 소장 한국관련 문서요약집』, 2002, 187쪽) 사바찐의 탄원서는 러시아 대외정책문서보관소에 보관되었다.(АВПРИ. Ф.305.Оп.767.Д.31, Середин-Сабатин, частное его имущество оставленное в доме морского пароходства в Чемульпо) 그 후 사바찐은 1908년 2월 러시아정부로부터 1,000루블을 보상받았다.(АВПРИ. Ф.150.Оп.493.Д.864.ЛЛ.1-21 : 박종효편, 위의 책, 187쪽) 러시아학자 심비르쩨바(Симбирцева Т.М.)에 따르면 사바찐은 1904년 러일전쟁 발발 이후 일본, 중국, 러시아 등에서 활동했다. 그는 1921년 사망했다.(『연합뉴스』 2009.10.23)

110) 市川正明編, 「開國五百四年八月事變報告書」 『韓國王妃殺害事件』, 446, 453쪽.

я)』는 '누가 명성황후를 죽였는가'라는 제목으로 명성황후의 암살과 관
련하여 일본정부의 책임을 재조명해야 한다고 보도했다.[111] 한 인간에
게는 참으로 무서운 시기였다. 하지만 권력은 숙명처럼 그의 뒤를 따라
왔다. 한 인간의 선택과는 달리 한국과 러시아 정부는 명성황후 암살의
배후에 관한 의혹을 일본정부에게 끊임없이 제기했다.

---

111) 『Новое Время』, 1903.12.21 No. 9986.

4장. 열강의 대응과 타협

청일전쟁 직후 러시아 정부 핵심관료는 청일전쟁의 목적을 일본의 한국지배라고 간파했다. 그 중 러시아태평양함대 사령관 알렉셰예프(Але ксеев Е.И.)는 "일본이 한국의 독립을 위해서 청일전쟁을 일으켰다"는 주장을 허구라고 규정했다. 그는 일본이 "상당한 인구와 노동력을 갖고 있다"며 "태평양에서 일본의 식민지와 영토 확장의 대상이 한국"이라고 판단했다.[1] 청일전쟁의 여파는 한반도를 둘러싼 열강의 현상유지정책의 전면적인 수정을 가져왔다.

청일전쟁 직후 1894년 8월 러시아는 대응 방안을 논의하면서 "조선의 현상유지(status quo)"를 지지했다. 삼국간섭 직후 1895년 5월 주러 일본공사 사이온지(西園寺公望)를 면담한 자리에서 러시아 외무대신 로바노프-로스똡스끼(Лобанов-Ростовский А.Б.)는 "일본정부가 조선의 행정부 각 부서에 일본인관리를 고용하도록 압력을 가하고 있다"며 일본이 조선내정에 개입하지 말도록 경고했다. 1895년 7월 일본주재 러시아공사 히뜨로보(Хитрово)는 "명실상부한 조선독립에 관한 일본의 성명을 상기시키면서 일본이 그 성명에 근거하여 행동할 것"을 일본정부에 요청했다.[2] 이렇듯 러시아정부의 조선에 대한 '현상유지정책'은

---

1) РГАВМФ(해군함대문서보관소). Ф.417. Оп.1. Д.1340. ЛЛ.69-76об, 1895.8.7.
2) РГВИА(군사문서보관소). Ф.846.Оп.1.Д.134.ЛЛ.39~40; 『駐韓日本公使館記錄 (8)』, 1895년 5월 17일, 126쪽,; 『駐韓日本公使館記錄(8)』, 1895년 8월 1일, 129쪽.

어디까지나 일본이 조선에 대한 적극적 간섭을 실행하지 않는다는 전제 조건에서 비롯된 것이다.

이러한 러시아의 수차례의 경고에도 불구하고 1895년 10월 조선주재 일본공사 미우라(三浦梧樓)는 을미사변에 직접적으로 개입했다. 따라서 을미사변은 국제적으로 조선을 둘러싼 제정러시아와 일본의 외교적 대립을 촉발시켰고, 러시아의 조선에 대한 외교정책을 적극적으로 변화시킨 사건이었다.

구미학자 렌슨은 을미사변 이후 조선에서 열강의 외교관계를 주목하여 조선주재 외교단회의의 회의록을 상세하게 기록했다.3) 하지만 그는 조선주재 외국대표의 외교적 활동에만 초점을 맞추었기 때문에 일본공사의 을미사변에 관한 조직적 은폐 계획, 러시아공사의 적극적 개입 원인, 조선주재 구미대표에 대한 일본정부의 협상카드 등을 주목하지 못했다. 더구나 렌슨은 정국안정을 둘러싼 논쟁의 핵심인물인 러시아와 일본공사의 대립구도를 선명하게 제시하지 못했다. 즉 을미사변과 조선문제를 바라보는 시각, 외교적 협상과 논쟁의 의도 등이 바로 그것이다.

사료적인 측면에서 일본과 러시아를 포함한 국내외 학계는 을미사변에 대한 객관적 사실을 제공할 수 있고, 당시 조선주재 외국대표의 '외교단 회의'를 보여줄 수 있는 결정적 문서를 총체적으로 살펴보지 못했다. 외교단회의를 주목한 렌슨과 박벨라 조차도 조선주재 외국대표의 최종적인 협상을 보여주는 11월 25일과 26일 외교단회의의 논의 과정을 주목하지 못했다. 이로 인해 렌슨과 박벨라는 조선주재 외국대표와 김홍집내각이 정국 안정 방안을 마련하기 위해서 일정한 타협을 진행한 이유를 분석하지 못했다. 그 이유는 국내외 학계가 을미사변의 진실규명에 지나치게 치우쳤고, 을미사변 이후 국내 질서 재편을 주목하지 않았기

---

3) Lensen G.A. Balance of Intrigue. International Rivalry in Korea and Manchuria, 1884~1899. Volume 2. Florida. 1982, pp.544~569.

때문이다. 또한 '외교단회의'의 문서가 미국, 영국, 러시아, 일본 등의 외교문서에 수록되었기 때문에 문서의 접근 및 해독이 용이하지 않았다.

을미사변 이후 1895년 10월부터 12월까지 조선주재 외국대표는(러시아, 일본, 영국, 미국 등) '외교단회의'에서 을미사변에 대한 진실공방, 김홍집내각에 대한 승인문제, 고종의 신변안전 문제, 대원군의 거취문제, 훈련대 해산문제, 조희연 군부대신의 해임문제, 을미사변에 대한 열강의 대응 등을 논의했다.4) 이렇듯 '외교단회의'는 을미사변 전후 국내 질서변동에 대한 중요한 내용이 고스란히 담겼다.

필자는 '외교단회의'를 검토하면서 을미사변에 대한 열강의 외교정책, 특히 조선에 파견된 러시아와 일본 공사의 조선에 대한 외교정책을 규명할 것이다. 또한 필자는 조선주재 '외교단회의'의 분석을 통해서 을미사변 이후 국내정세의 변동 상황을 파악하면서, 을미사변에 대한 일본의 은폐과정을 치밀하게 살펴볼 것이다. 특히 필자는 기존에 이용되지 않았던 을미사변 관련 러시아, 일본, 영국, 미국 등 열강의 외교문서를 총체적으로 이용하여 사실 규명에 대한 열강의 노력, 정국안정을 둘러싼 러시아공사 베베르와 일본공사 이노우에의 대립, 정국운영을 둘러싼 열강 공사와 김홍집내각의 타협 등을 섬세하게 고찰할 것이다.

1. 을미사변 사실 규명에 대한 열강의 대응

1) 미우라와 베베르 공사의 진실 공방

을미사변 직후 1895년 10월 8일 오후 조선주재 외국대표는 을미사변

---

4) 당시 조선을 방문한 비숍은 "외교관들은 당황하고 걱정이 되어 상황을 논의하기 위해 계속하여 모임을 가졌다"고 밝혔다.(비숍, 신복룡역, 1999, 『조선과 그 이웃 나라』, 집문당, 274쪽)

에 대한 진상규명을 위해서 '외교단회의'를 개최하였다. 이날 회의에 대한 열강의 외교문서는 자국의 입장에서 사건을 은폐하려는 일본 문서의 기록과는 달리, 을미사변에 대한 객관적인 사실정황을 알려줄 수 있다는 점에서 중요하다.

이날 '외교단회의'에 대한 열강의 외교문서에는 러시아, 영국, 미국, 일본 등의 판본이 존재한다. 제정러시아 대외정책문서보관소에 보관된 문서를 살펴보면 이날 회의에 대해서 영국 총영사가 직접 영어로 기록하였다. 그래서 이 회의에 관한 영어판본이 원문이었다. 여기에 베베르는 영국 총영사가 기록한 영어 판본에 본인이 직접 각주를 달면서 자신의 견해를 밝혔다.5) 당시 회의에서 미우라와 베베르의 주도적인 논쟁이 벌어졌기 때문에 알렌(Horace N. Allen)도 독자적으로 기록하였다.6) 따라서 기초적인 사실관계를 파악할 때 가장 상세한 러시아와 영국의 외교문서를 텍스트로 삼을 필요가 있다. 또한 러시아와 미국 공사의 견해를 살펴보려면 각각의 외교문서를 검토해야한다. 그리고 사실관계의 오류를 최소화하기 위해서는 러시아 및 영국과 일본 문서를 상호 교차할 필요가 있다.

1895년 10월 8일 '외교단회의'의 성사 배경에 대해서 베베르는 "을미사변에 관한 미우라공사의 견해를 듣기 위해서 본인이 제안하여 회의가 성립되었다"고 밝혔다. 그래서 이날 회의에서 베베르가 주도하였고, 미우라가 대응하는 형식이었다. 참석자 명단를 살펴보면 미우라 공사를 비롯하여 히오키(日置益)와 스기무라(杉村濬) 일본공사관 서기, 베베르 러시아공사, 알렌 미국공사대리, 힐리어 영국영사, 크리인(F. Krien) 독일영사, 르페브르(G. Lefevre) 프랑스영사 등이었다.

---

5) АВПРИ. Ф.150.Оп.493.Д.6.Л.58-59; F.O. 405. Part Ⅵ. Inclosure in 2 No.86 pp.42.

6) NARA. Despatches from U.S. Ministers to Korea 1895~1896, M.134 Roll.12 Enclose 2 No.156 pp.1~2.

사건 당일 알렌은 베베르와 상의하기 위해서 러시아공사관에 도착하였고, 베베르는 전 궁내부협판 이범진과 세레진-사바찐(Середин-Сабатин А.И.)의 보고를 이미 받은 상황이었다. 그래서 베베르는 미국공사대리 알렌과 함께 새벽에 대궐로 출발하였다.[7] 대궐근처와 대궐의 성벽안에서 베베르와 알렌은 긴 칼과 막대기 칼을 갖춘 일본인 30명 이상을 목격하였다.[8] 잠시 후 베베르와 알렌은 대궐에서 미우라공사를 만날 수 있었다. 을미사변 진상에 대해서 베베르와 미우라의 설전이 벌어졌고, 두 사람은 오후 3시 반에 외교단 회의를 개최할 것을 합의하였다.

을미사변 당일 대략 12시 반까지 베베르와 알렌은 대궐에 머물면서, 영국과 독일 영사에게 회의를 예고하였다. 베베르와 알렌은 힐리어와 크리인을 대궐에 가도록 권유하면서 고종을 안심시키고 보호할 필요성 등을 제기하였다. 또한 일본공사관에 함께 갈 것도 권유하였다. 영국과 독일 영사는 오전에 베베르와 알렌과 결합하는데 성공하지 못했기 때문에, 대략 2시경 영국과 독일 영사를 비롯한 외국대표는 고종에게 갈 수 있었다. 을미사변 당일 영국 영사 힐리어도 독일 영사 크리인의 집에서 사바틴의 증언을 들을 수 있었다. 그래서 다시 영국영사관에 돌아온 힐리어는 사바찐의 증언을 메모하여 본국에 보냈다.

이날 '외교단회의'에서 미우라 공사는 시종 침착하고 거리낌 없는 태도로 막힘없이 말하기 시작하였다. 일본공사는 사건 자체를 언급하지 않으면서 "시위대와 경찰 사이의 충돌이었다"고 설명하였다.[9] 더욱이 미우라공사는 "이번 사변은 훈련대의 병사들이 크게 불평을 품고 끝내는 대원군을 추대해서 일이 여기에 이르게 된 것"이라고 주장하였다.[10] 베

---

7) АВПРИ. Ф.150.Оп.493.Д.6.ЛЛ.60~61, 78.

8) NARA. Despatches from U.S. Ministers to Korea 1895~1896, M.134 Roll.12 No.156 pp.9~11.

9) АВПРИ. Ф.150.Оп.493.Д.6.ЛЛ.61об-62; F.O. 405. Part Ⅵ. Inclosure in 3 No.8, pp.44.

베르 공사는 참석자를 대표해서 목격자의 진술을 증거로 "일본군이 대원군을 궁궐로 호위하였고, 칼로 무장한 일본인 50~60명이 을미사변에 개입하였다"고 주장하였다.[11]

하지만 미우라공사는 "대원군의 가마를 호위한 사람은 절대로 일본병사가 아니다. 평복 차림의 칼을 찬 일본인이 있었다는 것은 군대에 소속되어 있는 인부 또는 서생배가 혼잡을 틈타서 잠입하였다"고 주장하였다.[12] 그러자 베베르는 목격자의 주장을 근거로 "일본인이 왕비의 거처에 침입하여 궁녀를 학살하였다. 왕비의 거처에 일본인 장교가 최소 2명 존재했고, 일본인 1명이 왕비의 거처에서 전 과정을 지시하였다"고 밝혔다. 더욱이 베베르는 자신이 언급한 목격자는 유럽인이라고 주장하면서 이러한 증언에 대한 강한 신뢰를 표현하였다.

미우라는 대궐에 존재한 일본인에 대해서 "칼을 소지할 수 있도록 허가된, 일본 수비대 장교의 하인이나 심부름꾼이 궁궐 내로 주인을 수행했을 가능성이 있다"고 매우 궁색한 변명을 하였다. 그럼에도 불구하고 미우라는 대궐에서 일본군의 행동에 문제가 없었다면서 일본군과 일본인의 개입을 강하게 부정하였다. 미우라는 일본군의 진술만이 사실이라며 베베르의 다른 증언을 배척하였다. 미우라가 자신의 진술을 배척하자 베베르는 "지나치게 미우라가 자신의 주장만을 되풀이한다"고 비난하면서 "금번 회의의 목적이 참석자들의 상호 의견 교환"이라고 환기시켰다.

이날 베베르를 비롯한 조선주재 구미대표는 "을미사변의 혐의가 일본인이었고, 을미사변의 진실이 일본정부의 이해관계에 달려있다"고 밝혔다. 또한 구미대표는 "을미사변에 일본군이 동원되었고, 을미사변에 대한 철저한 진상규명이 필요하다"고 주장하였다. 무엇보다도 "일본 정부

---

10) 『駐韓日本公使館記錄(7)』, 1895년 10월 8일 三浦공사→西園寺외무대신, 207~208쪽.
11) АВПРИ. Ф.150.Оп.493.Д.6.Л.79об.
12) 『駐韓日本公使館記錄(7)』, 1895년 10월 8일 三浦공사→西園寺외무대신, 207~208쪽.

는 이번 사건에 자국 군대를 동원함으로써 중대한 책임을 져야하는 상황이 되었다"고 주장하였다. 특히 베베르는 "고종이 훈련대를 대궐에서 철수시킬 것을 요청했다"며 "미우라가 훈련대에 영향력을 행사할 것"을 요청하였다.13)

이에 대해 미우라공사는 "본건은 엄중한 조사를 요하는 일이라고 본관도 믿는다. 지금 베베르 공사가 언급한 사실은 우리 수비대 지휘관의 보고에는 없는 일이지만 조사의 대상이 될 것이다. 훈련대의 교체 문제는 정부에 권고 하겠다"고 밝혔다. 러시아 공사는 "일본 공사가 이 땅의 안녕과 질서를 유지할 수 있는 충분한 병력을 갖고 있었음에도 불구하고 사건을 방치했다"며 강한 유감을 전달하였다. 이런 베베르의 유감 표시 직후 회의도 종료되었다.14)

결국 일본공사와의 논쟁을 통해서 베베르는 일본의 진상 규명 인정 및 호위병의 교체문제 등에 관한 양보도 얻어낼 수 있었다. 즉 이날 회의의 성과를 살펴보면 을미사변에 대한 진상조사가 진행될 필요성을 미우라가 인식했다. 그리고 훈련대가 고종의 궁궐 수비를 지속하는 것이 부적절한 것이고, 일본군과 일본인의 을미사변 가담에 대한 조사가 필요하다 등이었다.15) 결국 베베르를 비롯한 구미의 외교대표는 사실규명에 그치지 않고, 일본공사의 책임론도 강력하게 부각하였다.

2)조선주재 외국대표의 외교적 활동

을미사변 이후 조선주재 외국대표는 사건자체 및 향후 여파에 대해서 본국정부에 신속하게 보고하였다. 당시 회의에 참석한 열강의 외국대표는 사건이 일본인에 의해서 발생된 것이라고 판단하였다.

---

13) АВПРИ. Ф.150.Оп.493.Д.6.ЛЛ.80-81об.
14)『駐韓日本公使館記錄(7)』, 1895년 10월 8일 三浦공사→西園寺외무대신, 207~208쪽.
15) АВПРИ. Ф.150.Оп.493.Д.6.Л.81об.

영국 영사 힐리어는 사건 직후 "일본인이 개입하였다"는 전보를 런던에 보냈다고 베베르에게 알렸다.[16] 1895년 10월 10일 동경주재 영국공사 사토우(Ernest Mason Satow)도 을미사변에 일본인이 가담한 사실을 사이온지 일본 외무대신 대리를 통해서 알게 되었다고 보고하였다. 여기서 사토우는 "일본정부가 일본인이 을미사변에 가담한 사실을 인정했다"고 밝혔다. 더욱이 사토우는 10월 16일 보고서에서 을미사변에 관한 일본인의 활동에 대해서 "일본인 16~17인이 을미사변에 개입하였고, 일본인이 왕비를 살해했다"고 보고하였다. 또한 사토우는 일본 외무대신의 말을 인용하여 "미우라가 조선에서 일본의 개입을 축소해야했고, 일본 낭인들을 추방하여 사건을 발생하지 못하도록 예방해야했다"고 본국정부에 보고하였다.[17]

미국 공사대리 알렌은 휴가차 일본에 있는 조선공사 실(John M. B. Sill)에게 일본의 개입과 관련된 전보를 보냈다고 베베르에게 밝혔다.[18] 특히 1895년 10월 13일 알렌은 일본인의 개입에 대한 사실 보고에 그치지 않고, 국무장관 올리(G.R. Olney)에게 을미사변 당시 "일본공사가 일본군대를 통제하고 있었다"고 보고하였다. 때문에 알렌은 쿠데타에 가담한 일본군대의 최고 책임자로 일본공사를 지목하였다. 더욱이 알렌은 일본공사인 미우라가 위증한 부분을 자세히 기록하였다. "일본군대가 대원군 호위, 일본군대가 대궐에 나타난 시각이 3시, 대궐에 일본인의 침입사실 등이었다." 알렌에 따르면 "미우라는 외무대신 김윤식에게 암살자가 일본복장을 한 조선인이라고 쓸 것을 강요했다"고 밝혔다. 이러한 사실은 미우라가 일본의 개입을 은폐하려했고, 미우라가 조선내각에 영향력을 행사했다는 것을 알려준다. 또한 알렌은 "일본정부가 관련자

---

16) АВПРИ. Ф.150.Оп.493.Д.6.Л.63об.
17) F.O. 405. Part Ⅵ. No.72 p.34; F.O. 405. Part Ⅵ. No.79 p.37~38.
18) АВПРИ. Ф.150.Оп.493.Д.6.Л.64.

를 처벌하지 않는다면 러시아가 개입할 지도 모른다"며 "이미 러시아함
대가 조선을 출발하였다"고 보고하였다.[19] 이렇듯 알렌은 을미사변 이
후 러시아의 개입도 우려하였다.

을미사변 직후 베베르는 을미사변에 대한 사실을 보고하는 수준을 넘
어서 조선문제에 러시아가 직접적으로 개입할 필요성을 역설하였다. 즉
베베르는 러시아외무대신 로바노프-로스똡스끼(Лобанов-Ростовск
ий А.Б.)에게 "조선이 현재 필수적인 만큼의 안정을 갖추기 위해서는
러시아정부가 조선에서 강력한 조치를 실행해야한다"고 주장하였다.[20]
이후 베베르는 국내외적으로 일본공사에 대응하는 외교적 노력을 전개
하였다. 즉 베베르는 외무대신 김윤식에게 왕비의 폐위와 을미사변에 대
한 진상 규명을 요청하면서 김홍집 내각을 압박하였다. 또한 베베르는
알렌과 함께 일본공사에 대응하는 외교적 노력을 기울려 줄 것을 요청하
였다.[21] 조선에 도착한 고무라 공사가 10월 16일 자신을 방문하자 "대
원군은 정규 일본 군인에 의해서 대궐로 호위되었다. 또한 일본 군대는
암살자와 조선군대의 폭도를 선도하였다"며 을미사변에 대한 일본의 책
임을 부각시키는 외교활동도 전개하였다.[22] 일본주재 러시아공사 히뜨
로보(Хитрово)도 1895년 10월 18일 "일본인들이 을미사변에 가담하였
고, 사건에서 미우라의 역할도 의심의 대상이다"며 동경에서도 일본인
의 가담을 기정사실로 인정하고 있는 분위기를 본국정부에 전했다.[23]

한편 미우라공사는 을미사변 직후인 1895년 10월 8일 아침 "표면상
조선인들이 일으킨 사건이지만 이면으로는 일본인이 가담하였고 사실에

---

19) NARA. Despatches from U.S. Ministers to Korea 1895-1896, M.134 Roll.12
    No.158 pp.3~4, 6, 13~14.
20) АВПРИ. Ф.150.Оп.493.Д.6.Л.94об.
21) F.O. 405. Part Ⅵ. Inclosure in 3 No.128 pp.106~107.
22) NARA. Despatches from U.S. Ministers to Korea 1895-1896, M.134 Roll.12
    No.160 p.6.
23) АВПРИ. Ф.150.Оп.493.Д.6.Л.108.

있어서는 본관이 묵인한 사건"이라고 사이온지(西園寺公望) 외무대신대
리에게 밝혔다. 미우라공사는 을미사변의 발생 이유에 대해서 "궁중 세
력이 날로 강해져서 완전히 정부를 압도했고 관제를 무시하고 재정을 문
란하게 하였다"고 파악하였다. 또한 미우라공사는 궁중세력이 "러시아
에 대해 보호를 의뢰하는 친서를 보냈다"며 "왕비가 항상 타국에 의존하
려는 경향이 있었다"고 밝혔다.[24] 이렇듯 미우라 공사는 명성황후에 대
한 일본인의 불만이 을미사변으로 표출되었다고 인정하였다. 결국 미우
라 공사는 명성황후를 비롯한 궁중세력을 제거하여 조선에서 일본의 영
향력을 강화하려고 하였다.

사실 을미사변 직후 미우라공사는 우치다(內田定槌) 영사에게 사건처
리를 다음과 같이 지시하였다. "조선 정부의 일은 대원군이 일체 책임을
지기로 되었다. 대원군과 평소 교류가 있는 일본인이 대원군의 요청에
응해서 수행한 것으로 한다. 만약 부득이 하면 그 중 몇 명을 중형에 처
하고 나머지 20명 정도를 추방한다. 본 사건에 관계한 장사 중 일부가
어떠한 중형에 처하더라도 이의 없다. 이곳에 있는 우리나라 사람인 신
문통신원 등은 공사의 뜻을 받들어 본 사건에 관하여 통신방법을 협의하
여 결정하였다."[25] 이러한 사실은 미우라공사가 을미사변에 대해서 사
건을 주도적으로 계획하였고, 사건에 대한 처리를 예정된 계획에 따라
진행하였다는 것을 알려준다.

---

24) 『駐韓日本公使館記錄(7)』, 1895년 10월 8일   三浦공사→西園寺외무대신,
      206~207쪽.
25) 『駐韓日本公使館記錄(8)』, 1895년 11월 7일 機密36號「1895년 10월 8일 王城事
      變의 顚末에 관한 具報」 內田定槌→西園寺, 89쪽.

2. 정국안정을 둘러싼 조선주재 외국대표와 조선내각의 타협

1) 베베르의 수습 방안과 이노우에의 대응

휴가를 마치고 조선에 도착한 미국공사 실은 국무장관 올리(G.R. Olney)에게 "왕이 감금된 상황이고, 그의 신변이 불안정하다"며 당시의 급박한 상황을 보고하였다.26) 이러한 상황에서 1895년 10월 25일 미국 공사 실을 포함한 조선주재 외국대표의 '외교단회의'가 소집되었다. 이 날 참석자는 실(미국), 고무라(일본), 베베르(러시아), 힐리어(영국), 크린 (독일), 르페브르(프랑스) 등이었다.27) 이날 '외교단회의'가 주목받는 이 유는 베베르가 조선문제에 대해 직접적인 해결방안을 제시했기 때문이다.

베베르는 을미사변 이후 국내 상황에 대해서 "김홍집내각이 왕세자를 고종으로부터 분리하고, 고종의 신변을 위협하고 있다"고 판단하였다. 즉 을미사변 이후 김홍집 내각이 고종의 동의 없이 황제선포를 결정하였 고, 왕세자를 고종으로부터 분리시키려고 시도했다.28) 때문에 베베르는 10월 8일 즉 을미사변 이전의 질서로 돌아갈 것을 주장하였다. 베베르는 을미사변 이후 권력의 변동을 인정하지 않았다.29)

당시 베베르는 을미사변 이후 권력의 핵심 인물 중 한명으로 군부대 신을 지목하였다. 베베르는 "대궐 및 고종의 신변안전을 위해서 군부대 신을 제거해야한다"고 주장하였다. 베베르는 을미사변에 참가한 "군부

---

26) NARA. Despatches from U.S. Ministers to Korea 1895~1896, M.134 Roll.12 Enclose 1 No.164 pp.1.

27) АВПРИ. Ф.150.Оп.493.Д.6.Л.217. 이 문서는 베베르가 본국에 보낸 보고서 중 부록에 수록되었다. 영국문서도 10월 25일 고무라가 출석한 조선주재 외국대표단 회의를 자세하게 보고하였다.

28) F.O. 405. Part Ⅵ. Inclosure in 5 No.129 p.114.

29) АВПРИ. Ф.150.Оп.493.Д.6.Л.217 об.

대신 조희연이 조선장교와 병력을 실질적으로 지휘하고 있다"고 판단하였다. 베베르는 조희연이 대궐에 침입했음에도 불구하고 불법적으로 권력을 장악하고 있다고 생각하였다. 그래서 베베르는 "고무라공사가 일본군대를 통해서 조희연의 지휘 하에 있는 장교와 병력을 제거해야한다"고 주장하였다.

무엇보다도 베베르는 고종의 신변안전을 위한 방법을 다음과 같이 제시하였다. 먼저 조희연을 비롯한 두 소령을 체포한다. 그리고 50명의 병력을 인솔하여 대궐의 수비병의 무장을 해체하고 해산시킨다. 특히 베베르는 "자신이 직접 50명의 병력을 가지고 군부대신 조희연을 비롯하여 훈련대를 해산시킬 수 있다"며 고종의 신변안정을 위한 무력개입 방안까지 제시하였다. 또한 베베르는 대원군의 역할도 경계하여 훈련대를 약화시키면 대원군의 권력도 약화될 것으로 판단하였다.[30] 이러한 사실은 베베르가 고종의 안전을 위해서 직접적으로 개입할 수 있다는 의지를 보였다.

그런데 조희연이 조선 병력을 실질적으로 장악했다고 베베르가 주장한 이유를 살펴볼 필요가 있다. 당시 조희연이 훈련대를 강력하게 지휘할 수 있었지만 이것은 어디까지나 일본군대의 무력적 기반에 기초하였다. 조선에 주둔한 일본군대는 을미사변 당시 동원되었다는 부담감 때문에 상대적으로 조선에서 무력적인 행동을 자제해야하는 상황이었다. 따라서 일본은 김홍집내각을 유지시키기 위해서 훈련대를 지휘할 수 있도록 조희연을 강력하게 지원했다. 이러한 상황에서 베베르는 일본군대의 철수를 주장하기에 앞서서 훈련대를 실질적으로 지휘하는 조희연을 제거하려했다. 결국 이러한 베베르의 판단은 당시 정국의 불안 요소를 해결하려는 현실적인 방안으로 추정된다.

베베르가 적극적인 방안을 제시하자 당일 회의에서 고무라공사는 신

---

30) АВПРИ. Ф.150.Оп.493.Д.6.Л.Л.218-219об.

중한 태도로 일관하였다. 고무라공사는 "그럴 필요가 없는 것으로 확신하지만 만약 필요하다면 굳이 반대하지는 않겠다. 다만 지금 당장 이를 실행하게 되면 오히려 소란을 야기할 염려가 있으니 앞으로의 기회를 기다리는 것이 좋을 것이다"라고 밝혔다. 또한 고무라공사는 "문제는 매우 중대한 안건이므로 충분히 숙고해 보고 싶으며 그 사이에 비밀은 꼭 보장하겠다"라며 유보적인 태도를 보였다.[31]

이렇듯 고무라 공사가 신중한 태도를 보인 것은 본국정부의 훈령때문이었다. 총리대신 이토는 고무라가 조선으로 출발하기 이전에 "대원군이 현재 내각의 권력에서 떠나면서 그의 은신처에 돌아가는 것으로, 타협의 가능성을 상의할 것"이라는 외교 지침을 내렸다.[32] 당시 일본정부는 대원군의 퇴임을 조선주재 열강과의 협상카드로 결정했던 것으로 보인다. 즉 일본정부가 대원군을 제물로 삼아서 을미사변에 관여한 중요인물을 보호할 수 있고, 일본의 책임을 최소화 시킬 수 있다고 판단한 것으로 추측할 수 있다.[33] 따라서 고무라 공사는 대원군을 이용한 방법 이외에 다른 방안에 대해서 적극적인 대응을 취할 수 없는 상황이었다.

그런데 1895년 11월 5일 일본공사관에서 일부 외국대표들이 참석하여 비공식으로 진행되었다. 실, 베베르, 힐리어 등 3인은 이노우에 및 고무라와 함께 고종의 안전을 위한 조치에 대해서 의견을 나누기 위해 사적으로 방문하였다.[34]

이날 회의에서 미국공사 실은 고종의 신변안정을 위해 베베르가 제시한 방안을 일본정부가 수용할 것을 적극적으로 요청하였다. 미국공사는 "국왕은 대궐을 경호하는 군사들과 군부대신, 그리고 국왕의 생명을 위

---

31) 『駐韓日本公使館記錄(7)』, 1895년 10월 25일 小村공사→西園寺외무대신, 221쪽.
32) F.O. 405. Part Ⅵ. Inclosure No.96 p.68.
33) F.O. 405. Part Ⅵ. Inclosure 3 No.136 p.126.
34) АВПРИ. Ф.150.Оп.493.Д.6.Л.221. 이 회의에 대해서 힐리어와 베베르가 각각 기록하였다.

협하는 무모한 관리들의 완전한 통제 하에 있으므로 자유행동이 불가능
하다. 그리고 절박한 위험으로부터 국왕을 구출하기 위해 그들을 무력으
로 대궐에서 축출해야하고, 이러한 목적을 달성하기 위해 일본병력을 대
궐에 배치하는 긴급조치를 취해야한다"고 역설하였다. 즉 그는 고종의
생명을 위협하는 세력을 훈련대와 군부대신이라고 지목하였고, 일본군
대가 대궐을 호위할 것을 주장하였다.35) 따라서 이날 회의에 일본을 제
외한 외국대표는 고종의 신변을 보호하기 위한 방안으로 "일본군대가
대궐에서 훈련대를 제거하고, 고종이 새로운 수비대를 소집하면 일본군
대를 철수시킨다"는 구체적인 방안을 제안하였다.36)

특파대사로 조선에 파견된 이노우에(井上馨)는 외국대표와의 회의에
서 일본정부의 기본적인 입장을 확인하였다.37) 즉 을미사변에 대한 일
본정부의 개입을 철저하게 부정하고, 을미사변의 주범자를 대원군으로
지목하였다.38)

그럼에도 불구하고 이노우에는 삼국대표의 강력한 제안을 쉽게 부정
하기 어려웠던 것으로 보인다. 이날 이노우에는 고무라와 함께 "가급적
힘에 의한 수단에 호소하지 않는 것이 일본의 확고한 의향"이라고 밝혔
다. 그렇지만 이노우에는 "현 상황에서는 궁극적으로 일본 병력에 의한
대궐 경호 외에 우리에게는 다른 어떤 방법이 없다"고 판단하였다. 그래
서 이노우에는 "만일 국왕의 요청과 외국 대표들의 건의에 따라 종국에

---

35) 『駐韓日本公使館記錄(8)』, 1895년 11월 6일 井上 및 小村→西園寺, 132쪽.
36) АВПРИ. Ф.150.Оп.493.Д.6.Л.223.
37) 실은 1895년 11월 20일 국무장관 올리(G.R. Olney)에게 이노우에의 임무 등에 관
   해서 다음과 같이 밝혔다. 이노우에는 을미사변 이후의 상황을 안정시키고, 조선
   의 현재의 상태를 조사하여 일본내각에 보고하는 것이다. 이노우에는 자신의 보
   고서를 통해서 고종의 생명을 보호하기 위하여 일시적인 일본군대의 사용에 대해
   서 일본내각의 승인을 얻을 수도 있다고 생각하였다.(NARA. Despatches from
   U.S. Ministers to Korea 1895~1896, M.134 Roll.12 No.173 pp.1~2)
38) АВПРИ. Ф.150.Оп.493.Д.6.ЛЛ.221об, 222об-223.

가서 이 수단을 취할 때에는 어떠한 중대한 결과도 걱정할 필요가 없다"
고 밝혔다.

무엇보다도 이노우에는 가장 먼저 취해야 할 조치에 대해서 "대원군
을 대궐에서 축출하는 일이며 그 후에야 필요한 다른 조치를 실천할 수
있다"며 자신의 견해를 피력하였다. 이날 이노우에 공사는 고종의 신변
안전의 필요성에 동의하였고, 대원군을 먼저 대궐에서 축출하는 것이 급
선무라고 생각하였다. 결국 이노우에와 고무라는 고종 및 조선주재 외국
대표의 요청에 따라서 고종의 신변보호를 위한 일본군대의 무력동원이
가능하다고 판단하였다. 그래서 이들은 서울주재 일본군대 지휘관에게
군대동원에 대해서 준비할 것을 지시하였다. 일본군대의 무력동원 방안
은 일본정부의 훈령에 기초한 것이 아니라 자신의 판단에 따른 이노우에
의 적극적인 중재안이었다. 이러한 사실은 삼국대표의 강력한 제안 때문
에 이노우에가 적극적인 중재안을 제시했다는 것을 알려준다.

이날 조선주재 일본과 러시아 및 영국과 미국 대표들은 왕의 안전과
질서의 보전을 위해 군부대신과 훈련대 축출을 달성하는 데 협조하기로
합의하였다. 외국 대표들은 최종적으로 회의 결과를 각각 본국 정부에
보고할 것을 약속하였다.[39]

그 후 미국공사 실은 일본군대를 이용할 수 있도록 적극적으로 본국
정부의 승인을 요구했지만 미국정부는 더 이상 실이 조선문제에 간섭하
지 말도록 경고하였다.[40] 러시아정부는 이미 조선문제에 대한 적극적인
대응을 결심하였고, 현지공사의 판단도 매우 존중하였다. 1895년 11월

---

39) 『駐韓日本公使館記錄(8)』 1895년 11월 6일 井上 및 小村→西園寺, 133쪽.
40) 실은 1895년 11월 20일 국무장관 올리(G.R. Olney)에게 "본국정부의 정치적 개입
    반대에 대해서 조선의 평화적인 상황을 보호하기 위해서 실행하는 조치가 미국정
    부의 입장을 반대하는 것이 아니라고 주장하였다. 이러한 주장에 근거하여 실은
    일시적인 무력에 의한 고종보호가 필요하다"고 생각하였다.(NARA. Despatches
    from U.S. Ministers to Korea 1895-1896, M.134 Roll.12 No.173 p.13)

8일 러시아 외무대신 로바노프는 "베베르 자신이 반역자로부터 고종을 해방시키는 것을 옳다고 인정한다면 모든 방법을 본국정부가 승인한다"고 전보를 보냈다.[41] 한편, 일본 외무대신대리 사이온지(西園寺公望)는 조선에서 일본군대 동원에 대해서 "급격히 군대를 움직이는 것은 오히려 위험을 더 심하게 하는 것이고 나아가서는 그 화가 미치는 것이 클 것임을 우려한다"며 현지공사가 본국정부의 의사를 충실히 이행할 것을 지시하였다.[42] 따라서 열강의 외교적 합의에 의한 일본군대의 개입이라는 이노우에의 방안은 일본정부의 반대 때문에 실현되지 못했다.

결국 러시아와 일본 공사의 대립 구도를 구내각의 복위 대 신내각의 유지로 볼 수 있다. 즉 베베르는 정국 수습을 위해서 대원군을 사택에 유폐시키고, 10월 8일 이전 질서를 회복시키고, 을미사변 관련하여 처벌될 인물의 명단을 공개할 것을 요구하였다. 이노우에는 고종의 명령에 의해서 대원군을 사택에 유폐시키고, 10월 8일 이후 관료와 법령을 유지하려는 대응책을 마련하였다.

2) 조선주재 외국대표와 김홍집내각의 타협

을미사변 이후 주요한 정치 쟁점을 살펴보면 조희연과 권형진의 면직, 대원군의 퇴궐, 폐위된 왕비의 복위, 을미사변 관련자 처벌 등이었다. 이러 현안문제 중 고무라 공사는 1895년 11월 총리대신 김홍집에게 "조희연와 권형진을 면직시키는 일이 대원군의 퇴궐, 왕비의 복위, 범인의 처벌과 아울러 사후대책 중 가장 긴요한 조건이며 정부가 각 조건을 빨리 단행해야한다"고 주장하였다. 특히 고무라 공사는 "만약 조선정부가 지금까지와 같이 아무런 하는 일 없이 허송세월을 보내면 결국에는

---

41) АВПРИ. Ф.150.Оп.493.Д.6.Л.152.
42) 『駐韓日本公使館記錄(7)』, 1895년 11월 14일 西園寺외무대신→井上, 小村공사, 262쪽~263쪽.

타국의 간섭을 받아 이를 처리하게 될 염려가 충분히 있다"고 밝혔다.[43)]
이러한 사실은 고무라 공사가 김홍집에게 조선주재 구미대표의 내정간
섭을 경고하였고, 나아가 김홍집내각의 붕괴까지 우려했다는 것을 알려
준다.

이러한 상황에서 조선주재 구미대표와 일본공사, 조선주재 외국대표
와 김홍집내각이 정국 안정 방안을 마련하기 위해서 일정한 타협을 모색
하였다. 먼저 조선주재 외국대표는 1895년 11월 25일에는 미국공사관에
서 26일에는 궁내부에서 모임을 갖고, 을미사변 이후 정국안정 방안을
마련하기 위해서 최종적으로 논의하였다.

첫째 왕비의 복위에 대해서, 러시아공사 베베르는 11월 25일 "대답할
필요가 없다"는 의견을 제기하였다. 미국공사 실도 "본래 폐비령이 유효
한 것으로 인정하지 않았다"고 밝혔다. 하지만 일본공사 고무라는 "각국
외국대표들이 폐비령의 효력을 인정하든 안하든 그 국민에 대해서 유효
하다"며 각국 대표가 왕비폐위를 인정할 것을 주장하였다. 11월 26일 조
선주재 외국대표는 또다시 왕비 폐위의 효력에 대해서 논의했지만 일본
대표의 반대 때문에 결론을 내리지 못했다.[44)] 당일 베베르는 궁내부에서
서 회의를 마치고 고종을 알현한 자리에서 "조선주재 구미대표는 명성
황후의 폐위에 관한 법령을 사실로 인정한 적이 없다"며 왕비 폐위를
부정하는 강한 의지를 전달하였다.[45)]

둘째 대원군 퇴궐 문제에 대해서, 11월 25일 조선주재 외국대표는
"만약 특별한 어려움 없이 실행할 수 있다면 오히려 잘된 것이다"라고
판단하여 대원군의 퇴궐에 대해서 원칙적으로 모두 찬성하였다. 그런데

---

43) 『駐韓日本公使館記錄(7)』, 1895년 11월 28일 小村공사→西園寺외무대신, 69쪽,
　　『駐韓日本公使館記錄』에서는 12월 28일로 기록되었지만 실재 조희연의 면관 날
　　짜가 음력 10월 10일이다. 따라서 이 문서는 11월 28일에 작성된 것이다.
44) 『駐韓日本公使館記錄(7)』 1895년 11월 28일 小村공사→西園寺외무대신, 70~71쪽.
45) АВПРИ. Ф.150.Оп.493.Д.6.Л.183.

11월 26일 베베르공사가 대원군 퇴궐에 대해서 "이의 결행을 촉구한다"고 제안했지만 다른 외국대표가 정국의 혼란을 염려하여 실행을 주저하였다. 이런 상황에서 고무라 공사는 "한꺼번에 각종 대사(大事)를 단행하는 것은 오히려 우리가 희망하는 안녕과 질서유지에 해로울 염려가 있으니, 이 문제는 다음에 다시 제기하는 것이 나을 것"이라고 제안하였다. 그러자 모든 외국대표도 이에 동의하였다.

셋째 조희연과 권형진의 면직과 범인의 처분 문제에 대해서, 11월 25일 조선주재 외국대표는 "현 정부에는 도저히 이러한 일을 실행에 옮길 능력이 없다"고 판단하였다.[46] 더구나 26일 고종을 알현한 베베르는 "고종이 외국공사를 만났지만 한마디 말도 전할 수 없는 상태였다"고 밝혔다.[47] 이런 상황에서 조선주재 구미대표는 김홍집내각이 을미사변 이후의 질서를 그대로 유지할 것이라고 판단하여 일본군대의 개입을 보다 현실적인 방안으로 생각했던 것으로 보인다.

구미대표가 을미사변 이후 성립된 김홍집내각을 부정하는 상황에서, 일본공사까지 김홍집내각의 붕괴를 우려하자 김홍집내각은 정국현안에 대해서 외국대표와 타협할 수밖에 없는 상황에 몰렸다.[48] 이러한 위기의식 속에서 11월 26일 김홍집내각은 왕비의 복위 및 조희연과 권형진의 면직을 결정하였다. 이 과정에서 김홍집내각은 훈련대의 동요를 막기 위해 노력하였다. 김홍집은 "고종이 훈련대 병사의 무죄를 선포하고 호위의 노고를 위로하고 훈련대장교를 불러 직접 치하"하도록 강요했다. [49]

당시 조선주재 외국대표는 조희연과 권형진의 면직에 대해서 예상하

---

46) 『駐韓日本公使館記錄(7)』, 1895년 11월 28일 小村공사→西園寺외무대신, 70-71쪽.
47) АВПРИ. Ф.150.Оп.493.Д.6.Л.182об.
48) "11월에 조선에서 불만이 증가되었으며 8월 사건을 조사해야 한다는 외국 대표들과 조선의 각계각층의 요구 때문에 각료들은 이미 뒷전에 밀려 있던 민비 시해 사건의 재조사를 마지못해 받아들였다."(비숍, 신복룡역, 1999, 조선과 그 이웃나라, 집문당, 277쪽)
49) 『駐韓日本公使館記錄(7)』, 1895년 11월 28일 小村공사→西園寺외무대신, 71쪽.

지 못한 뜻밖의 사건으로 받아들였다. 고무라 공사는 조회연과 권형진이 면직을 받아들인 이유에 대해서 첫째 두 사람이 을미사변의 수습방안 중 하나로 자신들의 면직 가능성을 예상하였다. 둘째 그들과 운명을 같이할 김홍집내각에게 더 이상 정치적 부담감을 줄 수 없었고, 셋째 김홍집내각이 이들에게 퇴진을 대가로 각종 이익을 제공할 것을 약속했다고 추정하였다.50)

이렇듯 조선주재 구미대표와 일본공사 및 조선주재 외국대표와 김홍집내각은 을미사변 이후 질서재편에서 일정한 타협을 모색할 수밖에 없었다. 김홍집내각은 왕비의 시해 이후 일본의 지원을 통한 정국운영이라는 한계를 갖고 있었기 때문에 정국의 안정을 위해서 조선주재 구미대표의 승인과 지원이 필요하였다. 고무라 일본공사는 을미사변에 자국의 외교관이 개입했다는 사실 때문에 조선문제에 대한 적극적인 개입을 주저하였고, 러시아가 조선문제에 직접적으로 개입할 가능성을 우려하였다. 조선주재 구미대표는 을미사변 이후 신속히 사태파악과 수습방안을 내놓을 수 있었지만 무력개입을 위해서는 본국정부의 훈령이 필요했기 때문에 적극적인 개입에는 한계를 갖고 있었다. 결국 조선주재 구미대표 및 일본공사, 그리고 김홍집내각은 "왕비의 복위 및 조회연과 권형진의 면직" 수준에서 타협하였다.51)

3) 조선주재 외국대표의 대응과 의도

을미사변 이후 김홍집내각은 왕세자를 고종으로부터 분리시키고, 고

---

50) 『駐韓日本公使館記錄(7)』, 1895년 11월 28일 小村공사→西園寺외무대신, 71쪽.
51) "이 결과에 대해 실씨는 이 발표에 대해 매우 만족한다고 말했고, 힐러어씨도 이 만족스러운 결과에 대해 축하드리며 평화와 안전이 시작되기 바라며 아울러 왕이 근심으로부터 벗어나길 바란다고 덧붙였다"(비숍, 신복룡역, 1999, 『조선과 그 이웃나라』, 집문당, 277쪽)

종의 신변까지도 위협하였다. 또한 김홍집내각은 고종의 동의 없이 황제
선포를 실행하려고 계획하였다.[52] 이러한 사실은 일본의 후원 아래 김
홍집내각이 을미사변 이후 정국의 모든 주도권을 행사했다는 것을 알려
준다. 따라서 을미사변은 국내적으로는 김홍집내각이 고종과 명성황후
를 비롯한 황실세력을 누르고 정국을 주도할 수 있는 계기를 마련한 사
건이었다. 하지만 고종을 비롯한 황실세력이 을미사변에 대한 강렬한 기
억 때문에 일본을 통한 근대화를 포기하고 러시아의 지원을 통한 근대화
를 지향하는 결정적인 사건이었다.[53]

한편, 을미사변 직후 일본에 반대하는 조선의 정치세력들은 숨을 죽
일 수밖에 없었지만, 조선주재 구미 외교관들은 진실을 규명하려는 노력
을 적극적으로 전개하였다. 구미 외교관들이 적극적으로 대응한 배경에
는 조선에서 일본의 독점적인 활동을 인정하지 않았기 때문이다. 당시
조선에 주재한 열강의 외교관들은 자주 고종을 알현하였고, 열강과 조선
이 체결한 조약 중 '최혜국대우'를 근거로 자국의 이권을 요구하여 관철
시켰다.[54] 따라서 현지에 파견된 열강의 외교대표는 이권의 균등한 분
배를 위해서 조선의 국내정세에 상당한 영향력을 행사하려고 노력하였
다. 을미사변을 직후 베베르와 알렌도 조선에서 일본 주도의 정세를 변
화시키기 위해서 조선주재 구미 외교관들을 주도하였다. 그래서 을미사

---

52) F.O. 405. Part Ⅵ. Inclosure in 5 No.129 p.114.
53) 을미사변 이후 고종은 여러 차례 베베르에게 러시아의 지원을 요청하였다. 이에
　　따라 베베르는 1895년 11월 19일 러시아가 대궐 수비를 위한 군사적인 지원을
　　요청하는 고종의 서신을 본국정부에 전보로 알렸다.(АВПРИ. Ф.150.Оп.493.
　　Д.6.Л.158) 윤치호도 1895년 12월에도 고종이 러시아의 조선개입을 요구했다고
　　밝혔다.(『尹致昊日記』 1895년 12월 31일)
54) "어느 공사가 황제로부터 어떤 이권을 얻어내는 데 성공하면 모든 국가의 외교관
　　들도 최혜국대우 규정을 빌미로 유사한 것을 요구했다. 조선은 과도기적 외교의
　　가장 좋은 사례이다. 왜냐하면 조선은 내부적으로 취약할 뿐만 아니라 열강들 사
　　이에 확실한 공식적 보호국이나 우호국이 없다는 면에서도 극동 국가들 사이에
　　가장 약한 나라였기 때문이다."(샌즈, 신복룡역, 1999, 『조선비망록』, 집문당, 65쪽)

변 이후 1895년 10월부터 12월까지 조선주재 외국대표는 '외교단회의'
에서 을미사변에 대한 진실공방, 조희연과 권형진의 면직, 대원군의 퇴
궐, 폐위된 왕비의 복위, 훈련대 해산문제, 을미사변 관련자를 처벌 등을
논의하였다.

을미사변 이후 미우라공사는 을미사변에 대해서 이미 대원군과 협의
하여 사건을 주도적으로 계획하였고, 사건에 대한 처리를 예정된 계획에
따라 진행하였다. '외교단회의'에서 일본공사와의 논쟁을 벌인 베베르는
일본의 진상 규명 인정 및 호위병의 교체문제 등에 관한 일본공사의 양
보를 얻어낼 수 있었다. 또한 베베르를 비롯한 구미 외교관들은 사실규
명에서 일본공사의 개입을 부각시키면서 일본정부의 책임론까지 제기하
였다.

당시 '외교단회의'에서 러시아와 일본 공사의 논쟁점은 구내각의 복
위 대 신내각의 유지로 볼 수 있다. 이러한 대립으로 국내 정국이 갈수
록 불안해지자 조선주재 러시아와 일본 공사 및 조선주재 외국대표와 김
홍집내각은 을미사변 이후 질서재편에서 일정한 타협을 모색할 수밖에
없었다. 결국 조선주재 구미대표 및 일본공사, 그리고 김홍집내각은 "왕
비의 복위 및 군부대신 조희연의 면직" 수준에서 타협하였다. 하지만 을
미사변에 동원된 훈련대가 여전히 대궐을 수비했기 때문에 이러한 방안
은 본질적인 사태해결이 아닌 미봉책이었다.

이렇듯 본질적인 사태해결이 이뤄지지 않는 상황에서 고종은 더 이상
김홍집내각과 일본공사와의 타협의 길을 단념하였다. 따라서 고종은 정
국의 주도권을 획득하기 위해서 무력을 통해서 정권을 다시 되찾으려고
노력하였다. 즉 고종은 1895년 11월 28일 김홍집내각을 축출하려는 '춘
생문사건'에 깊숙이 개입하였다. 하지만 '춘생문사건'에 대한 사전 정보
를 입수한 김홍집내각은 '춘생문사건' 관련자를 현장에서 체포해서 반대
세력을 완전히 제거하고, 내각의 지위를 강화시킬 수 있었다. 조선주재

일본공사는 '춘생문사건'에 조선주재 구미대표가 개입했다는 사실을 이용하여 조선에서 외교적인 발언권을 강화할 수 있었다. 그 후 고종은 대궐에서 더 삼엄한 감시를 받았고, 대궐에서 가장 외진 북서쪽 건물로 옮겨졌다. 하지만 이러한 가혹한 김홍집내각의 정국운영은 고종이 러시아 공사관으로 피신한 아관파천을 초래하였다. 극단은 극단을 부른다는 이야기가 들어맞는 시기였다.

맺음말 : 왕비의 죽음, 그 배경과 이유

주한 러시아공사 베베르는 "평화 시기에 외국인들이 남의 나라 궁궐에 침입하여 왕비를 살해하고 시체를 불살라 버렸다"며 "세계사에 전례없는 범죄행동과 부닥쳤다"고 기록했다. 베베르에게도 을미사변의 충격과 파장은 컸다.[1] 러시아 육군중장 운떼르베르게르는 "이 범죄의 추악성을 표현할 수 있는 그 어떤 단어도 존재하지 않는다"고 밝혔다.[2]

그 당시 이런 비참한 최후를 맞을 만큼 명성황후는 김홍집내각 및 일본공사관과 어떤 갈등관계를 갖고 있었는가? 그리고 주한 일본공사관 소속 외교관과 일본수비대 소속 장교가 향후 발생할 국제적인 파장에도 불구하고 경복궁에 몰래 침입하여 왕비를 암살한 이유가 무엇인가?

1894년 '7.23경복궁침입사건' 이후 일본은 자국에 유리한 내각을 조직하면서 왕실의 영향력을 축소했다. 그런데 1895년 4월 러시아는 독일과 프랑스에게 삼국간섭을 제안하여 일본의 랴오둥반도 점령을 강력하게 항의했다. 삼국의 무력적인 압력 때문에 일본은 1895년 5월 청일전쟁에서 얻은 랴오둥반도를 청국에 반환할 수밖에 없었다.[3]

1895년 9월 4일 왕실은 조선왕조 504년 건국 기념일인 '개국기원절'

---

1) АВПРИ. Ф.150.Оп.493.Д.6.Л.64об; АВПРИ. Ф.195.Оп.529.Д.189.Л.23.

2) Унтербергер, Современное Состояние Корейскаго Вопроса, январь 1898, Л.116об (Российский Государственный Исторический Архивб Фонд 560 опись 28 дело 24 1895~1906гг.

3) 『駐韓日本公使館記錄(8)』, 「三國干涉」, 1895년 4월 25일, 123쪽.

행사를 준비했다. 이날 행사의 준비위원회에서는 외국인 중 궁내부 고문관 러젠드르 장군, 러시아공사 베베르의 부인의 자매이자 궁내부에 소속된 존타크 여사, 그리고 사바찐도 포함되었다. 그래서 러젠드르 장군은 사무장이라는 명예위원으로 외국인들을 접대하였고, 존타크 여사는 음식과 식탁 준비를 담당했으며, 사바찐은 식장의 장식 부분을 총괄했다.[4] 당시 러시아공사 베베르는 한국에서 정치력 영향력을 확대하기 위해서 존타크를 궁내부에 고용하도록 추천했다. 독일 엘자스(Elsass) 출신인 존타크는 궁궐에서 유럽식 향연을 준비하면서 왕비를 자주 만나 2-3시간 연속으로 왕비와 대화했다.[5]

'개국기원절' 행사를 위한 준비위원회 회의에 47명의 조선관료 중 외부 교섭국장 박준우와 궁내부 영선사장 박용화도 참석했다. 두 사람은 박용화가 큰아버지인 박준우에게 양자로 입양되어 부자지간이었다. 개국기원절 행사에 박준우는 사무장, 박용화는 사무위원이라는 직위를 맡고 있었다. 그런데 두 사람 모두 갑오개혁 이후 일본공사관과 긴밀한 관계를 유지했던 인물이었다.

이날 회의에서 두 사람 중 한명은 일본과의 관계를 고려하여 식탁 시중을 위해서 일본 급사를 초청하는 문제를 논의하자고 제안했다. 일본인들의 이름이 나오자, 존타크 여사는 얼굴을 찡그렸고, 일본인들 전체를 비난하기 시작하면서, 심지어 침까지 내뱉었다. 그러자 러젠드르 장군은 마치 귀부인에게 시중드는 유명한 기사처럼 웃으면서 그녀의 말에 맞장구를 쳤다. 존타크 여사는 왕실로부터 자신의 개인 집을 짓기 위해 약만 달러를 받았고, 그녀의 지도 아래 한국 여인들이 다양한 수공예를 배울 수 있는 학교 설립을 약속받았다.

이러한 일련의 상황에서 사바찐은 일본공사관의 외교관 및 일본과 연

---

4) АВПРИ. Ф.150.Оп.493.Д.6.Л.133об.
5) АВПРИ. Ф.150.Оп.493.Д.6.Л.133.

대하고 있는 한국 관료의 명성황후를 향한 적개심을 본능적으로 느꼈다. 이때 사바찐은 "이것이 언뜻 보기에는 별일 아닌 작은 사건 같지만, 이와 비슷한 작은 사건들이 점점 더 많아져서 어떤 음모의 도화선이 될 수 있다"는 불길한 느낌을 지울 수 없었다.[6]

사바찐에 따르면 존타크와의 관계 속에서 왕비는 러시아의 지원을 예상하고 평소의 신중한 태도를 버리고 반일적인 행동을 취하면서 독자적인 노선을 걷기 시작했다.[7] 왕비는 랴오둥반도를 둘러싸고 일본이 외교적으로 패배하자 한국에서 일본의 영향력을 약화시키려고 노력했다. 당시 왕비 주변의 미국인도 자국의 이권과 특권을 확보하기 위해서 일본의 영향력을 두려워할 필요가 없다고 조언했다.[8]

사바찐에 따르면 만일 왕비가 유럽인들로부터 보호를 기대하지 않았다면 그녀는 자신의 위험을 대비한 모든 조치를 준비했을 것이다. 하지만 왕비는 자신을 보호해 주겠다는 유럽인들의 약속을 받았고, 유럽인들이 궁궐에 머물고 있다는 사실을 지나치게 신뢰했다.[9]

사실 개국기원절은 왕비를 포함한 왕실의 정치적 영향력 확대를 보여주는 상징적인 행사였다. 그동안 왕실은 삼국간섭 이후 일본의 영향력이 약화되자 일본의 후원을 받고 성립한 김홍집내각을 약화시키려고 노력했다.[10]

이날 행사는 궁내부가 개국기원절 행사를 주관했다. 개국기원절 행사에 관여했던 47명 중 궁내부관료는 41명이었다.[11] 고종과 명성황후는

---

6) АВПРИ. Ф.150.Оп.493.Д.6.Л.134.
7) АВПРИ. Ф.150.Оп.493.Д.6.Л.133об.
8) АВПРИ. Ф.150.Оп.493.Д.6.Л.133. 실제 주한 일본공사 미우라는 미국이 1895년 7월 운산채광약정(雲山採鑛約定)을 체결했다는 정보를 1895년 10월 3일 파악했다.(『駐韓日本公使館記錄(7)』, 「美國人에 대한 雲山採鑛 約定 件」, 1895년 10월 3일, 三浦→西園寺, 204쪽)
9) АВПРИ. Ф.150.Оп.493.Д.6.Л.131об.
10) 兪吉濬, 1896 「우리들이 作成한 改革案」 『兪吉濬의 英文書翰』

이날 행사에 직접 참석하였는데 고종은 직접 개회 연설을 하고, 행사가
끝난 후 실무를 담당한 궁내부 관료들에게 품계를 올려주었다.[12] 고종
은 내각에 의해 약화되었던 군주권을 회복하기 위해서 왕실에 충성을 보
였던 신진관료를 궁내부에 포진시켰다.[13] 고종과 왕비의 정치적 영향력
을 강화를 충실히 수행한 인물은 궁내부 협판이자 개국기원절 준비위원
회 사무부총재 이범진이었다.[14]

개국기원절 행사 이후 왕실은 1895년 9월 재정, 법률, 내각, 군대 등
에 대한 조직 개편을 대대적으로 시도했다. 그 과정에서 주한 일본공사
관과 연대하는 정치 세력을 점차적으로 제거했다. 주한 일본서기관 스기
무라도 이노우에가 9월 17일 귀국길에 오르자 왕실이 갑오개혁 이후 설
치된 "신제도와 신군대의 파괴를 착수했다"고 분노했다.[15]

왕실은 1895년 9월 20일 기존 법률과 칙령 번호를 무시하고 새롭게
칙령 1호를 발표했다. 왕실은 궁내부의 핵심인물인 이범진을 농상공부
대신으로 임명하면서, 반대세력인 농상공부대신 김가진을 파면하고 내

---

11) 『日省錄』, 『高宗實錄』 高宗 32년 7월 15일. 궁내부관료 이외 6명은 군부부령 洪
    啓薰, 군부참령 李學均, 한성부 관찰사 李采淵, 군부협판 權在衡, 외부협판 尹致
    昊, 교섭국장 朴準禹 등 이었다.
12) 『尹致昊日記』 1895년 9월 4일; 『高宗實錄』 32년 7월 16일.
13) 『駐韓日本公使館記錄(7)』, 杉村→西園寺, 1895년 7월 13일, 「明治二十八年六月
    下旬宮中ト內閣ノ間ニ興リタル衝突ニ付取調書」, 400~403쪽.
14) 兪吉濬, 1896, 「우리들이 作成한 改革案」 『兪吉濬의 英文書翰』(이광린, 1989 앞
    의 책, 234쪽); 『뮈텔주교일기』 1895년 11월 7일.
15) 스기무라에 따르면 왕실은 둔전 역전 및 홍삼 등에서 징수되는 세금을 전부 왕실
    재산으로 만들고, 조폐 사업까지도 궁중에서 관장하려고 계획했다(杉村濬, 『在韓
    苦心錄』, 223쪽). "9월 하순에서 10월 상순에 걸친 단 20여 일 동안에 내각에 대
    한 궁중의 공격은 앞에서 밝힌 것과 같이 맹렬하여 마치 홍수가 제방을 파괴하는
    기세와 같았다"(杉村濬, 『在韓苦心錄』, 224쪽). "앞에서 서술한 궁중의 맹렬하고
    대담한 결단은 이범진이 왕비에게 취하도록 권한 일이라고 당시 그 일에 참가했
    던 안경수가 말했다. 이범진은 조잡한 재주는 있었지만 그 성질은 포악했다."(杉
    村濬, 『在韓苦心錄』, 226쪽)

부협판 유길준을 의주관찰사로 전출시켰다. 무엇보다도 왕실은 일본 장교에 의해 교육받은 훈련대를 약화시키기 위해서 왕실의 신임을 받고 있는 홍계훈을 훈련대의 연대장으로 임명했다.[16] 왕실은 훈련대를 해산하여 김홍집내각을 약화시켜 갑오개혁 이전 왕실의 권위를 회복해야 한다고 생각했다.[17]

정변 직후 주한 일본공사 미우라가 주한 일본영사 우치다(內田定槌)에게 진술한 발언도 주목할 필요가 있다. 미우라공사는 "근래 왕비를 비롯하여 민비당 무리들이 러시아와 결탁하여 더욱 세력을 떨치며 내정개혁의 사업을 점차로 모두 파기하고 있다"고 주장했다. 그 뿐만 아니라 "민비당의 책략에 따라 고의로 순사들과 싸움을 발생시켜 일본 사관이 양성한 훈련대를 해산시키려 한다. 민영준을 등용하여 국정을 맡게 하여 모든 일을 러시아에 의뢰하려고 한다"며 왕비에 대한 강한 불만을 토로했다.[18] 그는 '결탁'과 '의뢰'라는 용어를 쓰면서 왕비의 친러 외교정책을 본질적인 문제로 삼았다.

주한 일본서기관 스기무라는 당시 "궁중이 이미 러시아공사와 결탁하여 러시아가 조선의 군권을 보호해 주는 대신에 함경도의 한 항구를 러시아에게 빌려주는 밀약을 맺었다"는 한러밀약설까지 제기했다.[19] 그리고 스기무라는 1895년 7월 궁중과 러시아공사 사이에 '은밀한 약속'도 성립되었다고 주장했다.[20] 사건 초기 일본공사관은 철저하게 궁중과 러

---

16) "그러나 대대장(이진호와 우범선) 이하는 본시 홍의 휘하에 있지 않았으므로 홍의 임명은 유명무실해졌다"(杉村濬, 『在韓苦心錄』, 224쪽); 『日省錄』, 1895년 윤5월 25일.

17) 杉村濬, 『在韓苦心錄』, 226쪽.

18) 『駐韓日本公使館記錄(8)』, 1895년 11월 5일 機密36號 「明治二十八年十月八日王城事變ノ顚末ニ付具報」 內田定槌→西園寺 82쪽.

19) 杉村濬, 『在韓苦心錄』, 226쪽.

20) 1895년 7월 상순 박영효를 처분할 무렵에 이미 궁중과 러시아 공사 사이에 은밀한 약속이 성립되었다고 한다. 당시 러시아 공사는 러젠드르에게 다음과 같은 의견을 은밀히 전하게 했다고 한다. "1.왕비와 민씨는 일체이며, 민씨와 일본은 역

시아와의 연관성을 부각시켰다.

그런데 미우라공사는 히로시마재판소에서 1895년 9월 1일 주한 일본
공사로 부임한 이후 "궁중에 온전한 권세가 날로 심하여, 망녕되히 나라
정사를 간섭했다"며 왕실의 권력 장악을 비난했다. 그는 "훈련대를 흩어
지게 하며 그 사관을 내치고자 하는 무리가 일본을 박대했다"며 궁중의
일본 '박대론'을 주장했다. 그는 "독립의 실상을 실행하는 내각 관원들
을 내치고, 혹 살육하여 정권을 궁중에 거두고자 하는 계교가 있었다"며
궁중이 김홍집내각을 제거하려는 '음모론'을 제기했다. 그는 "우리나라
도 해를 받음이 적지 아니하니, 일본의 위엄과 믿음을 보존할 것을 생각
했다"며 일본의 '국익'을 위한 정변 실행을 결심했다.[21] 그는 '박대'와
'계교'라는 용어를 쓰면서 궁중을 비난하고 일본의 국익을 위한 불가피
한 행동이었다고 강변했다. 2달 사이 미우라공사는 왕비의 '친러정책'에
서 일본의 '국익보존'으로 을미사변 원인에 관한 초점을 옮겼다.

주한 러시아공사 베베르는 "한국에서 서구열강의 무관심한 태도를 예
상한 일본인들이 이 나라에서는 무슨 짓을 해도 상관없다는 판단 하에
거리낌 없이 왕비를 살해한 것"이라고 파악했다.[22] 그는 을미사변이 "왕
에 충실한 것으로 알려진 또는 왕비 당에 속하는 모든 조선인"을 겨냥한

사상 결코 양립할 수 없다. 2.조선과 일본 양국은 인접국이라 하더라도 그 사이에
는 대해가 있어, 조선과 러시아 두 나라의 땅을 접하며 서로 인접해 있는 것과
같지 않다. 따라서 지형상으로 볼 때 조선은 일본보다 러시아와 친해야 한다. 3.
러시아는 세계의 최강국으로서 일본과 같은 나라와는 비교할 수 없다. 이 사실을
입증하기 위해 많은 예가 필요 없다. 올 봄 요동반도 반환에서 그 사실을 충분히
확인 할 수 있다. 4.러시아는 결코 조선의 독립을 방해하지 않고, 또한 내정에 간
섭하는 것도 좋아하지 않는다. 따라서 러시아에 의지하여 그 보호를 청하면 지극
히 안전하다. 또한 러시아는 군주전제 국가이므로 그 예에 따라 충분히 군권을
보호할 수 있다."(杉村濬, 『在韓苦心錄』, 225쪽)

21) 市川正明編, 1981, 『日韓外交史料(5): 韓國王妃殺害事件』, 東京 : 原書房; 1987,
「開國五百四年八月事變報告書」 『韓國王妃殺害事件』, 高麗書林, 437쪽.

22) АВПРИ. Ф.150.Оп.493.Д.6.Л.65; АВПРИ. Ф.195.Оп.529.Д.189.Л.23.

것이라고 파악했다.23) 육군중장 운떼르베르게르는(Унтербергер)는 일본이 한국 지배 의도를 실현하는데 왕비가 유일한 걸림돌이라 판단하자 "그들이 의도한 목적을 달성하기 위해서 왕비를 살해할 것을 결정했다"고 파악했다.24) 베베르와 운떼르베르게르는 일본이 어떤 국내외 상황에서도 한국에서 주도권을 놓치지 않으려는 의도를 포착했다.

주한 미국공사대리 알렌은 을미사변 이후 "정부가 1894년 7월 오토리 공사에 의해서 전면으로 등장한 가장 악명 높은 5명의 수중에 있다"고 파악하여 '7.23경복궁침입사건'과 동일한 사건으로 파악했다.25) 그는 "만약 일본정부가 살인자를 제거하지 못한다면 러시아가 간섭할 지도 모른다는 가능성이 있다"며 한국에서 러시아와 일본의 대립을 예상했다.26)

주일 영국공사 사토우는 이토와의 대화 중 "일본이 정변 이후 서울에서 우세하게 행동할 더 이상의 기대를 하지 말아야한다"며 일본의 행동을 비난했다. 사토우는 정변이 오히려 서구열강의 마음에 불신 감정을 형성시켰기 때문에 한국에서 일본의 지배적인 위치는 "더 이상 유지될 수 없을 것"이라고 경고했다.27) 사토우도 을미사변을 일본의 한국 지배를 확립하기 위한 의도로 파악했다.

일본은 한국을 일본의 영향력 아래로 묶어두기 위해서 명성황후 암살이라는 극단적인 방법을 선택했다. 일본은 명성황후의 '친러정책'을 언급하면서 명성황후 암살을 변명했다. 이것은 서구 열강 조차 외면하는

23) АВПРИ. Ф.150.Оп.493.Д.6.Л.87.

24) Унтербергер, Современное Состояние Корейскаго Вопроса, январь 1898, Л.116 (Российский Государственный Исторический Архив Фонд 560 опись 28 дело 24 1895~1906гг.

25) NARA. Despatches from U.S. Ministers to Korea 1895-1896, M.134 Roll.12 No.158 p.7.

26) NARA. Despatches from U.S. Ministers to Korea 1895-1896, M.134 Roll.12 No.158 p.13.

27) F.O. 405. Part Ⅵ. Inclosure No.96 p.67.

가장 추악한 제국주의의 본질적인 모습이었다.

　오랫동안 한국은 명성황후 암살 사건의 진상규명 뿐만 아니라 명성황후의 직접적인 암살자까지 규명하려고 노력했다. 러시아와 일본은 사건이 발생한지 여러 해가 지나도록 다양한 사료에 기초해서 암살의 배후 논쟁을 진행했다. 일본은 그토록 외쳤던 한국 독립 주장이 명성황후 암살로 추악하게 드러나자 그 진실을 끝까지 감추고 싶었다. 러시아는 명성황후 암살 사건을 계기로 일본 제국주의의 추악함을 드러냄으로서 극동지역에서 자국의 도덕적 우월성을 강조하려고 노력했다. 구미 열강은 극동지역에서 상호 이익관계 때문에 점차 사건의 진실규명에 소극적인 자세를 취했다. 당시 진실에 도달하기는 어려운 상황이었다. 하지만 진실의 추구란 가면을 꿰뚫고 그 너머를 들여다보려는 노력이다. 더구나 그 진실에 접근하려는 노력을 포기할 수 없는, 피할 수 없는 이유가 존재했다. 을미사변은 명성황후가 아닌 한국인에게 어떤 비극적인 결말에 도달할 수 있는가를 예고한 사건이기 때문이었다.

제2부 아관파천

머리말 : 아관파천의 전개와 파장

1. 아관파천, 의미와 논쟁

우리나라 근대사에 왕이 안방을 내주고 셋방살이를 자처했다고 알려
진 사건이 있다. 아관파천이 그것이다. 왕이 전쟁을 피해 궁궐을 비운
적은 더러 있었지만, 외국공사관으로 거처를 옮긴 일은 전례가 없었다.
전 세계 역사를 살펴보아도 나라가 망해 망명정부를 세운 일은 있지만
왕이 자기 나라 안에서 외국공사관에 머물렀던 기록은 찾기가 힘들다.
그것도 모자라 군주가 여장을 한 채 궁녀의 가마를 타고 몰래 피신했다
는 사실은 어쩌면 감추고 싶은 우리 역사일지도 모른다.

하지만 당시 사람들은 아관파천을 불가피한 조치로 받아들이거나 독
립의 기회로 생각하기도 했다. 훗날 고종과 대립하여 사형선고까지 받았
던 이승만(李承晩)은 아관파천을 "한국이 독립할 수 있는" 좋은 기회였
다고 평가했다.[1] 저명한 양명학자 이건창(李建昌)은 아관파천이 "변고에

---

1) 李承晩, 「독립정신」, 『雩南李承晩文書(東文編 一)』(서울, 延世大現代韓國學硏究
所, 1998), 376~378쪽. 만민공동회 사건으로 체포된 이승만은 1904년 감옥에서
『독립정신』을 집필했다. 그 책에서 이승만은 한국인이 자주독립할 수 있는 기회
를 네 번이나 잃었다고 안타까워했다. 그가 꼽은 네 번의 좋은 기회란 북벌론을
제기한 병자 이후, 외세가 통상을 요구한 1840년대 이후, 통상조약 체결 이후, 아
관파천 이후 등이었다.

대처"하기 위한 불가피한 조치라고 이해했다.[2] 강경한 위정척사파인 최익현(崔益鉉)은 사건 직후에 상소를 올려 을미사변 관련자를 처벌하라고 요구하면서도 아관파천을 비판하거나 왕의 환궁을 요구하지 않았다.[3]

한국인들만이 아니었다. 당시 서울에 있었던 프랑스인 주교 뮈텔(Mutel)은 아관파천 소식을 듣고 "이 모든 것이 상호 이해에서 이뤄진 것이 명백하고...기회도 잘 택했음을 시인하지 않을 수 없다"고 감탄했다.[4] 이러한 뮈텔의 언급은 아관파천이란 단순히 왕이 외국공사관으로 피신한 사건만이 아님을 시사한다. 뮈텔이 한국인 정객들, 한국 주재 외교관들과 긴밀하게 교류했던 사실을 상기한다면, 뮈텔의 견해는 당시의 정황을 이해하는 데 한 실마리가 될 수 있다.

필자의 의문은 바로 여기서 출발한다. 그 시대 사람들은 왜 아관파천을 긍정적으로 생각했던 것일까? 아관파천에 참여한 세력의 '상호이해'란 무엇인가? 이런 의문은 사건의 성격과 경위에 대한 새로운 조명을 필요로 한다. 왜냐하면 기존 연구가 이 문제를 만족스럽게 설명했다고 보기 어렵기 때문이다.

아관파천을 전후한 시기의 정치사가 학계의 주목을 받은 것은 비교적 최근의 일이었다. 1960년대 이광린의 선구적인 업적, 1970년대 김용섭, 강만길, 신용하 등의 대한제국의 성격논쟁은 이 시기 정치사에 관한 관심을 환기시켰다. 이들이 제기한 문제의식은 1990년대에 들어서 다시 주목받았다. 갑오개혁, 독립협회, 대한제국에 대한 재조명 작업이 활발하게 진행되고 있다. 그러나 여전히 아관파천은 대한제국이나 독립협회 연구를 위해서 간단히 언급되는 데에서 크게 벗어나지 않았다.[5]

---

2) 『日省錄』 建陽 元年 3月 17日.
3) 『秘書院日記』 建陽 元年 正月 13日.
4) 『뮈텔주교일기』 1896년 2월 11일.
5) 아관파천과 관련된 논문을 열거하면 다음과 같다. 李瑄根, 『韓國史』(서울, 1963, 乙酉文化社); F. H. Harrington, God, Mammon and Japanese, 1944, The University

아관파천은 독자적인 분석 대상이 될 필요가 있다. 왜냐하면 그것은 하나의 정권을 붕괴시키고 새로운 정권을 탄생시켰기 때문이다. 아관파천으로 인해 정치세력들의 판도가 급격하게 변형되었던 사실도 주목되어야 한다. 대한제국 시기 정치사를 주도한 세력은 아관파천을 전후해서 급부상했다.

아관파천의 본질에 관한 기존 논의도 재검토될 필요가 있다. 일부 선행연구는 그것의 본질을 단순한 정권 쟁탈전으로 간주하고 있다. 이 견해는 아관파천 시기에 등장하는 다양한 국내 정치세력이 외국 공사관의 수동적인 존재로 간주되는 사고방식과 연결되어 있다.

아관파천의 성격을 정확하게 이해하기 위해서는 당시의 일반 정서, 러시아정부의 개입 정도, 아관파천의 경위 등을 살펴보아야 한다.[6] 특히

of Wisconsin Press(李光麟역, 『개화기 한미관계(1884~1905)』[서울, 1973, 一潮閣,]); 愼鏞廈, 『獨立協會硏究』(서울, 1976, 一潮閣); 李鉉淙, 「俄館播遷」, 『韓國史(18)』(서울, 1976, 探求堂); 洪景萬, 「春生門事件」, 『李載襲博士還曆기념한국사학논총』(서울, 한울, 1990) ; 金源模, 「貞洞俱樂部의 親露反日政策」, 『水邨朴永錫華甲기념한국사논총』(서울, 1992, 探求堂); 崔文衡, 1992, 「閔妃殺害 以後의 列强과 朝鮮」, 『明成皇后弑害事件』(서울, 1992, 民音社); 李玫源, 1994, 「俄館播遷 前後의 韓露關係」, 韓國精神文化硏究院博士論文; 朱鎭午, 1995, 「19세기 후반 開化 改革論의 構造와 展開」, 延世大史學科博士論文; 李相燦, 1996, 「1896년 義兵運動의 정치적 성격」, 서울대國史學科博士論文; 吳瑛燮, 1996, 「華西學派의 保守的 民族主義 硏究」, 翰林大史學科博士論文; 韓哲昊, 1996, 「1880~90년대 親美 開化派의 改革活動 硏究」, 翰林大史學科博士論文; 도면회, 1996, 「정치사적 측면에서 본 대한제국의 역사적 성격」, 『역사와현실』 19; Б. Пак, 「러시아 공사관에서의 375일」, 『명성황후 시해사건과 아관파천기의 국제관계』(서울, 1998, 東林社); 권희영, 『한국과 러시아 : 관계와 변화』(서울, 1999, 국학자료원); 김영수, 2000, 「아관파천기 정치세력 연구」, 成均館大史學科碩士論文; 이민원, 『명성황후시해와 아관파천』(서울, 2002, 국학자료원); Пак Б.Б. 2002. 『Россий ская дипломатия и Корея(러시아의 외교와 한국)』. М; 현광호, 『대한제국의 대외정책』(서울, 2002, 성신원); 徐榮姬, 『대한제국 정치사연구』(서울, 2002, 서울대학교출판부); 이태진 외, 『고종황제 역사청문회』(서울, 2005, 푸른역사); 김종헌, 2009, 「러시아 외교관 베베르와 아관파천」, 『역사비평』 86.
 6) 아관파천이란 용어는 당대에 사용되지 않았다. 당시의 기록을 살펴보면 '上駐俄

고종의 아관파천 실행에 결정적인 계기였던 이른바 '고종폐위설'의 진위, 배후 등의 추적이 필요하다. 러시아정부 승인설의 진위를 살펴보면서 아관파천 당시 러시아공사관을 주도한 인물이 규명되어야 한다. 무엇보다도 아관파천 이후 러시아와 일본의 외교적 협상과정의 의미도 살펴보아야 한다.

2. 아관파천 이후 한러관계와 러시아 군사교관단

아관파천 이후 조선은 러시아와 일본의 협상 과정만 지켜볼 수가 없었다. 그래서 러시아특명전권공사 민영환은 1896년 5월 러시아 황제 니꼴라이 2세의 대관식에 참석했다. 1896년 6월 러시아 황제를 알현한 민영환은 당대의 고위 관료인 재무대신 비테(С.Ю. Витте), 외무대신 로바노프(А.Б. Лобанов-Ростовский) 등을 만나면서 조선과 러시아의 협력을 추진했다.[7] 양국의 상호협력을 추진한 민영환이 귀국할 때 조선 주재 러시아군사교관 단장 뿌짜따(Д.В. Путята)도 1896년 10월 연흑룡강 군사관구 소속의 장교와 하사관 등 총 13명을 인솔하여 서울에 도

國公使館' '駐御于俄公館' '露館ニ移御' 등으로 서술되었다.(『秘書院日記』 開國
504년 乙未 12월 28日;『日省錄』 高宗 32년 12월 28日; 國史編纂委員會編, 『駐
韓日本公使館記錄(9)』[서울, 1995], 392쪽) 아관파천이라는 용어가 널리 사용된
것은 일제강점기에 들어서였다.(鄭喬, 『大韓季年史(上)』[서울, 1957], 137쪽; 尹孝
定, 「露館播遷의 動機」『韓末秘史』[서울, 1995, 교문사], 176쪽; 車相瓚, 1929,
「李太王俄館播遷事件」, 『別乾坤(4)』 2, 6쪽) 원래 播遷이란 용어는 임금의 피난을
의미한다. 이를 고려하여 아관파천이라는 용어가 사용됐던 것으로 보인다.
7) 민영환, 國史編纂委員會編, 「海天秋帆」, 『閔忠正公遺稿』(서울, 1958, 탐구당), 91
쪽; 윤치호, 國史編纂委員會編, 『尹致昊日記(4)』(서울, 1975, 탐구당), 203, 205,
214~215쪽; Архив внешней политики российской империи(대외
정책문서보관소. 이하: АВПРИ) Ф.150.Оп.493.Д.72.Л.26 с об.

착했다.[8]

조선에 파견된 대령 뿌짜따와 관련하여 1896년 10월 『독립신문』에서는 그가 "청국주재 러시아 군사 사무관으로서 북경에 있는지 수년, 동양의 사정에 정통한 사람이다. 그리고 그의 기량에 의하여 조선에 이익 되는 바가 있으리라는 것을 의심치 않는 바이다"라고 밝혔다.[9] 또한 1897년 6월 뿌짜따가 "조선에 와서 여러 해를 기별 하였는데 지금은 시위대가 거진 다 정돈이 되어 대개 직무를 잘하게 되었다"고 그의 활동을 긍정적으로 평가하였다.[10]

하지만 조선주재 일본공사 가토우(加藤增雄)는 1897년 5월 뿌짜따가 "조선정부의 태도에 대하여 불평을 호소하고, 우리가 출발하기에 앞서 조선 천지가 전복 될 만 한 대폭동을 일으키지 않고는 그만두지 않을 것"이라고 밝혔다고 고종에게 알렸다.[11] 이렇듯 일본공사는 뿌짜따의 부정적인 측면을 부각했을 뿐만 아니라 고종과 뿌짜따의 사이를 이간질까지 시키려하였다.

뿌짜따의 활동과 관련해서 자국의 이해관계에 따라 다양한 평가와 반응이 나타나고 있다. 이러한 다양한 평가를 이해하기 위해서는 뿌짜따 대령이 갖고 있는 상징적 의미를 살펴보아야한다. 아관파천 이후 고종은 조선에서 일본의 정치, 경제, 군사적 영향력을 약화시키기 위한 협력 파트너로 러시아를 염두에 두고 있었다. 이러한 의도를 구체화시키기 위해서 고종은 자신의 측근 인물인 민영환을 1896년 4월 니꼴라이 2세의 황

---

8) The National Archives. FM 134. Roll 13. No 240. PP.1~2; 제정러시아재무부편, 崔璇, 金炳璘譯, 『國譯 韓國誌』(경기도, 1984, 한국정신문화연구원), 678~679쪽. 러시아 1차 군사교관은 장교 4명, 하사관 10명으로 구성되어 1896년 10월 20일 조선에 왔고, 러시아의 2차 군사교관은 장교 3명, 하사관 10명으로 구성되어 1897년 7월 29일 서울에 도착하였다.
9) 『THE INDEPENDENT』 1896.10.24 「LOCAL ITEMS」
10) 『독립신문』 1897.6.10 「잡보」
11) 國史編纂委員會編, 『駐韓日本公使館記錄(11)』(서울, 1995, 時事文化社), 516쪽.

제대관식에 참석하도록 출발시켰다. 즉 민영환은 러시아의 군사와 경제 분야의 지원을 요청하기위해서 파견되었다.[12]

하지만 러시아정부는 1896년 6월 일본과의 외교적 마찰을 피하기 위해서 신속한 답변을 회피하였다. 이러한 상황에서 민영환이 러시아정부에게 끈질기게 요청한 것은 고종의 신변보장과 러시아군사교관의 조선파견이었다.[13] 이를 위해서 황제대관식이 끝났음에도 불구하고 민영환은 당시 러시아수도인 뻬쩨르부르크 등에 2달 이상을 더 머물렀다.[14] 이러한 민영환의 노력 때문에 1896년 7월 말 러시아군부도 군사교관의 조선파견을 결정했고, 민영환은 1896년 8월 군사교관 단장으로 내정된 뿌짜따를 만날 수 있었다.[15] 뿌짜따는 조선에서 일본의 군사적 영향력을 약화시킬 수 있는 영향력을 갖고 있었다. 그는 조선과 러시아의 긴밀한 우호관계를 대변할 수 있는 상징적인 인물이 되었던 것이다.

러시아군사교관 단장 뿌짜따에 관한 본격적인 개인 연구는 현재까지 진행되지 못했다. 국내외의 선행연구는 조선과 러시아의 군사관계 또는 조선과 러시아의 관계사에서 뿌짜따를 간단히 소개하는 수준에 그쳤다.[16] 그 이유는 미소 냉전의 해소로 러시아자료에 대한 접근이 가능한 상

---

12) 윤치호, 國史編纂委員會編, 『尹致昊日記(4)』(서울, 탐구당, 1975), 160, 167쪽; 민영환, 國史編纂委員會編, 「海天秋帆」, 『閔忠正公遺稿』(서울, 1958, 탐구당), 69~70쪽; 國史編纂委員會編, 『駐韓日本公使館記錄(11)』(서울, 時事文化社, 1995), 197쪽; АВПРИ. Ф.150.Оп.493.Д.69.Л.5.

13) АВПРИ. Ф.150.Оп.493.Д.72.Л.31 с об; АВПРИ. Ф.150.Оп.493.Д.215.Л.249 с об.

14) 민영환은 1896년 8월 19일 뻬쩨르부르크를 떠날 수 있었다(민영환, 國史編纂委員會編, 「海天秋帆」, 『閔忠正公遺稿』[서울, 1958, 탐구당], 115쪽).

15) Российский государственный военно-исторический архив(군사문서보관소. 이하: РГВИА). Ф.846.Оп.2.Д.96.Л.101 с об; 민영환, 國史編纂委員會編, 「海天秋帆」, 『閔忠正公遺稿』(서울, 1958, 탐구당), 114쪽.

16) 조선과 러시아의 관계사 및 조선 군사관계를 서술하면서 조선에 파견된 러시아군사교관을 주목한 기존의 국내외 연구 성과를 소개하면 다음과 같다(Описание Кореи[한국지]. Ч.1. СПб. 1900; Нихамин В.П. Русско-японские отнош

황에도 불구하고, 러시아자료에 대한 적극적인 소개나 연구가 미진했기 때문이다.

저자는 러시아 군사문서보관소(РГВИА)에 소장된 뿌짜따의 관련 문서를 주목했다. 뿌짜따 관련 다양한 문서를 살펴보면서 그에 관한 본격적인 연구가 가능하다는 판단을 내렸다. 그의 조선 및 극동에 대한 인식과 구상, 그의 파견경위와 조선군대 양성 계획, 그리고 그의 조선에서의 활동 및 조선군부와의 관계 등의 연구가 바로 그것이다. 또한 저자는 그가 러시아 군부에서 차지하는 비중을 살펴보고, 러시아 군부에 미친 영향력을 추적할 것이다. 그를 통해서 조선과 만주 지역 진출을 위한 러시아 군부의 정책 수립 과정을 엿볼 수 있을 것이다.

그런데 뿌짜따의 조선군대 양성 계획이 그의 독자적인 구상인지, 그리고 러시아군부가 일방적으로 러시아군사교관의 파견을 추진했는가를

ения и Корея 1894~1898 гг[러일관계와 조선]. М. 1948; Пак Б.Д. Россия и Корея[러시아와 조선]. М. 1979; Lensen G.L. Balance of Intrigue. International Rivalry in Korea and Manchuria, 1884~1899. Volume 2. Florida. 1982; Пак Чон Хё. Россия и Корея[러시아와 한국]. 1895~1898. М. 1993; 李玫源, 「俄館播遷 前後의 韓露關係」, 精神文化硏究院博士論文, 1994; 이민원, 2001, 「19세기말 러시아 군사교관단의 활동과 역할」, 『군사』, 44호; 서인한, 대한제국의 군사제도(서울, 혜안, 2000); 현광호, 『대한제국의 대외정책』(서울, 2002, 성신원); 심헌용, 2003, 「자료발굴: '주한 러시아 군사교관단' 활동보고서 해제」, 『군사』, 48호; Пак Б.Б. Россий ская дипломатия и Корея[제정러시아의 외교와 조선]. Книга вторая. 1888~1897. М. 2004; 심헌용, 『한말 군 근대화 연구』(서울, 2005, 국방부군사편찬연구소); Ким Ен-Су. Русские военные инструкторы в Корее и корей ская армия[조선에 파견된 러시아군사교관과 조선군대]. Русский сборник[러시아선집]. Т.2. М. 2006). 위의 연구 성과 중 이민원은 국내에서 본격적으로 러시아군사교관의 활동을 조망하려고 시도하였고, 심헌용은 러시아 군사교관의 활동에 관한 러시아자료를 국내에 소개하였다. 심헌용은 갑오개혁 시기 일본의 훈련대 편성계획에 대해서 러시아가 아관파천 이후 군사교관단을 파견하면서 양성하고자한 조선군 증강계획과 유사하다고 밝혔다.(심헌용, 『한말 군 근대화 연구』[서울, 2005, 국방부군사편찬연구소], 189쪽).

유의할 필요가 있다. 그 이유는 현재 자주적 근대국가 또는 무능한 반동 정권 등으로 조선정부를 평가하는 시각과 연결되어있기 때문이다.[17] 현재 한국학계에서는 대한제국에서 추진한 광무개혁에 대한 평가가 학자에 따라 엇갈린다. 개혁의 실효성을 부정하는 쪽에서는 대한제국이 부정부패로 얼룩져 근대화 사업을 주도면밀하게 추진하지 못한 점을 지적한다. 더 나아가 식민지화의 원인을 고종과 대한제국에 돌리는 연구자들도 있다. 반대로 광무개혁을 높게 평가하는 쪽에서는 외세에 의존하지 않고 자력으로 근대화하려 한 노력 자체가 중요하다고 보고 있다. 이들은 근대화 사업 추진 결과도 어느 정도 성과를 올렸다고 지적하고, 이러한 자력 근대화 노력이 일제에 의해 꺾였다는 점을 강조한다.[18]

저자는 조선군대 양성 및 군사교관 초빙을 둘러싸고 형성된 뿌짜따를 비롯한 러시아군부와 고종을 중심으로 한 조선군부와의 관계를 주목할 것이다. 그 이유는 조선과 러시아와의 관계 및 조선정부에 대한 평가 등을 보다 객관적으로 판단할 수 있기 때문이다.

3. 대한제국 초기 정치세력 형성

대한제국의 다양한 평가에 앞서 한국학계에서 반드시 주목해야할 대상이 존재한다. 바로 대한제국의 개혁을 추진한 정치세력이다. 대한제국

---

17) 1897년 10월 조선정부는 국호를 '대한'으로 바꾸고 고종은 황제로 즉위하였다. 그래서 1897년 10월 이후는 조선을 대한제국으로 부른다. 필자는 뿌짜따가 1896~1897년에 조선에 파견되었기 때문에 본문에서는 조선이라고 기술하였다. 대한제국에 대한 평가는 다음을 참조.(전우용, 「'대한제국'평가 논쟁」, 『논쟁으로 본 한국사회 100년』[서울, 2000, 역사비평사]; 김재호 이태진 等, 『고종황제 역사 청문회』(서울, 2005, 푸른역사); 왕현종, 2005, 「광무개혁 논쟁」, 『역사비평』, 73호)
18) 이태진 외, 『고종황제 역사청문회』(서울, 2005, 푸른역사), 12~13쪽.

을 주도한 정치세력에 대한 천착이 없다면 대한제국의 다양한 해석도 그 의미를 상실할 수밖에 없기 때문이다.

대한제국기 주요 정치세력을 해명하고자 할 때, 가장 먼저 부딪히는 문제는 정치세력의 분류방법이다. 오늘날까지 널리 통용되는 방법은 친러수구파, 친러파, 친미파, 친일파, 국왕측근세력, 근왕세력, 황제측근파, 황제측근세력, 황실측근세력 등으로 분류하는 것이다.[19] 필자는 이러한 분류 방법과 호칭은 부적절하다고 생각한다. 각 정치세력의 특징을 설명하기에 부족할 뿐더러 자칫 정치세력의 '파벌'적 성격을 강조하는 결과를 빚기도 한다. 정치세력을 분류하고 규정하기 위해서는 주요 정치적 사건에서 정치세력의 주요인물, 결집과 변동과정 등을 추적해야 한다.

대한제국의 개혁을 주도한 것으로 알려진 고종과 그의 측근세력에 관해 당대의 자료에서는 어떻게 기록했을까? 일본공사관은 고종과 그의 세력을 '왕비총신' '총신' '엄비파' 등의 용어로 규정했다.[20] 미국공사관 등은 '국왕지지자(Loyalist)' '고종측근세력(Following Friends of the King)' '근왕주의자(Royalist)' '충성스러운 조선인(Loyal Corean)' 등으로 기록했다.[21] 러시아공사관은 고종 주변의 러시아 지지자(Русские сторонник

---

19) 李瑄根, 『韓國史』(서울, 1963, 乙酉文化社), 685쪽; 李鉉淙, 「俄館播遷」『韓國史 (18)』(서울, 1976, 探求堂), 51쪽; 金源模, 「貞洞俱樂部의 親露反日政策」『水邨朴永錫華甲기념한국사논총』(서울, 1992, 探求堂), 171쪽; 森山茂德 / 김세민역, 『近代韓日關係史硏究』(서울, 1994, 玄音社), 122~125쪽; 吳瑛燮, 1996, 「華西學派의 保守的 民族主義 硏究」, 翰林大史學科博士論文, 136~138쪽; 韓哲昊, 1996, 「1880-90년대 親美 開化派의 改革活動 硏究」, 翰林大史學科博士論文, 96쪽; 도면회, 1996, 「정치사적 측면에서 본 대한제국의 역사적 성격」『역사와현실』, 19, 38쪽; Б. Пак, 「러시아 공사관에서의 375일」『명성황후 시해사건과 아관파천기의 국제관계』(서울, 1998, 東林社), 157~159쪽; 현광호, 『대한제국의 대외정책』(서울, 2002, 성신원), 59쪽; 徐榮姬, 2003, 『대한제국 정치사연구』(서울, 2003, 서울대학교출판부), 86~87쪽.

20) 『駐韓日本公使館記錄(11)』, 內閣員卜寵臣ノ軋轢, 1897년 1월 20일, 加藤→大隈重信, 478쪽; 『駐韓日本公使館記錄(18)』, 皇帝內命에 의한 李容翊의 露國公使館避身 件, 1902년 12월 1일, 林→小村, 174쪽.

и вокруг Короля), 궁정인물(придворные корейцы) 등이라고 표
현했다.[22]

　'총신', '국왕지지자', '궁정인물' 이라는 용어는 고종의 측근세력들이
왕실과 긴밀한 관계를 유지했다는 것을 시사한다. 그렇다면 이들은 왕실
과 어떤 관계를 갖고 있었을까?

　왕실의 기구를 살펴보면 대한제국기 궁내부는 군주권의 강화와 함께
방대한 기구로 발전되었다. 1895년 11월 설치된 궁내부는 16개의 부서
에서 1903년 11월 전체 28개로 부서로 확대되었다. 이미 궁내부를 주목
한 선행연구는 광무연간 고종의 측근세력의 핵심으로 이용익, 이근택,
이기동, 길영수, 김영준, 주석면, 이유인 등의 인물을 제시했다.[23]

　궁내부 정치세력의 실체를 파악하기 위해서는 궁내부의 조직구도가
규명되어야한다. 고종과 그의 측근세력들이 궁내부를 중심으로 결속했
던 점을 고려한다면, 궁내부에 기반한 정치세력의 형성과 변동 과정을
파악해야한다. 저자는 그 방법으로 대한제국의 중요한 정치적 사건을 주
목했다. 김홍륙피격사건(98.4), 고종독차사건(98.9), 만민공동회해산(98.12)
등이 바로 그것이다.

　그런데 대한제국 궁내부의 정치구도를 살펴보기 위해서는 먼저 고종
의 정국구상을 반드시 파악해야한다. 기존연구는 대한제국의 정치적 지
향을 지나치게 단순하게 파악하여 일본 또는 러시아로 규정했다. 필자는
이러한 규정을 검증하기 위해서 아관파천 이후 복설되었다고 주장되는

---

21) John M.B Sill, Disposal of Refugees-Enclosure 1, 1895.12.1, p.7(National Archives
　　and Records Administration[이하 NARA로 표기함] FM 134 Roll 12 No 175);
　　John M.B Sill, King a refugee at Russian Legation, 1896.2.11, pp.6~7(NARA FM
　　134 Roll 12 No 195);『尹致昊日記』1895년 11월 27일;『尹致昊書翰集』1895년
　　11월 30일;『뮈텔주교일기』1895년 10월 23일.
22) АВПРИ(대외정책문서보관소). Ф.150.Оп.493.Д.7.ЛЛ.95~96; АВПРИ. Ф.150.
　　Оп.493.Д.168.Л.267.
23) 徐榮姬, 앞의 책, 78~86쪽.

'의정부'를 주목했다.[24] 그런데 1896년 9월 설치된 의정부는 기존의 의
정부와 달랐다. 필자는 기존 의정부와 내용과 성격이 다르기 때문에
1896년 9월 설치된 의정부를 '신의정부(新議政府)'라는 명칭으로 구별
했다.

그런데 아관파천 3개월 전 1895년 11월 28일 발생한 '춘생문사건'을
주목할 필요가 있다. 그 이유는 당시 서울에 주둔한 병력의 절반가량이
'춘생문사건'에 동원되었기 때문이다. 이 사실은 김홍집내각에 반대한
세력이 상당히 강력할 뿐만 아니라 조직적으로 움직였음을 보여준다.
'춘생문사건'에 대한 섬세한 조명은 아관파천에 참여한 정치세력의 형성
과정 및 실체를 규명하는 데에 유용하다. 뿐만 아니라 당시 사람들이 아
관파천을 불가피한 조치로 받아들였던 분위기도 이해할 수 있을 것이다.
필자는 을미사변 이후 출범한 친일파 내각을 붕괴시키려는 춘생문사건
의 추이를 꼼꼼히 살펴볼 것이다.

---

24) 1896년 9월 설치된 의정부는 본문에서 자세히 서술하겠지만 기존의 의정부와 동
일한 것이 아니다. 갑오개혁 이전에 설치된 기존의 의정부 기능을 축소한 바탕위
에서 국무회의와 상원의 기능이 가미되었다.

5장. 춘생문사건과 정국변동

백여 년 전에 발생한 '춘생문사건'을 서술할 때 일본측 자료에서 가장 먼저 접하는 단어가 '복수' '전복' '음모' 등이다.

당시 일본공사 고무라(小村壽太郞)는 춘생문사건에 대해서 "복수할 생각을 품고, 현 내각을 전복하려는 음모"라고 본국에 보고했다.[1] 이러한 배경에는 일본의 이익이라는 정신에 입각하여 한국을 일방적 측면에서 관찰하는 '선입견'이 작용했기 때문이다. 또한 조선의 국내정치세력을 부정적으로 서술하려는 일본의 의도가 숨겨져 있었다.

반면에 러시아공사 베베르(К.И. Вебер)는 춘생문사건을 "모든 위험한 상황으로부터 고종을 보호하기 위한 조치였다"고 러시아 외무부에 보고했다. 또한 러시아측 자료는 춘생문사건을 경기와 충청 등 5도에 있는 의병 조직이 지원했다는 것을 알려주었다.[2] 이러한 사실은 춘생문사건 가담자가 조직적인 계획을 작성했고, 당시의 보편적인 반일정서에 기반을 두었다는 것을 시사한다.

그런데 왜 지금까지 '춘생문사건'이라 부를까? 저자는 '춘생문사건' 관련 문헌을 살펴보았지만 당시 기록 어디에도 '춘생문사건'이라는 명칭

---

1) 『駐韓日本公使館記錄(7)』, 小村→西園寺, 1895년 12월 30일 機密100號 「28日 事變의 顚末」, 416쪽.

2) Архив внешней политики россий ской империи(대외정책문서보관소. 이하: АВПРИ). Ф(문서군).150.Оп(문서철).493.Д(문서).6.ЛЛ(쪽수).177, 180 с об.

을 찾을 수 없었다. 단지 이 사건은 '28일사변(二十八日事變)' '임최수의
거' '이재순등 조율' '시위대폭동' 등으로 불렸다.[3] 그런데 기존 연구는
왜 명칭에 대한 뚜렷한 설명 없이 '춘생문사건'이라고 불렀을까?[4] 그 당
시 고종은 경복궁의 가장 후미인 건청궁에 머물렀다.[5] '춘생문'은 신무
문을 나서면 대궐 후원이 나오는데 그 후원 동쪽에 있는 협문이었다. 정
변에 참여한 군대는 훈련대 → 동별영 → 성균관 → 북영 → 태화궁
→ 춘생문 → 북장문 등의 대궐 진입 과정을 거쳤다.[6] 이들은 태화궁에
진을 치고 먼저 신무문 밖의 대궐 후원 동쪽문인 '춘생문'에 진입하려고
시도했고, 실패하자 춘생문 서쪽의 담장을 공격하였다. 결국 '춘생문'은
적을 피해 고종이 있는 곳에 가장 신속하고 은밀하게 도달할 수 있는
효율적인 진입문이었다. 이러한 '춘생문'의 중요성 때문에 이 사건을
'춘생문사건'이라고 부르게 됐던 것으로 보인다.

지금까지 춘생문사건에 대해서 알려진 바는 다음과 같다. 1895년 11
월 28일 새벽에 친러파 관료들이 궁궐 밖으로 고종을 구출하여 을미사
변 이후 구성된 친일파 내각을 붕괴시키려 했다는 것이다. 그런데 정변
에 참여한 세력은 각국공사관에 "진위대병졸등이...역당을 토멸하고 병

3) "林最洙義擧, 李載純等 照律, 侍衛隊暴動" 國史編纂委員會編, 『日本公使館記錄
(7)』(서울, 1995), 416쪽; 鄭喬, 『大韓季年史(上)』(서울, 1957), 123쪽); 서울대奎章
閣編, 『議奏(3)』(서울, 1995, 보경문화사), 495쪽; 明治編年史編纂會編, 『明治編年
史』(東京, 1936, 財政經濟學會), 327쪽.
4) 李瑄根, 『韓國史』(서울, 1963, 을유문화사), 683쪽; 洪景萬, 「春生門事件」, 『李載
蘗博士還曆기념한국사학논총』(서울, 1990, 한울), 647쪽; 金源模, 「貞洞俱樂部의
親露反日政策」, 『水邨朴永錫華甲기념한국사논총』(서울, 1992), 162쪽.
5) 홍순민, 『우리 궁궐 이야기』(서울, 1999, 청년사), 178~182쪽.
6) 『議奏(3)』, 495~499쪽; 李道徹, 1895, 「乙未事實供招」, 『忠愍公供招』(復讐倡義
秘史編纂會, 『明成皇后』(서울, 1998, 藝光), 270쪽; 國史編纂委員會編, 『駐韓日本
公使館記錄(7)』, (서울, 1995), 419쪽; 『大韓季年史(上)』, 124쪽; 尹孝定, 『韓末秘
史』(서울, 1995, 敎文社), 172쪽(『東亞日報』에 1931년 연재); 『뮈텔주교일기』
1895년 11월 28일.

졸등의 역명을 신설할 것"이라고 밝혔다.[7] 역당은 다름 아닌 을미사변
에 관련된 김홍집내각을 의미한다. 이 당시 군부는 을미사변 이후 시위
대와 훈련대를 통합하여 중앙에 친위대, 지방에 진위대로 개편하였다.[8]
친위대는 2대대 8중대 24소대 체제였고, 진위대는 평양과 전주에 주둔
하며 각각 1대대 2중대 6소대 체제였다.[9] 그런데 당시의 기록을 살펴보
면 춘생문사건에 가담한 군대는 지방군인 진위대가 아니라 친위대에 편
성된 '구시위대(舊侍衛隊)'였다.[10] 주한 러시아공사 베베르도 진위대를
'구궁궐수비대(старая дворцовая охрана)'라고 번역하여 본국에 보
고하였다.[11] 그렇다면 '구시위대'의 배후는 누구일까?

　당시 서울에 주둔한 병력의 절반가량이 춘생문사건에 동원되었다.[12]
이 사실은 김홍집내각에 반대한 세력이 매우 강력할 뿐만 아니라 조직적
으로 움직였음을 보여준다. 이후 춘생문사건에 가담한 정치세력은 또다
시 아관파천에 결집했다. 춘생문사건에 대한 세밀한 조명은 아관파천에

---

7) John M.B Sill, Disposal of Refugees-Enclosure 3, 1895.12.3, p.1(NARA FM 134
　　Roll 12 No 177); 『뮈텔주교일기』 1895년 11월 28일.
8) 『議奏(3)』, 開國504년 9월 13일 「陸軍編制綱領 勅令案」, 156쪽, 31冊(奎 17705)
9) 『議奏(3)』, 開國504년 9월 13일 「平壤府와 全州府에 鎭衛隊設立에 관한 件 勅令
　　案」, 31冊(奎 17705), 157쪽; 『議奏(3)』, 開國504년 9월 13일 「親衛第1大隊大隊
　　長 李範來 等 補職件 上奏事」, 31冊(奎 17705), 158쪽.
10) 『尹致昊日記』 1895년 11월 27일; 李道徹, 1895, 「乙未事實供招」, 『忠愍公供招』,
　　270쪽. 이 자료는 이도철의 高孫 李海權이 소장한 자료를 공간한 것이다. 이해권
　　에 따르면 이도철의 며느리인 의성김씨가 1895년 작성한 것이라고 한다. 『미국공
　　사관기록』과 『뮈텔주교일기』에 '진위대'로 표기되었기 때문에 오자일 가능성은
　　없다.
11) АВПРИ. Ф.150.Оп.493.Д.6.Л.181.
12) 開國504년(1895년) 10월 4일 「親衛大隊定員表」, 34冊(奎 17705)[서울대奎章閣編,
　　『議奏(3)』(서울, 1995, 보경문화사), 272쪽]; 李道徹, 1895, 「乙未事實供招」, 『忠
　　愍公供招』(復讐倡義秘史編纂會, 『明成皇后』(서울, 1998, 藝光), 271쪽. 『乙未事
　　蹟』, 『林最洙初招』, 『乙未十月正義事實記』 등도 이 책에 영인되었다. 이 당시 서
　　울의 군대는 친위 2대대 체제로 병력만 총 1600여명이 있었다. 이 중 1대대 병력
　　인 800여명이 춘생문사건에 동원되었다.

참여한 정치세력의 형성과정 및 실체를 규명하는 데 유용하다.

춘생문사건에 대한 기존연구는 매우 부진하다. 춘생문사건의 모의과정과 참가인물, 고종의 승인여부, 김홍집내각의 대응과정에 대한 사실 자체도 밝혀지지 않았다. 기존연구는 춘생문사건을 주도한 정치세력을 정동에 도피중인 친러·친미파 또는 정동구락부로 파악했다.13) 계획을 작성한 인물로는 이범진 또는 윤웅렬로 파악했다.14) 하지만 춘생문사건 당시 고종을 보호했던 왕실의사인 에비슨은 "대궐내 궁내부 관료 모두가 이 사건에 대해서 알고 있었다"고 주장했다.15) 이러한 에비슨의 주장은 궁내부 관료가 춘생문사건에 깊숙이 개입되었다는 것을 시사한다.

필자는 먼저 춘생문사건의 모의과정과 참가인물, 고종의 승인여부, 김홍집내각의 대응과정에 관한 사실 규명에 집중할 것이다. 그리고 춘생문사건의 주도세력을 규명하면서 대한제국기 고종의 측근세력인 궁내부에 기반을 둔 정치세력의 형성을 살펴볼 것이다. 이를 위해 기존에 알려지지 않았던 사건참가 당사자의 재판기록 및 회고록, 러시아 문서보관소에 소장된 관련 문서 등을 중심으로 규명할 것이다.

---

13) 李瑄根, 앞의 책, 685쪽; 金源模, 앞의 글, 72-73쪽. 박벨라는 춘생문사건의 참여 세력을 반일세력이라고 밝혔다.(Пак Б.Б. 2004. Российская дипломатия и Корея[러시아의 외교와 조선]. М. С.164)

14) 洪景萬, 앞의 글, 655쪽; Harrington저 / 李光麟역, 『개화기 한미관계(1884~1905)』 (서울, 1973, 일조각), 301쪽.

15) O.R. Avison저, 에비슨 기념사업회역, 『구한말비록(上)』(대구, 대구대출판부, 1984), 46-47쪽. 주전사 주사였던 윤이병의 「遺蹟記」에 따르면 재판과정에서 임최수 등이 춘생문사건에 관련된 많은 인물을 보호했다고 지적하였다.(「省齋(尹履炳)先生遺蹟記」, 『省齋遺稿』[서울, 1958], 2쪽)

1. 춘생문사건의 경위

1895년 5월 삼국간섭으로 일본은 청일전쟁에서 얻은 랴오둥반도를
청국에 반환했다.[16]

삼국간섭 이후 고종과 명성황후는 일본의 영향력이 약화되자 러시아
에 접근했다. 일본의 후원을 통해 정계에 복귀한 내부대신 박영효는 러
시아에 접근하는 왕실을 견제했다. 일찍이 철종의 부마가 되어 금릉위
(錦陵尉)로 불린 박영효(朴泳孝)는 1884년 전후영사 겸 우포장으로 갑신
정변에 참가했지만 실패하자 일본으로 망명했다.[17] 청일전쟁 이후 박영
효는 1894년 12월 일본의 후원을 통해 정계에 복귀하여 내부대신에 임
명되었다. 그는 1895년 7월 왕실을 견제하기 위해 시위대를 일본 군사
교관에 교육받은 훈련대로 교체하여 대궐수비를 담당시키려 했다.[18] 이
에 대해 신변의 위협을 느낀 고종과 명성황후는 강력히 반대하면서 "박
영효가 역모를 도모했다"며 박영효를 정계에서 축출했다.[19]

박영효가 실제 정변을 계획했는지 여부는 현재까지 불분명하다. 사사
키도메조(佐佐木留藏)가 정변 계획을 밀고한 것으로 알려졌다.[20] 당시

---

16) 『駐韓日本公使館記錄(8)』, 1895년 4월 25일 「三國干涉의 각서원문 통보」, 123쪽;
　　Витте С.Ю. М. 1960. Воспоминания(비테의 회고록). T.2. CC.45~47.
17) 김현철, 「박영효의 근대국가 구상에 관한 연구」, 서울대외교학과박사논문, 1999,
　　33~36쪽.
18) 四品 李承九는 군부에서 박영효와 연결된 인물에 대해 李周會, 柳赫魯, 鄭蘭敎
　　등이라고 밝혔다.(『日省錄』 建陽 元年 5월 17일)
19) 『日省錄』 高宗 32年 閏5월 14일; 杉村濬저 / 한상일역, 1993 「在韓苦心錄」,
　　206~210쪽.
20) 문일웅, 「재일본 망명자 세력의 정변음모연구」, 성균관대학교사학과석사논문,
　　2009, 12~13쪽 ;『駐韓日本公使館記錄(7)』,「朴泳老事件 수습책 지사와 이에 대
　　한 回報」, 1895년 7월 10일, 井上→杉村, 180쪽

일본공사관 서기관 스기무라의 회고록, 주한 일본공사관이 본국정부에
보낸 문서에는 박영효가 1895년 7월 역모를 꾸민 적이 없다고 기록되었
다. 하지만 1895년 7월 11일 러시아공사 베베르가 본국 외무부에 보낸 문
서를 살펴보면 "박영효는 자신에 대한 왕비의 제거 음모에 맞서서 대항했
고, 스기무라도 최후의 방법을 결정할 것을 박영효에게 촉구했다."[21] 정
국주도권을 장악하기 위한 명성황후와 박영효의 충돌이 박영효역모사건
의 핵심이다.

박영효는 1895년 7월 7일 6시경 그의 부하 이규완과 신응희 등을 동
반하여 주한 일본공사관에서 남대문을 거쳐, 용산에서 작은 배를 이용해
서 인천으로 도피했다.[22]

이후 고종과 명성황후는 일본 군사교관에 의해 교육받은 훈련대를 해
산시키려 하는 한편 내부협판인 유길준을 전출시켜 김홍집내각을 약화
시키려 했다.[23] 김홍집내각을 후원한 일본공사관은 조선에서 일본의 영
향력이 쇠퇴하자 대원군을 입궐시키는 한편 훈련대의 일부를 동원하여
명성황후를 시해했다.[24]

이렇듯 을미사변에 참여한 훈련대가 주축인 '친위대'는 김홍집내각에
저항하는 군대 이름으로 적합하지 않았다. 그렇다고 해서 해체되어 실재
하지 않았던 시위대의 명칭을 사용하기는 곤란했을 것이다. 여기서 춘생
문사건 당시 군대를 지휘한 이도철을 주목할 필요가 있다.[25] 임최수와

21) АВПРИ. Ф.150. Оп.493. Д.6. Л.24 с об
22) 『駐韓日本公使館記錄(6)』,「六. 朴泳孝不軌事件(3)」, 1895년 7월 12일, 臨時代理
   公使 杉村濬→外務大臣代理 侯爵 西園寺公望, 쪽. 奧村圓心에 따르면 1895년
   6월 박영효가 일본에 망명했다고 기록했다(奧村圓心,「朝鮮國布敎日誌」, 『眞宗
   史料集成』, 11卷, 1975; 조동걸,「奧村의 朝鮮國布敎日誌」, 『한국학논총』 7집,
   1985)
23) 『尹致昊日記』 1895년 10월 16일.
24) АВПРИ. Ф.150.Оп.493.Д.6.ЛЛ.59об-60
25) 『議奏(3)』, 開國504년 11월 14일「特別法院被告 李載純等 照律上奏案 請議事」,
   39册(奎 17705), 496쪽.

함께 초기부터 이 사건을 준비한 이도철은 을미사변 이전인 6월 평양 진위대 대대장을 역임했다. 이러한 배경으로 '진위대'라는 명칭을 사용했던 것으로 보인다.[26] 하지만 동원되지 않은 '진위대병졸'이라는 명칭을 사용하기 보다는 정확한 명칭인 '시위대병졸'으로 부르는 것이 타당하다.

그런데 여기서 논란이 되는 것은 '시위대병졸'의 배후가 누구냐는 것이다.[27] '시위대병졸'의 배후를 밝히는 것은 그리 간단한 문제가 아니다. 이 문제를 해결하기 위해서는 춘생문사건의 계획 전모를 파악해야한다.

춘생문사건과 관련하여 체포된 이충구, 임최수 등의 재판 진술문에 따르면 이 사건을 모의한 시기가 조금씩 다르다. 즉 10월 말부터 11월 중순이라는 것이다. 하지만 춘생문사건은 을미사변 직후부터 계획됐던 것으로 보인다.[28] 또한 이충구, 이재순, 안경수 등의 재판 진술문 중 일치한 대목을 살펴보면 춘생문사건 가담자는 홍병진의 집을 거점으로 전

---

26) 『乙未十月(李道徹)正義事實記』, 479쪽; 李道徹, 1895, 「乙未事實供招」, 『忠愍公供招』, 265쪽. 『乙未十月正義事實記』는 이도철의 高孫 李海權이 소장한 자료를 공간한 것인데 저자와 작성시기가 명확하지 않다. 그렇지만 이 자료는 재판판결문 등의 기존자료와 비교했을 때 춘생문사건의 준비과정을 거의 유사하게 파악했고, 기존 자료보다 참여 명단을 아주 자세하게 기록했다는 점에 특징이 있다. 이 자료가 쓰인 시기는 본문에 나오지 않아 시기를 확정할 수는 없다. 하지만 동일한 필체로 1895년 11월에 전달되었던 뮈텔관련기록이 마지막에 나오는 점, 수록된 이도철 추모 기록이 모두 1896년 10월 장례식과 관련되어 기록된 점, 시간이 지났을 때 이렇게 상세한 명단을 작성할 수 없었을 것이라는 점 등을 고려해야 할 것이다. 더구나 춘생문사건 직후 신변의 위협을 받아 도피 중인 상황에서 상세한 명단을 작성했을 가능성은 적다. 결국 이 자료는 아관파천 이후인 1896년 2월부터 10월 사이에 쓰인 것으로 추정된다.

27) 기존연구는 시위대병졸의 배후에 주목하지 않았지만 춘생문사건을 주도한 정치세력을 정동에 도피중인 친러·친미파 또는 정동구락부로 파악하였다.(李瑄根, 앞의 책, 685쪽; 金源模, 앞의 글, 72~73쪽) 계획을 작성한 인물로는 이범진 또는 윤웅렬로 파악하였다.(洪景萬, 앞의 글, 655쪽; Harrington저 / 이광린역, 앞의 책, 301쪽)

28) 『乙未十月(李道徹)正義事實記』, 479쪽.

체 계획을 준비했고, 11월 중순에 세부 계획을 완성했다. 특히 이재순은
재판 진술문에서 11월 중순에 이 계획을 알았다고 주장했다. 하지만 그
는 10월부터 이 사건의 준비 과정에 개입했다.[29]

이재순과 임최수는 10월 말에 춘생문사건의 전체 계획을 마련했고,
11월 중순에 세부 계획을 완성했다. 그 과정에서 전사과(前司果) 이세진
과 전별선군관(前別選軍官) 김화영 등의 다양한 인물이 합류했다.[30] 전
체 계획이 완성되자 임최수는 외국공사관의 후원을 얻기 위해 김화영을
보내 윤치호의 아버지인 전남병사(前南兵使) 윤웅렬을 설득했다.[31] 이
과정에서 탁지부 사계국장(司計局長)인 김재풍은 김화영을 통해 자원했
고, 그의 친형인 전첨사(前僉使) 김재붕은 자연스럽게 합류했다.[32] 김재
풍과 연결되었던 전 군부대신인 안경수는 거사 직전 홍병진의 집에 가서
후원을 약속했다.[33]

이재순은 춘생문사건 참가자를 확대시키면서 임최수를 통해 구시위
대 장교를 동원할 수 있었다. 구시위대 장교는 상당수가 을미사변 이후
휴직되어 김홍집내각에 불만을 가졌기 때문이었다. 임최수는 구시위대

---

29) 『議奏(3)』, 開國504년 11월 14일 「特別法院被告 李載純等 照律上奏案 請議事」,
   39冊(奎 17705), 495~499쪽; 「(林最洙)行錄」 『乙未事蹟』, 414쪽. 『乙未事蹟』은
   임최수의 曾孫 林眪圭가 공간한 것이다. 여기에는 「倡義通文」 「萬國公報」 「(林最
   洙)遺疏」 「(林最洙)行錄」 등이 수록되었다. 「(林最洙)行錄」은 임최수의 家系부터
   시작하여 임최수의 행적을 기록한 글이다. 증손 임광규는 이 자료가 임최수의 둘
   째 아들인 林原相의 필적이라고 주장했다. 이 자료는 "庚戌四月二十五日移葬...淸
   州韓氏合祔"라고 하여 경술년인 1910년 임최수 부부가 합장된 것을 계기로 쓰어
   졌던 것으로 추정된다.(「(林最洙)行錄」 『乙未事蹟』, 426쪽)
30) "其時大使李載純 日本聞變出來 君曾有所共事 且上所親信也 與之同心 議事人心
   賴以爲重"(「(林最洙)行錄」 『乙未事蹟』, 414~415쪽)
31) 『乙未十月(李道徹)正義事實記』, 479~481쪽.
32) 「(林最洙)行錄」 『乙未事蹟』, 415쪽; 尹孝定, 「訓院霜月義士拔劍」, 『韓末秘史』(서
   울, 1995, 수문사), 174~175쪽.
33) 『議奏(3)』, 開國504년 11월 14일 「特別法院被告 李載純等 照律上奏案 請議事」,
   39冊(奎 17705), 497쪽.

1대대 중대장이었던 정위 이덕순을 몰래 만나 '토역(討逆)'할 것을 합의
했다. 이후 이덕순은 을미사변 이후 휴직되었던 구시위대 2대대 대대장
참령 김진호와 구시위 1대대 중대장 정위 홍진길 등과 춘생문사건에 참
여할 것을 결의했다.[34]

이러한 계획을 진행시키면서 이재순과 임최수는 고종의 최종적인 승
인을 받으려 했다. 이에 따라 임최수는 을미사변 당시 사망한 홍계훈의
친척인 홍병진을 이용했다. 홍병진은 궁내부 회계원 출납사 주사로 준비
초기부터 임최수와 연결된 인물이었다.[35] 홍병진은 그의 고모이자 홍계
훈의 누이인 홍상궁에게 그들의 의사를 알렸다. 홍상궁은 대궐을 자유로
출입할 수 있었기 때문에 고종과의 연락을 담당했다.[36]

고종은 11월 18일 홍상궁을 통해 "임최수는 믿을 수 있는 신하며, 대
소신민이 모두 창의를 부르짖으니, 어찌 억누를 수 있겠는가"라는 '밀
지'를 이재순과 임최수에게 내렸다.[37] 더구나 고종은 춘생문사건이 일어
나기 바로 직전에 이도철 임최수 등에게 "궁성을 보호하고 흉역을 살해
하라"고 거사를 독려하는 '밀지'를 내렸다.[38]

---

34) 「(林最洙)行錄」『乙未事蹟』, 414~415쪽. 이덕순도 이때 휴직되었다.(『議奏(2)』,
    開國504년 8월 24일 「侍衛第1聯隊大隊長 玄興澤 等 休職件 上奏事」, 27冊(奎
    17705), 584쪽.

35) "本年九月初七日(양력10월24일)에 林最洙를 洪秉晋家에서 相逢하야"(『議奏(3)』,
    開國504년 11월 14일 「特別法院 被告 李載純等照律 上奏案 請議事」, 39冊(奎
    17705), 496쪽; "林最洙求見洪秉晋忠告 而善言使洪尙宮"(『乙未十月(李道徹)正義
    事實記』, 479쪽)

36) "又於起事之際慮有自 上驚動使 故副領洪啓薰之妹 洪尙宮密告於 上受內外和應同
    心 擧事之敎 見者感泣"(「(林最洙)行錄」『乙未事蹟』, 415~416쪽)

37) 이재순과 함께 종친집사를 역임했던 尹用求가 기록한 '墓碣銘'에 따르면 이재순
    은 임최수가 고종의 밀지를 받도록 주선하고, 춘생문사건이 실패하자 밀지를 은
    폐하였다. "十月李道徹林最洙獄事…公周旋通密旨存憂愛"(尹用求, 隆熙二年 十月
    「淸安君(李載純)墓碣銘」『恩彦君派世譜』, 190쪽). "其徒孫洪秉晋成…今初二日徒
    洪尙宮所奉出 密旨一張有曰 林最洙信臣 大小臣民齊聲倡義 安以御押故矣 身奉
    此"(「再招對質」『林最洙初招』, 開國504년(1895년) 10월 23일, 452쪽)

고종의 승인을 받은 이재순과 임최수는 선발대와 후발대 등을 조직했다. 춘생문사건 당일 이도철은 김진호와 남만리 등의 장교를 거느리고 800여명의 병력을 동원하여 선발대를 지휘했고, 김재풍과 윤웅렬은 100여명의 의병을 동원하여 후발대로 배후에서 지원했다. 김재붕은 300명의 의병을 동원하여 대궐에서 도망가는 병력을 습격하기 위해 사대문의 주요 요소에 매복했다.[39]

이재순과 임최수는 병력을 동원하는 한편 각국공사관에 병력 지원을 요청하여 일본수비대의 방해를 저지하려 했다. 그래서 이들은 우선 외국공사관의 승인을 받기 위해 외국공사관과 친밀한 인물인 왕후궁주사 주석면과 전위원(前委員) 이충구 등을 동원했다.

이재순과 임최수는 주석면을 통해 이범진 이윤용 이병휘 등이 러시아공사관의 지원을 유도하도록 요청했다.[40] 이에 따라 이범진 등과 연결되었던 러시아공사 베베르는 춘생문사건 당일 러시아 영사인 로스뽀뽀프(Н.А. Роспопов)를 중심으로 장교와 병사를 대궐로 파견했다. 이후 로스뽀뽀프는 새벽 1시경 성벽 북동쪽 구석에서 신호처럼 보이는 세 번의 총성이 있었고, 새벽 2시경 무장한 조선인, 군인 그리고 민간인이 북동쪽으로부터 대궐로 접근했다고 까자끄 병사를 통해서 베베르에게 보고했다. 2시가 넘어서 대궐로 파견된 대위 흐멜레프(Хмелев)도 러시아공사관으로 돌아와서 무장한 조선인 등이 대궐 진입을 시작했다고 베베르에게 알려주었다.[41]

---

38) "勅令 率兵來護 宮城誅討凶逆 大朝鮮 大君主 唧"(『乙未十月(李道徹)正義事實記』, 483쪽)

39) 「(林最洙)行錄」『乙未事蹟』, 419쪽; 『乙未十月(李道徹)正義事實記』, 481~483쪽.

40) 「(林最洙)行錄」『乙未事蹟』, 416쪽; 尹孝定, 「內閣의 屠戮을 計劃」, 『韓末秘史』 (서울, 1995, 수문사), 171쪽; 黃玹著, 金濬譯, 『梅泉野錄』(서울, 1994, 敎文社), 386쪽.

41) АВПРИ. Ф.150.Оп.493.Д.6.Л.176 с об. 당일 파견된 장교는 대위 흐멜레프(Хмелев)와 중위 꾸지민(Кузьмин)이었다.(АВПРИ. Ф.150.Оп.493.Д.6.Л.176 об)

윤웅렬을 가담시켰던 이재순과 임최수 등은 외부협판인 윤치호를 통해 미국공사관의 후원을 받으려 했다.[42] 이에 따라 윤웅렬은 아들 윤치호를 통해 미국공사관의 지원뿐만 아니라 각국 공사와 영사의 대궐 입궐을 요청하도록 지시했다. 윤치호는 김화영과 함께 춘생문사건 당일 새벽에 미국공사관으로 출발했다.[43]

윤치호는 실(John M.B. Sill)과 베베르(К.И. Вебер)에게 대궐로 가서 고종을 보호해 줄 것을 요청하였고 조선주재 외교관을 대궐로 안내했다. 윤치호는 새벽 2시 30분경 조선주재 영국대표 및 미국대표 등과 함께 러시아공사관으로 도착했다. 그때 미국 공사 실은 자신이 입수한 음모자의 성명서를 외국대표들과 함께 공유했다. 고종을 보호하기 위해 조선주재 외국인들은 조선 외부협판 윤치호와 함께 대궐로 서둘러 출발했다. 조선주재 영국총영사 힐리어(Walter C. Hillier), 미국공사관 서기관 알렌(Horace N. Allen), 선교사 언더우드(Horace G. Underwood), 미국공사 실(John M.B. Sill), 요크타운(Yorktown)호의 함장 폴저(W.M.V Folger)와 중위 스티븐(Steven), 러시아공사 베베르(К.И. Вебер), 러시아 군사탐험 책임자 소꼬브닌(Соковнин) 대위, 러시아공사관 서기관 사무대리 슈떼인(Штеин) 등이다.[44]

아관파천 이후 두 사람은 조선군대를 훈련시키는 러시아군사교관으로 활약하였다. (Афанасьев 1 и Н. Грудзинский . Русский инструкторы в Корее в 1896 г.-1898 г.[1896-1898년 사이 조선에서 러시아군사교관] Хабаровск. 1898. СС.1-2) 미국공사관 문서에 따르면 12시 30분에 세발의 총성이 울렸고, 3시에 대궐에서 큰 소리가 들렸다.(John M.B Sill, Disposal of Refugees, 1895.12.3, p.5(NARA FM 134 Roll 12 No 177) 필자는 러시아문서가 증인에 기초하여 사건을 상세히 기록했기 때문에 러시아문서에 기초하여 시간을 표기하였다.

42) 「(林最洙)行錄」 『乙未事蹟』, 415쪽; 『乙未十月(李道徹)正義事實記』, 479쪽.

43) 『尹致昊日記』 1895년 11월 27일; 『尹致昊日記』 1895년 11월 28일.

44) John M.B Sill, Disposal of Refugees, 1895.12.3, pp.6~7(NARA FM 134 Roll 12 No 177); АВПРИ. Ф.150.Оп.493.Д.6.Л.177 с об. 미국공사관 문서를 살펴보면 미국공사 실은 미국인들이 대궐로 갔다는 사실을 본국에 보고하지 않고 은폐하였다.

춘생문사건에 가담한 정치세력은 현재까지 알려진 것처럼 무력에만 의존하지 않았다. 당시 내부대신이었던 유길준은 을미사변 이후 내각을 제거하려는 음모를 '여러 방법'으로 막았다고 밝혔다. 이러한 사실은 춘생문사건에 참여한 정치세력이 다양한 방법으로 김홍집내각을 제거하려 했다는 것을 시사한다.[45] 10월 말 시종인 임최수가 참여 인물을 결속하던 시점에 전 궁내부 장원사장 현홍택은 내관 강석호와 연결되어 또 다른 방법을 진행시켰다. 현홍택은 미국과 러시아 공사가 매일 조금씩 대궐 입궐 시간을 지연시키도록 협조를 얻었다. 현홍택은 미국·러시아공사가 타고 온 가마를 점차 고종의 거처와 가까운 곳에 놓도록 하였다. 이를 통해 현홍택은 고종이 가마를 타고 대궐을 빠져나오는 방법을 실행하려 했다. 그러나 이러한 파천 음모는 강석호가 동료 내관에게 털어 놓아 누설되었다. 동료 내관은 서광범에게 알렸고, 서광범은 내각에 들어가 의논했던 것이다.[46]

결국 궁내부관료는 춘생문사건의 계획을 작성했을 뿐만 아니라 주요 참가자 중 약 절반을 차지했다. 주요 참가자 중 궁내부관료를 제외하면 상당수의 춘생문사건 가담자가 아관파천 이후 독립협회에 가담하였다. 이재순과 연결된 궁내부관료는 춘생문사건을 주도했다.

한편 대궐문을 열어주기로 약속했던 친위대 2대대 대대장 이진호는 춘생문사건 계획을 김홍집내각에게 오래 전부터 누설했다. 이진호는 이범진과 서신을 주고받았고, 고종은 사건 당일 이진호에게 춘생문을 열어

---

45) 俞吉濬, 1896, 「우리들이 作成한 改革案」,『俞吉濬의 英文書翰』(이광린,『개화파와 개화사상연구』[서울, 1989, 一潮閣], 235쪽)

46) 『駐韓日本公使館記錄(7)』, 小村→西園寺, 1895년 12월 30일 機密發 第100號 「28日 事變의 顚末」, 427쪽. 뮈텔은 신변안전을 위해 주미공사를 자임한 서광범이 "어느 편에 대해서도 두려움을 느끼고 있다"고 밝혔다. 서광범은 주미공사로 발령받기 위해 가마를 이용한 고종의 파천 방법을 내각에 보고했던 것으로 보인다. (『뮈텔주교일기』 1895년 11월 10일;『尹致昊日記』 1895년 10월 26일)

줄 것을 당부했다. 하지만 이진호는 사태가 불리할 것으로 판단하여 내
각에 춘생문사건의 진행과정을 보고했다.[47]

사전 정보를 입수한 김홍집내각은 대궐 공격자의 퇴로를 막고, 주요
가담자를 체포하기 위해 일본 수비대의 지원을 요청했다.[48] 하지만 일
본공사인 고무라(小村壽太郎)는 오히려 수비대를 지원할 수 없다며 주요
가담자를 사전에 체포할 것을 제의했다. 이에 대해 김홍집내각은 고무라
의 제의를 수용하지 않으면서 추후 논의 할 것을 주장했다.[49] 김홍집내
각은 춘생문사건 관련자를 현장에서 체포해서 반대세력을 완전히 제거
하고, 내각의 지위를 확고하게 하려 했다.[50]

사건 당일 김홍집내각은 대궐 수비병에게 비상경계를 내리며 철저하
게 대비했다. '시위대병졸등'이 춘생문과 북장문을 통해 진격해 들어오
자 김홍집내각은 대궐 수비병을 동원하여 그들을 막아냈다. 대궐 수비대
대대장 이범래는 성밖에 있는 '시위대병졸등'을 향해 "대궐 수비병 뒤쪽
에 일본수비대가 포진해 있다"고 위협했다. 또한 군부대신 어윤중은 성

---

47) 『尹致昊日記』1895년 11월 29일; "李軫鎬...李敏宏與李賊素有親密 謂其改悔非他
約以開門 以十月十一日 丑正爲約 且有 上勅云"(「(林最洙)行錄」, 『乙未事蹟』, 419
쪽). 이진호는 군사교관인 다이(J. H. Dye)에게 군사교육을 받았고, 이범진의 부친
인 李景夏가 이진호의 아버지에게 은혜를 베풀었고, 을미사변에 가담하지 않았기
때문에 춘생문사건에 가담할 수 있었다.(『駐韓日本公使館記錄(7)』, 小村→西園
寺, 1895년 12월 30일 機密100號 「28日 事變의 顚末」, 426쪽)
48) 기존 연구는 일본이 춘생문사건을 을미사변의 책임 회피에 이용한 측면만 부각하
였다.(李瑄根, 19앞의 책, 698쪽; 洪景萬, 앞의 글, 661쪽; 金源模, 앞의 글, 166쪽)
49) 『駐韓日本公使館記錄(7)』, 小村→西園寺, 1895년 12월 30일 機密100號 「28日 事
變의 顚末」, 417쪽.
50) 『尹致昊日記』1895년 12월 1일. 고무라는 을미사변 이후 출범한 내각이 '붕괴'될
가능성이 높았으나 춘생문사건 이후 '기사회생'하였다고 밝혔다.(『駐韓日本公使
館記錄(9)』, 小村→西園寺, 1896년 1월 21일 機密 第4號 「朝鮮現內閣의 地位」,
377~378쪽) 베베르도 "반역 대신들은 보잘 것 없고 기대하지 않았던 성공으로
고무되었고, 반역 대신들의 뻔뻔함이 시간이 갈수록 더욱 심해졌다"고 본국에 보
고하였다.(АВПРИ. Ф.150.Оп.493.Д.6.Л.178)

루에 올라가 그들에게 병영에 복귀할 것을 명령했다. 대궐을 공격하는
데 실패하여 궁지에 몰렸던 '시위대병졸'은 이범래와 어윤중의 위협과
명령에 사기가 완전히 떨어졌다. 결국 그들은 현장에서 도피할 수밖에
없었다.[51] 이후 춘생문사건이 실패하자 김홍륙은 러시아공사관 통역관
이라는 신분을 이용하여 이완용, 이윤용, 윤치호 등을 미국공사관에 안
전하게 도피시켰다.[52]

결국 을미사변 이후 김홍집내각이 일본의 후원으로 정국을 주도하자
고종은 궁내부관료를 통해서 러시아와 미국공사관 등에 무력지원을 요
청했다. 이러한 상황에서 궁내부관료인 이재순과 현흥택 등은 김홍집내
각을 제거하려는 방법을 모색했다. 먼저 장원사장이었던 현흥택이 미국
과 러시아공사의 협조를 얻어 고종을 파천하려는 계획을 진행했다. 이러
한 고종의 파천 계획이 누설되자 시종원경 이재순은 시종 임최수를 통해
서 을미사변 이후 해체되었던 시위대 장교와 병사를 결집하여 대궐 공격
을 추진했다.

---

51) 『駐韓日本公使館記錄(7)』, 小村→西園寺, 1895년 12월 30일 機密100號 「28日 事
   變의 顚末」, 419~420쪽; АВПРИ. Ф.150.Оп.493.Д.6.Л.179 с об 당시 베베르
   는 조선주재 외국대표들도 무장한 조선인이 대궐을 진입하지 못하자 신속히 대궐
   에서 자국 공사관으로 철수하였다며 다음과 같이 기록하였다. "마치 혁명의 지도
   자로 우리를 앞장세우려는 의도를 파악하면서, 우리는 더 이상 갈 수 없다고 단일
   하게 말하고는 공사관으로 서둘러 돌아왔습니다."(АВПРИ. Ф.150.Оп.493.Д.6.
   Л.178)
52) 『尹致昊日記』 1897년 2월 8일. 서재필도 춘생문 사건 이후 김홍륙이 이완용, 이
   윤용, 이상재, 이채연 등을 미국공사관에 피신시키는 데 관여했다고 밝혔다.(金道
   泰著, 『徐載弼自敍傳』[서울, 1948, 乙酉文庫], 247쪽)

2. 춘생문사건의 주도세력과 이재순 계열

궁내부관료는 춘생문사건을 주도했다. 그렇다면 궁내부관료가 어떤 인맥을 통해 춘생문사건에 가담했고, 아관파천 이후 정치적 영향력을 확대했는가를 천착할 필요가 있다. 왜냐하면 궁내부관료는 아관파천 이후 관직에 진출하여 정국 주도권을 장악했기 때문이다.[53]

갑오개혁 이후 내각은 왕실의 위상을 약화시켰다. 즉 왕실 예산을 제한하고, 왕실 소유의 토지 중 일부를 몰수했다. 1895년 4월 경무청 순검은 이준용의 집에 침입하여 왕족인 이준용을 체포했다. 고종은 "순검이 대궐로 들어와 자신을 위협할지 모른다"며 이준용 체포 과정에 대해 강한 불만을 토로했다. 그렇지만 고종은 일본의 후원을 받은 내각에 직접적으로 반발할 수 없었다.[54]

하지만 삼국간섭 이후 일본의 영향력이 약화되자 상황은 반전되었다. 고종은 내각에 반발하지 못한 기존 입장과 달리 내각에 자신의 의사를 관철시키려 하였다. 이러한 내각과 왕실의 갈등은 앞서 살펴본 훈련대 문제로 증폭되었다.[55] 특히 고종은 내각에 의해 약화되었던 궁내부를 강화하여 군주권을 회복하려 하였는데 궁내부특진관을 신설하고, 궁내부 내부에 신진관료를 등용하였다.[56] 이렇듯 고종의 강력한 후원을 받

53) 김영수, 2000, 「俄館播遷期 정치세력 연구」, 成均館大史學科碩士論文, 35~41쪽.
54) 『駐韓日本公使館記錄(7)』, 杉村→西園寺, 1895년 7월 4일 機密64號 「宮內大臣署理金宗漢來談槪要」, 387~388쪽.
55) 『駐韓日本公使館記錄(7)』, 杉村→西園寺, 1895년 6월 28일 機密62號 別紙 「本月二十六日外部大臣金允植氏ノ內話筆記」, 385~386쪽.
56) 高宗 32年 5月 1日 布達2號 「宮內府에 特進官을 置하는 件」(宋炳基等編, 1970 『韓末近代法令資料集(Ⅰ)』, 大韓民國 國會圖書館, 376쪽). "國王은…宮內府가 내각의 억압을 받아 그 권세가 신장되지 않는 것을 보고 깊이 杞憂를 품으신 것 같다…宮內府官吏가 국왕의 내명을 받아 러시아와 미국 양 공사관에 출입하여…君

았던 궁내부는 을미사변 직전까지 내각의 업무까지 침범하여 영향력을
확대할 수 있었다.[57]

삼국간섭 이후 권력의 핵심이 되었던 궁내부는 고종의 후원을 통해
성장하였기 때문에 을미사변 이후 김홍집내각에 저항하여 춘생문사건을
계획할 수 있었다. 특히 궁내부는 춘생문사건 당시 "군주의 지시를 엄숙
히 하여 바르게 할 것"이라는 '창의통문'을 작성하여 사대문 등에 붙였
다. 이러한 사실은 궁내부가 군주권을 강화하려는 인물로 결집되었다는
것을 시사한다.[58]

춘생문사건에는 궁내부 출신 관료가 대거 동원되었다. 이렇듯 많은
인원을 동원할 수 있었던 궁내부는 어떤 인맥으로 구성되었을까? 현재
까지 상세한 자료가 없기 때문에 궁내부의 인맥을 파악하기는 어렵다.
하지만 삼국간섭 이후 궁내부가 추진했던 일들을 통해 그 인맥의 형성을
추측할 수 있을 것이다.[59]

고종의 왕권 강화 의사를 가장 충실히 수행할 수 있는 인물이 청안군
이재순이었다. 종친정시문과에 합격한 이재순은 그의 양부 영평군 이경
하과 함께 1882년부터 계속 종친집사에 임명되어 종친과 긴밀한 관계를
유지할 수 있었다.[60] 특히 이재순은 임오군란 당시 오위도총부 부총관

권收復에 대한 원조를 받고자 의뢰했다"(『駐韓日本公使館記錄(7)』, 杉村→西園
寺, 1895년 7월 13일 機密72號 「明治二十八年六月下旬宮中卜內閣ノ間二興リ
タル衝突二付取調書」, 400~403쪽)

57) 『日省錄』高宗 32년 8월 20일.

58) "蕭王章以正"(「倡義通文」『乙未事蹟』, 1898, 331쪽) '창의통문'은 임최수가 초고
를 작성하였다.

59) 기존 연구는 아관파천 이후 궁내부에 대해 고종 측근의 단일한 세력이고, 궁내부
를 이범진 휘하의 이학균 최영하 김홍류 등 친러파가 주도한 것이라고 주장하였
다.(徐榮姬, 1998, 앞의 논문, 15~20쪽)

60) 이재순은 慶昌君派 李徽應의 아들로 태어나 全溪大院君의 아들인 恩彦君派 永平
君 李景應의 양자가 되었다. 思悼世子는 良娣 朴氏와의 사이에서 서자인 恩彦君
과 恩信君 낳았다. 은언군은 전계대원군의 아버지이며, 전계대원군은 哲宗의 아

으로 고종의 지시를 받아 명성황후가 서울을 벗어나는 데 활약하여 고종
과 명성황후의 신임을 받았다.[61] 이후 이재순은 사헌부대사헌, 형조판서
등 중요 관직을 역임하면서 정치적 관록을 쌓았고 삼국간섭 직후 궁내부
시종원경에 임명되어 승지와 시종을 지휘했다.[62] 아관파천 시기 궁내부
대신인 이재순은 고종의 지시를 받아 신정왕후의 병세를 자주 확인했고,
명성황후의 장지를 결정하기 위해 분주히 움직이는 등 왕실의 업무에 깊
숙이 관여했다.[63]

　이렇듯 고종의 신임을 받은 이재순은 을미사변 이후 충주의병을 조직
한 제천 출신의 심상훈과 긴밀한 관계를 이전부터 맺었다.[64] 대원군부
인의 아버지 민치구의 외손자 심상훈은 갑신정변 당시 고종을 보호하여
왕실의 신임을 얻었다.[65] 이재순의 친아버지 이휘응은 이재기, 이재승,
이재통 등을 아들로 두었다. 그 중 이재통은 심상훈의 딸과 결혼했다.[66]

버지였다. 恩彦君은 이재순의 증조부, 恩信君은 고종의 증조부였다.(『璿源譜紀畧』,
　1979, 162~163쪽;「昌興君派」,『全州李氏慶昌君派譜』, 1986, 14~15쪽;『恩彦君
　派世譜』, 1980, 223~225쪽)

61) "壬午六月十日…公會 聖旨卽擁護 東宮冒擠亂單自曜川"(「淸安君(李載純)墓碣銘」,
　『恩彦君派世譜』, 隆熙二年 十月 190쪽);『高宗實錄』光武 8년 3월 2일. 미국서기
　관인 샌즈는 이재순이 쾌활한 성격과 함께 뛰어난 지략을 갖추었다고 밝혔
　다.(William F. Sands저 / 김훈역,『조선의 마지막 날 1894~1904』[서울, 1986, 미
　완], 68쪽)

62) 이재순은 1880년대 成均館大司成, 吏曹參判 등의 관직을 역임하였다.(『高宗實錄』
　5년 3월 20일, 17년 4월 30일, 19년 6월 11일, 25년 6월 30일, 25년 11월 22일,
　27년 4월 17일, 29년 8월 15일, 31년 5월 25일, 32년 10월 15일;「淸安君(李載純)
　墓碣銘」『恩彦君派世譜』, 隆熙二年 十月, 190쪽)

63)『高宗實錄』建陽 元年 10월 18일, 10월 19일, 10월 28일;『高宗實錄』建陽 元年
　11월 1일, 12월 9일, 12월 11일, 12월 18일;『高宗實錄』建陽 2년 1월 1일.

64)『뮈텔주교일기』1895년 11월 26일; 1895,「(李道徹)乙未事實供招」『忠愍公供招』,
　265쪽.

65)『國朝文科榜目』, 太學社, 1984, 1720쪽;『高宗實錄』11년 1월 1일;『梅泉野錄』
　甲午以前 159~160쪽.

66)「昌興君派」『全州李氏慶昌君派譜』, 1986, 14~15쪽.

이재순과 심상훈이 모두 충청도에 기반을 가졌다는 점을 주목할 필요
가 있다.[67] 춘생문사건에 참여한 궁내부관료 중 임최수와 윤이병이 논
산 출신이었다. 여기에 을미사변 당시 시위대 연대장으로 사망한 홍계훈
은 태안부사, 충청수사, 충청병사 등을 역임했는데, 홍계훈의 아들인 홍
세영과 종손인 홍병진도 자연스럽게 충청도 출신자와 연결될 수 있었
다.[68] 그밖에 궁내부관료는 아니지만 선발대를 지휘한 이도철도 제천
출신이었고, 춘생문사건 당시 후발대를 지휘한 윤웅렬도 아산 출신이었
다.[69] 이러한 사실을 통해 이재순은 충청도와 관련된 인물을 중심으로
궁내부에 자신의 인맥을 형성했던 것으로 보인다.

갑오개혁 이후 이재순은 조선에 거주하는 외국인과의 교류를 주도하
면서 정치적 영향력을 확대했다.[70] 그는 1895년 7월 뮈텔주교를 극비리
에 찾아가 국제 정세에 대해 논의했다. 뮈텔과의 대화를 통해 이재순은
프랑스의 영향력에 대해 높이 평가했고, 대화내용을 편지로 작성해 줄
것을 뮈텔에게 요청했다.[71] 이후 이재순은 뮈텔을 통해 프랑스 제독인
보몽(Beaumont)과 만나 프랑스가 러시아와 일본을 견제해 줄 것을 요구
했다. 이러한 제의에 대해 보몽은 본국 외무성에 알릴 것이라고 약속하
여 고종과 면담할 수 있었다.[72]

---

67) 李徽應과 李載紀가 죽은 이후 忠州에 묻혀 이재순 집안은 충청도에 기반을 가졌
   다.(「昌興君派」『全州李氏慶昌君派譜』, 1896, 14~15쪽)
68) 『日省錄』高宗 21년 6월 11일, 高宗 22년 8월 26일, 高宗 23년 9월 12일. 홍병진
   은 춘생문사건이 실패하자 충청도에 내려가 의병활동을 전개했다.(『뮈텔주교일기』
   1895년 12월 23일)
69) 李道徹, 1995, 「乙未事實供招」『忠愍公供招』, 264쪽; 柳永烈, 『開化期의 尹致昊
   研究』(서울, 1985, 한길사), 18쪽.
70) O.R. Avison저 / 에비슨 기념사업회역, 앞의 책, 56~57쪽;『뮈텔주교일기』1895
   년 8월 20일.
71) 『뮈텔주교일기』1895년 7월 22일. 뮈텔은 프랑스가 조선을 일본의 영향력에서 구
   할 수 있다고 밝혔다.(『뮈텔주교일기』1895년 7월 21일)
72) 『뮈텔주교일기』1895년 8월 18일. 시위대 연대장인 洪啓薰도 고종의 지시를 받

을미사변 이후 이재순은 시종 임최수와 비서감우승 정일영을 보내 뮈텔에게 프랑스 병력 지원을 요청했다. 임최수는 자신의 신변보장을 위해 프랑스에 의지하고 있다는 고종의 의사를 뮈텔에게 전달했고, 정일영도 고종의 폐위 음모에 대항하여 프랑스 군대를 동원할 것을 뮈텔에게 요청했다.[73] 아관파천 이후 홍병진은 극비리에 만나려는 고종의 의사를 뮈텔에게 전달했고, 이재순을 찾아가면 고종을 만날 수 있을 것이라고 알려주었다.[74] 이렇듯 이재순은 고종의 승인을 받아 궁내부 내부의 인맥을 동원하여 프랑스를 통한 러·일견제를 도모했다.[75]

아관파천 이후 이재순은 고종의 환궁을 배후에서 후원하는 한편 정적을 제거하여 정치적 영향력을 강화하려 하였다. 군부협판 윤웅렬과 전부사 이시우는 고종의 환궁 방법을 논의하기 위해 뮈텔을 찾아갔다.[76] 이후 이재순은 이시우와 뮈텔과의 대화내용을 확인하기 위해 뮈텔을 방문했고, 이시우는 주동인물이 되어 환궁을 요구하는 상소를 올렸다.[77] 또한 이재순은 1896년 8월 궁내부 시종 윤이병을 통해 독립협회와 관련된 정부관료를 제거하려 했다.[78]

한편 고종은 을미사변 이후 명성황후가 사망하자 왕세자에 대해 더욱

아 뮈텔을 찾아가 프랑스의 지원을 거듭 요청했다.(『뮈텔주교일기』 1895년 8월 20일)
73) 『뮈텔주교일기』 1895년 10월 20일, 10월 23일, 10월 25일, 10월 31일.
74) 『뮈텔주교일기』 1896년 4월 15일.
75) 일본공사인 가토우는 이재순이 '러시아파'와는 다른 인물로 평가하였다.(『駐韓日本公使館記錄(11)』, 加藤→大隈, 1897년 1월 20일 「내각원과 寵臣간의 알력」, 222~224쪽)
76) 『뮈텔주교일기』 1896년 5월 22일.
77) 『高宗實錄』 建陽 元年 8월 4일; 『뮈텔주교일기』 1896년 8월 4일.
78) 建陽 元年 10월 10일 「被告 尹履炳 金弘濟 李世鎭 等의 高等裁判所 判決宣告書 官報 揭載 要請件」, 11册(奎 17277의 2)(서울대奎章閣編, 1998 『法部起案(1)』[서울, 보경문화사, 1998], 575~576쪽); 『駐韓日本公使館記錄(10)』, 原敬→西園寺公望, 1896년 8월 21일 「朝鮮內閣員 一部의 隱謀에 대한 捕縛事件 報告」, 171쪽

집착했고, 춘생문사건과 아관파천 당시 왕세자와 함께 움직이는 등 향후
왕권의 유지를 위해 노력했다. 고종은 외국인과의 접견에서 왕세자를 참
석시켰고, 1896년 9월 '신의정부'를 설치할 때 왕세자가 참석할 수 있는
규정을 넣었다.[79]

이러한 고종의 왕세자 보호를 충실히 수행할 수 있는 인물은 종친인
이재순이었다. 이재순은 정부대신들이 명성황후가 사망한 이후 고종의
총애를 받았던 엄상궁을 순비와 귀비로 책봉하자는 상소를 올렸을 때 참
여하지 않았다.[80] 특히 이재순은 정부대신들이 이용익이 엄비를 경멸했
다며 처벌 상소를 올렸을 때도 가담하지 않았다.[81] 이러한 사실을 통해
종친인 이재순은 엄비의 정치적 영향력을 경계하면서 향후 왕권을 이어
받을 왕세자와 긴밀한 관계를 유지하려 했던 것으로 보인다.[82]

이재순 계열을 정리하면 후원인물로 심상훈과 윤웅렬, 주요인물로 임
최수, 윤이병, 홍병진, 이도철, 정일영 등으로 추정된다. 이재순 계열은
궁내부에 기초한 정치세력으로 대한제국 각종 정치적 사건에서 고종의
의사를 충실히 수행했다.

---

79) Isabella Bird Bishop, Korea and Her Neighbours, Kelly and Walsh Ltd, 1897(이인
화역, 『한국과 그 이웃나라』[서울, 살림, 1994], 486~488쪽); 『뮈텔주교일기』
1897년 4월 2일; 『韓末近代法令資料集(Ⅱ)』, 建陽 元年 9월 24일 「議政府官制」,
179~184쪽.
80) 『高宗實錄』 光武 5년 9월 20일, 光武 6년 10월 24일.
81) 『高宗實錄』 光武 6년 11월 29일, 11월 30일.
82) 이러한 관계를 반영하듯 순종은 이재순이 사망한 뒤 회갑이 되던 제사날(甲祭) 그
의 아들인 李海昇에게 200원을 특별히 하사하였다.(『純宗實錄附錄』 4년 12
월 19일)

3. 궁내부 정치세력의 형성과 이범진 계열

삼국간섭 이후 명성황후는 러시아공사 베베르를 통해 러시아의 지원을 요청했고, 고종은 홍종우를 블라디보스톡에 보내 러시아 군대의 지원을 추진했다. 고종과 명성황후가 러시아와 연대를 도모하려는 의사를 충실히 수행한 인물은 궁내부 협판인 이범진이었다.[83] 특히 이범진은 갑신정변 당시 명성황후를 구해준 인연으로 명성황후의 총애를 받아 명성황후가문과 긴밀한 관계를 맺을 수 있었다.[84] 이범진은 갑신정변 이후 고종의 특명에 의해 규장각 직각으로 승진하고, 삼국간섭 이후 상의사장, 제용원장, 궁내부협판 등 궁내부의 중요 관직에 발탁되었다.[85] 이렇듯 고종과 명성황후의 신임을 받은 이범진은 을미사변 이후 러시아공사관에 은신하면서 고종의 어려운 상황을 해결하기 위해 노력했다.[86]

---

83) 兪吉濬, 1896 「우리들이 作成한 改革案」 『兪吉濬의 英文書翰』(이광린, 앞의 책, 234쪽); 『뮈텔주교일기』 1895년 11월 7일. 러시아 육군중장인 운떼르베르게르는 명성황후가 "조선의 안녕이 러시아의 후원과 우호에 달려있다고 확신했으며 그녀의 삶이 끝날 때까지...그러한 생각을 실행했다"고 밝혔다.(Россий ский госу дарственный исторический архив[역사문서보관소]. Ф.560.Оп.28.Д.24. Л.116)

84) 『高宗實錄』 21년 12월 28일. 李景夏는 廣平大君派 중 定安副正公派로 李範升과 李範晋을 아들로 두었다. 이범승은 생부가 國夏로서 이경하의 양자고, 이범진은 이경하의 서자였다.(朴恒, 1998, 『在蘇韓人民族運動史』, 36쪽) 황현에 따르면 이범진은 이경하가 晋州兵使로 있을 때 기생과의 사이에서 태어났고, 용맹이 뛰어나 '호랑이'라고 불렸다.(황현, 甲午以前 『梅泉野錄』, 183~185쪽)

85) 이범진은 고종의 특명에 의해 弘文館修撰에 임명되었고, 1880년대는 同知春秋館事, 內務府協辦, 吏曹參判 등을 역임하였다.(『高宗實錄』 21년 10월 21일, 21년 12월 28일, 24년 10월 25일, 24년 11월 29일, 25년 10월 15일, 32년 閏5월 28일, 32년 6월 29일; 『官報』, 『日省錄』)

86) John M.B Sill, New Korean Minister to Washington, 1896.6.23, pp.1~2(NARA FM 134 Roll 13 No 224)

삼국간섭 이후 서자출신인 이범진은 러시아공사관과 연결되면서 그 동안 정계에서 소외받았던 인물을 결속했다. 춘생문사건에 가담한 궁내 부관료 중 이재순 계열인 윤이병, 정일영, 홍세영 등을 제외하면, 대다수 가 과거시험을 거치지 않고 관직에 진출한 신진관료였다. 이 중 주석면 과 김홍륙은 함경도 출신으로 춘생문사건 당시 러시아공사관과 연결되 었다. 그밖에 궁내부관료 출신은 아니지만 아관파천 직후 관직에 발탁된 김도일과 조윤승이 함경도 출신이었다.[87] 이학균과 이병휘도 춘생문사 건 당시 러시아공사관과 연결되었다. 이러한 사실을 통해 이범진은 함경 도출신을 중심으로 러시아와 관련된 인물을 결속하여 자신의 궁내부 인 맥을 형성한 것으로 보인다. 그 이유는 고종이 중앙 정계에 정치세력을 형성하지 못한 함경도 출신을 궁내부에 발탁하여 자신의 정치적 영향력 을 강화하려했기 때문이었다.[88]

궁내부 세력의 결집을 보여줄 수 있는 공식 행사는 바로 1895년 9월 '개국기원절' 기념식이었다. 이 행사는 이범진이 궁내부 협판에 임명된 직후 추진되었다.[89]

개국기원절 행사에 관여했던 47명 중 궁내부관료는 41명이었다.[90]

---

87) 『駐韓日本公使館記錄(11)』, 加藤→大隈, 1897년 1월 20일 「내각원과 寵臣간의 알력」, 222~224쪽;『뮈텔주교일기』1896년 7월 25일. 이 외 대한제국기 內藏司 長 李容翊, 시종원시종 康洪大, 궁내부번역관 兪鎭律, 내부주사 金雲伯, 元帥府 국무국원 李東輝, 주답해삼위통상사무관 權東壽 등이 함경도 출신으로 활동하였 다.(『독립신문』1898.9.20 「논설」, 1899.9.28 「잡보」; 黃玹, 앞의 책, 491쪽)

88) 정조대에서 철종대까지 문과급제자와 都堂錄 입록자의 거주지별 분포를 살펴보면 이 기간동안 함경도 출신 문과급제자 86명 가운데 도당록에 든 인물은 한 사람도 없었다. 이러한 사실은 조선후기 함경도 출신자들이 중앙 관직에서 소외당했을 뿐만 아니라 중앙에 정치세력을 형성하지 못했다는 것을 시사한다.(남지대, 「중앙 정치세력의 형성구조」,『조선정치사(上)』[서울, 1990], 158쪽)

89) 한철호는 정동파가 개국기원절 행사의 제반 실무를 추진했다고 주장하였다.(韓哲昊, 「1880-90년대 親美 開化派의 改革活動 硏究」, 翰林大史學科博士論文, 1996, 79쪽)

90) 『日省錄』,『高宗實錄』高宗 32년 7월 15일. 궁내부관료 이외 6명은 군부부령 洪 啓薰, 군부참령 李學均, 한성부 관찰사 李采淵, 군부협판 權在衡, 외부협판 尹致

이 중 최영하와 주석면은 이범진과 함께 춘생문사건에 가담했다. 이학균은 을미사변 이후 이범진과 함께 러시아공사관에 은신했다.[91] 현홍택과 이명상은 러시아공사관과 긴밀한 관계를 유지했던 인물이었다.[92] '개국기원절' 행사를 통해 궁내부 협판 이범진은 이학균, 최영하, 주석면, 현홍택, 이명상 등과 연결되어 자신의 궁내부 인맥을 확대했던 것으로 보인다.

아관파천 이후 이범진은 자신의 궁내부 인맥을 승진시켜 정치적 영향력을 강화했다. 이범진은 법부대신에 임명된 직후 춘생문사건에 함께 가담한 이병휘를 법부검사로 발탁했고, 그 다음날 법부형사국장에 임명했다.[93] 법부를 장악했던 이범진은 을미사변 관련 혐의자 13명을 체포하여 김홍집내각과 연결된 인물을 제거하려 했다.[94] 또한 이범진은 주석면을 학부참서관으로 임명하고, 김홍륙을 외부협판으로 기용하려 했다. 두 사람은 윤치호 등의 반발로 임명되지 못했지만 이후 각각 내부참서관과 비서원승에 임명되었다.[95]

정치적 영향력을 확대하려는 노력과 함께 이범진은 자신의 인맥을 동원하여 러시아를 통해 일본을 견제하려는 외교적 활동을 전개했다. 이범진은 러시아 황제 대관식에 조선대표를 파견하여 러시아의 지원을 확고하게 하려 했다. 이범진은 주석면과 김홍륙을 동원하여 외부주사인 김도일을 러시아특파참서관으로 승진시켰다. 이들은 김도일을 러시아로 파

昊, 교섭국장 朴準禹 등 이었다.

91) 윤치호에 따르면 이학균은 미국서기관 알렌의 약품을 훔쳐 알렌과 불편한 관계를 갖고 있었다.(『尹致昊日記』 1895년 9월 22일; Horace N. Allen, Korea: Fact and Fancy, 1904[金源模編, 『近代韓國外交史年表』(서울, 1984, 檀國大出版部), 149쪽])

92) 『駐韓日本公使館記錄(11)』, 加藤→大隈, 1897년 1월 20일 「내각원과 寵臣간의 알력」, 222~224쪽.

93) 『議奏(4)』, 1896년 2월 23일, 48冊(奎 17705), 291쪽; 『議奏(4)』, 1896년 2월 24일, 48冊(奎 17705), 303쪽.

94) 『뮈텔주교일기』 1896년 2월 23일.

95) 『尹致昊日記』 1896년 2월 25일; 『日省錄』 建陽 元年 正月 21일(양3.4), 3월 30일 (양5.12)

견하여 자신들과 연결된 정보망을 구축했다.[96]

한편 을미사변 이후 고종은 특히 엄상궁을 총애했다. 엄상궁은 러시아 공사관에 물품을 보내는 등 러시아공사관과 긴밀한 관계를 유지했다.[97] 이러한 상황을 파악한 이범진은 아관파천 직전 궁내부 전선사장인 김명제를 보내 엄상궁이 아관파천에 협조할 것을 주장하여 설득시켰다.[98] 이러한 인연으로 이범진은 엄상궁과 긴밀한 관계를 형성하며 엄상궁을 후원했다. 아관파천이 성공되자 엄상궁은 고종의 주변에서 간접적으로 정치적인 영향력을 행사할 수 있었다.[99] 이후 엄상궁은 1897년 10월 영친왕 이은을 출생하고 엄귀인에 봉해져서 정치적 영향력을 확대했다.[100]

위에서 언급한 이범진 계열을 정리하면 후원인물로 이학균과 현홍택, 주요인물로 홍종우, 주석면, 김홍륙, 김도일, 조윤승, 이병휘, 최영하 등으로 추정된다. 이범진 계열은 궁내부에 기초한 정치세력으로 대한제국의 러시아 연대를 적극적으로 추진한 고종의 의사를 충실히 수행했다.

결국 궁내부에 기반한 이재순과 이범진 계열의 정치세력은 서로 다른 정치적 기반을 가지고 있었다. 이들은 정치적 상황에 따라 서로 다른 입장을 보였지만 대체로 군권을 강화할 필요성을 인정하였다. 그 이유는 두 계열 모두 고종을 중심으로 형성된 정치세력이었기 때문이었다.

---

96) "고종의 절대적인 신임을 얻고 있는 또 다른 당이 나를(민영환;인용자) 감시하려는 비밀음모를 갖고 동행할 것이다…비밀당파는 성기운 주석면 민경식으로 구성되었다…베베르 부인은 민영환의 러시아파견이 이범진의 음모로부터 나왔고…김홍륙과 주석면은 김도일을 승진시키는 데 성공하였다."(『尹致昊日記』 1896년 3월 30일)

97) 『駐韓日本公使館記錄(10)』, 小村→荻原, 1896년 2월 15일 「奉露主義者의 國王播遷計劃에 관한 보고」, 90쪽.

98) 『駐韓日本公使館記錄(9)』, 小村→西園寺, 1896년 2월 17일 機密第12號 「親露派 李範晉등의 음모에 대한 보고」, 144쪽.

99) 비숍은 아관파천 이후 고종을 면담할 때 마다 엄상궁이 주위에 있었다고 밝혔다.(I.B. Bishop저, 이인화역, 앞의 책, 420~423쪽, 486~488쪽, 492~493쪽)

100) 『高宗實錄』 光武 1년 10월 20일, 10월 22일.

6장. 아관파천과 러일협상

아관파천을 복원하기위해서는 러시아 외무부와 해군부의 자료를 반드시 검토해야한다. 그 이유는 러시아공사관과 러시아군함의 움직임을 포착할 수 있는 결정적인 문서가 소장되었기 때문이다. 그런데 모든 자료를 검토할 수 있다고 해서 아관파천의 진실을 규명할 수 있을까? 진실이란 사람들이 미처 인식하고 있지 못한 사실의 순간적인 드러남을 뜻한다.

아관파천 당시 국내와 국제 상황을 이해하기 위해서 여러 가지 상황을 고려해야한다. 당시의 일반 정서, 러시아정부의 개입 정도, 아관파천의 경위 등이 바로 그것이다. 필자는 고종의 아관파천 실행에 결정적인 계기였던 이른바 '고종폐위설'의 진위, 배후 등을 추적할 것이다. 필자는 러시아정부가 아관파천을 승인했다는 견해도 검토할 것이다. 그 과정에서 당시 러시아공사관을 주도한 인물 주목할 것이다. 아관파천 이후 러시아와 일본의 한반도를 둘러싼 외교적 협상과정도 살펴볼 것이다.

1. 아관파천의 준비와 실행

1) 아관파천의 준비 : 고종과 쉬뻬이에르

김홍집내각은 춘생문사건 이후 정국의 주도권을 장악했다. 김홍집내각은 여세를 몰아 개혁을 급속하게 실행했다. 그 중 하나가 '단발령'이었다. 단발령은 전국적인 반발을 초래했는데 지방에서는 을미사변 이후 봉기한 의병이 강력히 저항했다.[1] 지방의 혼란으로 각종 생활용품의 조달이 어려워지자 1896년 1월 서울에서는 물가가 급등하여 불안이 가중되었다.[2] 더구나 2월 7일, 을미사변의 배후인 일본공사 미우라(三浦梧樓) 등이 석방되었다는 소식이 국내에 전해졌다. 이는 국내의 반일 감정을 악화시켰다.[3] 한국에 체류하던 구미 외국인들의 반일 감정도 형성되었다.[4] 일본이 김홍집내각을 이용하여 각종 이권을 독점하고자 했기 때문이었다.

이러한 반일 정서를 바탕으로 고종은 일본의 영향력에서 벗어나고자 시도했다. 1895년 11월 28일 춘생문사건의 실패로 고종의 측근인 궁내부 세력이 크게 약화되었다. 그래서 고종은 구미 각국 공사관에 도움을 요청했다. 고종은 미국과 러시아에 큰 기대를 걸었다. 그런데 당시 미국 정부는 한국 내정 불간섭 방침의 외교정책을 펼쳤다. 그 때문에 미국공사관은 고종의 도움 요청에 응할 수 없었다.[5]

방법은 하나였다. 러시아공사관이었다. 고종은 언제부터 러시아공사관을 피신처로 생각했던 것일까? 늦어도 1896년 1월 중순부터 러시아공사관으로 파천할 것을 구체적으로 타진한 것으로 보인다.

고종은 1월 9일 이범진을 통해서 신임 주한 러시아공사 쉬뻬이에르와

1) Карнеев и Михай лов, Поездка гeиeрального штаба полковника Карнеева и поручика Михай лова по Южнее Коpee в 1895-1896 гг (참모본부 까르네예프 대령과 미하일로프 중위의 남부 조선 여행기), c.166~182

2) Isabella Bird Bishop, Korea and Her Neighbours, Kelly and Walsh Ltd, 1897(I.B. Bishop저 / 이인화역, 『한국과 그 이웃나라』[서울, 1994, 살림], 420~423쪽)

3) John M.B Sill, Chronological Statement Event-Enclosure, 1896.4.16, p.4~5(NARA FM 134 Roll 12 No 213)

4) Lillias H. Underwood, Underwood of Korean, 1918(L.H. Underwood저, 이만열역, 『언더우드, 한국에 온 첫 선교사』[서울, 1990, 기독교문사], 162쪽)

5) Richard Olney, Telegram, 1895.12.2(박일근편, 『한국관계 영미중 외교자료집 1887~1898』[부산, 1983, 부산대출판부], 1100쪽)

전 주한 러시아공사 베베르에게 비밀편지를 보냈다. 거기에는 "자신은 러시아로부터의 도움을 기다리고 있으며, 자신의 희망을 저버리지 말라", "일본이 왕세자 조차도 만나는 것을 방해하고 있고, 자신의 왕자를 일본에 볼모로 보내려고 한다" 등의 내용이었다. 6) 고종은 1월 말 이범진을 통해서 "주한 일본공사관의 명성황후 장례식 계획을 베베르가 강력히 반대할 것"을 베베르에게 요청했다.7)

1896년 1월 12일 러시아공사 쉬뻬이에르(А.Н. Шпейер)와 베베르 (К.И. Вебер)는 고종을 알현해서 공사의 신임장을 제출했다.8) 고종 면담 이후 쉬뻬이에르는 러시아가 일본에게 다음과 같이 요구해야 한다고 판단했다. 고종이 자신의 신하를 선택할 수 있도록 하는 것, 대원군이 궁궐에서 제거되는 것 등이 바로 그것이다. 쉬뻬이에르는 러시아가 일본에게 한국의 정치적 안정까지 도와줘야한다고 생각했다.9) 따라서 1월 28일 쉬뻬이에르는 외무대신 로바노프(А.Б. Лобанов-Ростовский)에게 "러시아가 한국을 지원할 수 있는 전체적인 계획을 작성해야 한다"고 주장했다.10)

고종은 1월 31일 저녁 "의병들이 정부의 지방 화약고를 장악했고, 춘천에서 서울로 진격하고 있다"고 쉬뻬이에르에게 알렸다.11) 쉬뻬이에르는 1896년 2월 1일 러시아 함장 몰라스(Пётр Молас)와 함께 고종을 접견했다.12) 쉬뻬이에르는 2월 1일 태평양함대 사령관 해군중장 알렉세

---

6) АВПРИ(대외정책문서보관소). Ф,150. Оп.493. Д.5. ЛЛ.5об-6 러시아 보고서의 날짜는 모두 양력으로 바꾸었다.

7) АВПРИ. Ф.150. Оп.493. Д.5. Л.8об.

8) АВПРИ. Ф.150. Оп.493. Д.49. Л.153 с об ; АВПРИ. Ф,150. Оп.493. Д.5. Л.4.

9) АВПРИ. Ф.150. Оп.493. Д.44. Л.26 с об;『뮈뗄주교일기』 1896년 1월 27일.

10) АВПРИ. Ф.150. Оп.493. Д.5. Л.19об.

11) АВПРИ. Ф.150. Оп.493. Д.365. ЛЛ.8-9; АВПРИ. Ф,150. Оп.493. Д.5. Л.15 с об.

12)『宮內府案(1)』, 1896年 1月 31日「宮案」(奎 17801의 2), 160쪽.

예프(Е.И. Алексеев)에게 "고종이 폭동으로부터 위험하기 때문에 제물포로 러시아함정을 신속히 파견할 것"을 요청했다.[13] 동시에 쉬뻬이에르는 2월 1일 외무대신 로바노프에게 "저는 모든 경우를 대비해서 제물포로 러시아함정을 신속히 파견해 줄 것을 알렉셰예프에게 요청했다"고 알렸다.[14]

여기서 쉬뻬이에르가 알렉셰예프와 로바노프에게 각각 보낸 보고서에서 차이가 존재한다. 그 차이는 "고종의 신변 위협"과 "모든 경우의 대비"였다. 쉬뻬이에르는 러시아함정의 파견 요청에서 '위험한 상황'을 강조한 자신의 견해를 의도적으로 로바노프에게 숨겼던 것으로 보인다.

쉬뻬이에르는 러시아 외무부의 명령 없이 스스로 러시아함정의 파견을 요청했다. 태평양함대 사령관 알렉셰예프는 쉬뻬이에르의 독자적인 행동에 관한 문제점까지도 지적했다. 알렉셰예프는 1896년 2월 16일 "태평양함대 사령관의 사전 심의 없이 군사력을 요구했기 때문에 주한 러시아공사 쉬뻬이에르의 권한이 제안될 것이다"라는 전보를 러시아해군부에 보냈다.[15]

고종은 2월 2일 이범진을 통해서 러시아공사관으로 "생명의 위협을 피하여 왕세자와 같이 왕궁을 떠나 러시아공사관에서 피신하려고 한다"고 비밀 편지를 보냈다. 당시 베베르와 쉬뻬이에르는 이범진에서 고종 피신의 위험성을 알렸다. 하지만 이범진은 "만약 베베르와 쉬뻬이에르가 고종의 피신을 승인하지 않는다면, 고종이 대궐에서 더욱 어려움에 처하게 될 것이다"며 "고종이 아관파천을 결심했다"고 답변했다.[16]

---

13) АВПРИ. Ф.150. Оп.493. Д.5. Л.77.

14) АВПРИ. Ф.150. Оп.493. Д.5. Л.16.

15) "Необходимо ограничить право представителя в Корее относительно употребления военной силы без предварительного обсуждения с Начальником эскадры."(РГАВМф[해군함대문서보관소]. Ф.417. Оп.1. Д.1340. Л.169 об)

16) АВПРИ. Ф.150. Оп.493. Д.5. Л.25 с об.

쉬뻬이에르는 2월 2일 외무대신 로바노프에게 "고종이 러시아공사관
으로 피신하려는 의사를 밝혔다"며 신속한 답변을 요청했다.[17] 2월 초
궁궐을 수비하는 훈련대 중 420명은 춘천의병을 공격하기 위해서 춘천
으로 파견되었다. 그 결과 2월 8일 춘천에 파견된 훈련대는 이소응이 지
휘하는 의병을 공격하고 춘천을 점령했다.[18]

고종은 2월 3일 훈련대의 약화를 언급하면서 쉬뻬이에르와 베베르에
게 "러시아공사관에서 자신의 피신처를 제공하는 것에 대해 감사하다"
며 파천 방법에 관한 구체적 내용을 러시아공사에게 알렸다.[19]

고종은 2월 7일 밤 이범진을 통해서 쉬뻬이에르에게 "모든 준비를 마
쳤고, 2월 9일 밤 러시아공사관으로 피신할 예정이다"고 알렸다. 하지만
고종은 2월 9일 러시아공사관으로 피신하지 못했다. 그 이유는 러시아공
사관을 수비하는 수비병의 인원이 매우 부족했기 때문이었다. 고종은 자
신의 완전한 안전을 확보하기 위해서 러시아공사관 수비병의 인원을 대
폭 증가시켜줄 것을 쉬뻬이에르에게 요청했다.[20]

쉬뻬이에르는 고종의 요청을 고려하여 제물포에 정박한 아드미랄 꼬
르닐로프(Адмирал Корнилов)의 함장 뾰뜨르 몰라스(Пётр Мола
с)에게 대규모의 수비병을 파견해 줄 것을 요청했다.[21] 쉬뻬이에르는 2
월 6일과 8일 2차례 대령 몰라스에게 대규모의 해병을 신속히 파견할
것을 요청하는 전보를 보냈다. 순양함 아드미랄 꼬르닐로프는 당시 제물
포에 포함 보브르(Бобр)와 함께 정박했다.[22]

---

17) АВПРИ. Ф.150. Оп.493. Д.5. Л.78.

18) Dispatches from United States ministers to Korea. 1896.02.11, P.9(NARA. FM
134. Roll 12. № 195); АВПРИ. Ф.150.Оп.493.Д.5.Л.15; 國史編纂委員會編, 『駐
韓日本公使館記錄(9)』(서울, 1995), 144쪽.

19) АВПРИ. Ф.150. Оп.493. Д.5. Л.26.

20) АВПРИ. Ф.150. Оп.493. Д.5. ЛЛ.26об-27.

21) Россий ский государственный архив военно-морского флота(РГА
ВМФ). Ф.417.Оп.1.Д.893.Л.334; АВПРИ. Ф.150.Оп.493.Д.5.ЛЛ.27 и 93.

함장 몰라스는 쉬뻬이에르의 요구에 동의했고, 러시아공사관의 수비를 위해서 순양함 해병을 파견했다. 하지만 몰라스는 당시 제물포의 날씨가 좋지 않았기 때문에 2월 9일 병력을 서울로 파견할 수 없었다.[23]

그밖에 쉬뻬이에르는 한국의 지리를 조사하기 위해 서울에 도착한 대령 까르네예프(В.П. Карнеев)에게 공사관의 방어를 위한 대비 체제를 구축할 것을 요청했다.[24]

이상과 같은 아관파천 직전의 정황을 살펴볼 때, 고종은 늦어도 1월 중순부터 러시아공사관으로 파천할 것을 고려했다. 그 과정에서 러시아 측 핵심 인물은 쉬뻬이에르였다.[25]

2) 아관파천의 실행 : 쉬뻬이에르와 러시아정부

아드미랄 꼬르닐로프 함장 몰라스는 대위 흐멜레프(Сергей Хмелев)를 해병 상륙부대의 책임자로 임명하여 서울로 파견했다. 함장 몰라스는 2월 9일 저녁 7시 30분 제물포 연안에 상륙할 것, 2월 10일 새벽 6시까지 서울의 서대문에 도착할 것 등을 흐멜레프에게 명령했다. 특히 몰라스는 서울로 향하는 도중 한국인을 만나면 친절하게 행동할 것, 일본인을 만나면 신중히 대응하면서 절대로 대화를 나누지 말 것 등을 지시했다. 상륙부대와 함께 소위 지야꼬노프(Владимир Дьяконов)는 보급물자 수송을 위해서 수송부대를 지휘했다. 러시아공사관에서 파견

---

22) РГАВМФ. Ф.417. Оп.1. Д.893. Л.334; АВПРИ. Ф.191. Оп.768. Д.365. Л.10 и 17; АВПРИ. Ф.150. Оп.493. Д.5. ЛЛ.27 и 93.

23) РГАВМФ. Ф.417.Оп.1.Д.893.ЛЛ.319об и 322;『뮈텔주교일기』1896年 1月 27日.

24) По Корее. Путешествия 1895~1896 гг. Составление Тягай Г.Д. М. 1958. СС.184~185

25) 기존 연구는 베베르 또는 베베르와 쉬뻬이에르가 아관파천을 적극 지원했다고 주장했다.(金源模, 1992, 앞의 책, 171쪽; 김종헌, 2009, 앞의 논문, 383쪽)

된 미하일로프(Михайлов)는 미리 서대문에 도착해서, 대위 흐멜레프를 비롯한 해병부대를 맞이하여 러시아공사관으로 안내했다.[26]

2월 10일 제물포에서 러시아공사관에 도착한 장교는 3명이었다. 순양함 아드미랄 꼬르닐로프에서 100명, 그리고 포함 보브르에게 32명 등의 해병이 파견되었다. 장교를 포함한 러시아 해병의 전체 인원은 135명이었다. 포함 보브르에서 1대의 대포도 러시아공사관으로 이송되었다.[27] 결국 러시아공사관을 수비하는 전체 병력은 장교 5명, 해병 135명, 카작인 군인 4명이었다.[28]

여기서 러시아정부가 아관파천을 사전에 승인했는가를 검토할 필요가 있다. 이것은 당시 동북아 국제질서의 변동을 예고하는 중요한 문제였다. 러시아의 입장에서 보면 러시아의 한반도 정책의 전면 수정을 의미했다. 열강의 입장에서 보면 영국과 일본이 러시아에 대항하는 협력체계의 구축이었다. 기존 국외 연구는 러시아정부가 고종의 아관파천을 사전에 승인했고, 니꼴라이 2세의 동의에 따라 러시아함정이 제물포로 특별히 파견되었다고 주장했다.[29] 국내 연구도 아관파천을 성사시키기 위해 러시아정부에서 군함 1척을 파견했다고 주장했다.[30]

그 사실을 확인하기 위해서는 러시아 외무부와 해군부 관련 문서의 검토가 필요하다. 아관파천 관련 1896년 2월 2일자 러시아공사 쉬뻬이에르의 문서는 두 곳의 문서보관소에 소장되었다. 외무부의 대외정책문

---

26) РГАВМФ. Ф.417. Оп.1. Д.893. ЛЛ.318~319.

27) 國史編纂委員會編, 『駐韓日本公使館記錄(9)』(서울, 1995), 136쪽; АВПРИ. Ф.150. Оп.493. Д.5. ЛЛ.84 и 93.

28) По Корее. Путешествия 1895~1896 гг. Составление Тягай Г.Д. М. 1958. СС.184~185.

29) Нихамин В.П. Русско-японские отношения и Корея 1894~1898 гг. (러일관계와 한국) М. 1948. С.192; Lensen G.A. Balance of Intrigue. International Rivalry in Korea and Manchuria, 1884~1899. Volume 2. Florida. 1982. P.583; Пак Б.Б. Указ.соч. 2004. С.170.

30) 吳瑛燮, 1996, 앞의 논문, 145쪽; 李玟源, 1994, 앞의 논문, 64쪽.

서보관소(АВПРИ)와 해군부의 해군함대문서보관소(РГАВМФ)가 그곳
이다. 두 문서의 공통점은 고종의 아관파천 의사였다. 그런데 해군함대
문서보관소 소장 문서에는 2개의 내용이 추가되었다. 쉬뻬이에르 자신
이 고종의 아관파천을 수락한다는 답변, 러시아황제 니꼴라이 2세(Ник
олай Ⅱ)가 "우리 대형선박 중 한 척을 제물포로 보내기를 바란다"라
는 서명 등이 바로 그것이다.[31] 쉬뻬이에르는 2월 2일 두 개의 전보를
보냈고, 해군함대문서보관소 소장 문서는 쉬뻬이에르가 나중에 보낸 문
서임이 틀림없다.

그런데 러시아 황제의 군함 파견 지시가 아관파천에 관한 러시아의
직접적인 승인이라고 볼 수 있을까? 당시 한국에 파견된 군함은 아드미
랄 꼬르닐로프(Адмирал Корнилов)호였다. 그렇지만 러시아군함의
제물포 정박이 러시아정부의 '사전 승인'으로 해석될 수는 없다. 왜냐하
면, 당시 각국 공사관은 자국 공사관을 보호하고, 외교행랑을 운반하기
위해 일상적으로 제물포에 군함을 파견시켰다.[32] 아드미랄 꼬르닐로프
는 일상적으로 제물포에 파견되어 정박했던 러시아 군함 가운데 하나였
다. 만일의 사태에 대비하여 자국 공사관을 보호하는 것이 아드미랄 꼬
르닐로프호의 주요 임무였다.

더욱이 아관파천 전후 약 한달 간 전신이 두절되었다. 그래서 아관파
천 당시 러시아정부와 주한 러시아공사관은 연락을 주고받을 수 없었
다.[33] 아관파천 1주일전 쉬뻬이에르는 러시아 정부에 아관파천 계획을

---

31) АВПРИ. Ф.150. Оп.493. Д.5. Л.78 ; РГАВМФ. Ф.417. Оп.1. Д.1465. Л
Л.327.

32) William F. Sands저 / 김훈역, 1986, 앞의 책, 75~79쪽.

33) "2월 17일 서울과 부산 사이의 전신선을 복구하기 위해 일본인 기사들이 파손된
곳으로 출발했습니다."(РГАВМФ. Ф.417. Оп.1. Д.839. Л.322об) "전신두절로
말미암아 露國政府는 한국에서 일어난 변화나 그 원인에 관해 세부적인 사항을
모르고 있음."(國史編纂委員會編, 『駐韓日本公使館記錄(8)』, 西園寺→小村, 1896
년 2월 23일 발신, 1896년 3월 2일 수신, 448쪽) 전신망은 3월 초에야 복구된 것

타전했으나 아무런 답신도 받을 수가 없었다.[34] 다시 말해 러시아정부
는 아관파천에 대해 사전에 승인 혹은 반대의 입장을 러시아공사관에 전
달할 수 없었다. 고종을 러시아공사관에 받아들인 것은 쉬뻬이에르의 판
단과 책임 아래 이루어졌다.

쉬뻬이에르는 1895년 9월 주한 러시아공사로 임명되었고, 러시아 외
무부는 1895년 9월 25일 신임공사 쉬뻬이에르에게 다음과 같은 훈령을
내렸다. 첫째 한국에서 일본인의 활동을 보고할 것, 둘째 랴오등반도와
뤼순 문제가 해결될 때까지는 기다릴 것, 셋째 한국문제에 대해서 직접
적으로 관여하지 말 것 등이었다.[35]

10월 말 쉬뻬이에르는 일본 도쿄에 도착했다. 3주 동안 일본에 체류
한 쉬뻬이에르는 일본이 러시아와 가까워지려는 노력을 시도한다고 판
단했다.[36] 그런데 쉬뻬이에르는 일본이 한국의 일본화를 위해서 조급하
게 서두른다고 생각했다.[37] 1895년 12월 14일 쉬뻬이에르는 순양함 아
드미랄 나히모프(Адмирал Нахимов)를 타고 요코하마를 떠났다. 1
주일 정도 나가사키에 머문 쉬뻬이에르는 1896년 1월 7일 서울에 도착
했다.[38]

쉬뻬이에르는 러시아 외무부의 훈령에도 불구하고 일본인의 한국 진
출을 극도로 경계하면서 "한국이 왕권과 자주권을 유지해야 한다"고 노
골적으로 주장했다.[39] 이런 생각을 가졌던 쉬뻬이에르는 을미사변 이후

으로 보인다. 당시 러시아는 서울에서 동경을 거쳐 뻬쩨르부르크로 전보를 보냈
다. 전신선은 서울-부산, 그리고 쓰시마-시모노세키로 연결되었다.(РГАВМФ.
Ф.417. Оп.1. Д.893. Л.334) 당시 주한 러시아공사관에서 전보를 보내면 러시아
수도 뻬쩨르부르크에 도착하는 기간은 아무리 빨라도 3일정도 걸렸다.
34) 『뮈텔주교일기』 1896년 2월 13일.
35) Пак Б.Д. Россия и Корея. 2002. М. С.228
36) АВПРИ. Ф.150. Оп.493. Д.5. Л.2 с об; 國史編纂委員會編, 『駐韓日本公使館
記錄(8)』(서울, 1995), 142쪽.
37) АВПРИ. Ф.150. Оп.493. Д.5. Л.6об; 『뮈텔주교일기』 1896년 1월 26일.
38) АВПРИ. Ф.150. Оп.493. Д.5. Л.3об.

일본이 한국에 대해 정치적 경제적 영향력을 확대하는 것을 인정할 수 없었다. 쉬뻬이에르는 본국의 확답을 받지 않았지만 자신의 한국정책을 아관파천을 통해 실현하려 했다.[40]

쉬뻬이에르는 1896년 2월 28일 러시아 외무대신 로바노프에게 자신의 견해를 다음과 같이 피력했다. 그는 "만약 러시아가 극동에서 복잡한 상황을 회피하기를 원한다면 극동에서 러시아의 군사적 경제적 목적을 달성할 수 없을 것"이라고 판단했다. 쉬뻬이에르는 기본적으로 "러시아가 적극적으로 한국문제에 간섭하지 않는다면 오히려 향후 극동지역에서 더욱 복잡한 상황에 빠질 것"이라고 생각했다. 더구나 그는 "일본이 한국을 점령하면 러시아가 한국에서 상업 이익을 포기해야할 뿐만 아니라 극동에서 군사력을 더욱 증강시켜야한다"고 경고했다. 결국 쉬뻬이에르는 "러시아가 한국문제에 적극적으로 간섭한다면 태평양에서 러시아의 지위를 강화시킬 수 있고, 극동지역의 복잡한 상황을 안정시킬 수 있다"고 주장했다.[41]

아관파천 이후 쉬뻬이에르의 행적을 살펴보면 그의 독자적인 결정이 더욱 명백해진다. 쉬뻬이에르는 아관파천이 성공하자 러시아 정부가 자신을 견책하지 않을 것으로 예상했다. 그래서 쉬뻬이에르는 자신이 한국 공사로 유임할 것으로 판단하여 일본으로의 이임을 준비하지 않았다.[42] 쉬뻬이에르는 아관파천 이후 일본으로의 전출 명령에 대해 "자신이 일본에서 기피인물일 가능성이 높으므로 한국에 남아 있을 것을 희망한다"는 전보를 보냈다. 그러나 러시아정부는 정부의 승인 없이 아관파천을 결정했던 쉬뻬이에르의 전출명령을 다시 한번 지시했다.[43]

---

39) 『뮈텔주교일기』 1896년 1월 26, 27일.

40) 쉬뻬이에르는 베이징 주재 공사로 임명될 때 러시아 황제의 추천을 받았다.(『뮈텔주교일기』 1897년 12월 17일)

41) АВПРИ. Ф.150. Оп.493. Д.5. ЛЛ.38об-39.

42) 『뮈텔주교일기』 1896년 2월 13일.

고종을 러시아공사관에 받아들인 것은 쉬뻬이에르의 판단과 책임 아래 이루어졌다. 그런데 쉬뻬이에르의 결정은 러시아정부의 묵인 속에서 이뤄졌다고 해석될 수 있다. 그 이유는 러시아가 한국에 관한 비밀협정을 체결하고, 적극적인 개입정책을 추진할 때 쉬뻬이에르를 한국에 파견했기 때문이다. 쉬뻬이에르의 한국 관련 전력을 살펴보면 1885년 쉬뻬이에르는 갑신정변을 조사한다는 명목 하에 1차 한러밀약을 추진했다.[44] 1897년 8월 다시 주한 러시아공사로 부임한 쉬뻬이에르는 한국의 재정고문관에 알렉셰예프(К.А. Алексеев)를 임명하도록 한국 정부에 압력을 행사했다.[45] 쉬뻬이에르는 극동에 파견된 러시아외교관 중 긴급 현안문제를 적극적으로 해결하는 한국문제 전문가였다.

2. 고종폐위설과 러일의 교섭

1) 고종폐위설의 진위와 배후

'고종폐위설'이란 아관파천 직전 김홍집내각이 고종의 폐위를 도모했다는 음모를 의미한다. 고종은 "음모 때문에 아관파천을 단행했다"고 '윤음(綸音)'에서 밝혔다.[46] '고종폐위설'은 고종의 아관파천 실행에 관한 대의명분이었다. 그런데 최근까지 '고종폐위설'은 주목받지 못했다. 그것은 일본 사료에 집중하다보니 기초적인 한국 사료를 놓친 결과였다.

---

43) John M.B Sill, Russia and Korean affairs, 1896.3.1, p.1~2(NARA FM 134 Roll 12 No 200)

44) РГАВМФ. Ф.26. Оп.1. Д.6 ЛЛ.3об-5об.

45) 1898년 2월 쉬뻬이에르는 러시아가 극단적인 상황에서는 원산-평양을 기점으로 한국의 북쪽 지방을 점령해야 한다고 본국정부에 주장했다.(РГАВМФ. Ф.9. Оп.1. Д.108. ЛЛ.127-130)

46)『日省錄』建陽 元年 正月 1日;『高宗實錄』建陽 元年 2月 13日.

우리는 출발한 곳까지 수없이 돈다는것, 중요한 것은 우리 가까이 있었다. '고종폐위설'은 고종이 러시아공사관으로 파천하는 데 결정적인 계기였다. 또한 아관파천의 핵심인물을 파악하는 중요한 단서를 제공한다.

고종은 사실 아관파천을 결심했지만 행동에 옮기는 데 주저했다. 자신의 신변 안전에 대한 보장, 왕이 외국공사관에 피신했다는 정치적 부담감, 아관파천에 따른 민심의 동요 등의 이유 때문이었다. 고종은 애초 2월 9일 파천을 결심했지만 자신의 신변 보장이 해결되지 않자 실행하지 않았다.[47)]

고종의 파천의사를 확인한 정치세력은 아관파천에 따른 고종의 신변 안전과 정치적 부담감 등을 해소하기 위해 노력했다. 파천을 준비한 정치세력은 2월 9일 쉬뻬이에르를 통해 러시아공사관의 수비병 증원을 약속받아 고종의 신변 안전을 보장할 수 있었다. 또한 이들은 궁내부 전선사장 김명제를 엄상궁에게 보내 "정부대신이 일본군과 공모하여 음으로 불궤를 도모하고 방금 입궐해서 국왕을 폐하려고 한다"는 서신을 고종에게 전달했다.[48)] 을미사변 당시 명성황후가 살해되자 고종은 엄상궁을 총애했다. 엄상궁은 러시아공사관에 물품을 보내는 등 러시아공사관과 긴밀한 관계를 유지하려고 노력했다.[49)] 이러한 상황을 파악한 이범진은 아관파천 직전 엄상궁에게 궁내부 전선사장 김명제를 보냈다. 김명제는 "고종이 폐위되면 그녀의 신변도 위협받게 될 것"이라는 이범진의 소식을 전달했다.[50)] 이러한 서신은 아관파천에 따른 고종의 정치적 부담감을 어느정도 해소할 수 있는 명분을 제공했다. 고종은 아관파천 직후 일본공사 고무라(小村壽太郎)를 만난 자리에서 "지금 대궐에 있어도 위험하기 때문에 일단 이곳에 들어왔다"고 하여 아관파천의 정당성을 역설

47) 『뮈텔주교일기』 1896년 2월 13일.
48) 國史編纂委員會編, 『駐韓日本公使館記錄(10)』, 小村→荻原, 1896년 2월 15일, 90쪽.
49) 國史編纂委員會編, 『駐韓日本公使館記錄(9)』, 小村→西園寺, 1896년 2월 17일, 144쪽.
50) 國史編纂委員會編, 『駐韓日本公使館記錄(10)』, 小村→荻原, 1896년 2월 15일, 90쪽.

할 수 있었다.[51]

아관파천에 따른 신변 안전과 정치적 부담 등이 해소되자 고종은 2월 10일 미국공사관 서기관인 알렌에게 아관파천 의사를 전달하면서 미국 공사관의 지지를 확인했다.[52] 고종의 파천을 준비했던 정치세력은 쉬뻬이에르와 알렌과 함께 최종적인 협의도 진행했다.[53]

'고종폐위설'의 배후의 중심은 어디일까? 그 중심은 궁내부 세력 중 이범진 계열이었다. 궁내부는 춘생문사건 이후 이재순이 체포되어 약화되었지만 이범진이 체포되지 않아 일정한 세력이 남아있었다. 하지만 이범진은 일본의 감시가 더욱 심해졌기 때문에 궁내부의 인맥만으로 김홍집내각에 대항하기 어려웠다. 이범진은 고종의 아관파천 의사를 확인하면서 미국 공사관으로 도피한 이윤용·이완용 등과 함께 김홍집내각에 대항할 방법을 모색했다.[54] 이범진은 러시아 공사의 지원을 확인하는 한편 '궁중에 재난'이 있을지 모른다는 서신을 고종에게 보냈다.[55]

구체적인 실행 방법이 완성되었다. 그것은 춘생문사건 당시 실패했던 가마를 이용한 고종의 파천이었다. 우선 이범진은 규장각 각감 이기동을 통해 사촌 누이동생인 이상궁을 설득했다. 당시 이기동은 이상궁이 대궐

---

51) 國史編纂委員會編, 『駐韓日本公使館記錄(9)』, 小村→西園寺, 1896년 2월 13일, 137쪽. 아관파천 직전 내무대신이었던 유길준은 "러시아공사관에서 '고종폐위설'을 거짓 유포시켜 고종이 러시아공사관으로 도피했다"고 주장했다.(兪吉濬, 1896, 「우리들이 作成한 改革案」『兪吉濬의 英文書翰』[이광린, 1989, 앞의 책, 235쪽])

52) 아관파천 당일 미국공사는 한국 주재 외교관을 소집하여 아관파천을 승인했다.(John M.B Sill, King a refugee at Russian Legation, 1896.2.11, pp.3~4(NARA FM 134 Roll 12 No 195)

53) Allen to Jennie Everett, 1896.2.14(F.harrington / 이광린역, 1973, 앞의 책, 303~304쪽)

54) Секретна Телеграмма Щпй ера[왕의 비밀 메모], 1896.1.21(양2.2)(Б. Пак, 1998, 앞의 책, 157쪽); 國史編纂委員會編, 『駐韓日本公使館記錄(9)』, 小村→西園寺, 1896년 2월 13일, 138쪽.

55) 鄭喬, 建陽元年 2월 10일 『大韓季年史(上)』(서울, 1957), 137쪽; 尹孝定, 「露館播遷의 動機」『韓末秘史』(서울, 교문사, 1995), 177~178쪽.

로 들어갈 때 가마를 호위했다. 두 사람은 대궐 수비대의 경계를 늦출수 있는 사람이었다.[56] 이러한 노력 이외에 이범진은 춘생문사건 당시 동원하지 못한 장교 이승익과 김원계 등이 공병대를 동원하여 러시아공사관의 문밖과 통로를 경계시키도록 지시했다.[57]

이완용은 미국공사 실(John M.B Sill)에게 한국 주재 외교단을 소집해줄 것을 요구하여 아관파천에 대한 외국공사관의 지지와 승인을 위해 노력했다.[58] 또한 이완용은 자기 혼자서 외교관계를 모두 처리하기가 벅차자 전 외부협판이었던 윤치호를 불렀다. 윤치호는 일본거주민을 보호하여 외교적 문제가 될 소지를 미연에 방지하자고 주장하여 관철시켰다.[59] 아관파천을 사전에 알고 있었던 박정양은 내외의 동요에 대비하여 고종의 조칙을 확인하고 발표했다.[60]

그런데 춘생문사건의 실패로 병력동원이 불가능해지자 보부상이 동원되었다. 원래 보부상은 김홍집내각에 강한 불만을 갖고 있었다. 보부

56) 尹孝定, 1995, 위의 책, 177~178쪽 ; "철저한 감시 속에서도 왕은 충성스러운 상궁들과 장교 이기동의 협력이 있었기에 궁중에서 간신히 빠져 나올 수 있었다." (Карнеев и Михай лов, Поездка гениерального штаба полковника Карнеева и поручика Михай лова по Южнее Корее в 1895-1896 гг, c.185

57) 國史編纂委員會編, 『駐韓日本公使館記錄(9)』, 小村→西園寺, 1896년 2월 17일, 144쪽;『議奏(4)』, 1896년 3월 13일, 51冊(奎 17705), 435쪽;『議奏(5)』, 1896년 4월 18일, 56冊(奎 17705), 79~80쪽;『議奏(5)』, 1896년 4월 22일, 57冊(奎 17705), 130~131쪽. 춘생문사건에 공병대 중 參領 金用來, 正尉 李承益, 副尉 柳錫用, 參尉 林煥奎 金元桂 등을 동원하려 했다.(國史編纂委員會編, 『駐韓日本公使館記錄(7)』, 小村→西園寺, 1895년 12월 30일, 88~89쪽)

58) Ye Wan Yong, King a refugee at Russian Legation-Enclosure 3, 1896.2.11, p.1(NARA FM 134 Roll 12 No 195)

59) 『尹致昊日記』 1896년 2월 11일.

60) 『North China Herald』 1896.2.12 「The King of Corea in the Russian Legation」(박일근편, 1983, 앞의 책, 1328쪽); 박정양은 고종의 俄館播遷 전날 "因二十八日 大駕移御于俄國公使館 奏本未得 入徹"이라고 기록했다.(朴定陽, 高宗 32년 12월 27일 「從宦日記」, 『朴定陽全集(參)』, 230쪽)

상은 1885년 내무부 상리국으로 편제된 후 1894년 농상아문 상공국으로
이속되었다. 그런데 총리대신 김홍집과 농상공부대신 엄세영은 1895년
4월 상리국과 임방을 해체시키고 보부상의 수세도 금지했다.[61]

현재까지 확인된 상리국 총판은 민응식, 이종건, 민영익, 민영환 등이
었다. 이 중 상리국 총판을 역임한 뒤 내무부 독판에 임명된 인물은 민
응식, 민영익, 민영환 등 민비가문이었다. 미국공사관부 해군무관 포크
대위는(G.C. Faulk) 1880년대 중반 "민영익이 송도의 보부상을 동원하여
나에게 편리를 제공하였고 보부상이 애국심과 현 왕조에 충성심을 발휘
하는 데 있어서 남달랐다"고 밝혔다.[62] 이러한 사실은 보부상이 민비가
문과 밀착하면서 왕실과의 긴밀한 관계를 유지했다는 것을 시사한다.

민비가문과 연결된 이범진은 김홍집내각에 반감을 가지고 있는 보부
상을 무력기반으로 동원하려 했다.[63] 이범진은 감무관 출신인 백은규와
김신묵을 통해 보부상을 실질적으로 지휘했던 것으로 보인다.

경기·충청·황해도 보부상은 만일 아관파천이 실패할 경우, 대궐문을
부수고 진입하기 위해서 서울 거리와 대궐문 앞에 모였다. 수천 명의 보
부상이 동원되었다. 경기도 소속 전원이, 충청 황해도 소속 일부가 올라
왔다. 그런데 보부상은 아관파천 당일 일본 공사관을 습격하려 했지만
아관파천 직후 법부대신에 임명된 조병직의 반대에 부딪쳐 습격을 중지
했다.[64]

---

61) 『奏本·議奏(1)』, 開國504년(1895) 3월 1일 「商理局革罷와 各道任房 撤罷件 上奏
　　事」, 4冊(奎 17705), 90쪽.
62) 러시아대장성편, 『國譯 韓國誌』(서울, 1984, 한국정신문화연구원), 523~524쪽.
63) 黃玹, 甲午 以前 『梅泉野錄』(서울, 1994, 교문사), 183~4쪽.
64) 國史編纂委員會編, 『駐韓日本公使館記錄(9)』, 小村→西園寺, 1896년 2월 13일,
　　138쪽. 商理局의 전신이었던 惠商公局에 都接長 이상에 임명됐던 인물은 총 22
　　명이었다.(趙宰坤, 1997, 앞의 논문, 61쪽) 이 중 아관파천 이후 관직에 발탁됐던
　　인물은 白殷圭, 金信默, 朴有鎭 등 이었다. 특히 김신묵은 경기도 監務官 출신으
　　로 아관파천 직후 고양군수에 임명되어 경기도 지역의 보부상을 동원했던 것으로

이범진은 러시아공사관의 수비가 강화되자 고종이 2월 11일 새벽 러시아공사관에 파천할 것이라고 쉬뻬이에르에게 알렸다.[65] 이러한 과정을 통해 고종과 왕세자는 새벽에 가마를 타고 영추문 → 금천교 → 내수사전로 → 새문고개 → 러시아공사관으로 파천할 수 있었다.[66]

고종은 러시아공사관에 도착한 다음 1시간 30분쯤 지나서 새로운 내각을 발표했다. 새로운 내각 중 이윤용은 군부대신에 임명되었다. 당시 서울에는 대략 800명의 경찰이 있었다. 경찰 대표는 신속하게 새로운 권력의 변동 상황에서 고종에서 충성을 서약했다.[67] 그날 저녁 러시아 공사관과 영사관 사이의 광장에는 청색의 천막이 설치되었다. 1개 중대의 러시아 병력이 러시아공사관의 안팎에서 경계를 시작했다.[68]

그 후 러시아공사관은 삼엄한 경계가 한동안 유지되었다. 함장 몰로스는 2월 21일 러시아공사관의 상황에 대해서 상세히 묘사했다. 고종은 러시아공사관 내부 2개의 방을 침실과 접대실로 사용했다. 공사관 정문 앞에 있는 정원에는 대포가 설치되었고, 공사관 내부의 개조된 3개의 방에 33명의 해병이 거주했고, 영사관 내부의 개조된 2개의 방에 62명의 해병이 거주했다.[69]

추정된다. 또한 백은규는 비록 함경도監務官 출신으로 아관파천 직후 궁내부 주전사장으로 승진하여 보부상동원에 큰 역할을 했던 것으로 보인다.

65) АВПРИ. Ф,150. Оп.493. Д.5. Л.27.

66) 尹孝定, 1995, 앞의 책, 177~178쪽 ; Gale, Korean Sketches, Edinburgh and London, 1898, pp.208~209; Lillias H. Underwood, Fifteen Years Among Top-Knots, American Tract Society, 1904 pp.174~175. 까르네예프는 "여성의 가마를 검문하지 않는 조선의 풍속, 고종이 새벽에 잠이드는 습성 때문에 대궐 수비대의 감시를 벗어날 수 있었다"고 밝혔다.(Карнеев и Михай лов, Поездка геиераль ного штаба полковника Карнеева и поручика Михай лова по Юж нее Корее в 1895~1896 гг, с.185)

67) АВПРИ. Ф,150. Оп.493. Д.5. Л.29.

68) По Корее. Путешествия 1895~1896 гг. Составление Тягай Г.Д. М. 1958. СС.186~187.

69) 그 후 1896년 2월 14일 태평양함대 사령관 알렉셰예프는 함장 몰로스에게 러시아

고종은 춘생문사건의 실패 이후 러시아공사관에 파천 의사를 전달했
지만 신변 안전과 정치적 부담을 걱정했다. 궁내부 세력 중 이범진 계열
은 아관파천을 준비하면서 김홍집내각에 반대하는 정치세력과 연대했
다. 이범진과 이완용 등은 고종의 파천 의사를 확인한 다음에 러시아병
력을 동원했고, '고종폐위설'을 유포하여 고종의 결단을 유도했다. 이범
진은 가마를 통한 파천 방법, 공병대와 러시아수비병의 동원 등을 담당
했다. 이완용과 윤치호는 한국 주재 외교관의 승인과 지지를 위해 외교
활동을 전개했다. 박정양은 민심의 안정을 위해 각종 지시문을 발표했
다. 이완용, 윤치호, 박정양은 1896년 7월 출범한 초기 독립협회의 주역
이었다. 아관파천, 그것은 대한제국 정치세력의 주역, 궁내부의 성장과
독립협회의 탄생을 예고했다.[70]

2) 서울의정서와 모스크바의정서(1896)

쉬뻬이에르는 2월 11일 아침 고종의 파천 사실을 주한 외국공사관에
게 알렸다. 그는 "고종이 현재의 정치적인 상황을 고려하여 자신의 신변
안전을 위해서 러시아공사관으로 피신했다"고 전달했다.[71] 쉬뻬이에르
는 전신선이 마비되었기 때문에 한국과 일본을 왕래하는 배편을 통해서
아관파천의 상황을 주일 러시아공사에게 늦게 알렸다. 주일 러시아공사
히뜨로보(M.A. Хитрово)는 2월 15일과 21일 쉬뻬이에르의 아관파천
상황 보고를 본국정부에 긴급하게 타전했다.[72]

공사관을 방문할 것을 지시했다.(РГАВМФ. Ф.417. Оп.1. Д.893. Л.322об)

70) 기존 연구는 '친미친러파' 혹은 '정동구락부', '고종' 또는 '이범진' 등 지나치게
주도세력을 강조하여 소수의 인물 또는 하나의 정치세력 위주로 파악했다.(李鉉
淙, 1976, 앞의 책, 51쪽; 金源模, 1992, 앞의 책, 171쪽; 吳瑛燮, 1996, 앞의 논문,
136~138쪽; 韓哲昊, 1996, 앞의 논문, 96쪽; Б. Пак, 1998, 앞의 책, 157~159쪽)

71) Dispatches from United States ministers to Korea. 896.02.11, P.1(NARA. FM 134.
Roll 12. № 195); АВПРИ. Ф.150. Оп.493. Д.5. Л.27об.

러시아외무부는 실제 일본과의 군사적 충돌을 원치 않았다. 한국에서 적극적인 간섭을 서두르고 싶지 않았다. 그래서 러시아 외무대신 로바노프는 2월 1일 쉬뻬이에르에게 "모든 경우에서 공사의 설명이 필요하고 일본의 의도에 관해 조사할 것"을 지시했다. 그런데 러시아 외무부는 2월 5일 고종이 러시아공사관으로 피신하려 한다는 쉬뻬이에르의 비밀 전보를 받았다.[73) 그 후 러시아 외무부는 2월 18일 아관파천을 승인하는 전보를 보냈다.[74)

고종은 2월 15일 즈프(芝罘) 주재 러시아 부영사 찜첸꼬(A.H. Тимченко-Островерхов)를 통해서 러시아황제에게 보내는 감사의 소식을 전달했다.[75) 그 후 고종은 러시아외무부로 부터의 지원과 보호의 약속을 기다렸다. 고종은 아관파천 이후에도 서울에 주둔한 일본수비대의 위협에 직면했기 때문에 러시아정부에게 러시아 고문관 및 군사교관의 파견을 요청했다.[76)

아관파천 당일 주한 일본공사 고무라는 경악했고 대응책 마련에 고심했다. 고무라는 러시아공사관의 동향을 주시하면서 서울의 상황을 신속하게 본국정부에 보고했다. 고무라는 현재 상황을 바꾸기 위해서는 일본 군대가 동원되는 방법 밖에 없다고 생각했다. 하지만 그는 러시아와 무력 충돌이 발생하는 극단적인 상황으로 치달을 가능성을 걱정했다. 고무

---

72) АВПРИ. Ф.150. Оп.493. Д.214. Л.203; АВПРИ. Ф.150. Оп.493. Д.5. Л.111.
    2월 14일 주일 러시아공사 히뜨로보(М.А. Хитрово)는 "아직 공식적으로 발표
    되지 않았지만 서울에서는 혁명이 발생했다. 고종은 러시아공사관에서 새로운 내
    각을 발표했고... 나는 아직까지 서울에서 공식적인 소식을 받지 못했다. 2월 5일
    부터 공식적인 소식은 끊겼다"(АВПРИ. Ф.150.Оп.493.Д.5.Л.76).

73) АВПРИ. Ф.150. Оп.493. Д.5. ЛЛ.76 и 78.

74) "고종의 안전을 배려하면서 고종의 보호를 지속할 것"(АВПРИ. Ф.150. Оп.493.
    Д.5. Л.87)

75) АВПРИ. Ф,150. Оп.493. Д.5. Л.84.

76) АВПРИ. Ф.150. Оп.493. Д.5. ЛЛ.37-38; По Корее. Путешествия 1895~1896
    гг. Составление Г.Д. Тягай . М. 1958. С.187.

라는 현재 러시아와 일본의 무력 충돌 시기가 아니라고 판단했다. 그는 본국 정부의 훈령이 내리기 전까지 온건한 방법으로 대응할 것을 결정했다. 아관파천 당일 고무라는 쉬뻬이에르와의 면담을 통해서 양국 군대의 무력 충돌이 발생하지 않도록 상호 노력할 것을 합의했다.[77]

주일 러시아공사 히뜨로보는 1896년 2월 17일 "일본정부가 주한 일본수비대와 러시아군대의 무력 충동을 피하도록 지시했다"며 도쿄의 상황을 쉬뻬이에르에게 알렸다. 히뜨로보는 "쉬뻬이에르도 무력 충돌이 발생할 수 있는 그 어떤 빌미를 제공하지 않도록 주의해야 한다"고 지시했다.[78]

일본 총리대신 이토(伊藤博文)는 아관파천 1주일이 지난 이후 러시아와의 신속한 협상이 필요하다고 결정했다. 외무대신 서리 사이온지(西園寺公望)는 2월 19일 주일 러시아 일본공사 히뜨로보(M.A Хитрово)를 초청했다. 그 자리에서 사이온지는 일본정부가 한국문제에 대해서 직접적인 협상의 필요성을 언급하며, 주한 러시아공사 베베르와 주한 일본공사 고무라의 상호 협상의 필요성을 제안했다.[79]

외무대신 서리 사이온지는 2월 23일 주일 러시아 공사 히뜨로보에게 한국문제에 관한 다음과 같은 협정 내용을 제안했다. "러시아정부는 고종이 자신의 대궐로 돌아가도록 주한 러시아공사에게 지침을 내린다. 주한 러시아와 일본 공사는 고종이 온건한 인물을 대신으로 임명할 것을 권고한다. 양국 공사는 고종이 자신의 정치적인 반대세력을 제거하지 못하도록 권고한다."[80]

러시아정부는 3월 초 일본 외무대신 서리 사이온지의 제안에 대해서

---

77) 國史編纂委員會編, 『駐韓日本公使館記錄(10)』, 小村→萩原, 1896년 2월 11일, 85쪽.
78) РГАВМФ. Ф.417. Оп.1. Д.1465. Л.330.
79) АВПРИ. Ф.150. Оп.493. Д.5. Л.90 ; 國史編纂委員會編, 『駐韓日本公使館記錄(8)』, 西園寺→小村, 1896년 2월 20일, 147쪽.
80) 國史編纂委員會編, 『駐韓日本公使館記錄(8)』, 1995, 149쪽.

다음과 같이 답변했다. "주한 러시아공사는 고종이 자신의 결정에 따라 대궐로 환궁하는 것을 반대하지 않는다. 주한 러시아와 일본 공사는 고종이 온건한 인물을 대신으로 임명할 것을 고종에게 권고하며, 고종이 자신의 관료에게 공평하게 대할 것을 요청한다. 양국 공사는 한국의 전신선 수비를 위한 외국 병력 주둔에 관해서 함께 협상한다. 주한 러시아와 일본 공사는 자국의 공사관과 영사관의 수비를 위한 조치를 협의한다."81)

주한 일본공사 고무라는 3월 6일 일본정부로부터 다음과 같은 훈령을 받았다. "주한 공사는 고종이 자신의 대궐로 환궁하도록 모든 노력을 전개한다. 일본은 고종이 온건한 인물을 대신으로 임명하도록 고종에게 권고할 것을 제안한다. 일본은 고종이 자신의 정치적인 반대세력을 제거하는 권리가 없다는 사실을 중요하게 논의한다. 한국에서 전신선 보호를 위한 일본군대의 유지는 불가피하다. 주한 일본 공사관과 영사관의 보호를 위해서 일본군대의 유지도 불가피하다."82)

러시아와 일본은 1896년 5월 14일 서울에서 상호 협상에 따라 '서울 의정서'를 체결했다. 주한 러시아공사 베베르와 주한 일본공사 고무라는 다음과 같은 내용에 합의했다.

"첫째 주한 러시아와 일본 공사는 고종의 안전에 모든 의문이 사라질 때 고종이 대궐로 환궁하도록 권고한다. 둘째 현재의 내각은 고종의 자유로운 선택에 따라 개화하고 온건한 인물로 임명될 것이다. 셋째 서울과 부산 사이의 일본 전신선 보호를 위해서 한국에 주둔하는 일본 헌병대는 전체적으로 200명을 넘을 수 없다. 넷째 일본수비대는 서울에 2개 중대, 부산에 1개 중대, 원산에 1개 중대 등으로 구성되고, 각 중대는

---

81) АВПРИ. Ф.150. Оп.493. Д.901. Л.77: Пак Б.Б. Указ.соч. 2004. С.179 ; 國史編纂委員會編, 『駐韓日本公使館記錄(8)』, 西園寺→小村, 1896년 3월 2일, 151쪽.
82) 國史編纂委員會編, 『駐韓日本公使館記錄(8)』, 西園寺→小村, 1896년 3월 2일, 450~451쪽.

200명을 넘을 수 없다. 러시아는 동일한 장소에서 일본 수비대의 숫자를 넘지 않는 범위에서 군대를 유지할 수 있다."[83]

일본은 군대 주군에 관한 러시아와의 협상에서 자국에 불리한 내용을 합의했다. 한국에서 일본군대의 전체인원을 제한한 점, 한국에서 일본군대의 인원만큼 러시아군대도 동일하게 주둔한 점 등이 바로 그것이다. 이것은 러시아에게 매우 유리한 조항이었다. 그 결과 러시아는 한국에서 군사적인 부분에 관해서 일본을 억제할 수 있었다.

일본은 불리한 협정인 '서울의정서'를 체결했다. 그래서 일본은 러시아와 새로운 협정체결을 추진했다. 그 일환으로 육군대장 야마가타(山縣有朋)는 1896년 5월 니꼴라이 황제 대관식에 참석했다. 이미 야마가타는 모스크바를 출발하기 전에 주일 러시아공사 히뜨로보를 방문하여, "러시아와 일본 사이의 한국 분할"에 관한 새로운 결정을 제안했다.[84]

러시아와 일본은 1896년 6월 9일 모스크바에게 한국문제에 관한 '모스크바의정서'를 체결했는데 그 내용은 다음과 같다.

"첫째 러시아와 일본은 만약 한국이 외국에서 차관을 도입할 경우 상호 동의하에 한국을 지원한다. 둘째 러시아와 일본은 한국의 내부질서를 유지하기 위해 한국의 군대와 경찰의 조직을 위한 지원을 제공할 것을 노력한다. 셋째 러시아는 서울에서 자국의 국경까지 전신선을 건설할 수 있는 권리를 소유한다."

'모스크바의정서'에는 다음 2개의 비밀조항이 포함되었다. "첫째 만

---

83) АВПРИ. Ф.150. Оп.493. Д.192. ЛЛ.2 с об и 6-9об. 독립신문은 일본과 러시아의 한국에 대한 협상을 보도하면서 한국정부가 옛 풍속을 버리고 적극적인 개화정책을 추진할 것을 주장했다. (『독립신문』 1896년 5월 28일 논설) 독립신문은 러시아와 일본의 외교활동을 한국 자주독립에 도움을 주는 것이라고 인식했다.
84) Симанскии П.Н. События на Дальнем Востоке//Россия и Японии на заре 20 столетия. М.1994. С.137; Пак Б.Д. Указ.соч. 2004. С С.245-246; Пак Б.Б. Указ.соч. 2004. СС.181~182.

약 한국에서 질서가 유지되지 않는다면 러시아와 일본은 한반도에서 양국의 상호 군사 활동의 영역을 구분한다. 둘째 러시아와 일본은 고종의 신변안전을 위한 한국군대가 설치될 때까지 한국에서 동일한 인원의 군대를 유지한다."[85]

일본은 모스크바에서 한국에서 러시아와의 평등한 관계를 유지하려고 노력했다. 따라서 일본은 한국에서 일본군대의 제한을 변화시켰고, 한국에서 상호 군사 활동의 영역을 구분했다. '서울의정서'가 한국에서 일본의 군대 인원을 제한했다면 '모스크바의정서'는 한국에서 일본과 러시아 사이의 세력균형을 의미했다.[86] 두 의정서는 한국을 배제한 러시아와 일본의 합의라는 한계를 갖고 있었다. 그렇지만 한국은 러시아와 일본의 일시적 세력 균형 속에서 스스로 개혁할 수 있는 기회를 맞았다.

---

85) АВПРИ. Ф.138. Оп.467. Д.153/159. Л.13-14 с об и 38-40 с об.

86) 선행연구는 '모스크바의정서'가 한국의 자주독립의 원칙 또는 한국의 국내외 문제에 관한 자유행동을 의미한다고 주장했다.(Пак Чен-Хё. Указ.соч. С.41 ; Пак Б.Д. Указ.соч. 2004. С.247) 또한 선행연구는 러시아와 일본이 '모스크바의정서'를 통해서 사실상 동등한 권리를 양분했다고 주장했다.(Malozemoff A. OP. CIT. PP.88~89 ; Нарочницкий А.Л. Обострение борьбы за раздел мира между капитальстическим странами на Дальнем Востоке. 1871~1989 гг.//Международные отношение на Дальнем Востоке. Т.1. М. 1973 ; Lensen G.A. OP. CIT. P.626 ; Игнатьев А.В. С.Ю.Витте – Дипломат. М. 1989. С.63-64) 그런데 러시아학자 로마노프는 모스크바의정서가 한국에 관한 러시아와 일본의 공동보호를 의미한다고 주장했다.(Романов Б.А. Очерки дипломатической истории русско-японской войны. М. 1947. С.46)

7장. 아관파천 이후 한러관계

양국의 상호협력을 추진한 민영환이 귀국할 때 조선주재 러시아군사교관 단장 뿌짜따(Д.В. Путята)도 1896년 10월 연흑룡강 군사관구 소속의 위관과 하사관 등 총 13명을 인솔하여 서울에 도착했다.[1]

그동안 선행 연구를 통해서 한러관계 중 러시아군사교관에 관한 논쟁점이 형성되었다. 러시아군사교관의 조선파견을 주도한 정치세력에 관한 규명, 1896년 한러 협상에서 민영환의 활동과 그에 대한 평가, 군대 양성을 위한 조선정부의 계획 존재 여부 등이 바로 그것이다.

그동안 국내외 기존연구는 뿌짜따의 개인 활동과 생각을 주목하지 못했다. 그 이유는 러시아문서보관소에 소장된 뿌짜따의 관련 문서가 국내외에 알려지지 않았기 때문이었다.

모스크바 북동쪽에 위치한 군사문서보관소(РГВИА)에는 제정러시아 시기 주한 러시아 무관의 첩보 및 뿌짜따의 군사교관 활동 등이 고스란히 보관되었다. 필자는 뿌짜따 관련 문서를 검토하면서 그의 생각과 활동을 추적할 것이다. 군사문서보관소에 소장된 뿌짜따의 관련 문서를 중심으로 그의 조선 및 극동에 대한 인식과 구상, 그의 파견경위와 조선군

---

1) The National Archives. FM 134. Roll 13. No 240. PP.1~2; 제정러시아재무부편, 崔璇,金炳璘譯, 『國譯 韓國誌』(경기도, 한국정신문화연구원, 1984), 678-679쪽. 러시아 1차 군사교관은 장교 4명, 하사관 10명으로 구성되어 1896년 10월 20일 조선에 왔고, 러시아의 2차 군사교관은 장교 3명, 하사관 10명으로 구성되어 1897년 7월 29일 서울에 도착하였다.

대 양성 계획, 그리고 그의 조선에서의 활동 및 조선군부와의 관계 등이
그것이다. 뿌짜따가 러시아 군부에서 차지하는 비중을 살펴보고, 러시아
군부에 미친 영향력을 추적할 것이다. 그를 통해서 조선과 만주 지역 진
출을 위한 러시아 군부의 정책 수립 과정을 엿볼 수 있을 것이다.

1. 뿌짜따의 조선과 극동에 대한 인식과 구상

1) 극동에 대한 인식과 구상

뿌짜따는 1855년 러시아 스몰렌스크(Смоленск)주에 있는 귀족의
가문에서 태어났다. 알렉산드르 사관학교와 니꼴라이 군사아카데미를
졸업한 뒤 1874년 육군 소위에 임관되었다. 그 후 뿌짜따는 1887년부터
1891년까지 청국 주재 군사무관으로 활약했다. 그는 러시아 군사요원으
로 활동하면서 1887-1888년 사이에 북경 주변과 만주 지역에 대한 정찰
업무를 수행했다.[2] 그는 당시 황태자(향후 황제가 되는 니꼴라이 2세)가
청국을 방문할 때, 광동·남경 등을 함께 수행하였다. 황태자를 수행한
후 그는 1891년 신장(Хинган, 新疆) 지역에 대한 탐험을 주도했다.
1896년 5-6월 뿌짜따는 러시아 황제 니꼴라이 2세의 대관식에 참석하는
일본대표 야마가타(山縣有朋) 등을 수행했다.[3] 그의 경력을 살펴보면서
그가 러시아의 극동지역 문제에 대한 전문가로 성장했다는 것을 알 수
있다.

---

2) РГВИА. Ф.409.Оп.1.Д.241-171.Л.44 с об. 박종효는 뿌짜따에 대한 간단한 약
력을 국내에 최초로 소개하였다.(박종효編, 『러시아 국립문서보관소 소장 한국관
계 문서 요약집』[서울, 2002, 한국국제교류재단], 583쪽)

3) 이후 뿌짜따는 육군참모본부 아시아과 과장(1898.1), 육군 소장(1898.12), 흑룡강
주 군사총독(1901.7), 육군 중장(1905.4) 등을 역임하고 1915년 2월에 사망했다.
(РГВИА. Ф.409.Оп.1.Д.241-171.ЛЛ.50об-51об)

극동에 대한 뿌짜따의 인식은 1895년에 작성된 '극동에서 러시아의 영향력 보존을 위한 필연적인 조치'라는 보고서에 잘 나타나 있다. 그는 청일전쟁 이후 극동지역의 정세 변화를 구체적으로 서술했다.[4]

뿌짜따는 청국의 군사 개혁을 부정적으로 평가했다. 뿌짜따는 "청국이 최근 30년 동안 자국의 군사력을 근대화시키려고 노력했지만 아직 달성하지 못했다"고 판단했다. "만약 청국이 군사개혁을 성공한다면 주변 인접국을 위협할 수 있을 것"이라고 생각했다.

그에 반해 뿌짜따는 개혁에 성공한 일본의 군사 대국화를 우려했다. 뿌짜따는 "일본이 국내개혁을 성공했기 때문에 국내적 안정을 달성했다"고 지적했다. 그는 일본이 "군사와 경제 개혁을 성공했기 때문에 극동에서 주도적 위치를 확보했고, 청일전쟁을 승리로 이끌 수 있었다. 하지만 청일 전쟁의 승리가 일본의 민족적 야심을 충분히 만족시키지 못했다"고 평가했다. 그는 "일본에서는 보다 강력한 적대적인 국가와의 전쟁을 통해서 군사적 명성을 얻으려는 정서가 팽배하다"고 파악했다.

뿌짜따는 한국을 둘러싼 열강의 대립을 우려했다. "조선이 청일전쟁 이전까지는 지정학적으로 러시아 연해주지역의 국경을 보호해주는 기능을 수행했다. 그런데 청일전쟁 이후 조선의 독립이 어떻게 변화할지를 예측하기 힘들다"고 생각했다. 그는 최근의 조선 상황을 살펴보면서 "조선이 국내적으로 불안정하기 때문에 미국, 유럽열강, 특히 일본의 정치적 각축장이 되었다"고 파악했다.

뿌짜따는 서구열강의 극동지역 활동에 대해서 부정적으로 평가했다. "서구열강의 대표들이 극동지역 상업이권 등을 위해서 파견되었다. 이들은 러시아의 극동진출에 대해서 강력한 방해세력이다. 서구열강의 대표들이 자국의 민족적인 정당성을 유포시키고, 극동국가에서 자국의 상

---

4) 뿌짜따는 1895년에 상반기 위의 제목으로 군부에 제출하였다.(РГВИА. Ф.846.О п.4.Д.34.Л.23)

업적 이권을 획득하려고 노력하고, 극동에서 러시아의 영향력을 약화시키려 한다."[5]

뿌짜따는 한반도를 둘러싼 변화하는 상황을 파악하면서 극동에서 러시아의 영향력을 강화하는 방안을 고민했다. 그는 "러시아가 군사부분만 집중적으로 지원해서는 안 된다"고 판단했다. "러시아가 극동지역의 국가들에게 정치 및 경제 부분까지 의도적으로 접촉을 확장해야한다"고 주장했다.

뿌짜따는 극동지역에서 러시아의 구체적인 노력 방안을 제시했다. "러시아는 극동지역 국가와 상업교역을 발전시킨다. 조선과 청국의 세관 업무에 러시아인을 참여시킨다. 극동지역에서 러시아 선교사 활동을 장려한다. 민족적 이익을 대변할 수 있도록 극동지역에서 신문을 발간한다. 극동지역 국가의 군사력을 파악하기 위해서 공개적 또는 비공개적으로 군사요원을 포함한 러시아인의 파견을 추진한다."[6]

뿌짜따는 러시아군부가 극동지역에 대해서 체계적인 방안을 강구해야할 필요성을 제기했다. 그는 군사적 부분에 대해서 보다 세밀한 대응전략을 수립할 것을 촉구했다. "러시아군부는 조선, 일본, 청국의 군대발전 상황에 대해서 치밀한 조사를 실행해야한다. 극동지역의 혼란을 대비해서 러시아군대의 근대화를 위한 모든 방안이 강구되어야한다. 극동지역의 전쟁을 예상해서 러시아의 군사작전 계획이 준비되어야한다"고 주장했다.

뿌짜따는 극동지역의 군사적 강화를 위한 대응전략 방안을 작성했다. 그 중 그는 극동지역에 러시아의 군사요원 파견 및 첩보조직 건설 등을 시급한 현안으로 러시아군부에 제기했다.

"현재 러시아 군사요원 1명이 청국과 일본의 군사업무를 동시에 수행

---

5) РГВИА. Ф.846.Оп.4.Д.34.Л.23.
6) РГВИА. Ф.846.Оп.4.Д.34.Л.23об.

하는 제도를 바꾸어서 청국과 일본에 군사요원이 각각 파견되어야 한다.[7] 만주를 포함해서 극동지역에 설치되어있는 러시아 영사관에 군사요원이 독자적으로 파견되어야 한다. 조선, 일본, 청국을 조사하기 위해서 첩보 조직이 설치되어야 한다. 극동지역에 있는 러시아 국경수비대의 첩보 활동을 위해서 매년 예산이 확보되어야 한다. 군부소속 중앙장교 중 5-10명이 극동지역에 2년 미만의 기간으로 해마다 파견되어야 한다.[8] 극동지역에 파견될 러시아 군사요원 및 장교에게 해당 국가에 대한 교육이 실시되어야 한다. 극동의 언어 등을 습득하기 위해서는 러시아 장교에게 뻬쩨르부르크대학 동방학부에서 2년간의 실질적인 교육기회가 제공되어야 한다."

뿌짜따는 "다양한 지역에서 제출하는 러시아 군사요원의 보고서를 통해서 러시아가 극동지역에 대한 정보를 풍부하게 파악할 수 있다"고 판단했다. 다양한 보고서를 통해서 "러시아군부가 극동지역 문제에 대한 정책 수립과 판단을 보다 유리하게 이끌 수 있다"고 생각했다. 하지만 뿌짜따는 군사요원 파견의 한계도 인식했다. "만약 극동지역 국가가 외국인에 대해서 압력을 가하면 러시아 군사요원의 활동도 위축될 수 있다"고 생각했다.[9]

뿌짜따는 해외에 파견되는 러시아 군사교관 제도를 적극 활용할 것을 주장했다. "군사교관이 해외에 파견된 군사요원 보다 러시아의 영향력을 강화하는데 도움이 된다"고 생각했다. "군사요원은 해당 국가의 외부적인 상황에 대해서 피상적인 정보를 수집하는데 그치지만, 군사교관은 담당 국가의 군대 상황과 사무를 직접 관찰하기 때문에 내밀한 정보를 파악할 수 있다"고 인식했다.[10]

---

7) РГВИА. Ф.846.Оп.4.Д.34.Л.236.
8) РГВИА. Ф.846.Оп.4.Д.34.Л.236 об.
9) РГВИА. Ф.846.Оп.4.Д.34.Л.23в.
10) РГВИА. Ф.448.Оп.1.Д.9.Л.194.

이렇듯 뿌짜따는 군사교관의 중요성을 인식했다. 그는 "만약 조선군대가 독일, 영국, 일본 등에 영향을 받는다면 러시아에게 매우 불리할 것"이라고 판단했다. 그는 러시아정부가 러시아 군사교관의 조선 파견을 조선정부에게 신속하게 제안할 것을 주장했다.[11] 그러면서 뿌짜따는 조선과 청국에서 각각 보여주었던 일본과 독일의 군사교관 활동을 참고할 것을 권고했다. 그는 청국에서 독일 군사교관의 활동이 실패한 이유를 상세히 서술했다. "청국에 파견된 독일 군사교관은 현지의 상황을 고려하지 않았고 독일방식을 급하게 추진했다. 독일 군사교관 활동에 대한 치밀한 계획서를 수립하지 않았다"고 지적했다.[12]

뿌짜따는 "청일전쟁 이후 러시아가 극동 지역, 특히 조선에 대한 이익을 수호하기 위해서 적극적인 조치를 취해야한다"고 주장했다. 그는 "연해주지역의 국경문제가 전략적으로 매우 중요하기 때문에 러시아가 극동지역에 특별한 주의를 기울여야한다"고 러시아군부에게 요청했다. "러시아가 극동지역의 새로운 질서에 대처하기 위한 방안을 강구해야하고, 극동지역에서 군사력을 강화시켜야한다"고 주장했다. 그는 러시아가 서구열강에 대응할 수 있도록 조선, 일본, 청국에 대한 각각의 정책을 수립해야할 필요성을 제기했다.[13] 이러한 그의 극동에 대한 인식은 조선에 대한 러시아의 정책 수립 과정에서 보다 구체적으로 투영되었다.

2) 조선에 대한 인식과 구상

뿌짜따의 조선에 관한 인식과 구상은 '조선의 국내적 정치상황 및 조

---

11) 뿌짜따는 서울주재 러시아 공사관의 소속하에 러시아군사교관이 조선에 파견되어야한다고 생각했다. 조선이 적절한 규모의 정규군을 건설해야하고, 정규군의 건설을 위해서는 외국 장교의 협력을 받아야 한다고 주장했다.(РГВИА. Ф.846.Оп.4.Д.34.Л.23в).

12) РГВИА. Ф.448.Оп.1.Д.9.Л.194об-195.

13) РГВИА. Ф.846.Оп.4.Д.34.Л.23.

선에서 러시아의 대응전략'에 관한 1897년의 보고서에 드러난다. 그는
조선의 지정학적 중요성 및 일본의 조선 진출 등을 다음과 같이 인식했
다. "조선은 러시아의 극동지역 진출을 위한 항해로에 위치했다. 조선은
대마도를 소유한 일본의 이웃나라이기 때문에 지정학적으로 매우 중요
하다."[14] 청일전쟁 이전까지 청국과 일본은 조선을 둘러싸고 복잡한 이
해관계로 대립했다. 그럼에도 불구하고 조선은 청국과 일본의 대립을 완
충시킬 수 있는 중립국가로써의 역할을 수행할 수 있었다. 이러한 의미
에서 그는 "조선이 시베리아 국경의 안전을 보장할 수 있는 러시아의
선린적인 이웃 역할을 수행한다"고 파악했다.

하지만 뿌짜따는 "청일전쟁 이후부터 삼국간섭 이전까지 조선이 중립
지대 역할을 수행할 수 없는 상황에 처했다"고 인식했다. 그 배경에는
일본이 청일전쟁의 승리를 통해서 극동지역에서 자국 중심의 질서를 강
화하고 조선을 일본에 편입시키려고 노력했기 때문이다. 그는 청일전쟁
직후 "1895년에 갑오개혁을 지원한 일본이 조선에서 성급한 외국 제도
의 도입을 시도했기 때문에 각종 개혁이 조선에서 순조롭게 진행시키지
못했다"고 파악했다.[15]

뿌짜따는 "삼국간섭과 아관파천을 거치면서 조선에서 일본의 영향력
이 약화되자, 최근에는 일본이 보다 세련된 방법으로 조선에 진출하고
있다"고 밝혔다. "조선에서 일본정부가 문화적인 형태로 영향력을 확대
하려고 노력하면서 일본의 산업과 상업 회사의 진출을 장려하고 있다"

---

14) РГВИА. Ф.448.Оп.1.Д.9.Л.353. 뿌짜따는 1897년 11월 군부대신 반놉스끼에게
　　보고서를 제출했다.

15) 선행연구는 갑오개혁기에 시도된 근대적 국가체제 개혁은 군주권의 제한에 입각
　　하면서 改革官僚의 權力獨占을 강화하는 방향을 취하고 있었다고 주장하였다. 또
　　한 갑오개혁의 내각관제가 1889년 12월 제정된 일본 명치헌법상의 규정을 거의
　　번역한 것이라고 밝혔다.(왕현종, 1995, 「甲午改革期 官制改革과 官僚制度의 變
　　化」, 『國史館論叢』, 68輯, 285쪽; 왕현종, 1999, 「갑오개혁 연구-개혁관료의 근대
　　국가론과 제도개혁을 중심으로」, 연세대학교박사학위논문, 189쪽)

고 파악했다. 그래서 그는 조선 양반계층 사이에서 일본을 지지하는 정당이 설립되었고, 조선의 왕자까지도 일본을 방문하는 상황을 기술했다. 결국 그는 "일본은 조선을 일본의 식민지화로 만들기 위해서 조선에서 각종 정치적 음모를 지원하고 있는 실정"이라고 파악했다.[16)

뿌짜따는 조선정부의 국내 정치상황을 "황실와 양반 그룹의 대립구도"로 파악했다. 그는 "조선의 후계구도가 러시아의 이해관계와 가장 밀접하다"고 판단했다. 뿌짜따에 따르면 고종이 사망한다면 섭정 없이 바로 대권을 받는 인물이 황태자 이척이었다. 하지만 뿌짜따는 황태자가 자식이 없는 상황이고 병적인 상태이기 때문에 그의 왕위 승계를 비관적으로 바라보았다. 그래서 뿌짜따는 귀인 장씨의 소생인 의화군 이강과 고종의 형인 이재면의 아들 이준용을 주목했다. 그는 "일본의 지지를 받는 인물이 의화군 이강이었고, 대원군 정치세력의 후원을 받은 인물이 이준용이었다"고 파악했다. 현재 고종은 왕위 승계가 가능한 두 인물의 정치적 영향력을 약화시키기 위해서 이강과 이준용을 일본에 파견할 예정이라고 보고했다. 앞으로 고종이 이강을 미국 워싱턴에, 이준용을 영국 런던에 교육을 목적으로 몇 년간 파견할 계획도 갖고 있다고 기록했다.

뿌짜따는 아관파천 이후 일본에 대한 호감이 조선에서 약화되었지만 최근에는 러시아에 대한 적대감도 생겼다고 파악하였다. 이러한 상황에서 뿌짜따는 "이강과 이준용을 러시아에서 교육받을 수 있도록 고종을 설득시켜야한다"고 생각했다. "이강과 이준용을 러시아 기병학교 중 특권층만 입학할 수 있는 곳을 선택해서 교육받을 수 있도록 주선해야 한다"고 러시아군부에 제안했다. 이러한 지원을 통해서 뿌짜따는 "러시아가 조선에서 향후 있을 왕권의 교체에 대비해야만 보다 안정적인 관계를 조선과 유지할 수 있다"고 주장했다.[17)

---

16) АВПРИ. Ф.150.Оп.493.Д.8.Л.327об; РГВИА. Ф.448.Оп.1.Д.9.Л.353об.

17) РГВИА. Ф.448.Оп.1.Д.9.ЛЛ.355об-356; АВПРИ. Ф.150.Оп.493.Д.8.Л.330 с

뿌짜따는 조선에서 철도 문제 및 노어학교에 대해서 다음과 같이 인식했다. "조선정부가 재정적으로 취약해서 철도 건설을 실행할 수 없다"고 판단했다. 그래서 뿌짜따는 "러시아재무부가 조러은행을 통해서 조선에 자금을 지원한다. 공병대에 소속한 러시아군사교관이 기술적으로 철도건설을 지원한다" 등을 군부대신 반놉스끼에게 제안했다.[18] 뿌짜따는 1896년에 설치된 노어학교에 대해서 "조선의 양반층이 아닌 중산층만 입학했다"고 기록했다. 그는 "미국에서 교육을 받은 조선인이 정부의 대신까지 임명될 수 있지만 러시아어를 구사할 수 있는 조선인은 통역에만 종사한다"고 파악했다. 이러한 상황을 변화시키기 위해서는 "러시아가 조선의 양반출신을 러시아의 수준 높은 군사학교 및 특수학교로 입학시켜야 한다"고 주장했다.[19]

뿌짜따는 기본적으로 "조선에서 일본과 러시아의 군사적 균형이 오히려 러시아에 불리하다"고 생각하였다. 뿌짜따는 조선에서 유사시 발생할 수 있는 러시아와 일본의 군사적 대립에 관한 전략 수립의 필요성을 제기했다. 왜냐하면 그는 "만약 조선의 일부 영토가 일본에게 넘어간다면 러시아가 조선을 진출할 수 있는 희망을 상실할 뿐만 아니라 러시아의 극동정책도 바뀔 수밖에 없는 상황"이라고 파악했기 때문이었다.

그는 "전쟁이 불가피한 상황에서는 러시아가 동해에 인접한 '원산'을 장악해야 한다"고 생각하였다. "만약 러시아와 일본의 군사적 대립이 불가피하다면 조선에서 일본을 군사적으로 대응하기 위해서는 조선 항구를 점령해야한다"고 주장했다.[20] 그는 "러시아 주력군대가 원산까지 진

---

ob. 실재 의화군 이강은 1897년 5월 말 유학을 위해서 일본에서 미국으로 출발하였고, 이준용은 1897년 8월 말 요코하마(橫濱)에서 영국으로 출발하였다.(國史編纂委員會編, 『駐韓日本公使館記錄(12)』[서울, 時事文化社, 1995], 71~72, 253쪽)

18) АВПРИ. Ф.150.Оп.493.Д.8.Л.329 с об; РГВИА. Ф.448.Оп.1.Д.9.Л.356 с об

19) АВПРИ. Ф.150.Оп.493.Д.8.Л.331 с об. 고종과 조선 관료가 러시아정부에게 양반자제의 입학을 여러 차례 요청했지만 아직까지 러시아정부가 조선정부에게 답변하지 않았다고 뿌짜따는 밝혔다.(РГВИА. Ф.448.Оп.1.Д.9.Л.357 с об)

출하기 위해서는 3주정도의 시간이 필요하다. 그 반면에 청일전쟁의 경험을 토대로 한번에 2만 명 이상의 병력을 수송할 수 있는 일본군대가 시모노세키(下關)와 나가사키(長崎) 항구에서 출발하면 이틀 만에 원산에 도착할 수 있다"고 판단했다. 뿌짜따는 조선에서 일본의 군사적 위협에 대응하기 방안을 제안했다. "러시아가 해군력을 필수적으로 강화시켜야 한다. 러시아가 주력부대를 연해주가 아닌 만주지역을 거쳐 조선에 신속히 파견할 수 있는 방법도 강구해야 한다."[21]

뿌짜따는 러시아가 조선에서 일본의 정치와 군사적 영향력을 막기 위해서 여러 방안을 수립할 것을 제기했다. 여러 방안 중 그는 러시아의 조선병합에 대해서는 신중해야 한다고 주장했다. 왜냐하면 그는 "만약 러시아가 조선을 완전히 병합하려면 막대한 규모의 예산을 지출해야 한다. 이러한 예산 지출을 러시아가 환수하기 위해서는 오랜 시간이 필요하다"고 생각했기 때문이다.

결국 뿌짜따는 "조선이 독립을 유지할 수 있도록 러시아가 간접적인 지원을 펼친다면 극동에서 평화적인 상태를 유지할 수 있을 것"이라고 판단했다.[22] 이러한 판단에는 "조선의 자립성이 러시아 국경지역의 안전을 유지해 줄 수 있다. 조선이 일본의 만주진출을 막을 수 있는 장벽을 제공할 수 있다"라는 뿌짜따의 인식이 작용했다. 뿌짜따는 조선이 중립지역으로 남아있어야 러시아에 더욱 유리할 것이라는 판단했다. 이러한 생각을 그는 러시아정부 내에서 관철시키려고 노력했다.[23]

---

20) РГВИА. Ф.448.Оп.1.Д.9.Л.354; АВПРИ. Ф.150.Оп.493.Д.8.Л.328.

21) АВПРИ. Ф.150.Оп.493.Д.8.Л.328 с об; РГВИА. Ф.448.Оп.1.Д.9.Л.354об.

22) РГВИА. Ф.448.Оп.1.Д.9.Л.354об. 뿌짜따는 현재 조선문제에 관해서 러시아가 불리한 상황을 타파할 필요가 없을 뿐만 아니라 러시아와 일본이 조선을 분할할 시기도 아니라고 주장하였다. 만약 극단적인 상황에서 조선을 분할해야 한다면 러시아가 쓰시마해협을 자유롭게 이용할 수 있는 권리를 확보하기 전에는 일본과 어떠한 합의도 할 수 없다고 생각하였다.(РГВИА. Ф.448.Оп.1.Д.9.Л.360)

23) РГВИА. Ф.448.Оп.1.Д.9.Л.355. 뿌짜따는 조선과의 긴밀한 유대관계가 필요했

2. 러시아군사교관과 조선군대 양성

1) 조선군대의 양성계획과 군사교관의 역할

뿌짜따는 조선문제 전문가로 성장했다. 그는 이미 조선주재 군사교관 단장에 임명되기 이전부터 조선 관련 보고서를 작성했다. 뿌짜따는 1896년 7월 러시아군사교관의 조선파견에 대한 계획서 초안을 작성하여 군부에 보고했다. 그는 "러시아군사교관이 고종의 궁궐수비대의 양성 및 조선과 러시아 사이의 전신선 설치를 위해서 활약해야한다"고 생각 했다. 무엇보다도 서울과 연해주를 연결할 수 있는 전신선을 신속히 건 설해야한다고 강조했다.

뿌짜따의 러시아군사교관 조선파견에 대한 계획서 초안을 살펴보면 다음과 같다.

"현재 서울에 위치한 러시아 해군 상륙부대가 150-200명의 연흑룡강 군사관구 소속 육군 정예부대로 교체되어야 한다. 대규모의 러시아군사 교관이 친위대를 양성하면 조선은 서울에서 일본수비대를 철수시킬 수 있다. 일본수비대가 서울에서 철수하면 소수의 러시아 군사교관이 남아 조선군대의 양성을 지속한다.[24)]

서울(또는 원산)과 노보끼옙스크를 연결하는 전신선을 설치한다. 연흑 룡강 군사관구에 소속된 예비군대가 전신망의 수비를 위해서 전신수비 대의 소대로 파견된다.

친위대 양성 및 전신선 건설과 수비를 위한 러시아의 파견 인원은 베

던 적절한 시점에서 러시아가 군사교관을 파견하여 조선의 내부질서 안정을 위해 서 기여했다고 생각하였다. 이러한 군사교관의 활동이 조선에서 러시아의 영향력 을 강화하는데 도움을 주었다고 파악하였다.(РГВИА. Ф.448.Оп.1.Д.9.Л.355)
24) РГВИА. Ф.846.Оп.2.Д.96.Л.102.

베르-고무라 협정에 의거하여 총 400명을 넘지 않는다. 일본군대가 조선
에서 철수할 때 까지는 러시아가 조선에 러시아군대를 유지할 수 있다.
러시아는 병사 340명, 하사 20명, 상사 3명, 의사 1명을 포함한 위관 11
명, 참모본부 소속 장교 2명 등의 러시아군사교관을 조선에 파견해야한다."[25]

　위의 계획서 초안을 살펴보면 두 가지 점이 주목된다. 첫째 러시아군
사교관이 단순하게 고종의 궁궐 수비를 위한 병력만을 양성하려는 것은
아니었다.[26] 뿌짜따는 친위대양성을 통해서 고종의 신변안전 뿐만 아니
라 일본수비대의 철수를 목표로 삼았다. 그는 "러시아군사교관을 통해
서 친위대의 양성뿐만 아니라 총체적인 조선군대의 양성까지도 추진해
야한다"고 생각했다. 둘째 뿌짜따는 조선에 전신선 보호를 구실로 러시
아군대의 파견을 계획했다. 그것은 조선에서 러시아의 군사적 교두보의
확보를 의미한다. 전신선의 보호와 유지를 위해서 조선에 배치되는 러시
아 군대는 일본에 대항할 수 있는 독자적인 정보망을 구축할 수 있고,
유사시 조선에 신속히 진출할 수 있는 러시아의 거점을 제공할 수 있다.

　그 후 뿌짜따는 전신선 건설을 위한 자신의 생각을 실천하려고 노력
했다. 그는 1898년 봄에 전신선의 설치가 가능하다고 본국에 보고했
다.[27] 그는 재무대신 비테(С.Ю. Витте)에게 "서울과 노보끼옙스끄를

---

25) РГВИА. Ф.846.Оп.2.Д.96.ЛЛ.102об-103. 뿌짜따는 1897년 서울과 러시아국경
　을 연결하는 전신선이 조선정부와의 합의에 따라 1898년 봄에 완성될 것이라고
　밝혔다. 그는 조선정부의 재정적 취약성 때문에 러시아의 기술로 전신선을 건설
　해야한다고 생각하였다.(РГВИА. Ф.448.Оп.1.Д.9.Л.356 с об)
26) 기존 연구는 러시아군사교관이 고종환궁을 위한 대궐 수비병 양성 또는 왕궁친위
　대의 창설 때문에 서울에 도착했다고 밝혔다.(李玟源, 「高宗의 還宮에 관한 연구」,
　『한국근현대사연구(1)』, 1994, 20~21쪽; 최문형, 「민비시해 이후의 열강과 한국」,
　『명성황후 살해사건』, 1992, 223쪽) 그리고 기존 연구는 뿌짜따가 조선에서 군사
　훈련을 시작한지 2달 정도가 지나서 정치적 성격을 지니는 조선군 증강계획에 대
　한 보고서를 육군참모본부에 제출하였다고 밝혔다.(권희영,『한국과 러시아: 관계
　와 변화』[서울, 국학자료원, 1999], 319쪽; 심헌용, 『러시아의 한반도 군사관계사』
　[서울, 국방부 군사편찬연구소, 2002], 227쪽)

연결하는 전신선이 신속히 건설되어야 한다. 러시아 재무부가 러시아의
군사적·상업적·정치적 이익을 위해서 조선정부에게 차관을 제공해야한
다"고 주장했다.[28] 하지만 일본의 강력한 반대 때문에 전신선 개통은 불
가능했다. 이후 1901년 9월 러시아공사 빠블로프(А.И. Павлов)는 조
선 외부대신 박제순에게 조선과 러시아의 전신선 개통을 또다시 요청했
다. 빠블로프는 전신선 개통이 필요한 함경북도의 지명을 다음과 같이
열거했다. 함경북도 단천 성륙(Сіонъ-Чжинъ-по) 명천 종성으로부터
러시아의 경계인 두만 강변 경흥(Кіонъ-Хын)까지였다.[29] 하지만 조선
과 러시아의 전신선 건설은 일본의 집요한 방해로 끝내 성사되지 못했다.

그런데 뿌짜따는 러시아 군사교관 파견을 위한 근거를 살펴보았다.
그는 1896년 5월 14일 체결된 서울의정서(베베르-고무라 협정)를 주목
했다. "러시아 선교단과 영사관의 보호를 위해 러시아정부도 그 지역의
일본군 병력수를 초과하지 않는 군대를 보유할 수 있다."[30] 일본 군대가
서울에 대략 600명 주둔한 사실을 고려한다면 러시아의 대규모 병력 파
견이 가능했다. 뿌짜따는 러시아 군사교관을 400명 정도 조선에 파견할
수 있다고 판단했다. 뿌짜따는 러시아군사교관을 통해서 조선에서 일본
의 군사적 영향력을 약화시키고, 러시아의 영향력을 조선에서 강화하려
고 노력했다.

뿌짜따는 1896년 11월 육군참모총장인 오브루체프(Н.Н. обручев)
에게 조선군대 양성에 대한 핵심적인 내용을 전보로 보고했다. "군단을
양성하기 위해서 필수적으로 6000명의 병력이 필요하다. 29명의 장교,

27) РГВИА. Ф.400.Оп.1.Д.102.Л.2.
28) РГВИА. Ф.400.Оп.1.Д.102.Л.10 с об.
29) 高麗大學校亞細亞問題研究所編,「俄案(2)」,『舊韓國外交文書(17)』[서울, 고려대
    학교출판부, 1969], 380쪽.
30) 국사편찬위원회,『駐韓日本公使館記錄(8)』(서울, 1995, 時事文化社), 150쪽; АВП
    РИ. Ф.150.Оп.493.Д.192.Л.6-9об.

131명의 하사관 등의 러시아 군사교관이 조선에 파견되어야 한다." 그런데 뿌짜따는 러시아 군사교관이 조선군대의 지휘권을 소유해야 한다고 주장했다.[31] 지나친 군사교관의 권한에 대한 뿌짜따의 생각은 향후 러시아 군사교관과 조선 군부와의 마찰을 예고했다.

뿌짜따는 1896년 12월 총체적인 조선군대 양성을 위한 자신의 구상을 11항목으로 구체화시켰다. 더구나 뿌짜따는 조선에 파견할 러시아군사교관의 처우에 대한 러시아정부의 요구안을 직접 작성하여 러시아군사교관의 조선파견에 대한 실질적인 업무까지도 주도하였다.[32]

"1항 조선의 내부적 질서 유지를 위해서 6000명으로 구성된 군대가 양성되어야 한다. 양성된 조선군대는 향후 조선의 포병 및 공병 부대의 설치에 참가한다.[33] 2항 조선정부는 6000명의 군대를 양성하기 위해서 러시아군사교관을 초청한다. 3항 러시아 군사고문관은 조선의 군대 개혁 및 군사력 강화를 위해서 노력한다.

4항 러시아 군사고문관은 5년을 기한으로 초청된다. 추가적으로 조선정부와 러시아군사고문관과의 합의에 따라서 군사고문관의 초청기간이 연장될 수 있다. 5항 러시아군사교관은 6000명의 조선군대를 지휘하고, 조선군대의 경제 업무도 주관한다. 러시아군사교관은 조선의 장교 육성을 위해서 2-3년 과정의 군사학교를 설치하고, 하사관 육성을 위해서 2년 과정의 군사학교를 설치한다.[34]

6항 러시아군사교관은 조선군대에 병기, 포병, 병원 등에 대한 기구를 설치하기 위해서 노력한다. 7항 조선 군부는 러시아 군사고문관의 조언에 따라서 유럽식으로 조선군대를 조직한다. 8항 조선정부는 국내방어를 위해서 포병, 공병, 해군 업무에 정통한 러시아군사교관을 초빙한다.

---

31) РГВИА. Ф.448.Оп.1.Д.9.Л.43.
32) РГВИА. Ф.448.Оп.1.Д.9.Л.157 с об.
33) РГВИА. Ф.448.Оп.1.Д.9.Л.148.
34) РГВИА. Ф.448.Оп.1.Д.9.Л.148об.

9항 조선정부는 러시아군대의 법규를 조선군대에 도입한다. 러시아군
사교관을 지원하기 위해서 조선인 통역을 충분히 고용한다. 10항 조선정
부는 조선군대를 양성 위해서 매년 수입의 1/4를 지출해야한다. 러시아
군사고문관은 조선군대의 예산편성에 참가한다. 러시아 군사고문관은
조선군대의 예산지출을 감독한다. 11항 조선정부는 조선에서 러시아를
제외한 다른 국가의 군사교관 파견을 금지시킨다."[35]

위의 계획서를 살펴보면 러시아군사교관의 궁극적인 목표가 드러난
다. 뿌짜따는 고종의 신변안전을 위한 군대양성이 아니라 조선의 국내방
어를 위한 군대양성으로 설정했다. 그는 육군, 포병, 공병, 해군 등의 조
선군대를 양성하려고 생각했다. 뿌짜따는 다른 열강을 배제하고 러시아
주도 하에 조선군대의 개혁을 계획했다.

그런데 뿌짜따는 러시아군사고문관이 조선군대의 예산까지 관여해야
한다고 주장했다. 그는 군사고문관의 역할을 지나치게 강조했다. 뿌짜따
의 조선군대 양성계획은 일본의 군사적 영향력을 배제하고, 조선정부의
군대개혁을 위해서 조선정부에게 유용했다. 하지만 뿌짜따의 계획 중 일
부는 향후 뿌짜따와 조선군부와의 마찰을 예고했다. 러시아군사교관이
6000명 조선군대 지휘, 러시아군사고문관이 조선군대 예산의 편성에 참
가, 러시아군사고문관이 조선군대 예산의 지출 감독 등이 바로 그것이다.

뿌짜따는 1897년 11월 조선군대의 규모, 러시아 군사고문관과 군사
교관의 역할 등에 관한 자신의 견해를 러시아군부에 다시 피력했다. 그
는 "조선군대의 규모에 대해서 6000명이 적절하다. 만약 조선의 경제상
태가 열악하다면 조선정부가 6000명을 목표로 점차적으로 군대를 양성
해야한다"라는 내용을 다시 반복했다.[36] 그는 "이렇게 양성된 조선군대
가 군사적으로 러시아에게 위협을 줄 수도 있다"라는 러시아군부의 염

35) РГВИА. Ф.448.Оп.1.Д.9.Л.149.
36) РГВИА. Ф.448.Оп.1.Д.9.Л.358.

려를 불식시키려고 노력했다. "이러한 위협은 오히려 다른 열강의 군사교관이 조선군대를 양성하거나 조선이 러시아에 대해서 적대적인 태도를 취할 때나 가능하다"고 주장했다.

뿌짜따는 "러시아 군사고문관이 조선의 군대개혁에 대해서 고종에게 직접적으로 조언해야한다"고 생각했다. 그는 "러시아 군사고문관이 조선의 군부대신과 함께 조선군대의 경제업무를 관장하고, 군대예산을 심의해야한다"고 주장했다. "군사고문관이 러시아 군사교관의 계약연장에 대해서도 스스로 판단할 수 있다"고 생각했다. 그는 "러시아 군사교관이 조선의 해안방어를 위해서 지원할 수 있는가라는 문제에 대해서 심도 깊은 논의가 필요하다"며 "이 문제가 러시아의 향후 군사전략 수립에 있어서 매우 중요한 것"이라고 판단했다. 그 이유는 향후 러시아가 군사적 목적을 위해서 조선항구를 조차할 수 있는 단서를 마련할 수 있기 때문이었다.[37]

결국 뿌짜따는 "러시아군사교관이 조선의 내부적 질서 안정을 위해서 조선의 군대양성을 실행해야한다"고 주장했다. "조선의 군대양성과 병행해서 조선정부도 군대법령 등을 재정비해야한다"고 제안했다. 그렇지만 뿌짜따는 "러시아군사교관이 조선의 내부적 질서 안정만을 위해서 활동해서는 바람직하지 않으며, 조선과 러시아의 긴밀한 관계를 궁극적으로 도모해야한다"고 주장했다.[38] 이렇듯 뿌짜따는 근대적 조선군대의 양성을 위해서 조선군대 개혁에 대한 장기적인 프로그램을 갖고 있었다.

2) 조선에서의 활동 및 조선군부와의 관계

군부대신 반놉스끼(П.С. Ванновский)는 1896년 8월 뿌짜따를 조

---

37) РГВИА. Ф.448.Оп.1.Д.9.Л.358об.
38) РГВИА. Ф.448.Оп.1.Д.9.Л.195 с об.

선주재 군사교관 단장으로 결정했다. 그는 "뿌짜따가 육군참모본부 아시아국에서 보좌관으로 근무하고, 청국 군사요원을 5년간 역임하고, 이미 조선해안을 방문했다"고 언급했다. 반놉스끼는 뿌짜따가 조선을 포함한 극동 문제의 전문가라고 평가했다.

반놉스끼는 뿌짜따에게 주요 임무를 부여했다. "조선의 재정상태 및 방어능력을 고려하여 적절한 수비 병력을 양성한다. 서울과 노보끼옙스끄(Новокиевск) 사이의 전신선을 신속히 건설한다. 전신선을 방어할 방법도 준비한다." 반놉스끼는 "뿌짜따가 일본과의 충돌을 야기할 수 있는 행동을 자제한다. 향후 외무부를 통해서 세부적인 뿌짜따의 행동지침을 전달한다"고 지시했다. 또한 반놉스끼는 뿌짜따의 성공적인 임무 완성을 위해서 "연흑룡강 군사관구가 적극적으로 지원해야한다"고 명령했다. 그는 "연흑룡강 군사관구 소속 하사관과 사병이 고종의 궁궐 수비대 건설 및 전신선 건설을 실행해야 한다"고 지시했다.[39]

러시아군사교관 단장 뿌짜따를 포함한 러시아 군사교관은 1896년 10월 20일에 포함 '그레먀쉬이(Гремящий)'를 타고 제물포에 도착했다. 1차 러시아 군사교관은 10월 21일 서울에 도착했다. 육군중위 아파나시예프(Афанасьев), 소위 식스뗄(Сикстель), 의사인 체르빈스끼(Червинский), 그리고 10명의 하사 등으로 구성되었다.

뿌짜따는 10월 22일 고종을 알현한 자리에서 "러시아정부가 조선의 군사적 상황을 조사하기 위해서 자신을 군사교관 단장으로 임명했다"고 말했다. 그는 "조선군대 개혁의 프로그램을 실행하기 위해서 조선의 군부 또는 다른 부서에 소속한 권위 있는 인물에게 위원회의 구성을 명령할 것"을 고종에게 요청했다.[40]

39) РГВИА. Ф.409.Оп.1.Д.9.Л.13 с об.
40) РГВИА. Ф.448.Оп.1.Д.9.ЛЛ.21-28: Пак Б.Д. Россия и Корея[러시아와 조선]. М. 1979. С.134.

뿌짜따는 조선군대의 상태를 점검하면서 친위대 양성계획을 구체적으로 실행했다. 먼저 그는 러시아 군사교관이 "조선군대의 음식, 의복, 근무상황 등을 파악할 것"을 지시했다. 그는 "조선군인 중 800명으로 구성된 친위대가 러시아군대 방식으로 훈련받아야한다"고 조선정부에 요구했다.41) 그는 4개월의 훈련 기간이 필요하고, 친위대의 훈련과정 중 2개월부터 궁궐 수비를 위한 위병훈련을 받도록 계획했다.42)

러시아군사교관은 뿌짜따의 계획에 따라 러시아 하사관 1명당 친위대 80명으로 구성된 소대를 지휘했다. 그런데 친위대의 훈련과정에서 마찰이 생겼다. 군부대신 민영환은 하루에 한번의 훈련을 주장했지만 뿌짜따는 하루에 두 번의 반복 훈련을 주장했다. 논쟁 끝에 뿌짜따는 자신의 의견을 관철시킬 수 있었다. 러시아군사교관은 1896년 11월 13일부터 본격적으로 친위대의 훈련을 실행했다.43) 초기 훈련에서 어려운 문제가 언어전달이었다. 뿌짜따는 "러시아어를 구사할 수 있는 통역을 고용하면서 비로소 러시아식 군사 훈련을 체계적으로 전수할 수 있었다"고 기록했다.44)

러시아 군사교관은 1897년 2월 5개 중대로 구성된 총 1000명의 친위대를 양성할 수 있었다. 친위대 1000명은 수비 훈련에서 사격 훈련과정을 이수할 수 있을 만큼 기본적인 훈련과정을 수행했다. 뿌짜따는 "러시

---

41) Афанасьев 1 и Н. Грудзинский . Русский инструкторы в Корее в 1896 г.-1898 г.(1896~1898년 사이 조선에서 러시아군사교관). Военный сборник(군사선집). 1898. N11. СПб. С.34.

42) РГВИА. Ф.846.Оп.2.Д.96.Л.153.

43) Афанасьев Г и Н. Грудзинский . Русский инструкторы в Корее в 1896 г.-1898 г.(1896-1898년 사이 조선에서 러시아군사교관). Военный сборник (군사선집). 1898. N11. СПб. СС.35~36.

44) РГВИА. Ф.448.Оп.1.Д.9.Л.195. 러시아군사교관에 의한 조선군 훈련에 대한 상세한 내용은 다음을 참조.(심헌용, 2003, 「자료발굴: '주한 러시아 군사교관단' 활동보고서 해제」, 『군사』, 48호, 352~387쪽)

아 군사교관이 1000명의 친위대를 전체적으로 감독했고, 러시아식 군사
훈련을 배운 조선 장교도 부분적으로 친위대를 지휘했다"고 기록했다.[45]

아관파천 이후 주한 일본공사관은 고종의 환궁을 위해서 정부관료 및
유생들과 적극적인 접촉을 시도하면서 환궁을 위한 각종 여론을 조작했
다. 일본공사관은 대원군을 통해서 정부의 원로대신인 김병시, 조병세, 정
범조 등과 접촉을 시도했다. 일본공사관은 정부관료 등을 매수하기 위해
서 뇌물 제공을 시도했다. 일본공사관은 전임 정부관료 민영준, 안경수,
김종한, 김가진 등을 동원하고, 전국 유생들의 환궁 활동까지 지원했다.[46]

조선정부의 고위관료 중 대다수도 고종이 러시아공사관에 장기간 체
류하자 고종의 환궁을 지지했다.[47] 의정부대신은 1897년 2월 18일 뿌짜
따에게 환궁 이후 고종의 신변안전에 대한 책임여부를 타진했다. 뿌짜따
는 공식적으로 "러시아군사교관에 의해 훈련된 친위대만이 고종의 신변
안전을 책임질 수 있다"고 회신했다.[48] 환궁을 결심한 고종은 그동안 자
신의 신변안전과 친위대 양성에 대한 고마움을 표시하고, 지속적인 신변
보호를 뿌짜따에게 부탁했다.[49] 뿌짜따를 비롯한 러시아군사교관은 경

---

45) РГВИА. Ф.448.Оп.1.Д.9.Л.123.
46) 國史編纂委員會編, 『駐韓日本公使館記錄(13)』[서울, 時事文化社, 1995], 265~266쪽.
47) 기존연구는 일본이 환궁을 그들의 정치력을 다시금 확대할 수 있는 계기로 삼기
를 원하였고, 그에 따라 환궁에 유생들을 통한 여론 조작에 앞장섰으며, 독립협회
등도 우국적인 동기에 의하여 환궁을 주장했다고 밝혔다. 또한 러시아가 고종의
신변안전을 환궁 이후에도 이미 양성된 궁궐 수비대에 의해 보장해 준다는 약속
을 하였고, 궁궐에서 국왕을 호위할 수 있는 한 러시아공사관에 고종을 계속 체제
시킬 필요가 없었다고 주장하였다.(권희영, 『한국과 러시아: 관계와 변화』[서울,
1999, 국학자료원], 321쪽; 심헌용, 『러시아의 한반도 군사관계사』[서울, 2002,
국방부 군사편찬연구소], 229쪽)
48) РГВИА. Ф.448.Оп.1.Д.10.ЛЛ.63-66: Пак Б.Д. Россия и Корея[러시아와
조선]. М. 1979. С.139. 이미 1896년 12월 고종은 러시아군사교관에게 환궁 이후
에도 자신의 신변을 보장해 줄 것을 부탁하였고, 당시 뿌짜따는 러시아군사교관
이 고종의 신변안전을 위해서 대궐에 상주할 수 있다고 생각하였다.(РГВИА.
Ф.448.Оп.1.Д.9.Л.50)

운궁 내부에서 고종의 경호를 지속할 것을 결정했다. 그는 고종의 환궁 이후에도 친위대를 조직적으로 관리했다. 뿌짜따는 1897년 4월 사열식을 위해서 신병훈련을 직접 감독했다. 위병훈련을 마친 친위대는 1897년 4-5월 사이에 사격 훈련을 본격적으로 수행했다.[50]

아관파천 이후 친위대가 궁궐수비 및 수도경비를 모두 책임졌다. 그런데 1897년 3월 16일 시위대가 창설되면서 시위대가 궁궐수비, 친위대가 수도경비를 각각 담당했다.[51] 뿌짜따는 1897년 3월 친위대와 시위대 운영에 관한 세부적인 지침을 다음과 같이 작성했다. "궁궐 수비를 위해 조직된 시위대는 러시아군사교관에 의해서 훈련받은 친위대만으로 구성한다. 중위 아파나시예프는 친위대의 교육을 총괄한다. 중위 꾸지민은 친위대의 재정과 식량 분야를 주관하고, 소위 식스뗄은 친위대의 행정 분야를 담당한다. 꾸지민은 러시아군사교관이 친위대의 후방업무를 통제할 수 있을 때 경제업무에 대한 러시아어 지침을 한글로 번역한다."[52]

이렇듯 친위대를 훈련시킨 뿌짜따는 당시 조선군대의 상황에 기초하여 군대양성을 추진할 수 있었다. 아관파천 직후 조선군부는 중앙군대로 친위 2개 대대를 신설하여 친위 5개 대대를 설치했고, 친위 1-3대대를 1연대로 편성시켰다.[53] 조선군부는 중앙 군대인 공병과 치중병를 폐지

49) РГВИА. Ф.448.Оп.1.Д.10.Л.37; The National Archives. FM 134. Roll 13. No 258. PP.1~4.

50) Афанасьев 1 и Н. Грудзинский . Русский инструкторы в Корее в 1896 г.-1898 г.(1896~1898년 사이 조선에서 러시아군사교관). Военный сборник(군사선집). 1898. N11. СПб. CC.39~40.

51) 『韓末近代法令資料集(Ⅱ)』, 建陽 2年 3月 16日 詔勅 「侍衛隊編制 豫算을 軍部 度支部로 하여금 磨鍊케 하는 件」, 216쪽;『韓末近代法令資料集(Ⅱ)』, 建陽 2年 4월 4일 勅令15號 「親衛隊編制에 관한 件」, 225~226쪽.

52) 國史編纂委員會編, 『駐韓日本公使館記錄(12)』(서울, 1995, 時事文化社), 4쪽; Афанасьев 1 и Н. Грудзинский . Русский инструкторы в Корее в 1896 г.-1898 г.(1896~1898년 사이 조선에서 러시아군사교관). Военный сборник(군사선집). 1898. N11. СПб. C.41.

시켰고, 마병 중 1중대(200명)를 친위기병대로 편성하였고, 마병 중 100명을 치중마병으로 재편시켰다.[54] 지방군대는 1895년 평양과 전주에 설치된 진위대가 각각 2대대로 유지되었다. 그밖에 각 지방대는 여러 차례 개편되어 6개 지역에 각각 1대대로 편성되었다.[55] 조선군대는 러시아군 사교관의 파견 직전에 친위대 4000여명, 진위대 800여명, 각 지방대 1800여명 등으로 서류상 편성되었다. 이 중 친위대와 진위대는 이미 러시아 소총 등으로 무장했다.[56]

조선군부는 아관파천 직후인 1896년 2월 러시아 해군대위 흐멜레프(Хмелев)를 통해서 33명의 무관학교 학생을 교육시켰다.[57] 조선군부는 1896년 5월 러시아정부로부터 3000정의 러시아 소총 및 탄약을 도입

---

53) 『韓末近代法令資料集(Ⅱ)』, 建陽 元年 3월 4일 勅令15號「親衛隊 2大隊 增設에 관한 件」, 50쪽;『議奏(5)』, 建陽 元年 4월 19일, 56册(奎 17705), 120쪽. 군부는 1896년 6월부터 부족한 병력을 모집하였고, 9월 친위 3, 4, 5대대는 훈련을 받고 있었다.(『독립신문』 1896.6.18「잡보」, 1896.9.22「잡보」)

54) 『韓末近代法令資料集(Ⅱ)』, 建陽 元年 4월 19일 勅令18號「工兵輜重兵 廢止에 관한 件」, 75쪽;『韓末近代法令資料集(Ⅱ)』, 建陽 元年 6월 8일 勅令24號「馬兵隊를 廢止하고 친위기병대를 設置하는 件」, 86쪽;『韓末近代法令資料集(Ⅱ)』, 建陽 元年 6월 8일 勅令25護「輜重馬兵을 설치하는 件」, 87쪽.

55) 『議奏(3)』, 開國504년 9월 13일「陸軍編制綱領 勅令案」, 31册(奎 17705), 156쪽;『韓末近代法令資料集(Ⅱ)』, 建陽 元年 5월 30일 勅令23號「各地方舊額兵措處에 관한 件」, 83쪽;『韓末近代法令資料集(Ⅱ)』, 建陽 元年 8월 5일 勅令41號「各地方舊額兵編制 改正」, 128쪽;『韓末近代法令資料集(Ⅱ)』, 建陽 元年 8월 26일 勅令59號「忠州, 洪州, 尙州, 原州郡에 地方隊를 設置하는 件」, 157쪽;『韓末近代法令資料集(Ⅱ)』, 建陽 元年 9월 24일 勅令63號「公州, 春川, 江界, 忠州, 洪州, 尙州, 原州地方隊를 廢止하는 件」, 178쪽.

56) 비숍은 중앙 군대가 장교 포함 4천 3백여명이고, 러시아에서 3천여정의 소총을 수입하였다고 밝혔다.(Bishop I.B.저, 이인화역, 『한국과 그 이웃나라』[서울, 살림, 1994], 494~495쪽) 전주를 방문한 뮈텔은 전주진위대가 총 400명으로 구성되었고, 모두 유럽식 무기를 소지했다고 밝혔다.(『뮈텔주교일기』 1896년 12월 1일)

57) Афанасьев 1 и Н. Грудзинский. Русский инструкторы в Корее в 1896 г.-1898 г.(1896~1898년 사이 조선에서 러시아군사교관). Военный сборник(군사선집). 1898. N11. СПб. С.34.

했고[58], 1896년 8월 병기 제조를 위해 러시아 기계사관 레미노프(Б. Ре
минов)를 기계창에 고용했다.[59]

고종은 뿌짜따에게 대규모의 조선 군대양성을 요청했다. 조선군부도
조선의 재정상태와 군대인원을 고려하여 6000명의 근대적인 조선군대
를 양성하려고 계획했고, 뿌짜따 대령과 긴밀히 상의하여 조선군대 양성
계획을 완성했다. 뿌짜따는 조선군대의 현황을 파악한 다음 자신의 조선
군대 양성 계획서를 작성할 수 있었다.[60]

군부대신 심상훈은 고종의 환궁 이후 1897년 4월 조선 군대양성 계획
을 실현하기 위해서 러시아군사교관 160명을 고용하려는 "아국교련사
(俄國敎鍊師)와 공장의악제원(工匠醫樂諸員) 수시고용건(隨時雇用件)"
을 '신의정부'에 제출했다. 하지만 대부분의 조선 정부 관료는 군부대신
의 원안을 반대했다.[61] 그 이유는 일본과 미국의 후원을 받고 있는 조선

---

58) АВПРИ. Ф.191.Оп.768.Д.68.Л.3; РГВИА. Ф.400.Оп.1.Д.2031.Л.30.

59) "機械廠內管掌 諸般機械兼 且看檢工藝之事"(『俄士官우렘뇨프約定書』[奎 23271]).
   이후 군부는 레미노프와 계약을 3년 연장하였다.(『奏本(1)』, 建陽 2년 3월 4일
   「機械廠에 俄士官 우렘뇨프 雇用續約하는 請議」, 6冊(奎 17703), 257쪽. 1883
   년 소규모나마 무기를 제조하기 위해서 관리관청으로 機器局, 공장으로 機器廠이
   설치되었다.(李光麟, 『韓國開化史研究』[서울, 1969, 一潮閣], 169쪽)

60) РГВИА. Ф.448.Оп.1.Д.9.ЛЛ.148~149; 國史編纂委員會編, 『駐韓日本公使館記
   錄(11)』(서울, 1995, 時事文化社), 255쪽. 1897년 4월 조선을 방문한 러시아 육군
   중장 운뻬르베르게르는 다음과 같이 밝혔다. "계획은 6000여명의 군대를 육성하
   려는 조선정부의 희망에 따른 것이다. 6000여명 인원은 재정적 측면에서 근거하
   였고, 현재 조선군대의 인원수에도 합치하는 것이다. 러시아군사교관에 의해서
   훈련받았던 친위대가 경운궁을 수비할 수 있었다. 이런 상황에서 고종이 경운궁
   으로 환궁할 때 이 계획은 완성되었다."(Россий ский государственный
   исторический архив[역사문서보관소. 이하: РГИА]. Ф.560.Оп.28.Д.24.Л.73)

61) 『奏本(1)』, 建陽 2년 4월 30일「俄國敎鍊師와 工匠醫樂諸員 隨時雇用件」, 6冊(奎
   17703), 242쪽. 일본공사 가토우(加藤增雄)에 따르면 1898년 4월 21일 군부대신
   심상훈은 협판 민영기를 비롯한 주사 3인과 함께 군사교관 초빙에 관한 계획안을
   작성하였다.(國史編纂委員會編, 『駐韓日本公使館記錄(13)』[서울, 1995, 時事文化
   社], 267쪽)

정부 관료들이 조선에서 러시아의 영향력 강화를 극도로 경계했기 때문이다. 또한 일본공사관은 러시아군사교관의 조선 파견을 막기 위해서 각종 방해 공작을 펼쳤다.[62] 이러한 반대에 직면한 고종은 군부가 조처할 것을 지시했다. 그 후 러시아군사교관은 축소될 수밖에 없었다.[63] 조선 군부는 1897년 5월 장교 3명, 하사관 10명, 무관학교 교사 1명 등 총 14명의 러시아군사교관을 조선에 파견할 것을 러시아정부에게 요청했다.[64]

러시아정부는 1897년 초반 뿌짜따의 조선군대 양성계획서에 대해서 본격적인 검토를 진행했다. 외무대신 무라비요프(М.Н. Муравьев)는 1897년 2월 뿌짜따의 계획서에 대해서 군부대신인 반놉스끼에게 자신의 의견을 전달했다. "재정적으로 취약한 조선정부가 6000명의 조선군대를 양성하기 어려운 상황이다. 1896년 일본과 러시아가 체결한 모스크바의 정서(로바노프-야마가타 의정서)때문에 러시아만 군사교관을 파견할 수 없는 실정이다." 하지만 무라비요프는 "조선정부가 3000명의 조선군대를 양성할 수 있다"며 뿌짜따의 계획 자체를 반대하지 않았다.[65]

러시아군부는 14명의 2차 러시아군사교관 파견을 요청한 조선정부의 문서를 검토했다. 러시아군부는 연흑룡강 총독 두홉스끼(С.М. Духовский)와 군사교관 파견에 관한 막바지 의견 조율을 진행했다. 육군참모

---

62) 國史編纂委員會編, 『駐韓日本公使館記錄(11)』(서울, 1995, 時事文化社), 255, 274쪽. 이완용은 3~6명의 러시아 장교를 통해 조선의 사관과 하사를 교육시키고, 훈련을 받은 사관과 하사가 병졸을 직접 훈련시킬 것을 주장하였다.(『奏本(1)』, 建陽 2년 4월 30일 「俄國教鍊師와 工匠醫樂諸員 隨時雇用件 審査報告書」, 6冊(奎17703), 244쪽)

63) 『奏本(1)』, 建陽 2년 4월 30일 「俄國教鍊師와 工匠醫樂諸員 隨時雇用件」, 6冊(奎17703), 242쪽; РГИА. Ф.560.Оп.28.Д.24.Л.74.

64) 그밖에 조선군부는 軍器廠 機官 1명, 樂師(악장) 1명, 악사 3명, 의사보조 2명 등의 조선파견을 요청하였다.(高麗大學校亞細亞問題研究所編, 「俄案(1)」, 『舊韓國外交文書(17)』[서울, 1969, 고려대학교출판부], 424~425쪽)

65) РГВИА. Ф.448.Оп.1.Д.9.Л.137 с об.

총장 오브루체프(H.H. Обручев)는 1897년 6월 연흑룡강 군사관구 소속 장교 3명, 하사관 10명 등을 조선에 파견할 것을 연흑룡강 총독에게 지시했다.[66] 이러한 러시아정부의 2차 군사교관 파견 인원은 조선정부가 요청한 파견인원과 거의 동일한 규모였다.

1897년 4월 뿌짜따는 "조선정부가 러시아군사교관 초빙 및 조선군대 양성계획을 변경했다"고 군부대신 반놉스끼에게 보고하였다. "이러한 상황을 논의하기 위해서 자신이 귀국해야 한다"며 뿌짜따는 본인의 귀국 문제를 반놉스끼에게 상의했다.[67] 그 후 1차 러시아군사교관을 통해서 조선군대를 양성한 뿌짜따는 1897년 8월 서울을 떠나 러시아로 향했다.[68]

3) 한국과 러시아의 군사협력

뿌짜따는 극동에서 평화적인 상태를 유지하기 위해서 조선의 독립이 필수적이라고 판단했다. 그는 "조선이 극동지역에서 러시아 국경의 안전을 보장해 준다. 조선이 일본의 만주진출을 막기 위한 장벽을 제공할 수 있다"고 생각했다. 뿌짜따는 "러시아가 조선에 군사교관을 파견한다면 조선이 내부적으로 안정을 이룰 수 있고, 조선에서 러시아의 영향력을 강화할 수 있다"고 주장했다. 그는 "열강의 군사적 조선 진출을 방어하기 위해서 조선의 군대양성이 필요하다"고 판단했다. 뿌짜따는 러시아군부 내부에서 러시아군사교관의 조선파견 및 조선의 군대양성 등을 주도하면서 자신의 구상을 실행했다.

뿌짜따는 청일전쟁 이후 조선을 포함한 극동지역에서 러시아의 군사

---

66) РГВИА. Ф.448.Оп.1.Д.9.ЛЛ.281об-282, 294.
67) РГВИА. Ф.448.Оп.1.Д.9.Л.123.
68) 『독립신문』 1897.8.19 「잡보」. 조선정부는 1897년 6월 뿌짜따에게 조선군대 양성에 대한 감사의 표시로 선물을 하사하였다. "포공국에서 군부 훈령을 드대여 성성 전 별 갑 쥬 한벌을 제구 아울너 아라사 사관 부쟈다의게 내여 주고 반 모슬 검쵸 이십 오개는 시위대 병정을 주어 차게 하엿다더라."(『독립신문』 1897.6.1 「잡보」)

적 전략에 관한 계획서를 작성했다. 그 이유는 그가 청국주재 군사요원을 역임하면서 극동지역에 대한 각종 정보를 파악할 수 있었기 때문이었다. 뿌짜따는 육군참모본부 아시아국에 근무하면서 자신의 경험과 견해에 기초하여 러시아 군부 내부에서 극동 전략을 작성하고 추진했다.

그 결과 러시아군사요원이 1895년 청국과 일본에 각각 파견되었다. 1896년에는 러시아군사요원이 주한 서울공사관에 파견되었고, 주청 러시아 영사관 중 만주 지역에 러시아군사요원이 파견되었다. 뿌짜따의 주도하에 러시아군사교관은 1896년 조선에 파견되어 친위대 및 조선군대를 본격적으로 양성했다. 뿌짜따는 조선군대 양성의 필요성에 대해서 여러 차례 러시아군부에게 제기했고, 조선군대 양성에 대한 러시아군부의 지지를 이끌었다. 극동에 대한 군사 및 지리 조사에 대한 뿌짜따의 계획도 실행되었다. 즉 스뜨렐리비쯔끼(И.И. Стрельбицкий) 중령, 꼬르프(Корф) 중령 등 러시아 장교를 통해서 조선과 만주에 대한 치밀한 조사가 실시되었다. 뿌짜따의 조선을 포함한 극동에 대한 견해가 러시아군부를 통해서 현실화되었다. 러시아군부는 극동지역의 기초 조사를 통해서 조선과 만주의 상황을 상세히 파악할 수 있었다. 러시아군부는 극동지역에서 정규부대 및 첩보부대를 강화시키면서 1900년 의화단 사건을 계기로 만주를 군사적으로 점령했다.

뿌짜따는 조선군대에 많은 영향을 주었다. 그는 조선군대의 경제업무에 대한 부패를 일소하기 위해서 노력했다. 러시아군사교관은 조선군부의 경제 개혁을 통해서 조선병사에 대한 처우를 개선하려고 시도했다. 러시아군사교관에 의해서 훈련받은 조선 장교와 병사 중 일부는 러일전쟁 시기 일본에 대항하여 러시아군대를 지원했고, 을사조약 이후 항일독립군대를 조직하여 일본군대에 저항했다. 뿌짜따는 러시아군부 내부에서 러시아군사교관의 파견을 주도하면서 조선군대 근대화 및 항일 독립운동에 영향을 주었다.

뿌짜따는 조선에 파견된 러시아군사교관의 활동을 스스로 평가했다. "친위대가 러시아군사교관에 의해서 궁궐 수비훈련을 받았을 뿐만 아니라 기본적인 군사훈련도 모두 수행했다. 그리고 러시아 군사교관은 조선 군대의 양성뿐만 아니라 조선군대의 경제업무까지 개혁시켰다." 그는 "러시아군사교관이 조선에 파견되어서 조선군대를 양성했던 것이 러시아의 국익에 도움이 되었다"고 판단했다. 그는 "조선에서 군사교관의 활동을 통해서 러시아가 조선에서 영향력을 강화시킬 수 있었고, 극동에서 군사와 정치적 영향력의 강화를 촉진시켰다"고 인식했다.[69]

1896년 민영환을 수행하며 러시아를 방문한 윤치호는 뿌짜따에 대한 첫인상을 '불같고 참을성이 부족한' 성격이라고 묘사했다. 교육자로서의 부족한 자질을 소유한 뿌짜따의 성격은 조선 군대를 양성하는데 조선군부와의 원만한 관계를 방해했다. 그럼에도 뿌짜따의 조선군대 양성 계획은 어디까지나 조선군부와의 협의 하에서 이뤄졌다. 조선군부는 고종의 승인을 받고 조선의 재정상태와 군대인원을 고려하여 근대적인 조선군대의 양성을 뿌짜따에게 요청했다. 러시아군사교관의 파견인원도 조선과 러시아정부의 협의 하에 결정되었다.

---

69) АВПРИ. Ф.150.Оп.493.Д.8.Л.332 с об; РГВИА. Ф.448.Оп.1.Д.9.Л.353.

8장. 고종의 정국구상과 궁내부의 세력변동

대한제국 평가에 앞서 한국학계에서 반드시 주목해야할 대상이 존재한다. 바로 대한제국의 개혁을 추진한 정치세력이다. 대한제국을 주도한 정치세력에 대한 천착이 없다면 다양한 해석도 그 의미를 상실할 수밖에 없기 때문이다.

고종과 그의 측근세력들이 궁내부를 중심으로 결속했던 점을 고려한다면, 궁내부에 기반한 정치세력의 형성과 변동 과정을 파악해야한다. 저자는 그 방법으로 대한제국의 중요한 정치적 사건을 주목했다. 즉 김홍륙피격사건(98.4), 고종독차사건(98.9), 만민공동회해산(98.12) 등이 바로 그것이다.

그런데 대한제국 궁내부의 정치구도를 살펴보기 위해서는 먼저 고종의 정국구상을 반드시 파악해야한다. 이를 위해서 저자는 1896년 9월 설치된 '신의정부'를 주목했다.

기존연구는 신의정부 제도의 성격에 관해 다양한 의견을 제기했다. 황제 중심의 전제정치를 기초했다거나, 내각과 군주권을 조화시킨 국왕 중심의 내각제도였다거나, 러시아의 국가평의회를 그대로 모방했다는 등의 견해가 그것이다.[1] 저자는 이러한 다양한 견해를 검토하면서 권력

---

[1] 李泰鎭, 1997, 「서양 근대 정치제도 수용의 역사적 성찰-개항에서 광무개혁까지」 『진단학보』 84, 124~125쪽; 吳蓮淑, 1996 「대한제국기 의정부의 운영과 위상」 『역사와 현실』 19, 48쪽; 韓哲昊, 앞의 논문, 154쪽; Б. Пак, 앞의 책, 163쪽.

을 둘러싼 국내 정치세력의 역학관계도 주목할 것이다. 대한제국 초기
고종의 정국 구상과 운영의 방향을 살펴본다면 대한제국에 관한 객관적
인 평가에 도움이 될 것이다.

1. 고종의 군주권 구상과 궁내부 정치세력의 구도

아관파천 이후 고종은 1896년 9월 정치제도를 개편하여 내각제도를
폐지하고 '신의정부'를 설치했다. 정치제도는 관직개편에 따른 권력의
이동, 정치세력의 정치구상 등을 반영하는 민감한 문제였다. 1896년 설
치된 '신의정부'는 러일전쟁 이후 1907년까지 유지되어 대한제국의 정
치적 지향을 의미하는 중요한 기구였다.[2]

고종은 1896년 9월 내각을 '신의정부'로 바꾸는 조칙을 발표했다. 고
종은 "기존의 내각제도에 대해 '역적무리'가 자신의 지시를 위조하여 만
들었다. 그래서 법이 무너지고 혼란이 가중되었다"며 주장했다. 고종은
'신의정부'제도에 대해 "구법을 따라 신법을 참고했다. 자신이 밤낮으로
근심하여 만들었다"고 언급했다.[3]

그런데 고종은 왜 '신의정부'를 만들면서 고심할 수밖에 없었을까?

---

2) '신의정부'제도는 부분적으로 개정되어 1898년 6월 궁내부대신이 贊政을 겸임하
  여 의정부 회의 참석할 수 있었지만 1904년 3월 다시 의정부 회의에서 궁내부대
  신이 제외되었다.(『韓末近代法令資料集(Ⅱ)』, 光武 2년 6월 18일 勅令第18號 「議
  政府官制」, 365쪽; 『韓末近代法令資料集(Ⅲ)』, 光武 8년 3월 4일, 勅令第1號 「議
  政府官制改正」) 이후 1907년 6월 '신의정부'제도가 폐지되어 내각제도로 변경되
  었다.(『高宗實錄』 光武 11年 6월 14일)

3) 이 조칙은 정국이 안정된 시점에서 발표된 점, 내각회의를 거치지 않았던 점, 자
  신이 고심했다는 내용 등이 있는 것으로 보아 고종의 의사가 직접적으로 반영된
  것으로 보인다. "率舊章而參新規…今此典則寔朕宵旰憂勤"(『日省錄』 建陽 元年 8
  월 18일)

'신의정부'제도 중 구법과 신법의 규정은 무엇일까? 그 이유를 설명하기
위해서는 고종의 권력기구에 대한 구상을 살펴볼 필요가 있다.

고종은 아관파천 이전 1895년 영국인 비숍(I.B. Bishop)을 여러 차례
접견했다. 그 자리에서 고종은 비숍에게 영국의 정치제도와 왕실에 대해
집중적으로 질문했다. 군주와 내각 또는 대신과의 관계, 내부대신이 담
당하는 업무, 정부가 왕실비용을 제공하는 수준 등이 바로 그것이다. 고
종은 비숍과의 대화를 통해 입헌군주제에 대한 정보를 파악하려고 노력
했다. 그런데 비숍은 "군주가 명목상으로 장관을 임명하는 영국의 정치
제도를 (고종에게) 설명하기 매우 어려웠다"고 기록했다. 당시 고종은 조
선왕조의 전통적인 정치구조에서 군주의 절대적 권한을 당연한 것으로
생각했음에 틀림없다. 그 배경으로 고종은 서구의 정치제도 중 군주의
권한을 제한하는 비숍의 설명을 받아들이기 어려웠을 것이다.[4]

고종은 을미사변 이후 김홍집내각이 자신의 의사를 무시하고 각종 정
책을 추진하자 내각제도에 대해 반발했다.[5] 아관파천 직후 학부협판에
임명된 윤치호는 "고종이 온화한 듯 보이지만 주권자인 것을 숨기고 있
다"며 고종의 군주권에 대한 집착을 파악했다.[6] 고종은 평소 '군권무상
(君權無上)'이라는 신념을 갖고 있었다. 고종은 대한제국 시기 군주권에
도전하는 각종 정치적 사건에 대해서 적극적으로 대응했다. 1898년 독
립협회의 정치활동 탄압, 1902년 이용익 탄핵사건 등이 바로 그것이다.[7]

아관파천 이후 고종은 약화된 군주권을 회복하려는 의도를 갖고 있었

---

4) 비숍은 1897년에 이 책을 출간하여 비교적 고종의 의사를 상세히 기록할 수 있었
   을 것이다.(I. B. Bishop저 / 이인화역, 1994, 301~302쪽)
5) "내각에서 무엇을 하려한다면...반대하기 쉬운 일이 아니오"(『뮈텔주교일기』 1895
   년 10월 16일)
6) 『尹致昊日記』 1896년 3월 30일.
7) 駐韓日本公使館記錄(12), 當國近來國情具報並二右二本件スル卑見具申ノ件, 1898
   년 11월 23일, 日置→靑木, 448쪽; 駐韓日本公使館記錄(18), 李容翊彈劾ノ件二追
   報, 1902년 12월 12일, 林→小村, 79쪽.

지만 이를 뒷받침해 줄 정치세력이 부족하다고 판단했다. 물론 아관파천 직후 정국이 불안정할 때 이재순과 이범진 계열로 구성된 궁내부는 고종의 권력을 강화하는데 도움이 되었다.[8] 그러나 시간이 흐르면서 정국이 안정화되자 고종은 아관파천에 참여한 정치세력을 아우르면서 군주권을 강화하려는 정국구상을 추진하려고 했다. 그런데 정치적 경험과 인망이 부족했던 궁내부의 이범진과 이재순 계열만으로는 역부족이었다. 정치적 경험과 대중적 인망을 갖춘 원로대신이 필요했다. 고종은 1894년 갑오개혁에 반발한 세도가문 출신의 원로대신을 궁내부 소속 특진관에 포진시켰다.

여기서 원로대신 궁내부특진관 김병시를 주목할 필요가 있다. 그는 소위 '수구파'세력에 기반하여 김홍집내각의 각종 개혁정책에 반발했다.[9] 김병시는 춘생문사건 이후 김홍집내각이 정치적 반대세력을 제거하고 정국을 주도하자 김홍집내각을 강력하게 비판했다. 그는 김홍집내각의 정치적 정당성을 훼손시키려고 노력했다. 그는 "단발령이 고종의 의도가 아니며 일본의 제도를 한국에 도입할 수 없다"고 주장했다.[10]

김병시는 안동김씨 김응근의 아들로 세도가문 출신이었다.[11] 그는 1848년 과거시험에 합격했다. 김병시는 고종친정 이후 승정원 도승지, 홍문제학, 호조판서 등을 역임했다. 그는 임오군란 당시 풍양조씨인 조영하와 함께 고종을 업고 별궁으로 피신하여 고종의 신임을 얻었다. 그후 김병시는 독판통리군국사무아문, 의정부당상 등 주요 관직에 발탁되

---

8) 김영수, 2006, 「춘생문사건 주도세력 연구」『사림』25, 21~22쪽.
9) 일본공사인 小村은 "김병시를 비롯한 '수구파'정치세력이 내각의 개혁정책에 반발했다"고 밝혔다.(『駐韓日本公使館記錄(9)』, 朝鮮現內閣의 地位, 1896년 1월 21일, 小村→西園寺, 377~378쪽)
10) 『高宗實錄』建陽 元年 1월 7일.
11) 밀렌도르프는 김병시가 "총명하고 신중하며 근면하고 성실하며...국민들로부터 존귀하게 여겨졌다"고 밝혔다.(R. von Moellendorff저 / 申福龍等역, 1987, 『밀렌도르프文書』, 평민사, 100~101쪽)

었다.[12) 그는 갑신정변 이후 좌의정에 임명되었다. 김병시는 고종이 내무부를 설치하여 군주 중심의 정국 운영을 시도하자 의정부관료인 심순택, 김유연과 함께 '의정부강화론'을 주장했다. 노론 출신인 김병시, 김유연, 심순택 등은 서울에 기반을 둔 세도가문으로 의정부를 통한 정국운영을 중시했다.[13) 결국 김병시는 세도가문 출신을 중심으로 '의정부강화론'을 주장한 원로대신을 아우르면서 정치적인 영향력을 행사했다.

고종은 1896년 6월 궁내부특진관 김병시에게 권력기구를 개편할 것을 지시했다.[14) 김병시는 "고종의 강력한 지시만이 위태로운 상황을 해결할 수 있다"며 군주권의 회복을 주장했다.[15) 그런데 김병시를 비롯한 궁내부특진관은 1880년대 '의정부강화론'을 주장했다. 이러한 '의정부강화론'은 어디까지나 군주의 독단적인 정국운영을 견제하기 위한 것이지 군주의 권한을 부정한 것은 아니었다.[16) 김병시는 갑오개혁 이후 약화된 군주권의 회복을 인정했지만 국정운영에 있어서 의정부의 역할을 중시했다. 김병시를 비롯한 궁내부특진관은 아관파천 이전의 정치제도를 참고하여 의정부 안을 마련하였고, 관철시키려 했다. 김병시는 '구본신참', 옛것을 근본으로 새것을 참고한다는 정신에 기초하여 의정부 안을 기초했음에 틀림없다. 김병시는 고종의 환궁 이후 "구례가 모두 옳은 것은 아니며, 신식(新式)이 모두 잘못된 것은 아니다"고 판단했다. 김병

---

12) 黃玹, 『梅泉野錄』, 甲午以前, 121쪽; 金昌洙, 「開化期에 있어서 金炳始와 그의 經濟觀」 『東國史學』 12, 1973, 3~9쪽.
13) 殷丁泰, 1988, 「高宗親政 이후 政治體制 改革과 政治勢力의 動向」, 서울대國史學科碩士論文, 52~68쪽. 그밖에 鄭範朝, 趙秉世, 金永壽 등도 김병시와 함께 의정부 관료를 역임했다.(黃玹, 『梅泉野錄』, 甲午以前, 223~225쪽; 李美愛, 1999, 「1880~1884년 富强政策推進機構와 議政府」, 서울대史學科碩士論文, 69쪽)
14) 『東京朝日新聞』 1896.6.26(韓哲昊, 앞의 논문, 108쪽)
15) 『日省錄』 建陽 元年 3월 19일. 이후에도 김병시는 고종이 확고한 의지를 갖으면서 정부관료를 통솔할 것을 주장했다.(『高宗實錄』 建陽 元年 10월 9일)
16) 의정부대신 등은 1880년대 고종의 독단적인 정국운영을 견제하기 위해 '의정부강화론'으로 대응했다.(殷丁泰, 앞의 논문, 52~68쪽)

시는 "먼저 '구례' 중 회복할 수 있는 것을 선택한다면 '신식' 중 채택될 것이 가려진다"고 고종에게 주장했다.[17]

그런데 김병시는 '신의정부' 설치 직후 가장 높은 지위인 의정에 임명됐지만 "이렇게 만든 것이 반드시 잘된 것은 아니다"라며 임명을 거부했다.[18] 궁내부특진관 출신 윤용구와 김영수도 찬정 임명을 거부했다.[19]

김병시가 반발하자 고종은 1897년 3월 환궁 이후 정부대신과의 접견했다. 고종은 "모든 일을 자기 직책대로 각각 맡기며 동시에 의정부에 전적으로 맡긴다"라며 '신의정부'의 권한을 강화하는 발언을 언급했다. '신의정부' 성립 이후 고종의 환궁을 빌미로 무려 12차례의 사임 상소를 올렸던 김병시는 이 날부터 바로 의정 업무를 수행했다.[20]

2. 신의정부 체제를 둘러싼 정치적 대립과 타협

1896년 7월 독립문과 독립공원 건설을 명분으로 조직된 독립협회가 출범했다. 독립협회에 참여한 발기인은 대부분 미국과 일본에서 외교관 생활을 경험했던 인물이었다. 당시 독립협회는 안경수가 회장, 이완용이 위원장을 맡았다.[21] 안경수는 일본에서 교육을 받은 주일외교관 출신이

---

17) John M.B Sill, Present Political Contition, 1896.9.1, p.1~3(NARA FM 134 Roll 13 No 231). "復舊之義未必皆是 而有可復不可復 從新之事未必皆非 而兩有可從不可從者矣...舊例之可復者則 新式之可從不可從 宜不特斷 而自辦矣"(『高宗實錄』建陽 2년 3월 16일)
18) "然若如是做去 則必不當善就矣"(『日省錄』建陽 元年 8월 19일)
19) '신의정부' 성립 직후 찬정에 임명된 尹用求는 관직을 수행하지 않았고, 金永壽는 1897년 3월 16일부터 활동했다.(『奏本(1)』, 1~188쪽)
20) "各任其職 亦當專委於政府...有此洞諭 卿等須悉朕意"(『高宗實錄』建陽 2년 3월 16일)
21) 『독립신문』 1896.7.4 논설.

었다.[22] 갑오개혁 시기 안경수는 주일외교관 출신인 박영효와 김가진과
연결되었다.[23] 독립협회 발기인 중 이완용과 이채연은 주미외교관 출신
으로 서구의 정치제도를 이해했다.[24] 오랜 미국 망명 생활로 미국의
정치제도를 체득한 서재필은 아관파천 시기 독립협회와 경무청 고문으
로 정부 제도를 재구성하는데 협조했다.[25]

여기서 주미공사관 출신자들에게 영향력을 행사했던 박정양을 주목
할 필요가 있다. 박정양은 1880년대 일본과 미국을 다녀왔다. 그는 주미
공사 시절 청국이 요구한 '영약삼단(另約三端)', 속국인 조선의 사신이
지켜야 할 원칙을 무시하고 외교 업무를 수행했다.[26] 그는 미국서기관
알렌이 수양아버지라고 부를 정도로 주한 외교관 사이에서 영향력을 갖
고 있었다.[27] 을미사변 이후 관직을 버린 박정양은 명성황후 장례식 준
비에 참여하면서 중추원의장을 수락했다.[28] 박정양이 중추원의장으로
처음 처리한 안건은 서재필을 중추원고문으로 초빙하는 일이었다.[29] 아
관파천 이후 내부대신에 임명된 박정양은 지방제도 개편 등 대한제국의

---

22) 宋京垣, 1992,「韓末 安駉壽의 政治 經濟活動 研究」, 梨花女大史學科碩士論文,
   4~10쪽, 35쪽. 춘생문사건이 실패하자 안경수는 金允植에게 밀고하여 중형을 면
   할 수 있었다.(『議奏(3)』, 1895년 11월 14일, 39册(奎 17705), 495~499쪽.
23) 陸奧宗光저 / 김승일역, 1993, 『건건록』, 158쪽.
24) 朴定陽, 高宗 24년 9월 28일「從宦日記」『朴定陽全集(貳)』, 622쪽; Horace N.
   Allen, Things Korean, 1908(申福龍等譯, 1979『朝鮮見聞記』, 博英社, 181쪽)
25) 『독립신문』 1896.8.20 잡보; O.R. Avison저 / 에비슨 기념사업회역, 1984,『구한
   말비록』, 上, 대구대출판부, 97쪽.
26) 박정양은 潘南朴氏로 朴珪壽가 家門의 어른이었다. 另約三端은 주미 한국공사가
   미국국무성을 예방할 때 청국공사와 같이 가야한다는 등 한국의 외교적 자주권을
   침해한 내용이었다.(李光麟, 1984,「해제」『朴定陽全集(壹)』 6~16쪽)
27) Horace N. Allen저, 1979, 申福龍等譯, 『朝鮮見聞記』, 博英社, 131~132쪽.
28) 朴定陽, 高宗 32년 11월 15일「從宦日記」『朴定陽全集(參)』, 227쪽.
29) 朴定陽, 高宗 32년 12월 3일「從宦日記」『朴定陽全集(參)』, 228쪽. 이러한 인연
   때문에 서재필이 창간했던 『독립신문』에서는 박정양을 "조선에 몇째 아니가는
   높은 생각이 있는 재상"이라고 평가했다.(『독립신문』 1897.10.5「논설」)

개혁정책에 깊숙이 개입했다.[30]

서구의 정치제도를 체험한 박정양은 미국의 정치제도를 삼권분립으로 이해하면서 의회의 기능 중 하원보다는 상원을 중시했다. 그는 미국 대통령 워싱턴의 행적을 주목하여 대통령의 중요성을 인식했다. 박정양은 서재필이 중추원 고문에 임명되자마자 중추원 규칙을 개정하기 위해 분주히 움직였다.[31] 그런데 정국이 아관파천으로 급변했기 때문에 중추원 규칙이 더 이상 논의될 수 없었다.

박정양은 미국의 정치제도 중 상원의 기능을 한국에 적용하려고 생각했다. 그는 서재필과 함께 중추원을 강화하여 그의 생각을 실현하려고 노력했다. 박정양은 1898년 11월 윤치호와 함께 '중추원관제개정'에 참여하여 '신의정부'와 중추원의 위상을 대등하게 만들었다.[32]

그런데 윤이병 음모사건이 1896년 8월 발생했다. 사건이 공개되자 독립협회에 기반한 정치세력은 '신의정부' 성립 직전에 신변의 위협을 느꼈고, 외국공사관으로 도피했다. 사실 이 사건은 궁내부대신 이재순이 독립협회에 기반한 정치세력을 제거하기 위해서 조작한 음모였다.[33]

독립협회에 기반한 정치세력은 신변 위협의 상황에서 자신들의 권력

---

30) "昨日內閣會議以地方官奏本事 與度支部大臣沈相薰爲言端故也"(朴定陽, 丙申 5월 1일 「從宦日記」『朴定陽全集』, 251~252쪽)

31) 朴定陽, 「從宦日記」『朴定陽全集(參)』, 229~230쪽.

32) 1895년 중추원규칙은 중추원이 議案을 부결해도 내각이 독자적으로 의안을 통과시킬 수 있었다.(8조) 그러나 1898년 개정된 중추원규칙은 의정부와 중추원의 의견이 일치하지 않을 때 '신의정부'가 독자적으로 의안을 통과시킬 수 없었다.(12조)(『韓末近代法令資料集(Ⅰ)』, 高宗 32년 3월 25일 勅令40號 「中樞院官制及事務章程」, 203쪽; 『韓末近代法令資料集(Ⅱ)』, 光武 2년 11월 2일 勅令36號 「中樞院官制改正」, 416쪽) 의회규칙을 번역한 윤치호는 1898년 중추원 규칙 개정에 참여했다.(『독립신문』 1898.4.12 「잡보」, 1898.10.25 「잡보」) 뮈텔에 따르면 박정양은 윤치호가 중추원규칙 개정을 정부에 제안할 것을 지시했다.(『뮈텔주교일기』 1898년 11월 3일)

33) 『駐韓日本公使館記錄(9)』, 近來決行シタル逮捕事件, 1896년 9월 22일, 原敬→西園寺, 217쪽.

기구 구상과 다른 의정부 안이 제기되었지만 조심스럽게 대응할 수밖에
없었다. 그래서 이들은 정부에 영향력을 행사할 수 있는 러시아공사 베
베르(К.И. Вебер)와 탁지부 고문관 브라운(J. Mcleavy Brown)을 동원하
여 의정부 안을 철회시키려 했다.34)

고종은 정치제도를 둘러싼 정치세력의 대립 때문에 군주권을 강화하
려던 자신의 의도를 관철시키기가 어려워졌다. 고종의 고심이 깊어지자
중재를 맡은 인물이 러시아공사 베베르였다. 그 동안 베베르는 러시아
정부의 국익을 위해 충실히 업무를 수행했다. 그런데 베베르는 이권을
양보하는 방법으로 주한 주재 외교관들, 한국인 정객들 사이에서 신뢰를
쌓았다.35) 베베르는 주한 러시아공사로 활동하면서 고종의 친구이자 조
언자로서 우정관계를 유지했다. 그 배경으로 베베르는 중재를 맡을 수가
있었다.36)

베베르는 러시아의 정치제도 국가평의회(Государственный сове
т)를 참고할 것을 고종에게 권유했다. 베베르는 "국왕과 독대한 자리에
서 우리나라의 국가평의회와 비슷한 기관의 신설에 관한 법령을 반포하
라고 권했다"고 본국정부에 보고했다.37) 베베르는 '신의정부'를 '국가평

---

34) "베베르와 브라운은 그런 강요의 칙령 철회를 요구하고 저항했다. 나는 철폐없이
칙령이 실행될 것이라고 확신한다...외부대신인 이완용은 보수적인 당파를 공격했
다."(John M.B Sill, Present Political Condition, 1896.9.1, p.3~5(NARA FM 134
Roll 13 No 231) 윤치호는 브라운이 탁지부 운영에 깊숙히 개입하도록 베베르에
게 요청하였고, 브라운이 탁지부고문관으로 임명될 때 통역을 담당했다.(『尹致昊
日記』1896년 2월 28일, 3월 3일) 한말 고문관에 관해서는 金賢淑, 1999, 「韓國
近代 西洋人 顧問官 研究」, 梨花女大史學科博士論文 참조.

35) Horace N. Allen저, 1979, 申福龍等譯, 『朝鮮見聞記』, 博英社, 198쪽; 서재필은
"베베르가 약소국민에 대한 동정심이 많았을 뿐만아니라 서울 주재 외교관 사이
에 수완이 능했다"고 밝혔다.(金道泰著, 『徐載弼自敍傳』[서울, 1948, 을유문고],
247쪽)

36) РГИА(역사문서보관소). Ф.560.Оп.28.Д.24.Л.89.

37) АВПРИ. Ф.191.Оп.768.Д.72.Л.15.

의회(Государственный совет)'라고 러시아어로 번역했다.[38]

국가평의회는 각종 법안을 검토하여 다수결로 결정하는 정치기구였다. 국가평의회는 군주가 회의에 참여하여 법안에 관한 최종적인 결정을 내리는 국무회의의 기능을 가졌다. 1810년 설치된 국가평의회는 의장이 황제, 황제의 칙선을 받은 사람, 장관위원회 등 초기에는 35명이었으나 1890년대에 들어서 60명으로 확대되었다. 국가평의회는 1905년 입법권을 행사하여 상원의 기능을 담당했다.[39] 러시아는 국가평의회 이외에 1906년 '두마(Дума)'를 설치했다.[40] 러시아는 러일전쟁 이전에는 국가평의회가 국무회의 기능을 수행했고, 러일전쟁 이후에는 국가평의회와 두마가 각각 상원과 하원의 기능을 담당했다.[41]

베베르는 국가평의회를 참고로 중재안을 마련했다. 베베르의 중재안은 고종이 군주권을 강화하려는 의사, 독립협회에 기반한 정치세력이 입법심의를 강화하려는 의도가 각각 반영되었다.[42] 그런데 베베르는 '신의 정부'가 갑오개혁 이전의 정치제도와 유사하다고 유포했다. 주한 미국서기관 알렌은 "새로운 기구가 일종의 의회인 주의회(Council of State)라기보다는 추밀원(Privy Council)이라 부르겠습니다. 러시아 공사가 이 기구를 고안했고 규칙을 작성했다"고 본국정부에 보고했다.[43]

---

38) АВПРИ. Ф.150.Оп.493.Д.7.Л.51.

39) Высшие и центральные государственные учреждения России 1801~1917(제정러시아 중앙 정치기구). Отв. редактор Д.И. Раскин. Т.1 Спб. 2000 ; 和田春樹等, 1992 『러시아와 독립국가 연합을 아는 사전』, 한길사, 45쪽.

40) История России 19 - начала 20 в(19-20세기 초 러시아역사). Под ред. В. А. Федорова. М. 1998, С. 545.

41) 국가평의회를 기초한 스뻬란스끼(М. М. Сперанский)에 대해서는 오두환, 「핀란드 입헌체제와 스뻬란스끼」 『숭실사학』 11, 1998 참조.

42) 『韓末近代法令資料集(Ⅱ)』, 建陽 元年 9월 24일 「議政府官制」, 179~184쪽;『독립신문』 1896.10.6 「논설」. 박벨라는 의정부가 국가평의회를 그대로 모방한 것이라고 주장했다(Б. Пак, 앞의 책, 163쪽)

베베르는 고종의 조칙에 기초하여『독립신문』영어판에 다음과 같은
글을 실었다. "의정부(National Council)는 구체제에 따라서 확립될 것이
다. 그러나 현 체제에서 선택된 몇 가지 점들은 구체제에 덧붙쳐져 편리
하고 유용하다. 이것은 우리의 아이디어이다." 이러한 선전을 통해서 베
베르는 궁내부특진관에 포진한 김병시를 비롯한 원로대신들의 반발을
무마하고, '신의정부'제도에 관여한 자신을 은폐하려 했다.44)

결국 베베르의 중재안은 고종, 궁내부와 독립협회에 기반을 둔 각 정
치세력의 구상을 절충했다. '신의정부'는 구성원의 명칭 자체가 말해주
듯 구의정부의 외형적인 형태를 빌려 왔다. 그러나 '신의정부'는 기존의
내각제도와 이질적인 '다소불구 재가권', '의정부친임' 등 군주의 권한이
강화되었다. 또한 '찬정' 중심의 운영, '소견(所見)'의 기입, '심사보고서'
의 제출 등 법률의 심사권이 강화되었다. 이 때문에 복설된 의정부, 즉
'신의정부'는 구의정부는 물론이고, 갑오개혁기의 내각제도와도 성격이
달랐다. 그것은 구의정부의 기능을 축소한 바탕 위에서 국무회의와 상원
의 기능을 가미한 것이었다.

윤이병 음모사건이 마무리되기 시작한 10월에 들어와서『독립신문』
은 '신의정부'가 각종 현안을 토론하여 결정하는 투명한 제도일 뿐만 아
니라 가부의사를 확인할 수 있는 공평한 제도라고 보도했다. 무엇보다도
'신의정부'를 '의회'라고 지칭하면서 회의 결정에서 찬정의 중요성을 강
조했다.45) 이러한 사실은 독립협회에 기반한 정치세력이 찬정 중심의

---

43) "독립신문 사설담당자는 나에게 다음과 같이 말했습니다.「(독립신문의) 발췌문은
    러시아공사에 의해 작성되었습니다」"(Horace N. Allen, Council of State, 1896.10.13,
    pp.1~3(NARA FM 134 Roll 13 No 239)
44) 『THE INDEPENDENT』1896.9.26「Goverrnment Gazette」
45) "제일 긴요한 조목...국중에 제일 소중한 일들을 의정부에서 맡아서 '의론'하여
    '결정'할터인즉 일이 잘 되거드면 의정부 '찬정'들이 인민에게 칭찬을 들을 터이
    요...이 '의회'에서 모두 맡았으니...회중에 '연설'하고 자기 의사대로 '투표'할 때
    에 '가부'를 말하는 권리가 있으니...그 사람이 투표하는 것을 보고 세계 사람이

운영, 입법심의의 강화를 통해 '신의정부'를 상원의 기능으로 활용하려 했다는 것을 의미한다.

독립협회에 기반한 정치세력은 '신의정부'를 상원의 기능으로 운영하여 정치적 영향력을 확대하려고 시도했다. 그러자 고종은 '신의정부'가 제 기능을 수행하지 못하도록 대응했음에 틀림없다.[46] '신의정부'는 이전 내각제도에 비해 각종 정책을 제대로 처리하지 못했다. 내각회의는 9월 한달 동안 30여건을 넘게 처리했다. 그런데 '신의정부'는 1896년 10월 1건을 처리했다. 1건마저도 의정이 '신의정부' 회의를 거치지 않고 고종에게 상주했다. '신의정부' 회의는 11월 11건, 12월 18건을 처리했다. 특히 10월에 각부에서 청의한 안이 12월에 처리되는 경우도 많았다.[47]

3. 아관파천기 정치세력 변동

아관파천 직후 각 정치세력은 김홍집내각 처리문제로 갈등을 겪었다. 윤치호와 서재필은 고종 면전에서 김홍집(金弘集)과 정병하의 살해 부당성을 제기했다. 윤치호와 서재필은 고종에게 김홍집 등의 살해 명령자를 추궁했지만 고종을 비롯한 정부관료는 언급을 회피했다.[48] 윤치호는 이범진이 김홍집내각에 참여한 인물을 모두 체포한 것에 대해 이범진의 권력남용으로 규정했다. 윤치호는 러시아공사에게 이범진의 행동을 중지시켜 줄 것을 요청했다.[49] 이러한 갈등은 아관파천에 다양한 정치세력

어떠한 사람인줄로 알터이니..."(『독립신문』 1896.10.6 논설)

46) Horace N. Allen, Changes for the Worse Political Situation, 1896.11.13, p.4(NARA FM 134 Roll 13 No 245)

47) 『議奏(5)』, 670~747쪽; 『奏本(1)』, 1~126쪽.

48) 『駐韓日本公使館記錄(9)』, 小村→西園寺, 1896년 2월 17일 機密第13號 「지난 11일자 事變顚末 보고 후의 상황」, 145쪽.

이 참여했기 때문에 빚어진 당연한 결과였다. 이후 고종의 환궁을 둘러싸고 정치세력간의 갈등은 더욱 증폭되었다.

아관파천 이후 법부대신 이범진은 을미사변 관련자를 체포하면서 정국을 주도했다. 이범진은 주석면, 김홍륙, 이병휘, 이기동 등을 요직에 발탁하여 자신의 세력기반을 강화했다.[50] 이범진은 자신에 대한 정치적 보복을 두려워했다. 그래서 이범진은 정변의 가능성을 내세우며 고종의 환궁을 반대했다. 이범진은 고종이 환궁한 뒤에도 자신은 러시아 공사관에 머물러 있을 것이라고 주장했다. 그는 정변을 대비하여 러시아공사관 주변의 '대경계'를 실행했다.[51] 이러한 이범진의 활동은 고종이 자신의 신변 안전을 위해 러시아공사관에 머무르려는 의지가 강했기 때문에 가능했다.[52]

아관파천에 참여했던 정치세력은 이범진의 정치적 영향력을 약화시키기 위해 노력했다. 윤효정은 사립법률학교 학생과 시민 등 200명을 동원하여 고종의 환궁을 요구하는 상소를 올렸다. 윤효정은 "틈을 엿보는 강대국을 너무 염려하지 말 것"이라고 주장하며 이범진이 일본을 극단적으로 경계하는 것을 교묘히 비판했다.[53] 윤효정은 안경수, 김재풍과

49) 『尹致昊日記』 1896년 2월 25일.

50) John M.B Sill, Russia and Korean affairs, 1896.3.1, p.3~4(NARA FM 134 Roll 12 No 200)

51) 『駐韓日本公使館記錄(9)』, 西園寺→陸奧, 1896년 5월 20일 機密第33號 「2월 11일 사변의 先後處理에 관해 露國公使와 協議한 건」, 181~182쪽; 『駐韓日本公使館記錄(9)』, 小村→陸奧, 1896년 5월 15일 機密第30號 「朝鮮事變의 情況報告 건」, 176쪽.

52) "왕에게 환궁을 주장하는 사람이 있지만 그는 환궁할 생각을 하지 않았다...불행한 왕은 매일 밤 일본이 밀파한 살인자들에 의해 살해될 것을 걱정하여 밤마다 잠을 이루지 못하곤 했다"(Д. Покотилов, О разнородной переписке по корейским делам[조선문제에 대한 각종 왕복서한], Сеул 4/16 Сентября 1896, лл.71-72(РГИА Фонд 560 опись 28 дело 24 1895~1906гг)

53) 『日省錄』 建陽 元年 正月 13일; 『駐韓日本公使館記錄(9)』, 小村→西園寺, 1896년 3월 4일 「事變後의 情況續報」, 160~162쪽.

함께 춘생문사건에 참여한 전력을 갖고 있었다. 윤효정의 배후에 있었던 안경수는 김종한과 함께 고종의 환궁을 더욱 구체적으로 추진했다.

안경수와 김종한은 민비가문의 실세인 민영준을 사면하여 이범진을 견제하려 했다. 그러나 이범진의 방해에 의해 실패하자 안경수와 김종한은 정부관료, 구훈련대, 순검 등을 동원하여 러시아공사관 앞에서 고종의 환궁을 요구하는 집회를 개최하려 했다. 안경수와 김종한의 계획에 대해서 박정양 이완용 조병직 이상재 김재풍 윤용선 한규설 등도 동조하였다.[54] 여기에 아관파천 직후 총리대신을 고사했던 궁내부특진관 김병시는 고종의 환궁을 주장하며 가세했다. 궁내부대신인 이재순과 연결된 이시우도 고종의 환궁 방법을 뮈텔에게 타진했다.[55] 이러한 움직임은 고종 환궁을 반대한 이범진 계열의 정치적 입지를 약화시켰다.

고종 환궁을 찬성했던 정치세력은 아관파천 직후 정국주도권을 장악한 이범진의 정치적 영향력을 약화시키고, 이범진을 제거하려는 노력을 전개했다. 이윤용 이완용 윤치호 이하영 등은 이범진이 정국을 주도하는 정국이 오래가지 못할 것으로 판단했다.[56] 고종환궁을 지지한 총리대신서리 박정양은 4월 "조정내부에 '의'가 사라졌고, 자신의 체면이 손상되었다"는 이유로 사임상소를 올렸다.[57] 그 이유는 이범진이 내부협판인 유세남을 해임시키고 자신의 인맥인 신석희를 내부협판에 발탁했기 때문이었다.[58] 사임상소 이후 박정양은 러시아공사 베베르와 자주 접촉하

---

54) 『駐韓日本公使館記錄(10)』, 小村→陸奧, 1896년 5월 15일 機密第30號 「朝鮮事變의 情況報告 건」, 198쪽.

55) 『高宗實錄』 建陽 元年 5월 1일;『뮈텔주교일기』 1896년 5월 21일.

56) 『駐韓日本公使館記錄(9)』, 小村→西園寺, 1896년 3월 14일 「李夏榮의 駐日公使被任과 그 背後關係 報告」, 165~166쪽.

57) "濟塞亂 是臣之所不能也...同休戚時不忍言去義 不敢言辭以至今日 而却有何絲毫神益於國家也耶... 以胎他日之侮將臣現帶總理內部大臣"(朴定陽, 丙申 三月 二日 「請遞總理大臣署理內部大臣疏」『朴定陽全集(四)』, 286~287쪽)

58) 『東京朝日新聞』 1896.4.11(韓哲昊, 1996 앞의 논문, 104쪽)

여 이범진의 영향력을 약화시키기 위한 정치적인 협상을 진행했다.[59]

이러한 이범진 제거 노력은 1896년 4월 물밑 교섭이 활발히 진행되었던 1차 러일협상과 연결되었다. 일본은 이범진이 정국을 주도하자 협상 초기부터 일본의 영향력이 약화될 것을 우려했다. 그래서 일본은 협상과정에서 '정적제거금지'를 러시아에게 강력히 요구했다.[60] 법부대신 이범진의 존재가 오히려 러일협상 과정에서 불리하게 작용하자 러시아도 부담스럽게 되었다.

러시아공사 베베르는 국내외의 이범진에 관한 악화된 여론 속에서 이범진의 법부대신 사임을 동의할 수밖에 없었다. 러시아와 일본은 이범진이 해임된 이후 1896년 5월 1차 러일협상 '서울의정서'를 타결했다. 양국은 논란의 내용 중 2항을 절충하여 합의했다. 러시아는 "고종의 관직 임명이 자유의사에 따른 공정한 인사였다"를 관철시켰다. 일본은 "양국 대표가 고종에게 온건인물 등용과 관용을 베풀 것을 요구한다"라는 내용을 보강했다.[61]

결국 이범진은 국내 정치세력의 반발 및 1차 러일협상 때문에 법부대신에서 규장원경으로 밀려났다.[62] 그런데 주한 일본공사 고무라(小村)는 5월 자신의 신임장 봉정식에서 "고종이 이범진을 돌아보면서 '고려(顧慮)'하는 기색이 있었다"고 주장했다.[63] 이러한 사실은 규장원경 임명

59) 朴定陽, 「從宦日記」 『朴定陽全集(參)』, 243쪽.
60) 『駐韓日本公使館記錄(8)』, 西園寺→小村, 1896년 2월 23일 발신, 1896년 3월 2일 수신 「朝鮮國王의 還宮과 新政府 構成時의 유의사항 및 政敵들에 대한 寬容 등을 露國公使에게 성명」, 149쪽.
61) 러시아대장성편, 한국정신문화연구원역, 1984, 「附錄」 『國譯 韓國誌』, 71쪽; 『駐韓日本公使館記錄(8)』, 小村→陸奧, 1896년 5월 14일 「日本 및 露國 양국 公使가 협의후 교환한 각서」, 150쪽.
62) 기존 연구는 이범진의 법부대신 해임과 관련하여 이범진이 정부대신의 반감을 완화시키려 했거나 내부대신을 차지하기위해 전략적으로 물러난 것으로 평가하여 이범진이 자의로 물러난 것으로 파악하였다.(徐榮姬, 1998 앞의 논문, 20쪽; 韓哲昊, 1996, 앞의 논문, 103쪽)

이후에도 이범진이 정치적 영향력을 완전히 상실하지 않았다는 것을 시사한다.

이범진은 규장원경에 임명된 이후에도 간접적으로 정국에 관여했다. 이범진을 실각시켰던 정치세력은 이범진의 정치적 생명을 끊으려고 노력했다. 박정양은 1896년 6월 심상훈과의 언쟁을 이유로 내부대신을 사임했다.[64] 내각의 일부는 주미공사인 서광범을 귀국시킬 것을 추진하여 성사시켰다. 그 이유는 이범진을 주미공사에 임명하고 개혁세력인 서광범의 지원을 기대했다.[65]

하지만 이범진은 7월 주미공사 임명을 철회해 줄 것을 요구하는 상소를 올렸다. 아관파천 이후 점차 정국이 안정되자 고종도 이전과 달리 이범진을 견제하기 시작했다. 베베르도 이범진의 주미공사 부임을 재촉했다. 그 이유는 정치세력의 대립이 정변으로 발전하면 일본이 조선에 직접적으로 개입할 가능성이 높기 때문이었다.[66] 결국 고종은 "왕실이 이범진의 공훈을 알고 있다"면서 이범진의 주미공사 사임을 무마했다. 고종은 박정양에게 업무수행을 지시했다.[67] 박정양은 이범진의 주미공사 부임이 확정된 뒤 내부대신 업무를 수행했다.[68]

---

63) 『駐韓日本公使館記錄(9)』, 小村→陸奧, 1896년 5월 18일 機密第32號 「信任狀 捧呈 件」, 179~180쪽.

64) "昨日內閣會議以地方官奏本事 與度支部大臣沈相薰爲言端故也"(朴定陽, 丙申 5월 1일[양6.11] 「從宦日記」 『朴定陽全集(參)』, 251~252쪽)

65) John M.B Sill, New Korean Minister to Washington, 1896.6.23, pp.1-2(NARA FM 134 Roll 13 No 224)

66) 『尹致昊日記』 1896년 3월 30일. 기존연구는 이범진의 주미공사 임명에 대해 보수적인 대신과 개혁관료들에 의해 밀려난 것이거나, 베베르가 자신의 후원 아래 이범진이 권력을 전횡한다는 국내외의 의구심을 불식시키려는 조치로 이해하였다.(徐榮姬, 1998, 앞의 논문, 20쪽; 韓哲昊, 1996 앞의 논문, 106쪽)

67) "卿動勞乃心王室日昨特簡意"(『日省錄』 建陽 元年 5월 22일); 『日省錄』 建陽 元年 5월 23일.

68) 朴定陽, 「從宦日記」 『朴定陽全集(參)』, 256쪽.

이범진의 주미공사 임명이 확정된 후 독립협회는 1896년 7월 조직되었다.[69] 그런데 독립협회가 결성된 한달 뒤 윤이병 음모사건이 1896년 8월 발생했다. 이 사건은 아관파천 시기 다양한 정치세력의 대립을 선명하게 보여주고 향후 정국 운영의 변화를 예고했다.

『독립신문』에 따르면 전 궁내부 시종 윤이병은 8월 음모를 경무청에 밀고했다. 경무청은 김홍집내각에 참여한 김춘희 유세남 등 11명을 신속히 체포했다. 경무청은 신문한지 7일 만에 사건을 종결하고 피고인을 법부로 모두 이송했다.[70]

초기 이 사건은 김홍집내각과 관련된 정치세력이 3000여명의 인원을 동원하여 정부를 공격하려는 시도였다고 알려졌다.[71] 독립협회에 기반한 정치세력은 사건 가담자의 체포 이후 개혁세력에 대한 정치탄압으로 확대될 것을 예상했다. 안경수는 김춘희 등이 체포된 다음날 군부대신 이윤용의 집으로 도피했다.[72] 이완용 이윤용 김가진 권재형 민상호 이채연 등도 미국 공사관에 피신했거나 피신하려 했다.[73]

이처럼 윤이병 음모사건 직후 독립협회에 기반한 정치세력이 신변 위협을 느꼈던 이유는 무엇일까? 그 이유는 독립협회에 기반한 정치세력이 정성우 상소를 계기로 궁내부에 기반한 정치세력을 압박했기 때문이었다. 1896년 7월 진사 정성우는 "외국을 다녀온 개화의 무리들이 외국인과 결탁하여 갑신정변과 을미사변 등을 일으켰다. 서재필이 『독립신문』을 통해 정부를 비방하면서 정부를 전복시키려는 의도로 법제를 고치려한다"며 비판했다.[74]

---

69) 『독립신문』 1896.7.4 「논설」
70) 『독립신문』 1896.8.15 잡보; 『독립신문』 1896.8.22 잡보.
71) 『THE INDEPENDENT』 August 18th 1896 「Brief Notice」
72) 『駐韓日本公使館記錄(9)』, 近來決行シタル逮捕事件, 1896년 9월 22일, 原敬→西園寺, 217쪽.
73) 『뮈텔주교일기』 1896년 8월 18일.
74) 『日省錄』 建陽 元年 5月 27日.

이러한 정성우의 직접적인 비난에 직면하자, 독립협회에 기반을 둔
정치세력은 정성우의 사생활을 들추며 인신공격을 했다.『독립신문』은
"정성우가 몇 해 전 해삼위에서 조선 상민의 보호 영사를 자칭하면서
패악을 일삼았고 현재 결혼을 알선하며 생계를 유지하고 있다"고 보도
했다.75) 그들은 자신들의 무죄를 선전하기 위해 정성우를 상대로 명예
회복 소송을 고등재판소에 제출했다.76) 이렇듯 독립협회에 기반한 정치
세력은 정성우 상소 사건을 계기로 궁내부관료와 정면 대응했다. 그들은
자신들의 과거 전력에 대한 면죄부를 얻으려 했고, 재판을 통해 정당성
을 획득한 후 궁내부관료를 압박했다.77)

이후 고등재판소는 "김홍제 등이 '개화당' 내각을 암살하려 했으나
실패했고, 다시 김춘희 등의 역모사건을 조작했다"고 판결했다. 고등재
판소는 윤이병 김홍제 이세진 등을 종신징역, 조연하를 징역 2년 6개월
선고했다. 독립협회 발기인 법부협판 권재형은 역모사건의 조작 사실을
상세히 밝혔다.

그런데 판결문은 재판과정에서의 쟁점인 '녹지' 작성자에 대해서는
모호하게 처리했다. '녹지'란 역모사실을 기록한 문서였다. 판결문은 전
직 사과 신분에 불과한 김홍제가 녹지를 작성했다고 기록되었다.78) 여

---

75)『독립신문』 1896.7.16「논설」

76)『法部起案(1), 建陽 元年 7월 27일「高等裁判所에서 判決한 被告 鄭惺愚의 宣告
書 官報 揭載 要請件」, 8冊(奎 17277의 2), 463~464쪽.

77) 정성우는 이재순 한규설 심상훈 등과 연결되었던 것으로 보인다.(『駐韓日本公使
館記錄(10)』, 加藤→西園寺, 1896년 7월 12일「進士 鄭惺愚의 內閣員 彈劾上訴
件」, 161쪽) 궁내부특진관 출신인 李建昌은 유배지에서 정성우와 조우하여 "鄭惺
愚를 보니 내가 부끄러워 죽을 지경이다"라고 하여 정성우의 행동을 지지하였다.
(黃玹, 建陽 元年『梅泉野錄』, 391쪽) 이후 고등재판소의 판결문과 달리 고종은
정성우에 대한 처벌을 경감하여 유배 3년의 特旨를 내렸다.(『法部起案(1)』, 建陽
元年 7월 31일, 8冊(奎 17277의 2), 473쪽.

78)『法部起案(1), 建陽 元年 10월 10일「被告 尹履炳 金弘濟 李世鎭 等의 高等裁判
所 判決宣告書 官報 揭載 要請件」, 11冊(奎 17277의 2), 575~576쪽.

기서 주목할 만한 사실은 이 사건의 핵심인물인 윤이병과 이세진이 임최수와 함께 춘생문사건에 가담했다는 점이다. 윤이병은 궁내부 대신 이재순을 통해 관직에 진출했다. 이재순, 임최수, 윤이병 등의 긴밀한 관계를 짐작할 수 있다.[79]

이재순 계열은 춘생문사건 이전부터 궁내부 내부에 인맥을 형성했다. 그들은 이범진이 주미공사에 임명되자 궁내부관료를 다시 장악할 수 있었다. 이후 독립협회가 결성되자 궁내부대신 이재순은 정부관료 신기선·이종건·한규설 등과 연대했다. 이재순은 녹지를 조작한 뒤 고종에게 보고하고 승인을 받아 독립협회에 기반한 정치세력을 제거하려 했다.[80]

이 사건은 궁내부대신 이재순이 독립협회에 기반한 정치세력을 제거하기 위해서 조작한 음모였다. 이재순은 역모사실을 적은 녹지를 작성했고, 시종 윤이병과 경무관 이세진 등을 통해 녹지를 김홍제에게 전달하도록 지시했다. 이재순은 궁내부 참서관 홍종우와 시종 이인우 등 궁내부관료도 동원했다.[81] 이 사건에 가담했던 한규설은 자신이 재판장이었기 때문에 '녹지' 작성자를 은폐할 수 있었다. 재판장 한규설은 이세진을 유형 3년, 윤이병과 김홍제를 유형 2년으로 감형시킬 것을 고종에게 건의했다. 고종은 한규설의 제안을 승인했다.[82]

결국 궁내부에 기반한 정치세력은 고종의 승인을 받아 윤이병 음모사

---

79) 『독립신문』 1896.9.22 「잡보」
80) 『駐韓日本公使館記錄(10)』, 原敬→西園寺公望, 1896년 8월 21일 「朝鮮內閣員 一部의 隱謀에 대한 捕縛事件 報告」, 171쪽. 이재순과 연결된 윤이병은 "고종의 정찰 명령을 받고, 당시 志士 金弘濟가 兪鶴柱의 언행을 정찰한 정찰기를 왕께 올리니"라고 하여 고종의 지시를 받았다고 밝혔다.(省齋尹履炳先生遺蹟刊行協會記, 1958 「省齋(尹履炳)先生遺蹟記」 『省齋遺稿』, 2쪽)
81) 『駐韓日本公使館記錄(9)』, 近來決行シタル逮捕事件, 1896년 9월 22일, 原敬→西園寺, 217쪽. 체포자 명단에 포함되었던 정교는 李世鎭과 侍徒 李寅祐가 극히 친밀하였고, 궁중에서 녹지를 내릴 때 이인우가 이세진 등을 경무관에 천거했다고 밝혔다.(鄭喬, 建陽 元年 10月 『大韓季年史』, 148쪽)
82) 『高宗實錄』 建陽 元年 10月 17日; 鄭喬, 建陽 元年 10月 『大韓季年史』, 149쪽

건을 계획하였다. 그들의 목표는 독립협회의 탄압이었다. 그 이유는 독
립협회에 기반한 정치세력이 7월 정성우 상소를 계기로 궁내부에 기반
한 정치세력과 정면 대응했기 때문이었다. 윤이병 음모사건은 재판절차
를 거쳐 10월에 들어와서 진상이 밝혀졌다.[83]

독립협회에 기반을 둔 정치세력은 윤이병 음모사건 때문에 8월부터
외국 공사관에 피신했고, 이 사건의 진상이 밝혀진 10월까지 위축된 정
치활동을 펼칠 수밖에 없었다. 그 사이에 그들은 내각에서 정치적 영향
력이 약화되었다. 독립협회에 기반한 정치세력이 위축되자, 궁내부에 기
반한 정치세력은 9월 의정부를 복설하려는 노력을 전개했다.[84]

궁내부에 기반한 정치세력은 윤이병 음모사건을 통해 독립협회에 기
반한 정치세력을 제거하려 했고, 공포 분위기를 조성한 뒤 신속하게 정
치개혁까지 진행하려 했다. 결국 아관파천 시기 정국변동은 궁내부에 기
반을 둔 이범진 계열 및 이재순 계열, 독립협회에 기반을 둔 박정양 계
열 및 안경수 계열이 정국 주도권을 장악하려했기 때문에 발생했다. 즉
아관파천 초기에는 이범진 계열과 나머지 네 세력의 갈등, 이범진이 주
미공사에 부임한 후기에는 궁내부와 독립협회에 기반을 둔 정치세력의
대립 때문이었다.

4. 궁내부 정치세력의 변동과 고종독차사건

1896년 6월 이범진의 주미공사 임명은 국내정치세력에서 함경도 출

---

83) 『독립신문』 1896.10.15~17 「논설」
84) "정부 내에서 고종의 힘을 강화하려는 보수적인 요소가 강력하다. 그들은 내부적
으로 압제적인 강요의 구 질서를 설립하였다."(John M.B Sill, Present Political
Contition, 1896.9.1, p.1~3(NARA FM 134 Roll 13 No 231)

신이자 러시아연대를 주장하는 궁내부 세력의 결속력을 약화시켰다. 이
러한 상황에서 고종은 이범진의 정치적 공백을 메우며 자신의 의사를 충
실히 실행할 인물로 함북 명천 태생인 이용익을 지목했다.

1882년 임오군란 당시 이용익은 명성황후를 장호원으로 피신시키고,
그 연락을 담당했다. 이러한 인연으로 이용익은 종9품 감역으로 관직에
진출하였고 그 해 12월 파격적으로 정6품으로 승진했다. 그 후 이용익은
1883년 단천부사, 1885년 북청부사로 승진했다. 광무국이 설치된 1887
년 당시 영흥부사였던 이용익은 함경남도 광무감리로 임명되어 함경남
도 지역의 광산을 총괄했다. 이 당시 이용익은 단천 및 영흥에서 사금을
채굴하여 고종에게 헌상했다.[85] 광산경영에 대해 탁월한 능력을 인정받
았던 이용익은 1894년 9월 함경남도 병마절도사, 1896년 8월 평안북도
관찰사 등을 역임했다.[86]

그런데 자신의 정적을 제거하여 정치적 영향력을 강화하려는 이용익
의 첫 시도는 실패로 돌아갔다. 1897년 2월 이용익은 그의 측근 전 정언
박인환을 활용했다. 박인환은 내부 지방국장 김중환, 전 법부대신 한규
설과 농상공부대신 이윤용 등이 을미사변 참가자와 관련되었다며 탄핵
했다. 이용익은 궁내부에 자신의 영향력을 강화하기 위해서 러시아통역
관 출신인 비서원승 김홍륙까지도 처벌하도록 배후에서 조종했다.[87]

하지만 이윤용과 김홍륙은 자신들이 무고하다며 고등재판소에 심리
를 청구하며 강력하게 대응했다. 그럼에도 불구하고 고종은 1897년 2월
이용익의 평안북도 관찰사 직무 사임을 만류하면서 이용익을 적극적으

---

85) 『日省錄』高宗 19년 12월 26일; 『高宗實錄』 20년 8월 1일; 『高宗實錄』 24년 5월
7일; 柳子厚, 『朝鮮貨幣考』(京城, 學藝社, 1940), 783쪽. 이용익의 초기 활동에 대
해서는 다음 논문을 참조(오연숙, 1991, 「대한제국기 이용익 연구」 檀國大學校史
學科碩士論文, 5쪽)

86) 『高宗實錄』 31년 9월 10일; 『高宗實錄』 建陽 元年 8월 5일.

87) 『駐韓日本公使館記錄(12)』, 宮廷錄事·任免一束·雜件, 1897년 3월 12일, 加藤→
大隈重信, 124쪽; 『독립신문』 1897.4.13 논설.

로 비호했다. 총호사 조병세는 1897년 3월 평안북도 관찰사의 직무를 수행하지 않고 있는 이용익을 비난했다. 그런데 고종은 "외국말이 통하기 때문에 봐준 것"이라며 이용익을 두둔하면서 이용익을 중추원 1등의 관에 임명했다.[88] 1897년 4월 법부대신 조병직은 무고죄로 이용익을 태형 100대와 종신 징역을 상주했다. 그런데 고종은 유형 10년으로 감형해 주었다.[89]

이용익은 유배지인 황해도 황주군 철도에 정배하지 않으면서 여전히 금광 감리의 관방을 소지했다.[90] 1897년 10월 유형에서 풀려난 이용익은 11월 탁지부전환국장에 임명되었다. 그는 같은 해 12월 각 도와 각 군의 금, 은, 동, 철, 석탄과 관련한 각 광산들의 사무를 감독했다.[91] 이용익은 고종의 강력한 후원 아래 탁지부의 화폐 업무와 전국 광산 업무를 총괄하면서 대한제국의 재정 분야의 업무를 수행하는 핵심인물이 될수 있었다.

그런데 이용익은 궁내부를 주도하기 위해서는 자신의 정적인 김홍륙의 제거가 필수적이었다. 하지만 1897년 2월 김홍륙의 제거에 실패했던 이용익은 김홍륙의 제거를 위해서 궁내부대신을 여러 차례 역임한 청안군 이재순과 연대했던 것으로 보인다. 이재순은 종친과 긴밀한 관계를 유지했고, 고종과 민비의 신임을 얻었던 인물이었다. 아관파천 직후 궁내부대신에 임명된 이재순은 고종의 군주권 강화를 위해서 각종 정치적 사건에 깊숙이 개입했다. 그는 대한제국 정치 분야의 업무를 수행하는 핵심인물이었다. 궁내부대신 이재순은 김홍륙이 러시아공사의 후원을 통해 정치적 영향력을 확대하자, 자신의 정치적 입지를 약화시키는 것이

---

88) 『高宗實錄』 光武 1년 2월 11일; 『高宗實錄』 光武 1년 3월 16일; 『高宗實錄』 光武 1년 3월 29일.
89) 『高宗實錄』 光武 1년 4월 7일.
90) 『독립신문』 1897.9.30 각부신문.
91) 『高宗實錄』 光武 1년 11월 29일; 『高宗實錄』 光武 1년 12월 3일.

라고 판단했다.

1897년 10월 궁내부 귀족원경에 임명된 김홍륙은 궁궐에 자유자재로 출입하면서 정치와 인사 문제까지 깊숙이 개입했다.[92] 김홍륙은 1898년 2월 "러시아에 이권을 허가하는 것이 국익에 도움이 된다"며 러시아 이권 획득에 적극적으로 활동했다. 김홍륙은 목포 진남포 러시아영사관 사무소 부지, 러시아의 절영도 매입, 러시아의 포경특허 등을 허가할 것을 고종에게 촉구했다.[93] 이재순은 1898년 3월 춘생문사건에 참여했던 전 궁내부 순사인 유진구 등을 통해서 김홍륙을 암살할 것을 지시했다. 재판과정에서 이재순이 배후라는 사실이 알려졌다. 황실의 종친은 긴급히 종족회의를 개최하여 이재순을 보호했다. 그러자 고등재판소는 관련자 대부분을 방면하고 유진구의 단독범행으로 미봉했다.[94]

1898년 7월 다시 궁내부대신에 임명된 이재순은 김홍륙을 정계에서 축출하려고 음모를 또다시 계획했다. 김홍륙은 1898년 8월 통역할 때 러시아와 대한제국의 관계를 임의로 조작했다는 혐의로 기소되었고, 전라도 지도군 흑산도에 유배되었다.[95] 이러한 상황에서 1898년 9월 '고종독차사건'이 발생했다.

사건의 과정을 살펴보면 고종과 순종은 1898년 9월 11일 저녁 식사전에 커피를 마셨다. 커피의 절반을 마신 순종은 토하면서 혼절했고, 고

---

92) 『駐韓日本公使館記錄(12)』, 米館播遷ノ企圖暴露シタリト/件ニ關スル事實報告, 1898년 1월 12일, 加藤→西德二郎, 396~398쪽.

93) 『駐韓日本公使館記錄(13)』, 施政一班·任免一束·雜件, 1898년 2월 28일, 加藤→西德二郎, 118쪽.

94) 『高宗實錄』光武 2년 3월 11일; 『高宗實錄』光武 2년 4월 9일. "지난 22일 오후 9시경 귀족원경 김홍륙은 대궐에서 매금문을 나서서, 경운궁으로부터 영국공사관의 후문을 지나서 러시아공사관에 들어가려할 때 3명의 자객에 맞서서 경상을 입어지만 영국공사관의 수병의 구호..."(『駐韓日本公使館記錄(13)』, 施政一班·任免一束·雜件, 1898년 2월 28일, 加藤→西德二郎, 118쪽)

95) 『高宗實錄』光武 2년 8월 23일; 『高宗實錄』光武 2년 8월 25일; 鄭喬, 『大韓季年史』, 上, 1898.8.23, 223쪽.

종은 토만했다. 그리고 남겨진 커피를 내관들이 마시고 혼절했다.

당시 고종의 수라상에 관련된 인물은 14명이었다. 이들의 심문과정에서 김종화라는 말단 인물이 개입되었다는 사실이 드러났다. 그런데 김종화의 심문과정에서 전전선사 주사 공창덕의 개입사실이 밝혀졌다. 공창덕에 따르면 공창덕은 김종화에게 1천원의 사례금을 보장했고, 김종화는 고종과 순종의 커피에 '아편1량'을 투여했다. 무엇보다도 공창덕의 심문과정에서 배후인물이 김홍류이라는 사실이 드러났다. 공창덕에 따르면 김홍류은 공창덕에게 협판을 보장하면서 고종의 독사를 지시했고, 김홍류은 자신의 처인 김소사를 통해서 공창덕에게 '아편1량'을 제공했다.

당시 사건에 참가한 인물을 살펴보자. 첫째 김종화는 16세의 소년이었다. 김종화는 이재순의 서생으로 그의 추천으로 각감청에서 일하게 되었다. 보현당의 창고지기인 김종화는 홍능 제사 때에 비용을 사적으로 유용해서 면직되었다. 면직된 김종화는 사건당일 대궐에 몰래 잠입하여 고종의 독살을 실행했다. 둘째 공창덕은 고종의 아관파천 시절 러시아공사 베베르가 고용한 요리인이었다. 아관파천 이후 공창덕은 김홍류의 추천에 의해서 전선사 주사로 임명되어 왕의 주방에서 외국요리를 관장했다.

그런데 이 사건은 의문 투성이었다. 첫째 커피를 마신 사람 중 죽은 사람이 없다는 점이다. 독살의 의도가 있었다면 커피를 마신 사람이 치명적인 타격을 받아야한다. 죽은 사람이 없다는 것은 암살의 계획보다는 정치적 음모라는 의혹이 제기된다. 둘째 김종화라는 소년이 사건에 개입된 동기가 매우 부족하다. 황제를 암살하려는 인물이 쉽게 체포된 점도 이해하기 어렵다. 더구나 면직된 인물이 대궐에 쉽게 잠입할 수 있는가?

당시 궁내부대신 이재순은 자신이 김종화를 추천하여 사건에 간접적으로 관련되었지만 사건의 처리과정에 깊숙이 개입했다. 이재순은 사건의 진상규명을 위해서 고종의 승인을 얻었고 경무청에 조사할 것을 직접 지시했다.[96] 이후 1898년 10월 김홍류, 공홍식, 김종화는 반역 음모를 기도했다는 혐의로 교수형에 처해졌다.[97] 1898년 4월 부임한 러시아공사 마쮸닌(Н.Г. Мтюнин)은 독차사건에 대해서 김홍륙을 파멸시키려는 음모로 파악했다.[98] 당시 마쮸닌은 본국정부에 보낸 보고서에서 고종독차사건의 배후로 이재순을 지목했다. 첫째 고종과 함께 저녁식사에 참석했던 이재순은 환관이 고종과 함께 커피를 마실 것을 권유했지만 마시지 않았다. 둘째 이재순은 이미 김홍륙암살 사건에 연루되어 재판을 받았기 경력을 갖고 있었다. 따라서 이재순은 당연히 김홍륙을 제거하려는 의도를 품고 있었다.[99] 결국 이재순은 그의 측근 세력을 동원하여 '고종독차사건'에 김홍륙을 배후라고 지목했고, 김홍륙을 정계에서 완전히 제거했다. 당시 마쮸닌은 모든 정치세력이 김홍륙을 비난했기 때문에 마쮸닌이 자신이 나서서 김홍륙을 보호할 수 없는 상황이었다고 기록했다.[100]

5. 궁내부와 독립협회의 대립

김홍륙이 제거된 이후 궁내부에 기반한 이용익과 이재순 계열은 군주권 강화를 위해서 독립협회를 약화시키려고 노력했다. 독립협회는 1898년 2월부터 조직적으로 러시아의 절영도 조차반대, 러시아 사관과 고문관 해고 등의 정치적 이슈를 제기했다. 독립협회는 인사와 재정 및 병권

---

96) 『駐韓日本公使館記錄(12)』, 皇帝幷皇太子ヘ進毒ニ關スル件, 1898년 9월 25일, 加藤→大隈重信, 429~430쪽; 鄭喬, 『大韓季年史』, 上, 1898.9.11. 232~233쪽; 『高宗實錄』 光武 2년 9월 12일. 김홍륙은 이후 재판과정에서 "아편 담배 1냥을 공홍식(孔洪植)에게 제공했다"고 진술했다.(『高宗實錄』 光武 2년 10월 10일)

97) 『高宗實錄』 光武 2년 10월 10일.

98) 『뮈텔주교일기』 1898년 9월 21일.

99) АВПРИ. Ф.150. Оп.493. Д.8. Л.213 с об.

100) АВПРИ. Ф.150. Оп.493. Д.8. Л.214.

등에 관한 자주권 수호를 요구하면서 정치적 현안문제에 적극적으로 개입했다.[101] 독립협회는 1898년 6월 "은화의 부족으로 외국교역에 어려움이 발생하고, 적백동의 남발로 인민의 생활이 궁핍하다"며 백동화의 주조를 금지할 것을 탁지부 대신 심상훈에게 제기했다.[102] 그 후 독립협회는 7월 11일 이용익이 적백동 남발의 책임자라며 만민공동회를 개최하여 이용익을 규탄했다.[103]

이러한 상황에서 1898년 6월 모의된 '황태자양위사건'이 7월 11일 언론에 공개되었다. 그러자 이 사건을 주도한 것으로 알려진 안경수는 도피했다.[104] 독립협회의 회장을 역임한 안경수의 개입은 독립협회의 이미지에 커다란 타격을 주었다. 이러한 상황에서 독립협회는 정국을 전환시킬 정치적 돌파구가 필요했고, 그 대상을 고종의 측근세력인 이용익으로 결정했다.[105] 1898년 8월 독립협회는 중추원에서 광산 감독 겸 전환국장 이용익이 "금광 개발의 폐해를 유발했고, 삼포하는 백성들에게도 피해를 입혔으며, 적백동전을 유포했다"며 처벌할 것을 강력히 주장했다.[106] 8월 6일 고등재판소에 이용익을 고발한 독립협회는 독립신문에서 화폐질서의 문란 등을 비롯한 '이용익의 죄상'을 공개했다.[107] 독립협회는 8월 중순 도피한 이용익이 고등재판소에 출석하지 않자 이용익의 궐석재판도 요구했다. 9월 중순에는 이용익 측근들의 비리를 고발하는 기사까지 독립신문은 보도했다.[108]

---

101) 『독립신문』 1898.2.22 잡보; 『독립신문』 1898.3.12 잡보.
102) 『독립신문』 1898.6.18 잡보; 『독립신문』 1898.6.21 논설.
103) 『독립신문』 1898.7.11 잡보. 마쮸닌에 따르면 독립협회는 1898년 6월 자신의 정치적 영향력을 확장하기위해서 이용익을 표적으로 삼았다고 밝혔다.(АВПРИ. Ф.150. Оп.493. Д.8. 108об).
104) 『독립신문』 1898.7.11 잡보.
105) 鄭喬, 『大韓季年史』, 上, 1898.7.29. 213쪽.
106) 『독립신문』 1898.8.2 논설.
107) 鄭喬, 『大韓季年史』, 上, 1898.8.6. 219쪽; 『독립신문』 1898.8.10 잡보.
108) 『독립신문』 1898.8.27 잡보; 『독립신문』 1898.9.21 잡보.

독립협회가 집요하게 이용익을 비난하자 이용익도 독립협회를 약화시키기 위해서 전력을 다했다.[109] 8월 초 독립협회 주도회원인 정교와 최정식은 회의 중 황제를 모독했다는 길영수의 밀고로 경찰에 체포되었다. 당시 이용익은 자신의 측근인 삼정감리 이최영을 동원하여 정교와 최정식을 고등재판소에 고발시켰다.[110] 이용익은 이최영을 통해 8월 중순 자신을 비호하고 독립협회를 탄핵하는 상소를 올리게 만들었다. 이용익은 전 주사 강홍대 등을 동원하여 서재필을 비난하는 상소를 올리도록 지시했다.[111] 9월 중순 이용익은 이학균, 주석면과 함께 고종의 신변안전을 위해서 대궐을 수비하는 외국인용병 30명을 모집하는데 참여했다.[112]

10월 초 또다시 전 승지 이최영은 이용익의 지시로 독립협회를 규탄하고 해산시킬 것을 요구하는 상소를 올렸다. 이최영에 따르면 독립협회 회원 중 정교와 최정식이 고종과 신의정부의 국정운영을 비난했다. 또한 독립협회가 조정을 비방하고 재상들을 제거하려고 했다. 이최영은 독립협회가 이용익의 문제에 관여하는 것을 불가하다고 주장했다.[113] 이후 이용익은 11월 독립협회가 지목한 5흉에 포함된 조병식, 민종묵과 연대하여 독립협회를 해산시킬 것을 계획했다. 고종을 비롯한 궁내부세력은

---

109) "독립협회는 한 사람을 공격함으로써 잘못을 저지르고 있는지 모른다. 원한에서 하는 행동이 아닌가 하는 의혹을 갖게 한다. 왜냐하면 이용익은 황제에게 독립협회와 그 거동을 반대해서 말한 사람으로 알려져 있기 때문이다."(『뮈텔주교일기』 1898년 7월 31일)

110) 鄭喬, 『大韓季年史』, 上, 1898.8.3. 214쪽;『뮈텔주교일기』 1898년 8월 6일. 蔘政監理 李最榮은 이용익을 변호하다가 실패하여 면직 당했다.(『황성신문』 1898.9.6 잡보)

111) 鄭喬, 『大韓季年史』, 上, 1898.8.15. 221쪽;『독립신문』 1898.8.12 잡보.

112) "폐하에게 총애 받는 閔景植, 張鳳煥, 李學均, 朱錫冕, 李容翊 등이(宮內大臣 李載純, 軍部大臣 沈相薰, 度支大臣 閔泳綺 등도 속으로는 알았지만 침묵한 듯) 그레이트하우스의 권유책이라고 말하고 … 密奏했습니다."(駐韓日本公使館記錄 (12), 三拾人ノ傭外國巡査排斥ノ件, 1898년 10월 5일, 加藤→大隈重信, 435쪽)

113) 『高宗實錄』 光武 2년 10월 4일.

보부상을 동원하여 독립협회를 강제로 해산시켰다.[114) 고종은 12월 24
일 군대를 동원하여 만민공동회를 강제로 해산시켰고, 25일 해산을 명령
하는 칙서를 내렸다.[115) 만민공동회 해산 직후 이용익은 1899년 1월 고
등재판소에 청원하여 독립협회 고발인 신속한 재판을 요청했다. 하지만
이용익을 고발했던 강화석, 홍정섭, 안영수 등은 이용익과의 대질심문을
회피했다.[116) 1월 말 독립협회의 탄핵을 받았던 신기선, 이유인, 유기환,
이기동 등은 모두 다시 정계에 복귀했다.[117) 1899년 2월 이용익은 궁내
부 내장사장, 4월 탁지부 전환국장으로 복귀했다. 그는 8월 궁내부 내장
원경으로 승진했다.[118)

한편, 을미사변 이후 고종은 명성황후가 사망하자 왕세자에 대해 더
욱 집착했다. 고종은 춘생문사건과 아관파천 당시 왕세자와 함께 움직이
는 등 향후 왕권의 유지를 위해 노력했다. 고종은 외국인과의 접견에서
왕세자를 참석시켰고, 1896년 9월 '신의정부'를 설치할 때 왕세자가 참
석할 수 있는 규정을 넣었다.[119)

114) 『황성신문』 1898.11.11 잡보; "황제는 민중의 거동에 대하여 유감을 이기지 못
하여 항상 趙秉式, 閔種默, 李容翊 등과 같은 간신과 모의하여 일일이 민중에게
복수하려는 울분을 터트리며 쉴 새 없이 惡念에 매달려 있는 사정입니다"(駐韓
日本公使館記錄(12), 當國의 近來國狀 具報 및 本件에 관한 卑見具申의 件,
1898년 11월 23일, 日置→ 靑木, 447쪽). 10월 독립협회의 배척 7대신은 議政
沈舜澤, 軍部大臣 沈相薰, 宮內大臣 李載純, 度支大臣 閔泳綺, 法部大臣 申箕
善, 參政 尹容善, 法部協辦 李寅祐이고, 11월 독립협회의 5흉은 趙秉式, 閔種默,
金禎根, 兪箕煥, 李基東이다.(『독립신문』 1898.10.10~11 논설; 『독립신문』
1898.11.14~15 논설)
115) 『高宗實錄』 光武 2년 12월 25일; 『독립신문』 1898.12.26 잡보.
116) 『독립신문』 1899.1.14 잡보; 『독립신문』 1899.1.18 잡보; 정교에 따르면 이용익
은 泥峴의 日人 鮎貝家에 숨어있다가 이때에 고등재판소에 청원했다.(鄭喬, 『大
韓季年史』, 下, 1898.1.18. 6~8쪽)
117) 『駐韓日本公使館記錄(13)』, 顯官 / 進退一件, 1899년 1월 24일, 加藤→靑木,
382쪽.
118) 『日省錄』 光武 2년 12월 27일; 『高宗實錄』 光武 3년 4월 15일; 『高宗實錄』 光
武 3년 8월 24일.

궁내부에 기반한 이용익과 이재순은 왕세자를 후원하는 지원세력이
었다. 당시 고종은 정적을 제거하면 권력을 안정되게 유지할 것이라고
판단했다. 그런 판단으로 독립협회가 해산되었다. 하지만 개혁을 위해서
는 서로 견제하는 정치세력이 필요했다. 고종은 스스로 독을 따라 넣는
황금의 술잔을 열심히 조각하고 깎았던 것이다.

---

119) Isabella Bird Bishop, Korea and Her Neighbours, Kelly and Walsh Ltd, 1897(이
인화역, 1994 『한국과 그 이웃나라』, 살림, 486~488쪽); 『뮈텔주교일기』 1897
년 4월 2일; 『韓末近代法令資料集(Ⅱ)』, 建陽 元年 9월 24일 「議政府官制」,
179~184쪽.

맺음말 : 대한제국의 정치변동과 국제정세의 변화

1895년 11월 28일 고종을 경복궁에서 구출하려던 춘생문사건이 실패했다. 고종은 러시아공사관에 파천 의사를 밝혔지만 신변 안전과 정치적 부담 등을 걱정했다. 고종의 파천 의사를 확인한 이범진과 이완용은 러시아병력을 동원하고, '고종폐위설'을 유포하여 아관파천에 따른 고종의 불안을 해소했다.

궁내부에 인맥을 형성한 이범진은 가마를 통한 파천 방법, 공병대와 러시아수비병의 동원을 담당했다. 이완용과 윤치호는 한국 주재 외교관의 승인과 지지를 위해 외교 활동을 전개했다. 박정양은 민심의 안정을 위해 각종 지시문을 발표했다. 이러한 사실은 궁내부에 기반한 이범진의 정치세력이 아관파천에 주도적인 역할을 했지만 향후 독립협회에 기반한 정치세력이 아관파천에 적극적으로 참여했다는 것을 알려준다.

아관파천 당시 러시아정부와 주한 러시아공사관은 연락을 주고받을 수 없었다. 아관파천 전후 전신이 두절되었기 때문이다. 아관파천 1주일 전 쉬뻬이에르는 러시아 정부에 아관파천 계획을 타전했으나 아무런 답신도 받을 수가 없었다. 러시아정부는 아관파천에 대해 사전에 승인 혹은 반대의 입장을 주한 러시아공사관에 전달하지 못했다.

결국 고종을 러시아공사관에 받아들인 것은 주한 러시아공사 쉬뻬이에르의 판단과 책임 아래 이루어졌다. 쉬뻬이에르는 러시아함정의 파견 요청 당시 '위험한 상황'을 강조한 자신의 견해를 러시아 외무대신 로바노프에게 의도적으로 숨겼다. 쉬뻬이에르는 러시아 외무부의 명령 없이 스스로 러시아함정의 파견을 요청했다.

그런데 쉬뻬이에르의 결정은 러시아정부의 묵인 속에서 이뤄졌음에 틀림없다. 그 이유는 러시아가 한국에 관한 비밀협정을 체결할 때, 적극적인 개입정책을 추진할 때, 쉬뻬이에르가 한국에 파견되었기 때문이다. 그의 전력을 살펴보면 쉬뻬이에르는 1885년 갑신정변을 조사한다는 명목 하에 1차 한러밀약을 추진했다. 1897년 8월 다시 주한 러시아공사로 부임한 쉬뻬이에르는 알렉세예프(К.А. Алексеев)를 한국의 재정고문관에 임명하도록 한국 정부에 압력을 행사했다. 쉬뻬이에르는 극동에 파견된 러시아외교관 중 긴급 현안문제를 적극적으로 해결하는 한국문제 전문가였다.

아관파천 이후 고종은 한국에서 일본의 정치, 경제, 군사적 영향력을 약화시키기 위한 협력 파트너로 러시아를 염두에 두고 있었다. 고종은 자신의 측근 인물인 민영환을 1896년 4월 니꼴라이 2세의 황제대관식에 참석하도록 출발시켰다. 민영환은 러시아의 군사와 경제 분야의 지원을 요청하기 위해서 파견되었다.

러시아 특명전권공사 민영환은 1896년 5월 러시아 황제 니꼴라이 2세의 대관식에 참석했다. 1896년 6월 러시아 황제를 알현한 민영환은 고위 관료인 재무대신 비테, 외무대신 로바노프 등을 만나면서 한국과 러시아의 협력을 추진했다. 양국의 상호협력을 추진한 민영환이 귀국할 때 주한 러시아군사교관 단장 뿌짜따(Д.В. Путята)도 1896년 10월 연흑룡강 군사관구 소속의 위관과 하사관 등 총 13명을 인솔하여 서울에 도착했다.

러시아와 일본은 아관파천 이후 한국의 정치상황을 안정시키기 위해서 외교적 협상을 진행했다. 그 배경에는 일본이 을미사변 이후 한국에서 앞도적인 정치적 영향력에 기초하여 경제적 이익을 독점하자, 러시아가 자국을 향한 일본의 군사적 위협까지 느꼈기 때문이다. 그래서 러시아는 한국의 국내 정치상황을 이용하여 고종의 아관파천을 묵인했고, 한국을 갑오개혁 이전의 국내외 질서로 되돌리려고 노력했다.

일본은 모스크바 협상을 통해서 한국문제를 러시아와 평등한 관계로 만들려고 노력했다. 따라서 일본은 한국에서 일본군대의 제한을 변화시켰고, 한국에서 상호 군사 활동의 영역을 구분했다. '서울의정서'가 한국에서 일본의 군대 인원을 제한했다면 '모스크바의정서'는 한국에서 일본과 러시아 사이의 세력균형을 의미했다. 이러한 러시아와 일본의 상호 견제 속에서 국내의 정치세력은 한국이 자주 독립을 모색할 수 있는 좋은 기회를 맞이했다. 아관파천 시기 한국 개혁의 모든 실행과 책임은 국내 정치세력의 몫이었다.

아관파천 이후 고종은 군주권을 회복하려는 의도를 갖고 있었지만 이를 뒷받침해 줄 정치세력이 부족하다고 판단했다. 물론 아관파천 직후 정국이 불안정할 때 이재순 계열과 이범진 계열로 구성된 궁내부는 고종의 권력을 강화하는데 도움이 되었다.

고종의 왕세자 보호를 충실히 수행할 수 있는 인물은 궁내부에 기반한 이재순과 이용익이었다. 이재순과 이용익은 정부대신들이 명성황후가 사망한 이후 고종의 총애를 받았던 엄상궁을 순비와 귀비로 책봉하자는 상소를 올렸을 때 참여하지 않았다.[1] 이재순은 이용익이 엄비를 경멸했다는 정부대신의 상소에도 가담하지 않았다.[2] 이러한 사실을 통해 궁내부에 기반한 이재순과 이용익은 엄비의 정치적 영향력을 경계하면서 향후 왕권을 이어 받을 왕세자와 긴밀한 관계를 유지하려 했던 것으로 보인다.

이재순 계열의 인맥은 충청도 출신자들로 이뤄져 있었다. 이재순은 프랑스의 후원을 통해 러시아와 일본을 견제하려 하였다. 종친 내부에

---

1) 『高宗實錄』 光武 5년 9월 20일, 光武 6년 10월 24일.
2) 『承政院日記』 光武 6년 11월 1일.

폭넓은 지지 기반을 갖고 있던 이재순 계열은 고종 이후의 왕권 향배와 관련하여 왕세자를 지지하였다. 함경도 출신자가 중심이 된 이범진 계열은 민씨 가문의 후원 아래 정치적으로 성장했다. 이범진 계열은 러시아의 지원을 받아 일본을 견제하려 했고, 명성황후 사후에는 궁중 내부의 엄상궁을 지지하면서 정국을 주도하였다.

두 정치세력은 궁내부에 기반을 둔 점에서 공통성을 갖는다. 이 공통성은 고종이 당시 정치지형 속에서 점하는 위상에 연관되어서 형성되었다. 고종은 을미사변 이후 일본의 후원을 받은 김홍집내각의 정국 주도에 강한 불만을 가졌다. 그래서 고종이 춘생문사건을 승인하고, 아관파천을 실행했다. 고종은 군주권을 강화하려는 의도를 갖고 있었지만 이를 뒷받침해 줄 정치세력이 부족하다고 판단했다. 아관파천 이후 이재순 계열과 이범진 계열로 구성된 궁내부는 고종의 권력을 강화하는데 도움이 되었다. 두 세력을 통해서 고종은 일본의 위협에 대응하여 러시아와 프랑스와의 협력방안을 추구했다.

시간이 흐르면서 정국이 안정화되자 고종은 아관파천에 참여한 정치세력을 아우르면서 군주권을 강화하려는 정국구상을 추진하려고 했다. 이를 실현하기 위해서는 정치적 경험과 인망이 부족했던 궁내부의 이범진과 이재순 계열만으로는 역부족이었다. 고종은 정치적 경험과 대중적 인망을 바탕으로 갑오개혁에 반발했던 김병시를 비롯한 세도가문 출신의 원로대신을 궁내부 소속 특진관에 포진시켰다.

1896년 9월 고종은 약화된 군주권을 회복하려고 기존 내각제도를 폐지하고 '신의정부'를 설치했다. 하지만 '신의정부'를 둘러싸고 정치세력이 대립하자, 러시아 공사 베베르가 중재에 나섰다. 베베르의 중재안은 구의정부의 복설 형식을 취함으로써, 김병시를 비롯한 원로대신의 '의정부' 중심 국정운영론을 수용했다. '신의정부'에는 구의정부에서 볼 수 없었던 새 기능들이 추가되었다. 군주의 친임과 결정권을 보장한 조항이 그것이다. 이는 고종의 '군주' 중심 국정운영론을 받아들인 결과였다. 또한 독립협회의 '상원' 중심 국정운영론을 고려하여 가부결정권과 심사보고서 제출권 등을 용인했다.

대한제국 시기 고종은 군주권을 강화하기 위해서 궁내부에 기반한 이재순, 이범진, 이용익 계열을 적극 후원했다. 아관파천 이후 법부대신에 임명된 이범진은 을미사변 관련자를 처벌하면서 정국을 주도했다. 하지만 독립협회에 기반한 정치세력은 이범진의 지나친 권력 집중을 우려하여 그를 강력하게 견제했다. 결국 1896년 6월 이범진의 주미공사, 1899년 3월 주러공사에 임명되었다. 당시 대한제국은 1900년까지 도쿄, 워싱턴에만 자국 공사를 주재시켰다. 의화단 사건 이후 대한제국과 만주를 둘러싸고 러시아와 일본이 첨예하게 대립하는 상황에서 주미공사를 역임한 이범진의 주러공사에 임명은 고종의 신임 아래 대한제국 외교 분야의 업무를 수행하는 핵심인물이었다는 것을 의미한다.

그런데 이범진의 주미공사 임명으로 함경도 출신이자 러시아연대를 주장하는 궁내부 세력의 결속력도 약화되었다. 이러한 상황에서 고종은 이범진의 정치적 공백을 메우며 자신의 의사를 충실히 실행할 인물로 함북 명천 태생인 이용익을 지목했다. 광산경영에 대해 탁월한 능력을 인정받았던 이용익은 1897년 11월 탁지부전환국장에 임명되었고, 12월 각도군(道郡)의 광산 사무를 감독했다. 따라서 이용익은 고종의 강력한 후원 아래 탁지부의 화폐 업무와 전국 광산 업무를 총괄하면서 대한제국 재정 분야의 업무를 수행하는 핵심인물이 될 수 있었다.

종친정시문과에 합격한 청안군 이재순은 종친 내부에 폭넓은 지지 기반을 갖고 있었다. 을미사변 이후 시종원경 이재순은 시위대 장교와 병사를 결집하여 대궐 공격을 시도한 춘생문사건을 주도했다. '신의정부' 성립 직전 궁내부대신 이재순은 독립협회에 기반한 세력을 제거하기 위해서 '윤이병음모사건'을 조작했다. 그는 김홍륙의 암살시도 및 고종독차사건의 배후자였다. 대한제국기 궁내부대신을 여러 차례 역임한 이재순은 고종의 군주권 강화를 위해서 각종 정치적 사건에 깊숙이 개입하면서 대한제국 정치 분야의 업무를 수행하는 핵심인물이었다.

대한제국기 고종은 군주 중심의 '전제정치'를 실현하기 위해서 궁내부에 자신의 정치세력을 결집시켰다. 궁내부를 중심으로 정치세력을 형성한 이범진, 이재순, 이용익 계열은 군주권의 강화를 당연하게 생각하였고, 대체로 일본의 위협에 대응하여 러시아, 프랑스와의 협력방안을 추진하였다. 고종은 이들을 단일한 세력으로 통합시키지 않으면서 상호 간 경쟁을 유발하여 자신에 대한 충성심을 자극했다. 궁내부에 기반한 이들은 각자의 영역, 이재순이 정치, 이용익이 재정, 이범진이 외교 분야에서 군주권을 강화하기 위해서 노력했다. 따라서 이들은 각자의 주요한 영역이 달랐지만 독립협회, 만민공동회 등 중요한 정치적 사건에서는 상호 연대할 수 있었다.

대한제국 초기 궁내부에 기반한 정치세력들은 정치적 주도권을 둘러싸고 일정한 상호 경쟁을 진행하였고, 독립협회와 철저히 대립했다. 대한제국 출범 이후 1년 반이 되도록 정치적 불안정이 여전하던 그 무렵, 러시아는 1898년 3월 뤼순을 조차했다. 1896년 6월 '모스크바의정서' 체결 이후 한반도를 둘러싼 러시아와 일본의 세력균형이 무너지는 순간이었다. 즐거움이 시작될 때 헤어질 시간이 다가오듯 기회는 오래 기다리지 않았다.

에필로그
- 명성황후 암살자에 관한 의문과 추적

"내일이 오고, 내일이 지나가고, 또 내일이 와서 또 지나가고 시간은 하루하루를 한 걸음씩 내딛으면서 역사의 마지막 순간까지 당도한다. 우리의 모든 어제들은 인간 광대들에게 티끌로 돌아가는 죽음의 길을 비추어 주었다. 꺼져라 꺼져, 짧은 촛불이여! 인생이란 걸어가는 그림자에 지나지 않는다. 잠시 동안 무대 위에서 흥이 나서 덩실거리지만 얼마 안 가서 잊혀지는 가련한 배우일 뿐이다."(셰익스피어, 『맥베스』 5막 5장)

역사가가 추적한 명성황후의 암살자는 분분했다. 그 이유는 어떤 사료에 기초하여 명성황후의 암살자를 파악하는가에 따라 달랐기 때문이었다.

일본학자 야마베(山辺健太郎)는 일찍이 왕비 살해의 하수인으로 데라자키(寺崎泰吉)를 주목했다. 육군성 법관부 이사(理事) 이노우에 요시유키(井上義行)의 보고에 따르면 "왕비 살해의 하수인으로 보이는 사람은 데라자키(寺崎泰吉, 또는 다카하시[高橋源次])였다."[1]

그 후 재일 사학자 박종근은 일본장교, 나카무라(中村楯雄)와 후지(藤勝顯), 데라자키(寺崎泰吉), 타나카(田中賢道) 등의 다양한 인물을 명성황후의 암살자로 용의선상에 올려났다.[2]

박종근은 일본 외교와 군사 문서를 전체적으로 살펴보았다. 그는 일본군인일 가능성에 관한 주한 일본영사 우치다(內田定槌) 보고서의 신빙성을 높이 평가했다. 우치다는 1895년 11월 5일 "왕비는 우리 육군사관의 손에 참살되었다고 하는 사람이 있다"고 기록했다. 또한 우치다는 11월 9일 "왕비를 처음에 우리 육군사관이 베고 다음에 나카무라(中村楯雄)도 손을 댔지만 그때 나카무라가 잘못하여 육군사관의 칼끝에 닿아 오른손에 부상을 입었다"고 보고했다. 우치다는 일본 육군사관에 의해서 살해되었을 가능성, 타나카(田中賢道)가 그 하수인일 가능성 등을 제기했다. 또한 우치다는 요코오(橫尾)·사카이(境) 두 순사도 누군가를 살해했을 것이라고 의심했고, 데라자키(寺崎泰吉)도 확실히 어떤 부인을 살해했다고 기록했다.[3]

무엇보다도 박종근은 궁내대신 이경직을 살해한 인물이 미야모토 다케타로(宮本竹太郎) 육군소위로 추정하면서 명성황후 암살과 관련하여 참고할 필요가 있다고 주장했다. 박종근은 "이라야마 이와히코(平山岩彦)는 궁내대신에게 최초로 총격을 가한 것은 미야모토(宮本) 소위이고, 그 후에 벤 것은 본인이라고 자백했다. 다른 사람들의 진술에 의해서도 미야모토 소위가 가장 의심 된다"고 밝혔다.[4]

그런데 박종근은 명성황후살해의 하수인에 대하여 여러 가지 설이 있는 것 자체가 문제라고 주장했다. 우치다의 기록처럼 진범이 일본의 장교라고 하게 되면 대외적으로 일본정부의 책임이 중대하게 되었다. 이 사실 만큼은 일본 정부가 어떤 수단을 써서라도 숨겨야 했다. 그 때문에 '장사'풍의 민간인이 명성황후를 시해하는 이야기를 퍼뜨리게 되었다.[5]

박벨라(Б.Б. Пак)는 러시아 대외정책문서보관소(АВПРИ) 문서를 꼼꼼히 살펴보면서 건청궁 현장의 목격자 고종, 순종, 궁녀 등의 증언 사료를 인용했다. 증언 사료의 공통점은 일본인이 명성황후의 뒤를 쫓아갔다는 사실이다. 그 중 궁녀는 한 일본인이 왕비를 칼로 살해했다고 증언했다. 박벨라는 왕비를 암살한 일본인의 이름을 제시하지 못했다.[6]

최문형은 명성황후의 암살자로 다양한 인물을 제시했다. 최문형은 타

나카(田中賢道) 및 요코오(橫尾)와 사카이(境) 두 명의 순사일 가능성을
제시했다. 최문형에 따르면 왕실의 침입자로 일본자객 중 나카무라(中村
楯雄)와 후지(藤勝顯), 데라자키(寺崎泰吉)와 구니토모(國友重章) 등이
있었다. 일본군인 중 미야모토(宮本竹太郎)와 마키(牧態虎) 등이 있었다.
직접 시해범은 일본 자객과 군인 가운데 한명일 것이다. 데라자키가 스
즈키에게 보낸 편지를 살펴보면 데라자키에게 혐의를 둘 수밖에 없다.[7]

강창일은 건청궁에 침입한 인물 중 미야모토(宮本竹太郎), 마키(牧態
虎) 등의 장교를 추가하면서 데라자키(寺崎泰吉)가 가장 유력한 인물이
라고 주장했다.[8] 최근 재일교포 사학자 김문자는 명성황후 암살의 배후
가 일본 군부라고 주장하면서, 명성황후의 암살자가 바로 미야모토 다케
타로(宮本竹太郎) 육군소위라고 지목했다.[9] 강범석도 육군소위 미야모
토가 명성황후에게 내리친 군도가 치명타였다고 주장했다.[10]

이렇듯 학자들의 주장은 다양한 기록에 근거한 것이다. 그 진위를 구
별하는 중요한 열쇠는 명성황후의 암살 현장을 복원하는 방법이다. 그것
은 명성황후 암살 시점으로 추정되는 1895년 10월 8일 5시 45분부터 6
시 사이의 건청궁 곤녕합 현장의 복원을 의미한다. 사그러져가는 달빛아
래 곤녕합 15분의 상황은 이랬다.

10월 8일 새벽 5:45 : 일본자객과 명성황후

새벽 5시 45분. 추성문으로 들어온 일본군대와 일본자객은 5시 30분
건청궁의 곤녕합을 장악하고 5시 45분까지 왕비를 색출하기 위해서 필
사적으로 움직였다. 당시 왕, 왕비, 왕세자, 왕세자비는 모두 함께 현장
에 있었다. 고종은 전 군부고문 오카모토 류노스케(岡本柳之助), 오카모
토의 통역 스즈키 쥰켄(鈴木順見), 영사관 순사 와타나베 다카지로(渡邊
鷹次郎)가 곤녕합 마루로 올라오는 것을 목격했다. 그들은 고종이 보는
앞에서 왕비를 체포하기 위해서 곤녕합의 방에 침입했다.[11]

이날 새벽 궁궐에서는 경복궁 주변에 있는 일본 군대의 움직임을 포착했고 그 의도를 파악하려고 분주히 움직였다. 이미 새벽 2시경 왕의 측근인 하급 장교 '별군관' 2명은 시위대 연대장 부령 현홍택에게 "약 200명의 일본수비대가 광화문 앞 삼군부에 집결했다"고 보고했다. 현홍택은 신속히 궁궐수비대를 광화문 쪽으로 파견하여 진위를 조사할 것을 지시했다.12) 일본수비대와 조선훈련대에 의해 대궐이 포위되자 5시경 현홍택 부령은 시위대13) 병사에게 대궐의 모든 지역에서 일본수비대에 저항하라고 명령했다. 이와 동시에 추성문으로 달려간 현홍택은 이미 100명 이상의 일본수비대가 대궐 후원에 진입한 것을 확인했고, 대궐 북쪽의 문도 폐쇄할 것을 지시했다.14)

시위 1대대 대대장 참령 이학균은 이미 4시 30분경 경복궁 북쪽인 계무문에서 망원경을 통해 추성문 주변의 침입자를 목격하자 곧바로 건청궁으로 달려갔다. 당시 고종은 경복궁의 북쪽에 위치한 건청궁에 있었고, 외국공사를 접견하는 장안당과 연결된 왕비의 숙소인 곤녕합에 머물렀다. 이학균은 곤녕합 주위를 분주하게 움직이는 시위대를 뒤로하고 고종에서 급박한 상황을 설명했다.

이학균은 "왕비는 어디 계십니까?"라고 질문했고, 고종은 "왕비가 이미 안전한 곳에 있다"고 답변했다. 위기사태를 파악한 고종은 "유혈 사태를 막기 위한 모든 조치를 취하라"고 명령하면서 "시위대는 위급한 상황에서만 총을 발사하라"고 당부했다.15)

일본군대가 경복궁 주변에 포진했다는 정보를 들은 고종은 즉시 관립 일어학교 출신 궁내부참리관 전준기를 일본공사관으로 급파해서 미우라 공사가 일본군대를 해산시켜줄 것도 요청했다.16)

대궐 내부의 긴급 조치를 실행한 고종은 궁내부협판 이범진에게 러시아와 미국 공사관에 도움을 요청하도록 지시했다. 이범진은 추성문과 영추문 사이의 담장 주변을 살펴보았지만 이미 군인들로 꽉 차 있는 것을 확인했다. 광화문으로 달린 이범진은 이곳도 군인들에 의해 포위된 것을 파악했다. 이범진은 궁궐 동남쪽 모서리인 동십자각으로 향했고 경비가 소홀하다고 판단했다. 이범진은 보초를 서고 있는 2명의 일본 병사가 멀리가기를 기다렸다가 4.5미터(15피트) 정도의 높이에서 뛰어내렸다. 대궐 담장이 높았기 때문에 다리를 다쳤다. 이범진은 절뚝거리면서 미국과 러시아 공사관에 도착해서 현장의 위급한 상황을 설명했다.[17]

임오군란, 갑신정변 등의 정치적 격변을 겪었던 왕실은 이미 위기를 대처하는 시나리오를 갖고 있었다. 그것은 정변이 발생하면 고종은 왕비의 처소로 이동해서 왕비의 안전을 위한 조치를 실행하는 것이다. 왕비의 변장 방법, 도피 방법 등이 바로 그것이다.[18]

새벽 5시 30분경 일본자객이 곤녕합에 진입했다. 일본자객이 곤녕합 주변에 들어오자 고종은 침착히 곤녕합 방문을 열도록 지시했다. 고종은 곤녕합 마루의 한 복판에 서 있었다. 일본자객이 침입한 순간 고종을 시중하는 환관들은 당황했다. 환관 중 한명은 여기가 군주의 처소이고, 고종을 바라보며 군주라는 사실을 일본자객에게 알렸다.

고종은 모든 이목을 자신에게 집중시켜 왕비가 피할 시간을 제공하려고 노력했던 것으로 보인다. 하지만 일본자객은 고종의 어깨를 끌어 잡았다. 일본 군대와 자객은 고종을 밀치고 곤녕합 방안으로 돌진했고, 고종 방향으로 총을 쏘면서 위협했다. 일본 자객은 고종이 지켜보는 가운데 방안에 있는 궁녀들을 폭행했다.[19] 그 과정에서 고종은 두려움에 의식을 잠시 잃었던 것으로 보인다.[20]

사복을 입고 도검으로 무장한 일본자객 5~6명이 고종과 왕비 및 그의 가족이 머물고 있던 처소에 돌진하는 순간, 궁내부대신 및 시위대 소속 장교 중 일부가 고종을 보호하려고 시도했다.

일본자객이 곤녕합 방에 침입하자 궁내부대신 이경직은 곤녕합의 방으로 뛰어갔다. 당시 곤녕합의 방에는 왕비를 비롯한 3명의 여인이 있었다. 이경직은 왕비를 구하기 위해서 일본자객에게 두 팔을 높이 들었다. 이 순간 일본자객은 칼을 번쩍이면서 이경직의 두 팔을 잘랐다. 이경직은 피를 흘리면서 바닥에 쓰러졌다. 이경직이 방바닥을 뒹굴며 몸을 가누지 못하자 일본자객은 이경직을 옆방으로 옮겨서 폭행했다. 이경직이 간신히 몸을 빼서 마루 끝으로 나아갈 즈음, 일본자객은 고종이 보는 앞에서 이경직의 다리에 총을 쏘았고, 칼로 찔러 죽였다.[21]

참령 이학균은 고종을 보호하기 위해서 주변의 시위대 병사와 함께 일본자객을 공격하려고 시도했다. 그 순간 이학균은 누군가에 의해서 떠밀려 쓰러졌다. 이학균은 쓰러진 상태에서 일본자객이 궁녀를 추격하는 것을 보았고, 잠시 후 신음소리와 함께 궁녀가 살해된 것을 목격했다.[22] 쓰러진 상태에서 목격한 것으로 보아 이학균은 일부러 시체처럼 행동했던 것으로 보인다.

부령 현흥택은 곤녕합 주변을 포위한 일본인 20여명을 목격했다. 현흥택은 칼을 소지한 유럽식 복장, 칼을 찬 일본인 복장, 총을 멘 일본 정규군 복장 등의 일본인을 목격했다. 5시 50분경 곤녕합에 들어간 현흥택은 시위대 군복을 유지했기 때문에 바로 일본자객의 표적이 되었다. 일본자객은 현흥택의 손을 묶은 상태에서 그를 구타하며 "왕비가 어디 있느냐"며 답변을 강요했다.[23]

현흥택은 "나는 궁궐 수비대 현흥택"이며, "너희들이 나를 죽인다고 해도 난 왕비가 어디 계신지 모른다"고 답변했다. 왕의 앞에서 현흥택이 끝까지 침묵하자 일본자객은 현흥택을 건청궁 주변에 있는 각감청으로 끌고 가서 또다시 왕비의 소재를 집요하게 추궁했다.[24]

5시 50분경 한성신보 편집장 고바야카와는 건청궁에 도착했다. 곤녕합의 오른쪽 왕비의 거실 옥호루에 여인들의 시신이 안치된 것을 목격했다. 고바야카와를 비롯한 일본자객은 그 중에 왕비의 시신이 있다는 것을 나중에 알게 되었다.[25]

고바야카와는 건청궁 곤녕합에 도착했을 때 "미닫이로 둘러싸인 방안에서 여인의 날카로운 비명 소리가 등골이 오싹해지도록 처참하에 들려왔다"고 기록했다. 곤녕합 마루 옆의 침실에서는 일본 병사와 자객들이 뛰어다니고 있었다.26)

두려움에 정신을 잠시 잃었던 고종은 곤녕합 마루에 환관의 호위를 받으며 앉아 있었다. 잠시 후 흰옷을 입은 여인들이 부들부들 떨면서 곤녕합 마루로 밀려 나왔다. 그 중에는 "흰옷에 선지피의 핏발을 받아 얼굴에까지 핏방울이 튄 기품 있는 연소한 여인"도 있었다. 그 여인은 왕세자비였다. 그 때 곤녕합 주변에는 왕비가 몸을 피해 숨어버렸다는 소식이 들렸다. 그 순간 한성신보 주필 구니토모(國友重章)는 피를 뒤집어쓴 왕세자비를 붙잡고 칼날을 가슴에 겨누었다. 일본자객은 "왕비가 있는 곳을 말해라. 그렇지 않으면 너를 죽이겠다"며 일본어로 위협했다. 일본어를 이해하지 못한 왕세자비는 단지 '아이고'라는 소리를 지를 수밖에 없었다.27)

왕비가 어디론가 숨었다는 소식에 곤녕합 주변이 더욱 소란해졌다. 다급해진 일본 군인과 자객은 무기를 들고 건청궁 주변의 빈 방들을 샅샅이 뒤졌다. 그 중 일부는 시위대가 버리고 간 총을 이용하여 닫힌 문짝을 부수었다. 다른 일부는 곤녕합 마루 밑으로 들어가서 왕비를 찾았다. 6시까지 일본 군인과 자객은 혈안이 되어서 건청궁의 여기저기를 수색했다.28)

6시. 갑자기 곤녕합에 있던 일본인들이 함성을 질렀고, 각감청에서 현홍택을 붙잡고 있던 일본인들도 곤녕합으로 달려갔다.29) 일본자객이 건청궁을 샅샅이 뒤지는 사이 곤녕합에 안치된 시신 중 하나가 왕비라는 사실이 알려졌다.

여러 증언과 회고에서는 왕비의 시신을 곤녕합에서 보았다고 기록했다. 새벽 6시가 넘어 곤녕합에 도착한 일본사관학교 출신 권동진은 '옥호루'에 "왕비가 이미 가슴에 선혈을 내뿜고 있었다"고 회고했다. 권동진은 "우리들이 선봉을 서지 못한 까닭에 큰 누명을 쓰게 되었다"며 자신이 왕비 암살을 실행하지 않았다고 주장했다.[30]

새벽 6시에 풀려난 현흥택은 "이상한 느낌이 들어서 무슨 일인가 살펴보려 왕의 가족 처소로 향했다"고 밝혔다. 특히 현흥택은 "왕실 가족 처소(Royal Family house)의 안쪽 건물인 '곤녕합(Kwon-young-hab)'에 왕비로 생각되는 사람이 죽은 채 누워 있는 것을 보았다"고 주한 미국공사 대리 알렌에게 증언했다.[31]

잠시 후 고바야카와는 옥호루에 들어가 왕비의 마지막 모습을 묘사했다. 왕비는 상체에 '짧은 흰 속적삼'을 입었고, 허리 아래로 '흰 속옷'을 입었다. 이것은 왕비가 궁녀들과 동일한 복장으로 위장했다는 것을 시사한다. 그런데 고바야카와는 "무릎 아래는 흰 살이 그대로 드러나 있었고 가슴팍으로부터 양쪽 팔꿈치까지 노출되었다"고 기록했다. 이러한 사실을 통해서 두 가지를 추측할 수 있다. 먼저 옷이 노출될 만큼 왕비가 일본자객에게 강력히 저항했을 가능성이 높다. 또 하나 시신의 노출이 심하다는 사실은 다른 살해 현장에서 왕비의 시신이 옮겨졌을 가능성도 제기된다.

명성황후 민씨는 1851년 경기 여주에서 민치록(閔致祿)의 딸로 태어났다. 그 후 1866년 왕비로 선택되어 운현궁에서 가례(嘉禮)를 치렀다. 그녀에게는 4남 1녀가 있었지만 1874년에 태어난 왕세자(순종)만이 생존했다.[32]

명성황후는 명석한 두뇌, 신중한 성격, 본능적인 직감 등을 소유했던 것으로 보인다.[33] 그리고 그녀는 기억력도 비상했고, 독서를 즐겼으며, 결단성도 갖춘 것으로 보인다. 명성황후의 『행록』을 살펴보면 "글을 배웠는데 두세 번만 읽으면 암송했다", "책 읽은 것을 좋아하여 역대의 정사에 대한 옳고 그른 것을 마치 손바닥을 보듯이 알았다", "소학, 효경,

여훈 등의 책을 공부하는데 밤이 깊도록 손에서 놓지 않았다", "옳고 그른 것을 밝혀내는 데는 과단성이 있어서 마치 못과 쇠를 쪼개는 듯이 했다" 등이 기록되었다.[34]

명성황후는 고종의 조언자와 후원자의 역할을 충실히 수행했던 것으로 보인다.[35] 고종은 명성황후가 "경서와 역사를 널리 알고 옛 규례에 익숙하여 나를 도와주고 안을 다스리는데 유익한 것이 많았다"고 기록했다. 고종은 명성황후가 "사변에 대처해서는 정상적인 방도와 임시변통을 잘 배합했다"며 위기에 대처하는 그녀의 능력을 높이 평가했다.[36] 고종은 "일찍이 왕비가 말한 것마다 모두 들어맞았다"며 왕비의 판단력에 대한 강한 신뢰감을 표시했다.

명성황후는 정치와 외교 분야의 현안문제에 간접적으로 개입했던 것으로 보인다. 『행록』을 살펴보면 "짐이 근심하고 경계하는 것이 있으면 대책을 세워 풀어 주었다", "심지어 교섭하는 문제가 제기되었을 때는 나를 권해서 먼 곳을 안정시키도록 했다" 등이 기록되었다.

명성황후는 정치적 격변 상황에서 자신의 정치적 영향력을 확대했던 것으로 보인다. 명성황후의 『행록』에는 "임오군란 당시 왕비는 온화한 태도로 임시방편을 써서 그의 목숨을 보존했다"고 기록되었다. 갑신정변 당시 고종은 명성황후가 "역적 박영효를 타일러 그 음모를 좌절시켰다"고 주장했다. 또한 명성황후는 "이 무리들이 거짓말을 했다"고 의심했으며 "이 무리들을 죽이면 자연히 일이 없을 것이다"라고 판단했다. 고종은 "왕비가 성의 동쪽에 피해 있으면서 자성을 호위하고 세자를 보호하였는데 시종한 사람들이 한 명도 흩어져가지 않았다"며 위기에 대처하는 결단력 및 정치적 결집력을 높이 평가했다.

명성황후는 갑오개혁 이후 출범한 김홍집내각과 정치적으로 대립했다. 명성황후는 김홍집내각에 관해서 "여러 역적들이 이미 하늘과 귀신에게 죄를 지었으니 죄가 크다"고 평가했고, "흉악한 무리들의 악한 행

동이 이미 차고 넘쳤다"며 '역적'과 '흉악'이라는 극단적인 용어까지 사용했다.[37)

명성황후는 1882년 임오군란, 1884년 갑신정변 등 반정부 세력이 정부를 뒤엎으려는 혁명의 상황에서도 살아남았다. 그녀는 모든 어려움을 해결한 후 잠시 상실한 권력을 다시 회복하는 집념을 보여주었다.[38)

사건이 발생한 10월 7일 밤 궁궐에서는 민영준이 궁중에 등용된 것을 축하하는 성대한 잔치가 벌어졌다. 잔칫날 명성황후는 자신의 측근인 민영준의 기용, 훈련대의 해산 등으로 주도권이 다시 왕실로 집중되는 것에 대해 만족했다. 그날 밤 그녀는 궁녀들과 함께 궁궐 후원으로 달구경을 나갔다.[39)

대궐 내부에는 정변을 예측하는 여러 징후가 있었다.[40) 하지만 왕비는 전 주한 일본공사 이노우에가 "조선의 자주독립의 기초를 확립하고, 혹 다른 조선인이 역모하면 일본정부가 병사로 하여금 왕실을 보호하고, 국가의 태평을 보장하겠다"는 주장을 신뢰했다. 1895년 9월 초 백작 이노우에는 고종을 알현한 자리에서 "왕족이나 혹 다른 조선 사람이 역적을 꾀하는 자가 있을 경우에는, 일본정부에서 군사의 힘으로 왕실을 보호하여 국가의 평안함을 보전한다"며 고종과 왕비를 안심시켰다. 특히 왕비는 정변이 발생하면 오히려 대궐이 안전하다는 농상공부협판 정병하의 주장을 믿었다.[41) 왕실의 신뢰를 받아 재정을 도맡았던 정병하는 "일본군대가 대궐에 들어옴은 성체를 보호코자 함인 줄로 아옵나니, 의심하실 바가 없사온즉, 피하여 나가시지 마옵소서"라며 왕비의 피신을 막았다.[42)

대궐에서 성대한 잔치가 끝나자 새벽녘 왕비는 고종과 함께 "곤령전의 전각문 북쪽의 작은 난간"을 산책했다.[43) 그런데 고종과 왕비는 일본군대와 훈련대가 대궐을 포위했다는 소식을 접하고 신속히 곤녕합으로 이동했다. 그날 왕비는 침입자를 궁궐 내에서 대비할 시간적인 여유가 있었다. 하지만 일본군대와 훈련대가 경복궁을 포위하고 있었기 때문에 왕비가 궁궐 밖으로 도피할 상황은 아니었다. 그리고 왕비는 침입자의 목표가 왕비라는 사실을 정확하게 인식하지 못했다.[44]

사료에 나타난 명성황후 시해장소와 암살자

당시 재판판결문, 각종 보고서, 증언 등을 살펴보면 명성황후 시해과 정 및 장소가 조금씩 다르게 기록되었다.

1895년 11월 고등재판소 판결문은 "피고인 박선이 손으로 달비채를 휘어잡고 난간 끝까지 끌고 가서는 검으로 가슴을 찌른 후 검은 빛깔의 천으로 말아서 석유를 치고는 불태워 버렸다"고 기록되었다.[45]

1896년 4월 '8월사변보고서'에 따르면 "그 자객(刺客)이 각방(各房)에 심멱(尋覓)하더니, 필경에 왕후폐하를 초심(稍渙)한 방에 피하시려는 처(處)에서 심출(尋出)하여 도인(刀刃)으로 작하(斫下)였는데, 당상에는 피살(被殺)하신 줄은 정영(丁寧)치 못하였으나"라고 기록되었다.[46]

1897년 11월 명성황후의 『행록』을 살펴보면 "곤령전 합문(곤녕합 건물안 출입문)에서 묘시(새벽 5~7시)에 세상을 떠났다"며 명성황후가 공식적으로 곤녕합 내부에서 암살된 것으로 기록되었다.[47]

주한 외국공사관 문서에는 한국 문서 보다 조금 더 상세하게 당시 상황이 묘사되었다.

주한 미국공사대리 알렌은 증언을 토대로 "소동을 들었던 왕비와 그녀의 궁녀들이 왕비의 방에 집결했다. 공포에 질린 왕비를 포함한 궁녀들은 자신이 단지 거기를 찾아온 방문객일 뿐이라고 말했다. 한 일본인이 왕비를 내동댕이치고, 발로 가슴을 세 번이나 내리 짓밟고, 칼로 찔렀다. 세 명의 다른 궁녀들도 동시에 살해되었다"고 기록했다.[48]

주한 러시아공사 베베르는 보다 구체적으로 기록했다. "일본인은 여성 건물 속의 일부에 돌입했지만 왕비의 얼굴을 알지 못했다. 그래서 일본인은 제멋대로 짐작하여 비무장의 궁중 여인을 죽였다. 궁중여인은 명성황후와 비슷한 연령대였다."[49] 또한 베베르에 따르면 "일본인들은 왕비와 궁녀들이 머물고 있던 방에 돌진했다. 왕비와 궁녀는 모두 왕비가 여기 없다고 대답했다. 왕비는 복도를 따라 도망쳤고, 그 뒤를 한 일본인이 쫓아가 그녀를 붙잡았다. 그는 왕비를 바닥으로 밀어 넘어뜨리고, 그녀의 가슴으로 뛰어들어, 발로 세 번 짓밟아, 찔러서 죽였다."[50]

주한 영국총영사 힐리어에 따르면 "왕비와 궁녀는 그들의 침실로부터 나왔고, 도망쳐 숨을 준비를 했다. 왕비는 복도 아래로 달렸지만, 추적당해 쓰러졌다. 그녀의 암살자는 그녀의 가슴 위에 여러 차례 뛰었고, 그는 반복적으로 그의 칼로 그녀를 찔렀다. 거기서 실수는 없었고, 왕비와 닮아 보이는 여러 명의 궁녀가 죽었다."[51]

서울주재 일본총영사 우치다(內田定槌)에 따르면 "후궁으로 밀어닥친 일군의 일본인들은 여러 명의 궁녀가 안에 숨어 있는 것을 발견했다. 왕비의 거실이라고 판단하여 곧장 칼을 휘두르며 실내로 난입했다. 궁녀들은 당황하여 어쩔 줄 몰라 울고 부르짖으면서 도망쳐 숨으려고 했다. 일본인들은 모조리 붙잡아서 그 중 복장이나 용모가 아름다워 왕비라고 생각되는 3명의 인물을 칼로 죽였다."[52]

그런데 뮈텔 주교는 "왕비가 왕세자비의 거처인 복수당으로 피신했고, 왕비를 포함한 3명의 궁녀가 안에서 빗장을 질렀고, 왕비가 일본자객에게 당당하게 왕비라는 사실을 밝혔다"고 기록했다.[53] 하지만 뮈텔의 기록은 사실과 거리가 있어 보인다. 왜냐하면 빗장을 질렀다는 사실은 오히려 일본 자객의 침입을 유도하는 행동이고, 신변의 위협에 처한 왕비가 자신의 신분을 알렸을 가능성이 매우 낮기 때문이다.

상대적으로 풍부한 정보를 접할 수 있는 주한 외교관들은 일본자객의 곤녕합 침입 당시 왕비의 위치에 대해서 '왕비의 방', '여성 건물', '왕비와 궁녀가 머무는 방', '왕비와 궁녀의 침실 밖', '왕비의 거실' 등이라고 기록했다. 주한 외교관은 왕비의 위치에 관해서 대체로 정시합과 곤녕합을 지목했다.

왕비의 살해 장소에 대해서 '곤령전 합문', '초심한 방', '왕비의 방 또는 거실', '왕비와 궁녀들이 머물러 있는 방', '복도 아래' 등이라고 기록했다. 주한 외교관은 일본자객이 곤녕합 또는 정시합에서 왕비를 살해했거나, 왕비가 곤녕합에서 정시합 또는 정시합에서 곤녕합 방향으로 달려가다 살해당했을 가능성 등을 제기했다.

왕비 시해 직후 곤녕합에 도착한 고바야카와는 왕비가 건청궁 맨 동쪽 끝에 있는 방안 즉 옥호루에 있었고, 왕비가 옥호루에서 살해되었다고 주장했다.[54] 주한 미국공사대리 알렌도 1896년 3월 고등재판소의 현장조사 직후 "암살자가 왕비를 16피트 길이, 8피트 넓이, 7피트 높이의 조그마한 방인 옥호루에서 구금하고 그녀를 죽였다"고 본국정부에 보고했다.[55]

고바야카와와 알렌은 일본자객의 곤녕합 침입 당시 왕비의 위치 및 암살 장소를 '곤녕합 또는 정시합'이 아니라 '옥호루'라고 주장했다. 옥호루에 왕비의 시신이 안치되었다는 것은 사실임에 틀림없다.[56] 그렇지만 주한 외교관의 기록을 무시하고 왕비의 살해 장소를 '옥호루'라고 단정하기는 어렵다.

그런데 주한 외교관의 기록 중 '복도'를 주목할 필요가 있다. 곤녕합과 정시합에서 복도라고 불릴만한 장소는 건청궁과 연결되는 '복도'가 유일하다. 따라서 일본자객이 건청궁에 침입하자 정시합에 머물던 왕비는 궁녀 복장으로 위장하고 곤녕합 침실로 궁녀 3명과 함께 이동하여 자신을 은폐했다. 일본자객이 곤녕합 침실로 들어와 '왕비 어디 있어'라고 소리치면서 왕비를 비롯한 3명의 궁녀에게 누구냐고 다그쳤다. 그 자리에서 왕비를 포함한 모든 여인들은 "궁궐을 찾아온 방문객"이라고 답변했다.[57] 그런데 왕비의 바로 앞에서 이경직의 두 팔이 잘리자 그녀는 순간적으로 위기의식을 느꼈고 곤녕합 침실에서 건청궁 복도를 향해 도망쳤다.[58] 그러자 고종은 주한 일본 영사관 순사 와타나베가 칼을 뽑아 들고 왕비에게 달려가는 것을 목격했다.[59]

고종과 왕세자는 그 이상 왕비의 최후를 목격할 수 없었다. 고종은 일본자객에 붙잡혀 옷이 찢겨졌고, 두려움에 잠시 의식을 잃었다.[60] 왕세자는 달려드는 일본인 3명 중 한명에게 옷이 잡혀 찢겨지고, 다른 한명에게 상투를 잡혔다. 일본자객은 왕세자에게 왕비의 거처를 물어보면서 왕세자의 의관을 찢었다. 또 다른 일본자객은 왕세자의 목과 턱 사이를 칼등으로 강하게 내리쳤고 왕세자가 기절해서 넘어졌다.[61] 잠시 후 의식을 회복한 왕세자는 고종에게 달려가 합류해서 신변의 안전을 보전할 수 있었다.[62]

복도로 달려간 와타나베를 제외하고 현재까지 왕비의 살해자로 추정되는 인물은 여러 명이다. 그동안 왕비의 살해자는 일본 장교와 순사 보다는 일본자객으로 파악되었다. 일본 관료가 살인을 했을 때 미치는 외교적 파장이 너무 크기 때문이었다. 때문에 그동안 민간인인 나카무라(中村楯雄), 후지(藤勝顯), 타나카(田中賢道), 데라자키(寺崎泰吉) 등 4명으로 압축되었다.

명성황후암살자에 대한 추적

아관파천 이후 고종은 1896년 9월 정부대신을 만난자리에서 "외국으로 도망친 잔당들은 아직도 잡지 못하고, 나라의 법을 적용하지 못했으니 더없이 원통한 일이다"며 을미사변 관련자 처벌에 대한 강한 집념을 보였다.[63] 고종은 관련자 처벌의 대상을 한국인만이 아니라 일본인까지 포함시켰다. 고종은 왕비시해에 직접 개입한 일본인을 추적하도록 궁내부 관료에게 지시했던 것으로 보인다.

궁내부 소속 회계원 출납과장을 역임한 이명상은 1896년 9월 고종의 밀지를 받아 그의 부하 한철하와 윤상필을 동반하여 을미사변 관련자를 정찰하여 암살할 목적으로 일본에 파견되었다.[64]

그런데 권형진이 일본에서 그들의 목적을 파악하고 밀지의 위임장을 빼앗으려고 시도하자 이명상은 10월 15일 류우세이마루(隆盛丸)를 타고 서둘러 귀국했다.

자신의 임무를 실패하자 이명상은 다른 방안을 고심했다. 그런데 이명상은 그의 부하 한철하와 친분이 있는 일본인 순사 와타나베(渡邊鷹次郎)가 아버지의 병환 때문에 귀국한다는 소식을 접했다. 이명상은 와타나베를 이용하여 을미사변 관련자 처벌 계획을 세우고 한철하의 주선으로 와타나베를 만나서 기밀을 상의했다.

두 사람의 대화 내용에서 궁내부가 추적하는 을미사변 관련 일본인 인물이 드러났다. 바로 구마모토현(熊本縣) 사족 나카무라(中村哲雄)와 후쿠시마현(福島縣) 사족 후지(藤勝顯)였다.[65] 주한 인천영사 이시이(石井菊次郎)는 이명상에게 왕비 살해의 '하수인'을 파악할 수 있도록 도와준 인물을 사사키(佐佐木留藏)로 추정했다. 사사키는 1895년 7월 박영효역모사건 당시 한재익에게 밀고하여 1,000원의 상금을 받았고, 1896년 동경에 거주하는 박영효의 부정적인 행동을 일본신문에 투고했다. 한재익의 조카인 한철하는 이명상과 함께 일본에서 사사키와 만났고, 사사키는 1896년 9월 '장사' 고용을 위해서 이명상에게 적극적으로 협조했다.[66]

10월 15일 귀국한 이명상은 나카무라(中村哲雄)와 후지(藤勝顯)를 한국으로 유인하도록 와타나베(渡邊鷹次郎)에게 제안했고, 와타나베는 "일본에서 연행할 수 있다"며 강한 자신감을 피력했다. 그러자 이명상은 그 대가로 와타나베에게 '1만원의 보수' 및 '경무청 고문관' 초빙을 제의했다. 또한 이명상은 왕비를 살해한 주모자가 '박영효·유길준·권형진'이라고 언급하면서 3명을 제거하는 비용으로 1인당 1만원 지불을 약속했다. 그 자리에서 이명상은 와타나베가 적극적으로 협조할 것을 약속하자 와타나베와 의형제까지 맺었다.[67] 10월 20일 이명상은 와타나베에게 나카무라(中村哲雄)와 후지(藤勝顯)를 유인할 여비 '400원'을 그의 부하 박선조를 통해서 제공했다.[68] 을미사변 이후 암살자 추적과정에서 원하든 원치않든 와타나베는 연루되었다.

그동안 발굴된 일본측 사료를 살펴보면 '하수인'이 나카무라(中村楯雄)와 후지(藤勝顯), 데라자키(寺崎泰吉) 등으로 추정되었다. 그런데 주한 인천영사 이시이(石井菊次郎)는 일본인조차도 왕비를 직접 시해한 '하수인'을 정확하게 알지 못한다고 언급했다.[69] 그 이유는 '하수인'의 발설은 일본의 책임 소재와 직접적으로 연결된 매우 민감한 문제였기 때문이었다. 현장에 있었던 고종과 왕세자도 침입자의 방해 때문에 왕비의 죽음을 직접 목격하지 못했다고 증언했다.

그런데 왕과 왕세자의 증언에서 마지막으로 왕비를 추적한 주한 일본영사관 순사 와타나베를 주목할 필요가 있다.

와타나베(渡邊鷹次郎)는 1849년 치바현(千葉縣) 히가시카쯔시카군(東葛飾郡) 후쿠다정(福田町)에서 출생했다. 그는 1877년 서남전쟁 때 소모대에 지원 출정했고, 1882년 주한 일본공사관 순사로 소속되었고, 1898년 경부로 승진했다. 그는 한일병합 이후 1910년 10월 조선총독부 통역관 겸 조선총독부 경무총감부 고등경찰과 경시에 임명되었다.[70]

와타나베는 1895년 10월 30일 서기관 스기무라와 함께 을미사변 관련 '퇴한자' 명단에 포함된 인물이었다.[71] 한국어에 능통한 순사 와타나베는 1894년 6월 대원군을 방문하여 정세와 관련된 대화를 나누면서 대원군의 의중을 파악할 정도로 정보수집에 능통한 인물이었다.[72] 을미사변 이후 일본에 소환된 와타나베는 아관파천 이후 또다시 주한 일본공사관 순사로 소속되었다. 그 후 그는 1896년 9월 을미사변 관련 일본인을 소환시키자는 이명상의 제안을 수락했지만 실제 주한 인천영사 이시이(石井菊次郎)에게 모든 사실을 보고했다.[73]

1900년 5월 30일 경부 와타나베는 울릉도 산림조사를 위해서 주한 부산영사관보 아카쯔카(赤塚正助)를 수행했다. 내부의 시찰관 우용정도 부산에서 5월 30일 감리서 주사 김면수, 영국인 부산 해관세무사 라포르트(E. Laporte) 함께 창용환(蒼龍丸)에 탑승하여 5월 31일 울릉도에 도착했다. 이들은 6월 1일부터 5일간 울릉도에 대한 일본인들의 불법 침입과 삼림 벌채에 관한 공동조사를 진행했다.74)

그 밖에 와타나베는 1900년대 한국의 정치와 경제관련 정보를 수집하여 활발히 주한 일본공사관에 보고했다.75) 와타나베는 1903년 9월 영남철도(嶺南鐵道) 부설권 획득과 관련하여 한국인과의 협상을 전담했다. 그 과정에서 와타나베는 "분주히 내왕하여 차대(車代) 기타 많은 개인 비용"을 지출했다. 당시 주한 일본공사 하야시(林權助)는 "본사의 기밀금 중에서 100원"을 지불했고, 와타나베의 "1등급 승진"까지 제안했다.76) 여기서 주목할 점은 와타나베가 일본공사관의 목적을 달성하기 위해서 "개인지출"을 사용했다는 점이다.

그만큼 와타나베는 능통한 한국어를 바탕으로 한국과 일본을 오고가는 첩자의 역할을 충실히 수행한 인물이었다. 그는 을미사변 관련자로 한국에서 추방된 인물이었다. 하지만 그는 궁내부 관료와 정보를 상호 교환할 만큼 을미사변에 관련된 자신의 행동을 철저하게 숨겼다. 더구나 그는 을미사변 이전 평범한 순사의 신분에서 일본의 한국 강제병합 직후 경찰 수뇌부 경시로 승진했다. 무엇보다도 고종과 순종이 명성황후 시해 현장에서 마지막으로 목격한 인물이 바로 와타나베였다. 그는 명성황후를 시해한 인물일 가능성이 높다.

주한 외교관은 왕비의 살해 과정을 "일본 자객 중 한명이 도망치는 왕비를 바닥으로 밀어 넘어뜨리고, 발로 가슴을 세 번이나 내리 짓밟고, 칼로 찔러 죽였다"고 대체로 묘사했다. 한성신보 편집장 고바야카와는 왕비의 직접적인 사망 원인에 관해서 "이마 위에 교차된 두 개의 칼날

자국"이라고 추정했다.[77]

당시 곤녕합에 침입한 일본자객은 왕세자, 궁녀, 시위대, 사바찐 등에게 왕비의 소재를 심문하면서 왕비를 찾기 위해서 광분했다. 곤녕합에 침입한지 30분이 지나도 왕비를 찾지 못하자 일본자객은 곤녕합 내부에서 살해된 여인의 시신을 다시 점검했다. 그 과정에서 일본자객은 곤녕합 내부에서 살해된 시신을 모두 옥호루로 옮겼던 것으로 보인다. 일본자객은 왕비가 "관자놀이라고 칭하는 부분에 벗겨진 자국"이 있다는 정보를 입수했고, '벗겨진 자국'이 있는 여인을 시신 중에서 발견했다.[78]

10월 8일 새벽 6:10 : 운명과 우연의 시기

6시 10분. 곤녕합 주변에 있던 궁녀는 옥호루에서 왕비의 시신을 확인한 뒤 왕비의 얼굴에 수건을 덮어주었다.[79] 왕비의 사망을 확인한 오카모토 등은 고종과 왕세자를 왕실 가족 처소(Royal Family house) 바깥 건물인 '장안당(Chang-an-dang)'으로 옮겼다. 고종은 경부 오기와라(萩原秀次郎)의 도움으로 일본자객의 접근을 겨우 피할 수 있었다.[80] 그들은 왕비의 사후 처리를 오기와라에게 맡겼다.

오기와라는 왕비의 시신을 건청궁 주변 녹원으로 옮기고 시신을 불태울 것을 일본자객에게 지시했다.[81] 일본자객은 왕비의 시신을 곤녕합에서 "홑이불로 싸서 송판 위에 올려" 전정(殿庭)으로, 전정에서 다시 녹원으로 옮겼다.[82]

왕비의 시신을 확인한 일본자객은 시신을 녹원으로 이동하여 석유를 그 위에 붓고 땔나무를 그 위에 얹어 시신을 태웠다.[83] 뮈텔 주교는 "왕비의 시체가 죽은 궁녀들의 시체와 함께 불태워 졌다"고 기록했다.[84] 시위대 병사도 "시신에 석유를 끼얹고 불을 질렀다. 이 두 시신 중의 하나는 왕비였고, 그 목적은 왕비의 모든 흔적을 없애기 위한 것이다"고 증언했다.[85] 건청궁 소속 궁녀는 "한 궁궐 관리가 일본인에 의해서 왕비의

시체를 태우는 것을 보았다"고 증언했다.[86)

현장을 목격한 그 궁궐 관리는 현흥택이었다. 현흥택은 왕비의 시신을 녹원에서 불태운다는 소식을 듣고 그 곳으로 달려갔다. 현흥택은 녹원에서 여인의 옷이 불타고 있는 것을 목격했다. 현흥택은 "불타는 옷가지 사이로 왕비의 시체도 거기에 있었다"고 증언했다.[87)

그 날 새벽 녘 훈련대 참위 윤석우는 녹원 근처 시체가 타는 것을 목격했다. 오후 윤석우는 훈련대 대대장 우범선에게 "군주가 계신 근처에서 시체를 불살렀으니, 남은 해골을 군주 근처에 두는 것이 불가하다"고 보고했다. 우범선은 "그 땅을 정하게 쓸고, 남은 해골이 만일 있거든 연못 속에 던져라"고 윤석우에게 지시했다. 하지만 윤석우는 타다 남은 해골을 거둔 후에, 정전에서 떨어진 오운각 서쪽 산 아래 몰래 묻었다.[88)

한성신보 편집장 고바야카와는 "가냘픈 몸매, 유순하게 생긴 얼굴, 흰 살결 등은 아무리 보아도 스물대여섯 살로 밖에는 보이지 않았다"며 왕비를 꼼꼼하게 관찰했다. 고바야카와는 "영혼은 가서 돌아오지 않고 방 안에는 유해를 지키는 한 사람의 그림자도 없었다"며 참혹한 살해의 현장을 회고했다.[89) 그런데 주한 러시아공사 베베르는 을미사변을 "왕 또는 왕비 당에 속하는 모든 조선인을 겨냥한 것"이라고 판단했다.[90)

명성황후 암살사건은 한 인간의 외로운 죽음이 아닌 무수한 한국인 영혼이 해외로 떠돌아다니는 긴 터널을 예고했다.

을미사변과 아관파천, 그것은 정치적 격변의 시기였다.

러시아작가 뿌쉬낀(А.С. Пушкин)은 한 치 앞을 내다볼 수 없는 인간의 운명을 '미쩰(Метель), 즉 눈보라'로 묘사했다.

"갑자기 사방에 성난 여인처럼 눈보라가 일고, 눈은 커다란 송이가 되어 흩날리고, 검은 까마귀는 소리 내어 날갯짓하며 빙빙 썰매 위를 맴도네. 순식간에 길은 눈으로 덮여버렸네. 주위의 모든 것은 뿌옇고 누르스름한 안개 속으로 사라져버렸고, 그 안개 속을 뚫고 하얗고 커다란 눈송이가 날아들어 왔으며 하늘과 땅을 구별할 수 없었네."

   그 시대를 살아가는 사람들은 눈보라가 내리는 들판 한가운데 서 있었다. 그 시절은 운명과 우연을 넘나들며 촛불처럼 타오르는 사람들의 어둠과 희망의 시기였다.

주 석

1) 山辺健太郎,「乙未の変について」,『日韓關係の展開』, 東京 : 日本國際政治學會, 1963, p.74.

2) 朴宗根,『日淸戰爭と朝鮮』, 1982, 靑木書店, 246~247쪽. 신국주는 나카무라(中村楯雄)와 후지(藤勝顯)라고 주장했다.(신국주,「명성황후살해에 대한 재평가」,『명성황후시해사건과 아관파천기의 국제관계』, 동림사, 1998, 45쪽)

3) 『駐韓日本公使館記錄(8)』,「明治二十八年十月八日王城事變ノ顚末ニ付具報」, 1895년 11월 5일, 內田定槌→西園寺, 87쪽. "不斬雖敵斬美人…一友ノ話ニ依レハ或ハ王妃ナリト"(『駐韓日本公使館記錄(8)』,「明治二十八年十月八日王城事變ノ顚末ニ付具報」, 1895년 10월 8일, 高橋源次 → 鈴木重元, 93쪽)

4) 宮內大臣殺傷容疑者判明ノ件, 明治28年11月22日, 春田憲兵司令官→兒玉陸軍次官(市川正明編,『日韓外交史料(5):『韓國王妃殺害事件』, 東京:原書房, 1981, p.231) ; 朴宗根,『日淸戰爭と朝鮮』, 靑木書店, 1982, 247, 254쪽.

5) 朴宗根,『日淸戰爭と朝鮮』, 靑木書店, 1982, 247쪽.

6) Пак Б.Б. Россий ская дипломатия и Корея(제정러시아 외교와 한국). М. 2002. С.139.

7) 최문형,『명성황후 시해의 진실을 밝힌다』, 지식산업사, 2006, 238쪽. 최문형은 명성황후 시해사건의 본질을 '일본인'이 아니라 '일본정부'의 사건 관여에 있는 것이라는 사실을 환기시켰다.(최문형,『한국 근대의 세계사적 이해』, 지식산업사, 2010, 109~113쪽)

8) 강창일,『근대 일본의 조선침략과 대아시아주의』, 역사비평사, 2003, 128쪽.

9) 金文子,『朝鮮王妃殺害と日本人』, 高文硏, 2009, 228~231, 255~256쪽.

10) 강범석,『왕후 모살』, 솔, 2010, 303쪽.

11) АВПРИ(대외정책문서보관소). Ф.150.Оп.493.Д.6.Л.66; 이 비밀 메세지는 왕이 자신의 고문인 통역관 러젠드르(Лежандр)를 통해서 베베르, 알렌, 힐리어 등에게 알린 것이다.(F.O. 405. Part Ⅵ. Inclosure in 10 No.111 p.91)

12) АВПРИ. Ф.150.Оп.493.Д.6.Л.71; NARA. Despatches from U.S. Ministers to Korea 1895-1896, M.134 Roll.12 Enclose 3 No.157 p.1; "副領補訓鍊隊聯隊長 洪啓薰 副領補侍衛隊聯隊長 玄興澤 參領補侍衛第一大隊大隊長 李學均 參領補 侍衛第二大隊大隊長 金振澔"(『日省錄』, 1895년 윤5월 25일)

13) 궁궐수비대, His M's Body-guard.

14) АВПРИ. Ф.150.Оп.493.Д.6.Л.71об ; NARA. Despatches from U.S. Ministers to Korea 1895-1896, M.134 Roll.12 Enclose 3 No.157 p.3.

15) АВПРИ. Ф.150.Оп.493.Д.6.Л.69об

16) F.O. 405. Part Ⅵ. Inclosure in 6-1 No.112 p.96 ;『駐韓日本公使館記錄(6)』,「訓鍊隊 嚴罰과 宮闕護衛 充當說의 撤回 요구」, 三浦梧樓→金允植, 1895년 10월 9일 ; 鄭喬,『大韓季年史』, 上, 1957, 116쪽 ; 小早川秀雄,『閔后暗殺』, 東京: 筑摩書房, 1962(小早川秀雄,『閔后暗殺記』, 汎文社, 1965, 102쪽) 고바야카와는 대원군이 주도하여 모든 계획을 진행했다고 기록했다. 그는 철저히 대원군의 주도를 부각시켜, 미우라 공사와 일본자객의 활동을 축소시켰다.

17) АВПРИ. Ф.150.Оп.493.Д.6.Л.68

18) АВПРИ. Ф.150.Оп.493.Д.6.Л.76

19) 鄭喬,『大韓季年史』, 上, 1957, 115-116쪽; 小早川秀雄,『閔后暗殺記』, 1965, 99쪽; 市川正明編,『日韓外交史料(5):『韓國王妃殺害事件』, 東京: 原書房, 1981:「開國五百四年八月事變報告書」『韓國王妃殺害事件』, 1987, 高麗書林, 441쪽;『駐韓日本公使館記錄(10)』,「三浦公使事件의 再審裁判 開始에 대한 朝鮮公使 來談 件」, 1896년 8월 1일, 外務大臣 西園寺公望 → 朝鮮特命全權公使 原敬, 42~43쪽.

20) F.O. 405. Part Ⅵ. Inclosure in 10 No.111 p.91.

21) NARA. Despatches from U.S. Ministers to Korea 1895~1896, M.134 Roll.12 No.156 pp.6~7; 市川正明編,「開國五百四年八月事變報告書」『韓國王妃殺害事件』, 441쪽;『駐韓日本公使館記錄(10)』,「三浦公使事件의 再審裁判 開始에 대한 朝鮮公使 來談 件」, 1896년 8월 1일, 外務大臣 西園寺公望 → 朝鮮特命全權公使 原敬, 43쪽 ; F.O. 405. Part Ⅵ. Inclosure in 1 No.111 p.85; 이민원,『명성황후시해와 아관파천』, 국학자료원, 2002, 91쪽. "이경직은 방 밖으로 뛰어 나가다가 육혈포에 허벅다리를 맞아 쓰러지면서 다시 바른 편 어깨에다 칼날을 받고 마당으로 나둥그라져 버렸다"고 기록했다.(小早川秀雄,『閔后暗殺記』, 99쪽, 1965) "궁녀 4명도 죽었는데, 그 중에 홍장군의 누이도 끼어 있으며, 부상을 당한 궁녀들도 있다"(뮈텔주교 일기, 1895.10.8, 377쪽) 알렌은 이 이 증언에 대해서 "나는 두 번째 왕자(의화군 이강)에 의한 정보 덕택이다. 왕자는 대궐의 궁녀 중에 한명이 직접 목격한 이야기를 획득했다"고 밝혔다. 따라서 기존에 순종의 증언이라고 알려진 것은 잘못이다. 또한 베베르는 10월 10일 "미국공사관에 7명이 은신하였는

데... 거기에는 고종의 두 번째 아들(역자: 의화군 이강)이 있었다"고 밝혔다.(AB
ПРИ. Ф.150.Оп.493.Д.6.Л.88) 즉 두 번째 왕자는 의화군 이강을 의미한다.

22) АВПРИ. Ф.150.Оп.493.Д.6.Л.70 "건청궁 앞뒷문을 통해 일본군의 엄호 아래 침
    입해 들어온 민간 복장의 일본인들은 한 무리의 군인들과 함께 일본인 장교와 사
    병들이 경비를 서 주었다."(F.O. 405. Part Ⅵ. Inclosure in 1 No.111 p.85; 이민
    원, 『명성황후시해와 아관파천』, 국학자료원, 2002, 91쪽)

23) АВПРИ. Ф.150.Оп.493.Д.6.Л.72; NARA. Despatches from U.S. Ministers to
    Korea 1895-1896, M.134 Roll.12 Enclose 3 No.157 p.4. 정교에 따르면 일본장교
    는 일본병사에게 건청궁의 포위를 명령했고, 일본자객 20~30명은 왕비를 찾기
    위해서 수색했다.(鄭喬, 『大韓季年史』, 上, 1957, 114쪽)

24) АВПРИ. Ф.150.Оп.493.Д.6.Л.72; NARA. Despatches from U.S. Ministers to
    Korea 1895-1896, M.134 Roll.12 Enclose 3 No.157 p.6; 小早川秀雄, 『閔后暗殺
    記』, 1965, 108쪽. "그는 왕비가 다른 방으로 피신하는 것을 보았지만 그녀가 살
    해되는 것은 보지 못했다. 그는 현재 미국대사관에 피신하였고, 그의 중요성은 다
    른 사람과 비교할 만하다."(NARA. Despatches from U.S. Ministers to Korea
    1895~1896, M.134 Roll.12 No.156 p.8)

25) "그 오른 쪽의 방이 곧 민비의 거실(옥호루?)로 수명의 나인들이 방안에서 엎치락
    뒷치락하고 있었고, 궁내대신 이경직도 또한 그 속에 있어 민비를 옹위하고 있었
    으나 민비는 바로 이 방안에서 시퍼런 칼날 아래 붕어하고 말았던 것이다"(小早
    川秀雄, 『閔后暗殺記』, 1965, 99쪽)

26) 小早川秀雄, 『閔后暗殺記』, 1965, 107쪽.

27) 小早川秀雄, 『閔后暗殺記』, 1965, 108쪽. "이미 살해된 부인의 시체와 아직 잡아
    놓고 있는 자의 용모를 일일이 점검하였더니 나이가 모두 너무 젊어 전에 들던
    왕비의 연령과는 부합되지 않았다. 그래서 필시 왕비를 놓쳐버린 것이라 생각했
    다. 구니토모(國友重章)은 아직 남아 있는 한 부인을 잡아 방안에서 마루까지 질
    질 끌어내어 왼손에 목덜미의 머리털을 휘어잡고, 오른 손에 칼날을 그 흉부에
    겨루고 "왕비는 어디에 있느냐 언제 어디로 도망갔느냐"는 등 일본 말로 매우 화
    난 소리로 물어 보았다"(『駐韓日本公使館記錄(8)』, 「明治二十八年十月八日王城
    事變ノ顚末ニ付具報」, 1895년 11월 5일, 內田定槌→西園寺, 85-86쪽) 고바야카
    와(小早川秀雄)의 기록과 일본공사관의 기록이 동일하다. 일본공사관의 기록은
    고바야카와의 증언에 기초하여 작성된 것으로 추정된다.

28) 小早川秀雄, 『閔后暗殺記』, 1965, 108쪽.

29) АВПРИ. Ф.150.Оп.493.Д.6.Л.72 ; NARA. Despatches from U.S. Ministers to
    Korea 1895-1896, M.134 Roll.12 Enclose 3 No.157 p.6.

30) 『동아일보』 1930년 1월 29일, 한말정객의 회고담.

31) АВПРИ. Ф.150.Оп.493.Д.6.Л.72об ; NARA. Despatches from U.S. Ministers to Korea 1895-1896, M.134 Roll.12 Enclose 3 No.157 p.6~7.

32) 宗簿寺, 『璿源系譜紀略』, 1908, 65쪽.

33) АВПРИ. Ф.150.Оп.493.Д.6.Л.132об

34) 『高宗實錄』, 34년 11월 22일. 고종은 1897년 11월 궁내부 특진관 민영소를 통해 명성황후의 묘지문 행록(行錄)을 작성하도록 지시했고 본인이 직접 검토했다. 궁내부 특진관 민영소(閔泳韶)가 행록의 초고를 기초했다.

35) 주한 미국서기관 알렌은 "우리는 왕의 주요한 후원자인 왕비에게 감사했다"고 밝혔다(NARA. Despatches from U.S. Ministers to Korea 1895-1896, M.134 Roll.12 No.156 p.22).

36) 『高宗實錄』, 34년 11월 6일. 고종은 1897년 11월 명성황후라는 시호(諡號)를 책봉하는 조서(詔書)를 내렸다. 홍문관 태학사 김영수(金永壽)가 조서를 기초했다.

37) 『高宗實錄』, 34년 11월 22일. 궁내부 특진관 민영소(閔泳韶)가 행록의 초고를 기초했다.

38) АВПРИ. Ф.150.Оп.493.Д.6.Л.132об

39) 『뮈텔주교일기』, 1895.11.5, 406쪽. "우리는 왕의 주요한 후원자로의 강력한 성격 때문에 오랫동안 그녀에게 감사했습니다. 백작 이노우에도 이런 관점을 나타냈고, 그것은 조선의 더 좋은 상태를 초래할 수 있는 유일한 의미로써 그녀를 통해서 작업하려는 그의 명백한 의도였다. 여기에 있는 미국사회는 깊은 슬픔을 느끼고, 진보적인 사고에 대한 확실한 지지가 제거되었다고 느꼈다."(NARA. Despatches from U.S. Ministers to Korea 1895-1896, M.134 Roll.12 No.156 pp.22) "일본인들은 유일하게 아주 혈기왕성한 왕비의 반항에 부딪혔다. 그녀는 처음부터 끝까지 조선에서 일본인들을 내보내려고 노력하며 그들에 대항했다... 그녀는 탁월한 천부적인 머리와 예리한 여자의 육감을 가지고 조선의 안녕이 러시아의 후원과 우호에 달려있다고 확신했으며 그녀의 삶이 끝날 때까지 그 생각을 그 누구 앞에서도 감추지 않고 그러한 생각을 도처에서 실행했다."(Унтербергер, Современное Состояние Корейскаго Вопроса, январь 1898(Российский Государственный Исторический Архив. Ф.560.Оп.28.Д.24.Л.116)

40) 헐버트는 "왕실에서는 이틀 전에 위험이 닥치리라는 것을 알았다. 궁중의 보초병이 줄어들고 일본군의 움직임은 수상쩍기만 했다"고 기록했다.(헐버트저, 신복룡역, 『대한제국멸망사』, 집문당, 2006, 173쪽)

41) 市川正明編, 「開國五百四年八月事變報告書」, 『韓國王妃殺害事件』, 444~445쪽; 鄭喬, 『大韓季年史』, 上, 1957, 117쪽. 궁내부대신 이경직, 농상공부협판 정병하도 이 잔치에 배석했고 궁중에서 잠을 잤다.

42) "왕후께서는 이왕에 백작 이노우에의 아뢴 바를 분명히 신청하신 차에, 이 적신의

아뢰는 바를 들으시매, 믿으사 피할 만한 때에 피신하실 획책을 아니하사, 그 전
각에 사면으로 에워싸서 나갈 길이 막히기까지 계셨으니, 어지 불행이 아니리
오.”(市川正明編, 「開國五百四年八月事變報告書」『韓國王妃殺害事件』, 445쪽)

43) 『高宗實錄』, 34년 11월 22일. 궁내부 특진관 민영소가 행록의 초고를 기초했다.

44) “왕비가 복도로 나간 후에 일본자객 중 한명은 왕세자비를 업어서 현장에서 조금
떨어진 광으로 그녀를 옮겼다. 당시 왕세자비는 일본자객의 궁녀들에 대한 살해
때문에 피로 얼룩진 옷을 입고 있어서 그녀가 상처를 입은 줄 알았지만, 실제 그
녀는 아무 데도 다치지 않았다.”(『뮈텔주교 일기』, 1895.11.5, 406쪽)

45) 『高宗實錄』, 32년 11월 14일. 이승구에 따르면 전 경무사 허진(許璡)이 유길준,
조중응(趙重應)과 공모하여 자신들의 잘못을 숨기기 위해서 박선을 모함했다.(『高
宗實錄』, 33년 6월 27일)

46) 高等裁判所, 『開國五百四年八月事變報告書』, 建陽元年四月十五日, 4쪽(藏書閣-
고도서-史部-雜史類)

47) 『高宗實錄』, 34년 11월 22일. 궁내부 특진관 민영소가 행록의 초고를 기초했다.

48) NARA. Despatches from U.S. Ministers to Korea 1895-1896, M.134 Roll.12
No.156 pp.6~7.

49) АВПРИ. Ф.150.Оп.493.Д.6.Л.60

50) АВПРИ. Ф.150.Оп.493.Д.6.Л.67

51) F.O. 405. Part Ⅵ. Inclosure in 1 No.111 p.85.

52) 『駐韓日本公使館記錄(8)』, 「明治二十八年十月八日王城事變ノ顚末ニ付具報」,
1895년 11월 5일, 內田定槌→西園寺, 85쪽.

53) 『뮈텔주교일기』, 1895.11.5, 406쪽.

54) 小早川秀雄, 『閔后暗殺記』, 1965, 101쪽.

55) NARA. Despatches from U.S. Ministers to Korea 1895-1896, M.134 Roll.12
Enclose 1 No.208 p.1-2. Extract from The Korean Repository, March, 1896, p.2

56) “건청궁으로 들어가니 벌써 옥호루 한편구석에서 30년 정권에 일세의 여걸이신
민후는 이미 가슴에 선혈을 내뿜고 있었습니다”(『동아일보』 1930년 1월 29일, 한
말정객의 회고담)

57) NARA. Despatches from U.S. Ministers to Korea 1895-1896, M.134 Roll.12
No.156 pp.6~7.

58) “왕비는 복도를 따라 도망쳤고, 그 뒤를 한 일본인이 쫓아가 그녀를 붙잡았습니
다.”(АВПРИ. Ф.150.Оп.493.Д.6.Л.67) “왕세자는 다음과 같이 보았다. 왕비가
그녀의 암살자로부터 벗어났고, 이러한 남자에 의한 추격에서 복도로 내달렸고,
세 번째 일본인(와타나베)은 뽑은 칼을 가지고 따라갔다”(F.O. 405. Part Ⅵ.

Inclosure in 10 No.111 p.91)

59) "왕은 세 번째 일본인 와타나베가 군도를 뽑아 들고 달려가는 것을 보았습니다."
(АВПРИ. Ф.150.Оп.493.Д.6.Л.66)

60) F.O. 405. Part Ⅵ. Inclosure in 10 No.111 p.91.

61) F.O. 405. Part Ⅷ. Inclosure 6 No.15 ; 朴日根,『近代 韓國關係 英·美·中 外交資
料集』, 釜山大學校, 1984, 753쪽;『駐韓日本公使館記錄(10)』,「三浦公使事件의
再審裁判 開始에 대한 朝鮮公使 來談 件」, 1896년 8월 1일, 外務大臣 西園寺公
望→朝鮮特命全權公使 原敬, 42~43쪽

62) 市川正明編,「開國五百四年八月事變報告書」『韓國王妃殺害事件』, 441쪽; 鄭喬,
『大韓季年史』, 上, 1957, 116쪽.

63)『高宗實錄』, 33년 9월 27일.

64)『駐韓日本公使館記錄(10)』,「朝鮮 宮內府 探偵吏 件 上申寫本 送付」, 1896년 10
월 23일, 仁川一等領事 石井菊次郎→外務大臣 大隈重信, 223쪽

65)『駐韓日本公使館記錄(10)』,「朝鮮 宮內府 探偵吏 件 上申寫本 送付 附屬書 (1)」,
1896년 10월 23일, 仁川一等領事 石井菊次郎→外務大臣 大隈重信, 225쪽.

66)『駐韓日本公使館記錄(10)』,「朝鮮 宮內府 探偵吏 件 上申寫本 送付 別紙」, 1896
년 10월 23일, 在仁川 一等領事 石井菊次郎→外務大臣 伯爵 大隈重信, 223쪽 ;
『駐韓日本公使館記錄(10)』,「朴泳孝 등의 動靜報告 件 別紙 2」, 1896년 9월 2일,
兵庫縣知事 周布公平→西園寺公望, 61쪽.

67)『駐韓日本公使館記錄(10)』,「朝鮮 宮內府 探偵吏 件 上申寫本 送付 附屬書 (1)」,
1896년 10월 23일, 在仁川 一等領事 石井菊次郎→外務大臣 大隈重信, 225~226쪽.

68)『駐韓日本公使館記錄(10)』,「朝鮮 宮內府 探偵吏 件 上申寫本 送付 附屬書 (2)」,
1896년 10월 23일, 在仁川 一等領事 石井菊次郎→外務大臣 大隈重信, 227쪽.
이명상은 1896년 11월 법부형사국장에 임명되었다(『日省錄』, 1896년 11월 12일)

69)『駐韓日本公使館記錄(10)』,「朝鮮 宮內府 探偵吏 件 上申寫本 送付 別紙」, 1896
년 10월 23일, 在仁川 一等領事 石井菊次郎→外務大臣 大隈重信, 223쪽.

70)『(在朝鮮內地人)紳士名鑑』, 朝鮮公論社 1917, 146쪽; 朝鮮總督府官報, 43호, 明
治43年10月1日; 朝鮮中央經濟會編,『京城市民名鑑』, 朝鮮中央經濟會, 1922, 100
쪽. 그는 1921년 3월 朝鮮總督府 警務局 高等警察課 通譯官을 사직했다.

71) 日本外務省·陸·海軍省編, 永田(中佐)→寺內(少將), 電報,『日本의 韓國侵略史料
叢書』, 21卷, 韓國出版文化院, 1988, 109쪽.

72)『駐韓日本公使館記錄(2)』,「大院君을 방문한 渡邊 巡査의 復命件」, 1894년 6월
9일, 內田定槌→杉村濬. 1894년 4월 한국을 방문한 '二六新報'의 특파원 혼마
(本間九介)에 따르면 주한 일본순사는 월급 외에 체재수당을 받고 있어 거의 주임
관 이상의 생계를 영위했다(혼마규스케저, 최혜주역,『조선잡기』, 김영사, 2008,

202쪽)

73) 『駐韓日本公使館記錄(10)』,「朝鮮 宮內府 探偵吏 件 上申寫本 送付 別紙」, 1896
년 10월 23일, 在仁川 一等領事 石井菊次郎→外務大臣 大隈重信, 223쪽.

74) 『駐韓日本公使館記錄(14)』,「鬱陵島 調査槪況 및 山林調査槪況 報告의 件」,
1900년 6월 12일, 赤塚正助→林權助, 542쪽 ;『內部來去案』(13), 光武 4년 6월
19일.

75) 『駐韓日本公使館記錄(15)』,「韓國 商務隊組織에 관한 報告 件 別紙」, 1900년 7월
28일, 警部 渡邊鷹次郎, 16쪽 ;『駐韓日本公使館記錄(17)』,「嚴達煥 등의 귀국활
동 보고서」, 1902년 10월 4일, 渡邊鷹次郎→林權助, 152쪽.

76) 『駐韓日本公使館記錄(15)』,「京城領事館 소속 渡邊警部에 관한 件」, 1903년 9월
11일, 林 公使→小村 大臣, 202쪽.

77) 小早川秀雄, 『閔后暗殺記』, 1965, 109쪽.

78) 『駐韓日本公使館記錄(8)』, 「明治二十八年十月八日王城事變ノ顚末ニ付具報」,
1895년 11월 5일, 內田定槌→西園寺, 86쪽 "일본인 小村實이 경성에 왔다. 그 여
자 아이가 禁中을 출입했다. 왕후가 그 아이를 사랑하여 양녀로 삼았으나 일병이
입궐할 때 그 아이가 자객들을 따라 들어와 왕후의 얼굴을 지적했다"(鄭喬, 『大
韓季年史』, 上, 1957, 118쪽)

79) АВПРИ. Ф.150.Оп.493.Д.6.Л.67

80) АВПРИ. Ф.150.Оп.493.Д.6.Л.72об ; NARA. Despatches from U.S. Ministers to
Korea 1895-1896, M.134 Roll.12 Enclose 3 No.157 p.6 ;『駐韓日本公使館記錄(8)』,
「明治二十八年十月八日王城事變ノ顚末ニ付具報」, 1895년 11월 5일, 內田定槌
→西園寺, 85~86쪽.

81) 『駐韓日本公使館記錄(8)』,「明治二十八年十月八日王城事變ノ顚末ニ付具報」, 1895
년 11월 5일, 內田定槌→西園寺, 86쪽 ; NARA. Despatches from U.S. Ministers
to Korea 1895-1896, M.134 Roll.12 No.156 p.7; АВПРИ. Ф.150.Оп.493.Д.6.
Л.67

82) 8월사변보고서에 따르면 "단속단금(緞屬單衾)으로 이(裏)하여 松板上에 奉하여
殿庭에 이출하였더니 卽其地에 刺客의 지휘로 근처에 在한 鹿苑樹林中으로 再移
하여 石油를 其上에 灌하고 木柴를 其上에 加하고 火로써 燒하매 燒火한 後 다
만 骸骨幾片만 餘存하였고"라고 기록되었다(高等裁判所, 『開國五百四年八月事變
報告書』, 建陽元年四月十五日, 5쪽(藏書閣-고도서-史部-雜史類).

83) 鄭喬, 『大韓季年史』, 上, 1957, 114쪽. "그녀를 관 위에 올려놓고 그 담요로 그녀
를 싸서 마당으로 꺼내고는 곧 가까운 공원으로 옮겨, 작은 나뭇가지들을 그 위에
얹고 등유를 뿌리고 불을 붙였다."(Унтербергер, Современное Состояние
Корейскаго Вопроса, январь 1898,(РГИА Ф.560.Оп.28.Д.24.Л.116об)

84) 『뮈텔주교 일기』, 1895.10.9, 377쪽.

85) 『North China Herald』, 1895.10.25 : 이민원, 『명성황후시해와 아관파천』, 국학자료원, 2002, 94쪽.

86) АВПРИ. Ф.150.Оп.493.Д.6.Л.67

87) АВПРИ. Ф.150.Оп.493.Д.6.Л.72об; NARA. Despatches from U.S. Ministers to Korea 1895-1896, M.134 Roll.12 Enclose 3 No.157 p.7.

88) 市川正明編, 「開國五百四年八月事變報告書」『韓國王妃殺害事件』, 449-450쪽) "윤석우는 타다 남은 시체 유골을 주워 五雲閣 서쪽 산 아래 몰래 묻었다."(鄭喬, 『大韓季年史』, 上, 1957, 115쪽)

89) 小早川秀雄, 『閔后暗殺記』, 1965, 109쪽. "궁궐수비대(시위대)의 한명은 다음과 같이 증언했다. 여인들이 살해된 직후 일본파의 두목은 주머니에서 사진 한 장을 꺼내어 확인한 뒤, 시신 중 둘을 밖으로 운반하도록 부하들에게 명령했다"(『North China Herald』, 1895.10.25 : 이민원, 『명성황후시해와 아관파천』, 국학자료원, 2002, 94쪽)

90) АВПРИ. Ф.150.Оп.493.Д.6.Л.87.

찾아보기

ㄱ

ㅂ

ㅅ

경인한국학연구총서

*대한민국학술원 우수학술 도서   **문화체육관광부 우수학술 도서